일 잘하는 직장인을 위한

엑셀 자동화 with 파이썬

복잡하고 지루한 반복 업무를 쉽고 빠르게 해치우는 방법

[예제 파일 다운로드]

홈페이지: https://wikibook.co.kr/pyexcel/

예제코드: https://github.com/wikibook/pyexcel

일 잘하는 직장인을 위한

엑셀 자동화 with 파이썬

복잡하고 지루한 반복 업무를 쉽고 빠르게 해치우는 방법

지은이 최은석

펴낸이 박찬규   엮은이 최용   디자인 북누리   표지디자인 아로와 & 아로와나

펴낸곳 위키북스   전화 031-955-3658, 3659   팩스 031-955-3660
주소 경기도 파주시 문발로 115 세종출판벤처타운 #311

가격 30,000   페이지 576   책규격 188 x 240mm

1쇄 발행 2020년 11월 11일
2쇄 발행 2021년 05월 07일
3쇄 발행 2022년 06월 17일
ISBN 979-11-5839-226-0 (93000)

등록번호 제406-2006-000036호   등록일자 2006년 05월 19일
홈페이지 wikibook.co.kr   전자우편 wikibook@wikibook.co.kr

이 도서의 국립중앙도서관 출판시도서목록(CIP)은
서지정보유통지원시스템 홈페이지(http://seoji.nl.go.kr)와
국가자료공동목록시스템(http://www.nl.go.kr/kolisnet)에서 이용하실 수 있습니다.
CIP제어번호 CIP2020045810

일 잘하는 직장인을 위한

엑셀 자동화 with 파이썬

복잡하고 지루한 반복 업무를 쉽고 빠르게 해치우는 방법

최은석 지음

위키북스

저자 서문

지금은 자동화 시대입니다. 자동화라고 하면 예전에는 공장의 자동화 설비가 정해진 일을 반복적으로 수행하는 공장 자동화를 많이 떠올렸는데요, 최근에는 정보통신 기술과 머신러닝 기술의 발달로 다양한 분야에서 자동화가 진행되는 것을 볼 수 있습니다. 각종 최첨단 센서를 장착한 자율 주행 자동차, 길을 안내하고 위험한 일을 처리하는 로봇, IoT 기술을 이용한 스마트 홈, 제조 데이터를 활용한 스마트 팩토리 등이 최근 자동화의 예입니다. 이러한 하드웨어에 기반을 둔 자동화뿐 아니라 소프트웨어에 기반을 둔 사무 자동화도 최근 주목을 받고 있는데요, 회사의 반복적인 업무를 자동화하는 로봇 프로세스 자동화(RPA, Robotic Process Automation)가 대표적입니다. 이렇게 다양한 분야에서 자동화가 진행되고 있지만 정작 사무실에서 데이터 생성, 정리, 처리, 분석 업무를 수행하는 대부분의 직장인은 자동화는 남의 일이라고 생각하며 어떻게 자신의 업무를 자동화할지 몰라 매일 반복적으로 수행하는 업무를 여전히 비효율적인 방법으로 처리하는 경우가 많습니다.

숫자나 문자 데이터를 다루는 직장인이 가장 자주 이용하는 프로그램은 엑셀일 것입니다. 엑셀은 사용자 친화적인 UI, 다양한 데이터 처리 함수와 차트 그리기 기능, 매크로 생성 및 실행 기능이 있어서 오랫동안 널리 사용돼 왔습니다. 그러나 여러 엑셀 파일을 하나로 통합하거나, 누락된 데이터를 처리하거나, 피벗 테이블 기능을 이용해 데이터를 정리하거나, 엑셀 차트를 그리는 업무 등을 할 때 일일이 수작업으로 진행합니다. 따라서 대량의 데이터를 반복적으로 수행해야 하는 경우 자동화가 어려워 지루한 반복 업무를 계속해야 합니다. 이 책에서는 지금까지 이렇게 반복적으로 처리하던 엑셀 관련 작업을 파이썬으로 자동화하는 방법을 다룹니다.

파이썬은 문법이 간결하고 배우기 쉬운 무료 프로그래밍 언어로 편리하게 활용할 수 있는 다양한 라이브러리가 있습니다. 이러한 특징으로 인해 데이터 분석과 처리 그리고 머신러닝 분야의 핵심 언어로 자리 잡았으며 대학, 연구 기관, 기업에서 널리 사용되고 있습니다. 또한 파이썬을 이용해 다양한 분야에서 업무를 자동화하려는 시도가 늘고 있습니다.

이 책은 컴퓨터만 다룰 줄 알면 프로그래밍 경험이 없는 초보자도 배울 수 있도록 파이썬의 기본적인 내용부터 엑셀 자동화 업무까지 쉽게 설명합니다. 내용을 설명하면서 간단한 실습 예제부터 실무에 적용할 수 있는 예제까지 다양하게 다루었고, 예제 코드에 설명을 달아 이해하기 쉽게 했습니다. 이 책에서 장별로 다루는 내용을 정리하면 다음과 같습니다.

- **「책 사용 설명서」:** 이 책의 예제 코드와 데이터 파일을 깃허브 저장소에서 다운로드하고 작업 폴더를 생성하는 방법을 설명합니다.

- **1장:** 파이썬 개발 환경을 설치하고 기본적인 개발 환경 사용 방법을 설명합니다. 특히, 이 책에서 파이썬 코드를 작성할 때 사용할 주피터 노트북의 사용법을 자세히 다룹니다.

- **2장:** 파이썬의 기본 문법(자료형, 제어문)과 데이터를 화면으로 출력하는 방법을 다룹니다.

- **3장:** 코드의 묶음인 함수와 클래스, 모듈을 설명합니다. 여러 파일과 경로를 손쉽게 처리하는 모듈과 날짜와 시간을 처리하는 모듈을 자세히 설명합니다.

- **4장:** 데이터가 담긴 텍스트 파일을 읽고 쓰는 방법과 문자열의 분리, 삭제, 연결 등 문자열 처리 방법을 다룹니다.

- **5장:** 엑셀과 같은 표 형식의 데이터를 쉽게 다룰 수 있게 도와주는 판다스와 배열 데이터를 편리하게 다룰 수 있는 넘파이 패키지를 다룹니다. 파이썬에서 CSV 파일이나 엑셀 파일을 읽어서 데이터를 처리하고 저장하는 방법, 배열과 표 데이터의 기본 연산과 집계 방법, 데이터 선택과 삭제, 통합 방법을 자세히 다룹니다.

- **6장:** 엑셀을 전문적으로 다루는 라이브러리인 XlsxWriter와 xlwings를 설명합니다. XlsxWriter로 파이썬 데이터를 서식이 있는 엑셀 파일로 쓰는 방법과 그림과 텍스트 상자를 삽입하는 방법을 자세히 다루고, xlwings를 이용해 엑셀과 상호작용하면서 데이터를 엑셀의 워크시트에 쓰고 읽는 방법과 엑셀의 내용을 프린트하거나 PDF 파일로 출력하는 방법도 다룹니다.

- **7장:** 파이썬을 활용해 엑셀 파일과 데이터를 처리하는 다양한 방법을 다룹니다. 파이썬으로 엑셀 파일의 통합, 데이터 필터링, 누락 데이터 확인과 처리, 피벗 테이블 기능을 이용한 정리, 웹 페이지의 표 데이터 가져오는 방법을 다룹니다.

- **8장:** 엑셀 데이터를 시각화하는 방법을 다룹니다. 판다스에서 xlsxwriter 엔진을 이용해 다양한 엑셀 차트를 그리는 방법과 엑셀 스파크라인을 추가하는 방법을 알아보고, 판다스와 matplotlib를 이용해 다양한 그래프를 그리는 방법을 알아봅니다.

- **9장:** 엑셀과 파이썬을 활용해 통계 데이터를 분석하는 방법을 다룹니다. 데이터 분석을 위한 기본 통계량 분석, 두 종류의 데이터 간에 연관 관계를 파악하는 상관 분석, 독립 변수와 종속 변수의 관계를 수학식으로 모델링하고 모르는 값을 예측하는 회귀 분석 방법을 알아봅니다. 이론적인 내용을 살펴본 후에는 샘플 데이터를 이용해 엑셀과 파이썬으로 통계 분석을 수행합니다.

무엇인가 새로운 것을 배우는 일은 쉽지 않습니다. 특히 바쁜 직장인의 경우 더욱더 그렇습니다. 하지만 조금이라도 시간을 내서 이 책의 내용을 익히고 나면 그동안 수작업으로 반복하던 지루한 일들을 자동화할 수 있습니다. 처음에는 어렵겠지만 이 책의 내용을 자신의 업무에 활용하다 보면 어느새 단순 반복 업무에서 벗어나 조금씩 발전하는 자신을 발견하게 될 것입니다.

이 책이 나오기까지 힘써 주신 위키북스 박찬규 대표님, 전체 내용을 꼼꼼하게 검토하고 글을 다듬어 주신 최용 님과 이대엽 님에게 깊이 감사드립니다. 책을 집필하는 동안 가족들의 아낌없는 지원과 응원이 없었다면 이 책은 아마 세상에 나오지 못했을 것입니다. 사랑하는 아내 상임, 자랑스러운 아들 준호, 존경하는 어머니께도 고마운 마음을 전합니다.

2020년 11월
지은이 **최은석**

책 사용 설명서

본격적으로 학습을 진행하기 전에 먼저 예제 코드를 다운로드 받고 작업 폴더를 생성하겠습니다. 또한 이 책에서 코드의 입력과 결과 출력을 표시하는 형식을 알아보겠습니다.

예제 코드

이 책의 예제 코드와 데이터 파일은 깃허브 저장소에 올라가 있습니다. 데이터가 있어야만 수행할 수 있는 예제 코드가 있으니 필요한 파일을 다운로드하고 작업 폴더에 복사해 주세요.

예제 코드 다운로드와 작업 폴더 생성

다음은 이 책의 예제 코드와 데이터 파일을 깃허브에서 다운로드하는 방법입니다.

01. 웹 브라우저로 예제 코드 깃허브 저장소(https://github.com/wikibook/pyexcel)에 접속해 [Code] 클릭(①) 후 [Download ZIP]을 클릭(②)합니다(그림 0-1).

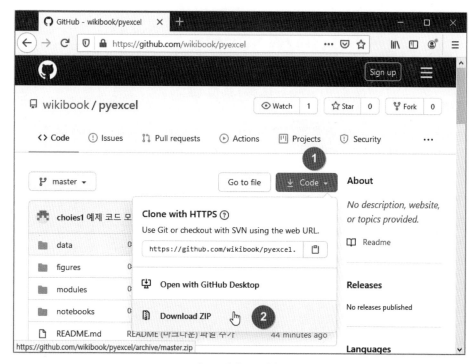

그림 0-1 예제 코드 다운로드

02. 다운로드할 폴더를 지정해 압축 파일(ZIP 파일)을 내려받습니다. 특별히 다운로드 폴더를 지정하지 않았다면 아마 대부분 그림 0-2처럼 다운로드 폴더에 압축 파일이 받아졌을 것입니다.

그림 0-2 내 컴퓨터의 다운로드 폴더에 내려받은 압축 파일

03. 다운로드한 폴더로 이동해 압축 파일(pyexcel-master.zip)을 풉니다. 전용 압축 프로그램(예: 알집)을 써도 되고, 윈도우의 압축 풀기 기능을 사용해도 됩니다(그림 0-3처럼 압축 파일을 마우스 오른쪽 버튼으로 클릭하고 [압축 풀기]를 선택).

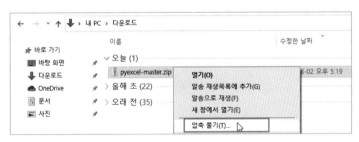

그림 0-3 압축 파일의 [압축 풀기]

04. 압축을 푼 후 pyexcel-master 폴더를 보면 다음과 같이 data, figures, modules, notebooks 폴더가 보입니다(그림 0-4).

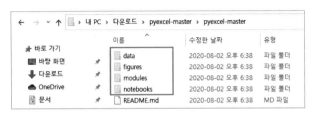

그림 0-4 압축을 푼 후에 pyexcel-master 폴더

05. 윈도우 탐색기로 C 드라이브 루트에 작업 폴더인 myPyExcel을 만듭니다. 작업 폴더를 C:\myPyExcel로 만들지 않고 다르게 만들 수도 있지만, 그렇게 하면 예제 코드에서 데이터 파일의 위치를 지정하는 부분을 변경해야 하므로 특별한 이유가 없다면 이 책의 작업 폴더인 C:\myPyExcel을 그대로 사용할 것을 권장합니다. 압축을 푼 pyexcel-master 폴더에 있는 data, figures, modules, notebooks 폴더를 작업 폴더로 복사합니다(그림 0-5).

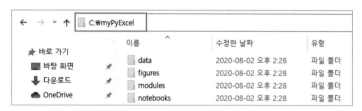

그림 0-5 작업 폴더(C:\myPyExcel)를 만들고 다운로드한 폴더 복사

작업 폴더 구조

다음은 작업 폴더에 복사한 각 폴더에 대한 설명입니다.

- **data**
  - 이 책의 코드에서 사용하는 데이터 파일(엑셀 파일, CSV 파일, 텍스트 파일)이 있는 폴더입니다. 원본 파일과 생성 파일이 있습니다.

- **modules**
  - 이 책의 코드에서 사용하는 모듈의 예제를 위한 폴더입니다.

- **figures**
  - 이 책의 코드에서 사용하는 이미지 파일을 위한 폴더입니다. 이미지 읽기를 테스트할 때 필요한 파일과 생성한 이미지 파일이 있습니다.

- **notebooks**
  - 이 책의 예제 코드가 담긴 주피터 노트북 파일(*.ipynb)이 있는 폴더입니다.
  - 각 장별로 있는 노트북의 코드 셀 위에는 [2장: 50페이지]처럼 예제 코드가 있는 책의 장과 페이지를 표시했습니다.
  - 노트북을 이용하면 책의 예제 코드를 일일이 입력하지 않고 파이썬 코드를 바로 실행해 볼 수 있지만 가능하면 책의 코드를 직접 입력해 보길 권장합니다.
  - 주피터 노트북의 사용법은 1장에서 설명합니다.

주피터 노트북에서 코드 입력과 출력

주피터 노트북의 코드 셀에 코드를 입력 후 실행하면 코드 셀 앞에는 'In [숫자]:'가 붙고 출력 결과 앞에는 'Out[숫자]:'가 붙습니다(그림 0-6).

```
In [1]: 1 + 2 # 입력
Out[1]: 3
```

그림 0-6 주피터 노트북의 코드 셀에서 'In [숫자]:'와 'Out[숫자]:' 표시

주피터 노트북에서는 그림 0-6처럼 'In [숫자]:'와 'Out[숫자]:'로 코드 입력과 결과 출력을 표시하지만, 이 책에서는 아래와 같이 [숫자] 없이 'In:'과 'Out:'으로 입력과 결과 출력을 구분합니다.

```
In:    1 + 2 # 입력

Out:   3
```

따라서 'In:' 옆에 있는 글상자의 코드를 주피터 노트북의 코드 셀에 입력하면 됩니다. 또한 주피터 노트북에서 print()를 실행한 출력 결과를 'Out[숫자]:' 없이 출력하지만, 이 책에서는 출력임을 표시하기 위해 'Out:'와 함께 표시합니다.

01 _ 프로그래밍 언어 파이썬 시작하기   1

1.1 _ 시작하기 전에 알아보기   1
엑셀과 VBA의 한계   1
파이썬의 특징   2

1.2 _ 파이썬 시작하기   3
파이썬 개발 환경 설치   3
파이썬 실행하기   7
통합 개발 환경에서 파이썬 코드 작성   10

1.3 _ 주피터 노트북 활용   17
주피터 노트북 실행과 노트북 생성   18
주피터 노트북 주요 기능 둘러보기   21
주피터 노트북에서 코드 작성   25
주피터 노트북에서 문서 작성   27
그 밖에 할 수 있는 작업   29

1.4 _ 정리   33

02 _ 파이썬 기본 문법   34

2.1 _ 변수와 자료형   34
변수   35
숫자(int, float)   37
문자열(str)   40
불(bool)   43
리스트(list)   46
튜플(tuple)   56
세트(set)   58
딕셔너리(dict)   60

2.2 _ 제어문   66

조건문   67

반복문   70

2.3 _ 데이터의 출력   77

기본 출력   77

출력 형식 지정   78

2.4 _ 정리   82

03 _ 함수, 클래스, 모듈   83

3.1 _ 함수   83

함수의 정의와 호출   83

내장 함수   91

3.2 _ 클래스   94

클래스와 객체   94

클래스의 상속   98

3.3 _ 모듈   101

모듈 만들고 불러오기   101

내장 모듈   105

패키지   123

3.4 _ 정리   129

04 _ 파일 읽고 쓰기와 문자열 처리   130

4.1 _ 파일 읽고 쓰기   130

파일 읽고 쓰기 위한 기본 구조   130

파일 읽기   132

파일을 한 줄씩 읽어 처리하기   134

파일 쓰기   137

with 문으로 파일 읽고 쓰기   139

4.2 _ 문자열 처리   140

문자열 분리하기: split()   140

불필요한 문자열 삭제하기: strip()   141

문자열 연결하기: join()   142

문자열 찾기: find(), count(), startswith(), endswith()   143

문자열 바꾸기: replace()   145

대소문자 변경하기: lower(), upper()   146

4.3 _ 정리   148

05 _ 데이터 처리와 분석을 위한 라이브러리   149

5.1 _ 배열 데이터 연산에 효율적인 넘파이(NumPy)   149

배열 데이터 생성   150

배열 데이터 연산   161

배열 데이터 선택   164

5.2 _ 표 데이터 처리에 강한 판다스(pandas)   169

데이터 구조와 생성   170

표 형식의 데이터 파일 읽고 쓰기   182

표 데이터 연산   209

표 데이터 선택   217

표 데이터 통합   241

5.3 _ 정리   261

06 _ 엑셀 파일을 다루는 라이브러리　　262

6.1 _ XlsxWriter로 엑셀 파일 생성하기　　263
XlsxWriter 기본 사용법　　263
XlsxWriter로 다양한 자료형 데이터 쓰기　　269
XlsxWriter로 셀 서식 지정　　277
XlsxWriter로 그림과 텍스트 상자 삽입　　303

6.2 _ 파이썬으로 엑셀과 상호 작용할 수 있는 xlwings　　311
xlwings의 기본 사용법　　311
xlwings로 다양한 자료형 데이터 쓰고 읽기　　317
xlwings로 엑셀 파일 출력하기　　325

6.3 _ 정리　　330

07 _ 엑셀 파일과 데이터 다루기　　331

7.1 _ 파이썬을 이용한 엑셀 파일 처리 과정　　331

7.2 _ 엑셀 파일 통합　　332
효율적인 데이터 처리를 위한 엑셀 데이터 구조　　333
여러 엑셀 파일을 하나로 통합하기　　334

7.3 _ 엑셀 데이터 필터링과 계산　　339
데이터 필터링　　339
데이터 계산　　344
여러 엑셀 파일에 적용하기　　352

7.4 _ 알아두면 유용한 엑셀 함수를 파이썬으로 처리하기　　357
지정한 범위에서 데이터 찾아서 가져오기　　357
조건에 따라 결과 입력하기　　363
조건에 따라 다른 서식 적용하기　　368

7.5 _ 엑셀 데이터 정제   372

    누락 데이터 확인과 처리   373

    데이터 추출과 정리   383

7.6 _ 엑셀 데이터 요약과 집계   394

    피벗 테이블 만들기 기본   394

    피벗 테이블 만들기 심화   400

7.7 _ 웹 페이지에서 데이터 가져오기   408

    표 데이터 가져오기 기본   408

    표 데이터 가져오기 심화   416

7.8 _ 정리   423

08 _ 엑셀 데이터 시각화   424

8.1 _ 엑셀 차트   424

    엑셀 차트를 생성하는 코드의 기본 구조   425

    막대형 차트   427

    꺾은선형 차트   435

    영역형 차트   439

    원형 차트   443

    분산형 차트   447

8.2 _ 엑셀 스파크라인   455

    스파크라인의 종류와 활용 예   455

    스파크라인을 생성하는 코드의 기본 구조   456

8.3 _ 판다스로 그래프 그리기   462

    그래프를 위한 기본 구조   463

    선 그래프(꺾은선형 차트)   464

    막대 그래프(막대형 차트)   472

    산점도(분산형 차트)   475

파이 그래프(원형 차트)   484

면적 그래프(영역형 차트)   488

히스토그램   490

박스 그래프(상자 수염 차트)   496

그래프를 저장하고 엑셀 파일에 추가하기   503

8.4 _ 정리   507

09 _ 엑셀과 파이썬을 이용한 통계 데이터 분석   509

9.1 _ 통계 데이터 분석 기본   510

기본 통계량 이해   510

기본 통계량 구하기   514

9.2 _ 통계 데이터 분석 심화   528

상관 분석   529

회귀 분석   537

9.3 _ 정리   551

프로그래밍 언어
파이썬 시작하기

이번 장에서는 왜 파이썬을 배워야하는지 알아보고 파이썬 개발 환경을 컴퓨터에 설치하는 방법을 살펴보겠습니다. 그 후에는 간단한 파이썬 코드를 작성해보면서 개발 환경 사용법을 살펴보겠습니다.

01 시작하기 전에 알아보기

파이썬 개발 환경을 설치하고 파이썬 코드를 작성하기 전에 먼저 엑셀의 한계와 왜 데이터 분석과 처리에 파이썬을 많이 이용하는지를 살펴보겠습니다.

엑셀과 VBA의 한계

사무실에서 가장 많이 사용하는 프로그램은 단연 오피스 프로그램(한글, 워드, 엑셀, 파워포인트 등)일 것입니다. 이 오피스 프로그램으로 문서나 자료를 작성하고 다른 사람과 공유합니다. 특히 대표적인 스프레드시트 프로그램인 마이크로소프트 엑셀은 데이터를 주로 다루는 직장인들이 데이터 수집, 정리, 통합, 처리, 분석, 저장 등의 업무에 자주 이용합니다.

엑셀은 데이터 처리를 위한 다양한 함수가 있고 사용하기 쉬워 오랫동안 사랑받아온 프로그램입니다. 처음 엑셀을 접한 사람이 기본적인 사용 방법을 익힌 후에 좀 더 효율적으로 엑셀을 사용하려고 다양한 엑셀 함수 기능과 매크로 기능을 배우게 됩니다. 하지만 여러 엑셀 파일에서 데이터를 불러와서 통합하는 등의 작업은 자동화하기 어렵습니다. 따라서 어느 정도 엑셀의 기능에 익숙해진 후에도 많은 엑셀 파일을 다뤄야할 때는 엑셀 시트마다 필요한 데이터를 선택하고 복사(ctrl+c)한 후에 붙여넣기(ctrl+v)를 하는 작업은 지속적으로 이뤄집니다. 이러한 반복 작업은 지루하고 시간도 오래 걸리며 실수를 일으키기도 합니다. 이와 같은 반복 작업을 자동화하는 데 VBA(Visual Basic for Application)를 활용하기도 합니다.

VBA는 마이크로소프트의 비주얼 베이직 6를 기반으로 한 프로그래밍 언어로 마이크로소프트 오피스 프로그램에 내장되어 있습니다. VBA를 활용하면 대량의 엑셀 데이터 파일을 읽어와서 특정 부분을 수정하고 함수를 적용하고 차트를 생성하는 등의 작업을 수행할 수 있어서 어느 정도는 업무를 자동화할 수 있습니다. 하지만 VBA의 기반 언어인 비주얼 베이직 6는 2008년 지원이 종료됐고 최근에는 사용하는 사람이 거의 없어서 배우기가 쉽지 않다는 단점이 있습니다. 아직도 VBA 관련 책이 있고 인터넷 강의도 있긴 하지만 VBA는 활용도가 낮아서 현재 거의 사용하지 않는 언어가 됐고, 심지어 엑셀 공식 포럼에는 VBA 대신 파이썬을 지원해 달라는 요청이 있기도 합니다. 게다가 VBA는 윈도우의 다양한 라이브러리를 참조할 수 있어 보안에 취약해 마이크로소프트 오피스도 초기설정으로 VBA가 수행되는 것을 막고 있습니다.

이러한 엑셀의 한계로 인해 최근에는 대량의 엑셀 데이터를 다룰 때 파이썬을 많이 이용합니다. 파이썬으로 엑셀 데이터를 읽고 처리한 결과를 다시 엑셀 파일로 저장할 수 있어 결과를 엑셀 파일로 공유할 때도 문제가 없습니다. 게다가, 엑셀 프로그램 없이도 엑셀 파일을 생성할 수 있고 리눅스 운영 체제에서도 엑셀 파일을 생성할 수 있습니다. 파이썬을 이용하면 엑셀 프로그램에서 일일이 데이터 파일을 열어서 처리하지 않아도 되므로 데이터 처리 속도가 아주 빨라지고 자동화할 수 있습니다.

이 책에서는 엑셀 프로그램에서 수행하던 데이터 처리를 파이썬을 이용해 수행하는 방법을 살펴보겠습니다. 이를 위해 기본적인 파이썬 문법과 다양한 라이브러리를 통해 데이터를 처리하는 방법을 알아보겠습니다. 자, 이제 그럼 파이썬의 세계로 여러분을 안내하겠습니다.

파이썬의 특징

파이썬(Python)은 컴퓨터 프로그래밍 언어입니다. 프로그래밍 언어란 컴퓨터에게 명령을 내리려고 만든 언어입니다. 세상에는 다양한 프로그래밍 언어가 있지만 파이썬은 데이터 분석과 처리 그리고 머신 러닝 분야에서 널리 사용되며 최근 지속적으로 인기를 얻고 있는 언어입니다. 파이썬은 컴파일 과정 없이 명령을 내리면 바로 작동하는 인터프리트 언어(혹은 스크립트 언어)로 1991년 귀도 반 로섬(Guido van Rossum)이 발표한 이후 계속 발전해 지금도 버전이 올라가고 있습니다. 파이썬은 여러 특징이 있지만 대표적인 특징을 살펴보면 다음과 같습니다.

- **배우기 쉽다**

  사람이 사용하는 말이나 글처럼, 프로그래밍 언어를 사용하려면 기본적인 문법을 익혀야 합니다. 파이썬 문법은 다른 컴퓨터 언어에 비해 사람이 사용하는 언어와 가까워 배우기 쉽습니다. 또한 문법이 쉽고 간결해 읽고 쓰기가 매우 쉽습니다.

- **무료다**

  파이썬은 누구나 어디에서나 무료로 설치해 사용할 수 있습니다. 파이썬 기본 프로그램뿐만 아니라 개발 환경도 대부분 무료로 사용할 수 있습니다. 파이썬은 무료이지만, 아주 막강합니다.

- **방대한 라이브러리가 있다**

  파이썬에는 특정한 기능을 수행하는 코드의 집합인 라이브러리가 아주 많이 있습니다. 파이썬 기본 프로그램에 포함된 표준 라이브러리와 확장 기능이 필요할 때 설치해 이용할 수 있는 외부 라이브러리를 활용하면 원하는 기능의 프로그램을 손쉽게 만들 수 있습니다.

- **어느 운영체제에서도 사용할 수 있다**

  파이썬은 다양한 운영체제에서 실행할 수 있습니다. 즉, 윈도우, 리눅스, 맥 OS에서 모두 작동합니다. 어느 한 운영체제에서 작성한 코드를 별다른 변환 과정 없이 다른 운영체제에서도 실행할 수 있습니다. 참고로 리눅스는 설치할 때 파이썬이 기본적으로 같이 설치됩니다.

그 외에도 객체지향과 유니코드 지원 등 특징이 있습니다.

프로그래밍 언어를 활용해 컴퓨터에게 내린 명령어 집합을 프로그램 코드(code) 혹은 그냥 코드라고 하는데, 인터프리트 언어인 파이썬에서는 이러한 코드를 스크립트라고도 합니다.

02 파이썬 시작하기

파이썬 코드를 작성하려면 우선 파이썬 개발 환경을 컴퓨터에 설치해야 합니다. 여기서는 파이썬 개발 환경을 설치하는 방법을 알아보고 간단한 코드 작성을 통해 개발 환경 사용법을 익혀보겠습니다.

파이썬 개발 환경 설치

파이썬 개발 환경을 설치하려면 설치 파일이 필요합니다. 파이썬 설치 파일은 파이썬 공식 홈페이지 (https://www.python.org)에서 내려받아 설치할 수도 있지만 이렇게 하면 파이썬과 기본 라이브러리만 설치됩니다. 이 경우 필요한 외부 라이브러리(혹은 패키지)를 일일이 찾아서 설치해야 하므로 번거롭습니다. 이 책에서는 이런 불편을 해결하기 위해 파이썬 기본 프로그램과 함께 많이 사용하는 패키지와 통합 개발 환경을 한 번에 설치할 수 있는 아나콘다(Anaconda) 배포판을 가지고 개발 환경을 구성하겠습니다.

아나콘다 배포판 다운로드

아나콘다 배포판을 다운로드 하려면 아나콘다 다운로드 페이지(https://www.anaconda.com/products/individual)를 방문해 Download를 클릭합니다. 아나콘다 다운로드 페이지 주소는 자주 변경되므로, 혹시 이 주소로 다운로드 페이지에 접속이 되지 않으면 인터넷 검색창에서 'anaconda download'를 검색해 다운로드 페이지로 접속합니다. 사용하는 운영체제에 따라 파이썬 버전을 선택해 설치 파일을 다운로드합니다. 이 책은 윈도우(64비트) 운영체제를 사용한다고 가정하므로 윈도우용 Python 3.8의 64-Bit Graphical Installer를 선택해 다운로드합니다(그림 1-1). 아나콘다 배포판 다운로드 페이지 화면과 설치 파일 버전은 바뀔 수 있지만 기본적인 선택 내용은 유사하니 혹시 변경된 내용이 있더라도 어렵지 않게 설치 파일을 내려받을 수 있을 것입니다.

Anaconda Installers

Windows

Python 3.8

○ 64-Bit Graphical Installer (466 MB)

32-Bit Graphical Installer (397 MB)

MacOS

Python 3.8

64-Bit Graphical Installer (462 MB)

64-Bit Command Line Installer (454 MB)

Linux

Python 3.8

64-Bit (x86) Installer (550 MB)

64-Bit (Power8 and Power9) Installer (290 MB)

그림 1-1 아나콘다 배포판 다운로드

파이썬 2.x와 3.x 버전

파이썬은 2.x 버전과 3.x 버전으로 두 종류가 있습니다. 파이썬 3.x는 파이썬 2.x를 개선한 버전인데, 구조와 구문이 일부 변경돼 서로 완벽하게 호환되지 않습니다. 새로운 버전이 나왔음에도 불구하고 기존에 파이썬 2.x 버전에 맞게 작성된 코드가 있는 경우 여전히 파이썬 2.x 버전을 사용하기도 합니다. 하지만 2020년 1월 1일에 공식 지원을 중단한 파이썬 2.7을 끝으로 파이썬 2.x 버전은 더 이상 지원하지 않습니다. 따라서 특별한 이유가 없는 한 파이썬 3.x 버전을 사용하기를 권장합니다. 이 책에서도 파이썬 3.x을 기준으로 설명하겠습니다.

아나콘다 배포판 설치

기존에 파이썬 개발 환경을 설치했다면 아나콘다 설치 전에 이미 설치된 파이썬 프로그램을 제거합니다. 이제 아나콘다를 다운로드한 폴더로 이동한 후 설치 파일을 더블클릭해 설치를 시작합니다. 이후 과정은 다음과 같은 순서대로 진행합니다. 아나콘다 배포판 버전에 따라서 설치 과정이 달라질 수 있지만 아래를 참고하면 큰 어려움 없이 설치할 수 있을 것입니다.

01. 아나콘다 설치 시작 창에서 [Next] 클릭(그림 1-2)

02. 라이선스 동의 창에서 [I Agree] 클릭(그림 1-3)

03. 설치 유형 선택에서 'All Users' 선택 후 [Next] 클릭(그림 1-4)

  - 현재 사용자 계정에서만 아나콘다를 사용하려면 'Just Me'를 선택하고, 컴퓨터의 모든 사용자 계정에서 아나콘다를 사용하도록 하려면 'All Users'를 선택합니다. 단, 'All Users'를 선택하려면 관리자 권한이 필요합니다. 관리자 권한이 없는 사용자 계정의 경우 'Just Me'를 선택하면 C:\Users\사용자계정 폴더 아래에만 아나콘다를 설치할 수 있는데 사용자 계정이 한글이면 설치할 수 없습니다. 이 책에서는 관리자 권한이 있는 사용자 계정을 이용한다는 가정하에 'All Users'를 선택해서 설치를 진행합니다.

04. 'Destination Folder' 입력란에 설치 폴더를 C:\Anaconda3로 수정한 후 [Next] 클릭(그림 1-5)

  - 'All Users'을 선택하면 기본 설치 폴더가 C:\ProgramData\Anaconda3로 돼 있는데 C:\ProgramData는 시스템 폴더로 숨겨져 있어서 추후 관리하기가 쉽지 않으므로 이 책에서는 설치 폴더를 C:\Anaconda3로 수정했습니다. 참고로 'Just Me'를 선택하면 C:\Users\사용자계정\anaconda3가 기본 설치 폴더입니다.

05. 고급 설치 옵션 지정에서 'Register Anaconda' 체크박스를 선택한 후 [Install] 클릭(그림 1-6)

06. 설치가 완료되면 [Next] 클릭(그림 1-7)

07. 파이참(PyCharm) IDE 프로그램은 설치하지 않고 [Next] 클릭(그림 1-8)

08. 추가 정보 확인을 위한 선택 후 [Finish] 클릭(그림 1-9)

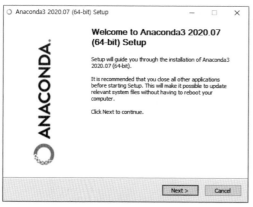

그림 1-2 아나콘다 설치 시작

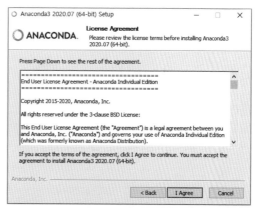

그림 1-3 라이선스 동의

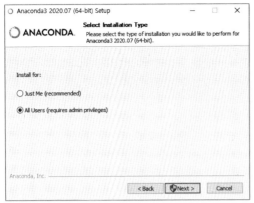

그림 1-4 설치 유형 선택

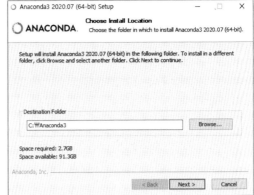

그림 1-5 설치 폴더 선택

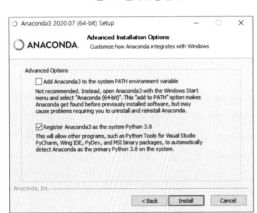

그림 1-6 고급 설치 옵션

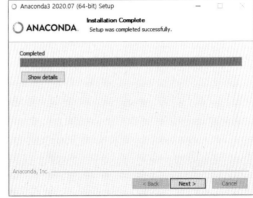

그림 1-7 설치 완료

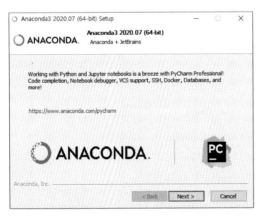

그림 1-8 파이참(PyCharm) IDE는 설치하지 않고 건너뜀

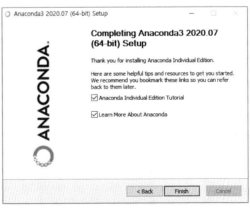

그림 1-9 추가 정보 확인

설치가 끝나면 윈도우의 프로그램 메뉴에 아나콘다 메뉴(그림 1-10)
가 만들어진 것을 확인할 수 있습니다. 컴퓨터 운영체제와 아나콘다
버전에 따라 아나콘다 메뉴의 모양과 내용은 달라질 수 있습니다.

아나콘다 메뉴에서 보듯이 아나콘다 배포판에는 여러 파이썬 개발 환
경이 있습니다. 이제 각 개발 환경에서 파이썬 코드를 어떻게 작성하
는지 살펴보겠습니다.

그림 1-10 아나콘다 메뉴

파이썬 실행하기

이제 앞에서 설치한 파이썬 개발 환경 중 가장 기본이 되는 파이썬 콘솔 프로그램에서 파이썬 코드를
작성하는 방법과 파이썬 코드를 파일로 저장하고 실행하는 방법을 살펴보겠습니다.

파이썬 콘솔 실행

파이썬 콘솔 프로그램을 실행하려면 먼저 아나콘다 메뉴에서
[Anaconda Prompt]를 클릭합니다(그림 1-11). 그러면 아나콘다 프롬
프트(Anaconda Prompt)가 실행됩니다(그림 1-12).

그림 1-11 아나콘다 메뉴에서
[Anaconda Prompt] 선택

그림 1-12 아나콘다 프롬프트 실행

이제 아나콘다 프롬프트에 python 입력 후 Enter 키를 누르면 파이썬 코드를 입력할 수 있는 파이썬 콘솔 프로그램이 실행됩니다(그림 1-13). 파이썬 콘솔 실행 화면에 보이는 'Python 3.8.3'은 현재 설치된 파이썬의 버전이 '3.8.3'이라는 것을 의미합니다. 설치된 파이썬의 버전이 올라감에 따라 이 숫자는 달라질 수 있습니다. 파이썬 콘솔 실행 화면에 보이는 '>>>'는 파이썬 인터프리터 프롬프트(혹은 파이썬 프롬프트)로 파이썬 코드가 입력되기를 기다리는 표시입니다. 파이썬 프롬프트 다음에 코드를 입력할 수 있습니다.

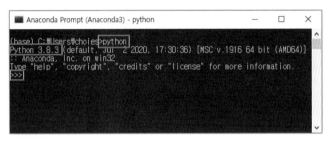

그림 1-13 아나콘다 프롬프트에서 파이썬 콘솔 실행

이제 파이썬 프롬프트 다음에 2 + 3을 입력하고 Enter 키를 누르면 계산 결과인 5를 출력할 것입니다(그림 1-14). 앞으로 특별한 말이 없어도 코드를 한 줄 입력한 후에는 마지막으로 Enter 키를 반드시 눌러야 합니다. 또한 3 * 4를 입력하면 결과인 12를 출력할 것입니다. 파이썬 프롬프트는 계산기처럼 계산을 수행할 수 있으며 한 줄을 입력하면 실행 결과를 바로 보여줍니다. 다음은 print()로 따옴표 안의 내용을 출력해보겠습니다. 파이썬 프롬프트 다음에 print("Hello Python!!")을 입력하면 Hello Python!!을 출력할 것입니다. 참고로 따옴표는 작은따옴표(')와 큰따옴표(") 모두 사용할 수 있습니다.

그림 1-14 첫 번째 파이썬 코드

파이썬 콘솔 프로그램을 종료하려면 프롬프트에 exit()를 입력하고 Enter 키를 누르거나 Ctrl + Z(키보드의 Ctrl 키를 누른 상태에서 Z 키를 누름)를 입력합니다. 그러면 파이썬 콘솔 프로그램이 종료되고 명령 프롬프트로 빠져나옵니다.

파이썬 코드 저장

앞에서 파이썬 콘솔 프로그램으로 코드를 처음 작성해봤는데요. 이렇게 작성한 코드는 파이썬 콘솔 프로그램을 종료하면 모두 사라집니다. 따라서 작성한 코드를 나중에 활용하려면 텍스트 편집기로 코드를 작성한 후에 저장해야 합니다. 파이썬 코드는 어느 폴더에 저장해도 상관없지만 파이썬 코드만 별도로 모아두면 관리하기 편합니다. 이 책에서는 C:\myPyExcel 폴더를 작업 폴더로 지정해 예제 코드와 필요한 데이터를 저장합니다. 작업 폴더 아래에는 data, figures, modules, notebooks 폴더도 있습니다(그림 1-15). 작업 폴더를 만들지 않았다면 앞의 「책 사용 설명서」를 참고해 작업 폴더를 만들고 필요한 하위 폴더를 복사합니다.

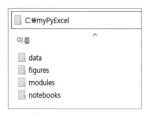

그림 1-15 윈도우 탐색기로 본 작업 폴더의 구조

이제 파이썬 코드를 작성해 앞에서 만든 작업 폴더에 저장하겠습니다. 이를 위해 텍스트 편집기(여기서는 윈도우 메모장)을 열어서 그림 1-16과 같이 print("Hello Python!!")를 입력하고 C:\myPyExcel 폴더에 hello_python.py로 저장합니다.

그림 1-16 텍스트 편집기에서 파이썬 코드 저장

Note

파이썬 코드를 텍스트 파일로 저장할 때 확장자는 py로 지정합니다. 따라서 파이썬 코드의 파일명을 file_name으로 저장하려면 file_name.py로 저장해야 합니다.

파이썬 코드 실행

저장된 파이썬 코드 파일(file_name.py라고 가정)은 아나콘다 프롬프트에서 python file_name.py를 입력해 실행할 수 있습니다. 실행 위치가 파이썬 코드 파일이 있는 폴더가 아니라면 파일명 앞에 파일이 있는 폴더의 위치를 지정합니다. 그림 1-17은 아나콘다 프롬프트에서 파이썬 코드 파일(hello_python.py)을 실행하는 것을 보여줍니다. 작업 폴더에서 실행하지 않을 때는 python C:\myPyExcel\hello_python.

py처럼 파일의 전체 경로를 지정해야 하고, 작업 폴더에서 실행할 때는 `python hello_python.py`처럼 파일명만 지정해도 됩니다. 출력 결과를 보면 파이썬 코드 파일이 잘 수행된 것을 알 수 있습니다.

그림 1-17 아나콘다 프롬프트에서 파이썬 코드 파일 실행

통합 개발 환경에서 파이썬 코드 작성

앞에서 파이썬 코드를 작성하고 파이썬 파일로 저장하는 데는 텍스트 편집기를, 이 파이썬 파일을 실행하는 데는 아나콘다 프롬프트를 사용했습니다. 이렇게 코드 작성과 실행을 별도의 프로그램에서 수행하는 것은 불편합니다. 이런 불편함을 해결하고자 텍스트 편집기와 코드 수행을 하나의 프로그램에서 할 수 있는 통합 개발 환경(Integrated development environment, IDE)이 개발됐습니다. 아나콘다 배포판에는 스파이더(Spyder)라는 통합 개발 환경이 있습니다. 이제 스파이더에 있는 IPython 콘솔(Console)과 내장 편집기(Editor)로 코드를 작성하고 실행하는 방법을 살펴보겠습니다.

용어 설명: IPython

앞에서 살펴본 파이썬 콘솔은 가장 기본이 되는 파이썬 개발 환경이지만 코드 작성을 편리하게 해 주는 기능이 제한적입니다. 이런 파이썬 개발 환경을 좀 더 개선한 것이 IPython입니다. IPython은 Interactive Python의 줄임말로, 기본적인 파이썬 콘솔보다 상호작용이 쉽고 편리한 기능을 제공합니다.

스파이더 실행과 설정

아나콘다 메뉴에서 [Spyder]를 클릭(그림 1-18)하면 파이썬 통합 개발 환경이 실행(그림 1-19)됩니다. 새로운 버전이 나왔다는 팝업 창이 나올 수도 있는데 [OK]를 클릭해 팝업 창을 닫습니다.

그림 1-18 아나콘다 메뉴에서 [Spyder] 선택

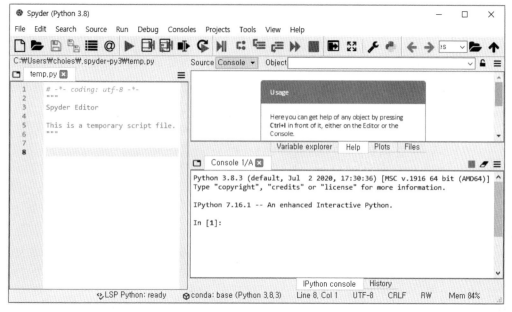

그림 1-19 스파이더 실행 화면

스파이더 왼쪽에는 편집기가 있고, 오른쪽 아래에는 IPython 콘솔이 있습니다. 편집기에는 코드를 입력하고 저장할 수 있으며, IPython 콘솔에는 코드를 직접 입력해 실행할 수 있습니다.

파이썬 기본 콘솔의 프롬프트는 '>>>'이지만, IPython 콘솔의 프롬프트는 'In [1]:'입니다. 여기서 대괄호 안의 숫자는 코드를 실행할 때마다 1씩 증가합니다. 그림 1-20은 'In [1]:' 다음에 print("Hello IPython!!")를 입력해 실행한 결과입니다. 실행 결과로 Hello IPython!!이 출력된 후에는 다음 코드 입력을 위해 'In [2]:'가 나옵니다.

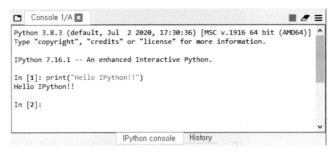

그림 1-20 IPython에서 코드 실행

IPython에서 print를 입력하면 글자색이 자동으로 바뀝니다. 이것은 IPython이 파이썬 내장 명령어를 인식해 글자색을 변경했기 때문입니다. 이렇듯 IPython에는 파이썬 콘솔에 없는 편리한 기능이 있습니다.

다음으로 스파이더의 PYTHONPATH Manager를 이용해, 앞에서 만든 작업 폴더(C:\myPyExcel) 내의 modules 폴더를 PYTHONPATH 환경 변수에 설정하겠습니다. 이것은 modules 폴더에 나중에 만들게 될 모듈과 패키지를 어느 폴더에서나 사용할 수 있게 하기 위한 작업입니다.

01. 스파이더 메뉴 중 [Tools] 클릭 후 [PYTHONPATH Manager] 클릭(그림 1-21)

02. [Add path] 클릭(그림 1-22)

03. 'Select Directory' 팝업 창이 나오면 C:\myPyExcel\modules 폴더 선택(그림 1-22)

04. [Synchronize ...] 클릭 후 팝업 창이 뜨면 [Yes] 버튼 클릭(그림 1-22)

05. [OK] 버튼 클릭(그림 1-22)

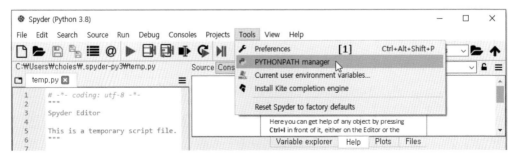

그림 1-21 스파이더에서 PYTHONPATH Manager 선택

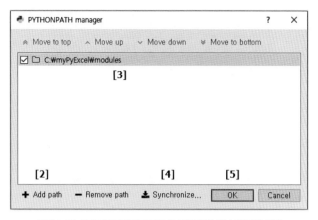

그림 1-22 스파이더에서 PYTHONPATH 환경 변수에 경로 지정

스파이더에서 코드 작성

스파이더를 실행한 후 편집기가 선택된 상태에서 키보드로 Ctrl + N을 누르거나 마우스로 상단의 [New file] 아이콘을 클릭합니다(그림 1-23). 그러면 새 파일이 열리는데(그림 1-24), 기본적으로 문자 인코딩('utf-8') 형식, 파일 생성 날짜, 그리고 파일을 생성한 현재 사용자 정보가 자동으로 앞에 들어가게 됩니다. 이것은 주석으로서 코드로 인식되지 않아서 코드를 실행하는 데 영향을 주지 않습니다.

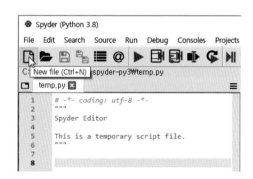

그림 1-23 스파이더 편집기에서 새 파일 생성

그림 1-24 스파이더 편집기에서 새 파일을 생성한 결과

파이썬의 주석

주석은 영어로 코멘트(Comment)라고 하며, 프로그램을 작성할 때 코드를 설명하는 데 쓰입니다. 코드로 인식되지 않으므로 컴파일러나 인터프리터에 의해 무시됩니다. 각 프로그래밍 언어마다 독자적인 주석 기호가 있으며, 파이썬의 주석 기호는 #입니다. 즉, # 다음에 오는 내용은 주석으로 인식해 무시합니다. 여러 줄을 주석으로 만들고 싶다면 앞뒤를 """로 감싸면 됩니다.

이제 새로 생성한 파이썬 파일에 다음과 같이 print("Hello Spyder!!")를 입력합니다(그림 1-25).

그림 1-25 스파이더 편집기에서 새 파일에 코드 입력

다음으로 키보드로 Ctrl + S를 입력하거나 마우스로 [Save file] 아이콘을 클릭한 후 작업 폴더인 C:\ myPyExcel 폴더에 파일 이름을 hello_spyder.py로 저장합니다. 그러면 편집기에서 경로와 파일 이름이 변경됩니다(그림 1-26).

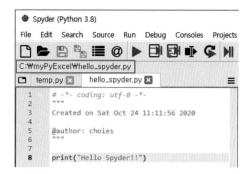

그림 1-26 스파이더 편집기에서 파일 저장

이제 F5 키를 누르거나 [Run file (F5)] 아이콘을 클릭합니다(그림 1-27).

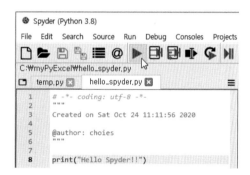

그림 1-27 스파이더 편집기에 저장된 코드 파일 실행

스파이더에서 저장된 코드를 처음 실행하는 것이라면 설정 창(그림 1-28)이 나타나는데, 하단의 [Run] 버튼을 클릭하면 됩니다.

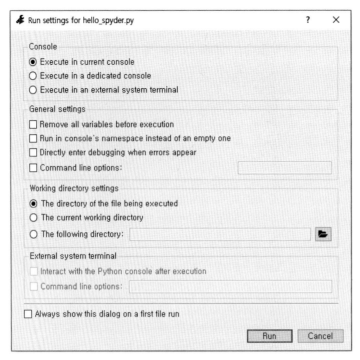

그림 1-28 스파이더 실행 설정 창

모든 것이 정상적으로 수행되면 IPython 콘솔에서 hello_spyder.py 파일을 실행하고 실행 결과가 표시됩니다(그림 1-29).

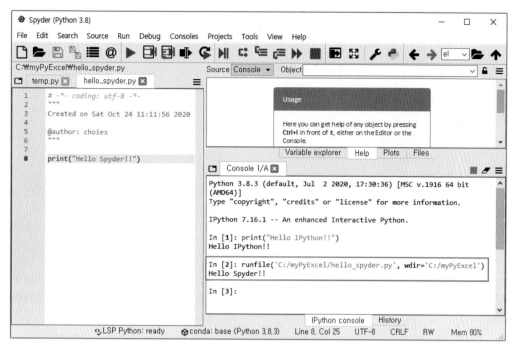

그림 1-29 스파이더 IPython 콘솔에 표시되는 코드 실행 결과

지금까지 스파이더에서 IPython 콘솔과 편집기를 사용하는 방법을 살펴봤습니다. 이 책에서는 다음에 살펴볼 주피터 노트북으로 코드를 작성하는 방법을 중심으로 설명하겠지만 한 번에 수행할 코드를 작성하고 관리할 때는 스파이더를 사용하는 것이 편리할 수 있습니다.

03 주피터 노트북 활용

이번에는 또 다른 개발 환경인 주피터 노트북(Jupyter Notebook)에서 파이썬 코드를 작성하는 방법을 알아보겠습니다. 주피터 노트북은 코드 작성과 실행뿐만 아니라 코드 설명을 위한 문서 작성도 함께 할 수 있는 웹 응용 프로그램입니다. 주피터 노트북에서 문서 작성은 마크다운(Markdown)을 통해 이뤄지는데 텍스트, 수식, 시각화 자료 작성을 편리하게 할 수 있습니다. 주피터 노트북은 파이썬, R, 줄리아(Julia), 스칼라(Scala) 등 다양한 프로그래밍 언어로 코드를 작성할 수 있게 지원합니다. 이러한 편리성으로 인해 이론 설명과 시뮬레이션(Simulation)이 필요한 과학 및 공학 분야와 데이터 설명과 결과 분석이 필요한 데이터 과학 및 머신러닝 분야에서 주피터 노트북이 널리 이용됩니다.

아나콘다 배포판에는 주피터 노트북이 포함돼 있고 파이썬을 사용할 수 있게 설정돼 있어 아나콘다를 설치하면 바로 주피터 노트북에서 파이썬 코드를 작성할 수 있습니다. 여기서는 주피터 노트북이 가진 다양한 기능 중 파이썬 코드를 작성하는 데 필요한 기능을 중심으로 살펴보겠습니다. 좀 더 자세한 내용은 주피터 노트북 홈페이지(https://jupyter.org)를 참고하길 바랍니다.

주피터 노트북 실행과 노트북 생성

먼저 주피터 노트북을 실행하는 방법을 살펴보겠습니다. 아나콘다 메뉴에서 [Jupyter Notebook]을 클릭해 실행합니다(그림 1-30). 주피터 서버가 시작되고 기본 브라우저의 새 창에서 주피터 노트북이 열립니다(그림 1-31). 이 책에서는 기본 브라우저로 파이어폭스를 사용했지만 크롬, 인터넷 익스플로러, 엣지를 사용해도 됩니다. 단, 브라우저가 최신 버전이 아닐 경우 문제가 있을 수 있으니 최신 버전으로 업데이트하길 권장합니다. 브라우저에서 주피터 노트북이 열리면 홈 화면(Home page)의 [Files] 탭에 기본 시작 폴더(C:\Users\사용자계정)에 있는 폴더와 파일이 보입니다. 이 상태에서 새로운 노트북을 생성하면 기본 시작 폴더나 그 아래의 폴더에만 저장할 수 있습니다.

그림 1-30 아나콘다 메뉴에서 [Jupyter Notebook] 선택

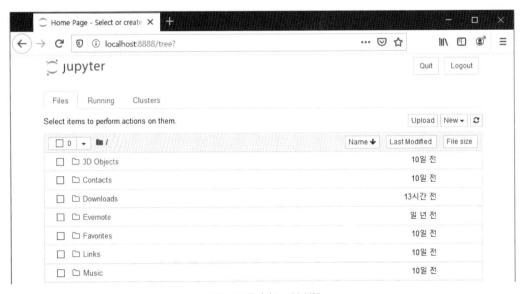

그림 1-31 주피터 노트북 실행

주피터 노트북을 기본 시작 폴더가 아닌 다른 폴더에서 실행하면 해당 폴더와 그 하위 폴더에 주피터 노트북 파일을 저장할 수 있어 좀 더 효율적으로 주피터 노트북 파일을 관리할 수 있습니다. 이를 위해 먼저 주피터 노트북을 종료하겠습니다. 주피터 노트북을 종료하려면 브라우저에서 주피터 노트북과 관련된 탭을 모두 닫고 주피터 서버가 실행 중인 명령 창도 닫습니다(그림 1-32).

그림 1-32 주피터 서버 명령 창 닫기

이제 기본 시작 폴더가 아닌 작업 폴더(C:\myPyExcel)에서 주피터 노트북을 실행하겠습니다. 먼저 아나콘다 메뉴에서 [Anaconda Prompt]를 클릭해 아나콘다 프롬프트 실행하고, 다음과 같은 방법으로 주피터 노트북을 실행합니다(그림 1-33).

01. 아나콘다 프롬프트에 cd C:\myPyExcel를 입력해 작업 폴더로 이동

02. 아나콘다 프롬프트에 jupyter notebook을 입력해 주피터 노트북 실행

그림 1-33 아나콘다 프롬프트에서 주피터 노트북 실행

주피터 서버가 시작되고 브라우저가 열리면서 주피터 노트북의 홈 화면이 나타납니다(그림 1-34). 아나콘다 메뉴에서 [Jupyter Notebook]을 클릭해 주피터 노트북을 열 때와 달리 [Files] 탭에 작업 폴더 (C:\myPyExcel)의 폴더와 파일이 표시됩니다.

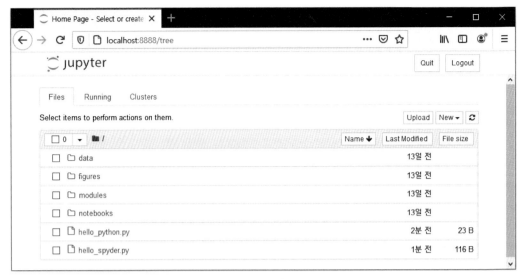

그림 1-34 작업 폴더(C:\myPyExcel)에서 시작한 주피터 노트북

이제 주피터 노트북의 오른쪽 위에 [New] → [Python3]를 차례대로 클릭합니다(그림 1-35).

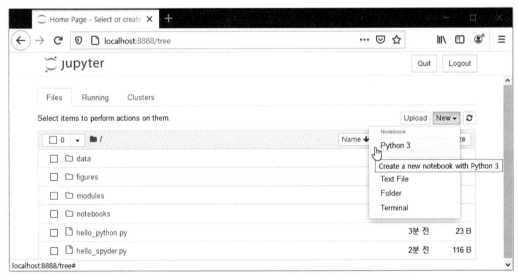

그림 1-35 주피터 노트북에서 새 노트북 생성

그러면 그림 1-36처럼 브라우저의 새 탭으로 노트북 이름이 Untitled인 노트북이 생성됩니다.

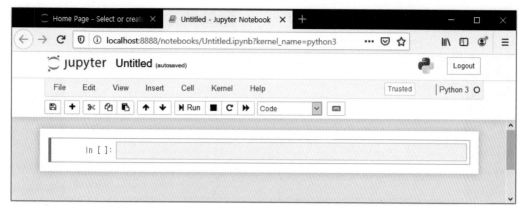

그림 1-36 Untitled로 생성된 노트북

이것으로 주피터 노트북에 파이썬 코드를 작성할 준비가 끝났습니다. 다음은 주피터 노트북의 주요 기능을 살펴보고 파이썬 코드를 작성하고 실행하는 방법을 알아보겠습니다.

주피터 노트북 주요 기능 둘러보기

주피터 노트북에서 코드를 작성하기 전에 주피터 노트북의 기본적인 사용법을 먼저 알아보겠습니다. 주피터 노트북의 사용자 인터페이스(그림 1-37)는 다음과 같습니다.

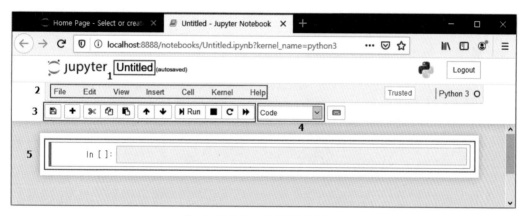

그림 1-37 주피터 노트북의 사용자 인터페이스

01. 노트북 이름 (파일 이름): 노트북을 새로 생성하면 노트북 이름이 Untitled 혹은 Untitled숫자로 지정됩니다. 노트북 이름을 마우스로 클릭하면 팝업 창(그림 1-38)이 나타나는데, 변경할 노트북 이름(여기서는 python_code)을 입력하고 [Rename] 버튼을 클릭합니다. 이때 노트북의 파일 이름은 '노트북이름.ipynb'이 됩니다.

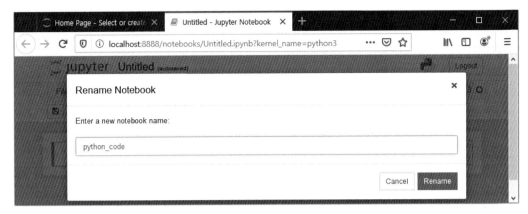

그림 1-38 주피터 노트북의 노트북 이름 변경

02. 메뉴 바: 노트북의 모든 메뉴를 선택할 수 있습니다.

- 파일(File): 새 노트북을 만들기, 노트북 복사하기 등의 파일 관련 작업을 할 수 있습니다.

- 편집(Edit): 셀(cell) 자르기, 셀 복사하기, 셀 붙이기, 셀 삭제 등의 작업을 할 수 있습니다.

- 보기(View): 헤더, 툴 바, 줄 번호 보이기/숨기기 등의 작업을 할 수 있습니다.

- 삽입(Insert): 현재 위치에서 셀을 위나 아래에 삽입할 수 있습니다.

- 셀(Cell): 하나 혹은 노트북 전체의 셀을 실행하고 셀 타입을 선택할 수 있습니다.

- 커널(Kernel): 커널 정지, 커널 재시작, 커널 재시작 후 전체 재실행 등의 작업을 할 수 있습니다.

- 도움말(Help): 단축키 확인하기, 단축키 설정하기 등의 작업을 할 수 있습니다.

용어 설명

- **커널**: 주피터 노트북에서 커널은 사용자 코드를 수행하는 프로그램입니다. 아나콘다 배포판을 설치하면 기본적으로 파이썬 커널이 설치되지만 다른 프로그래밍 언어(R, 줄리아, 스칼라 등)를 위한 커널을 설치해 사용할 수도 있습니다. 주피터 노트북의 새 노트북을 생성할 때 설치한 커널 중 어떤 커널을 사용할지 선택할 수 있습니다. 여기서는 파이썬 3 커널만 설치됐기 때문에 파이썬 3 커널만 보입니다.

- **셀**: 주피터 노트북에서 셀은 사용자가 코드나 문서를 작성할 수 있는 공간입니다. 셀에는 코드를 입력할 수 있는 코드 셀과 마크다운 문서를 작성할 수 있는 마크다운 셀이 있습니다.

- **마크다운**: 특수 기호와 문자를 사용해 화면에 표시되는 문서의 형식을 지정하는 텍스트 기반의 마크업 언어입니다. 다른 마크업 언어(예, HTML)에 비해 문법 구조가 단순해 읽고 쓰기가 쉽습니다. 마크다운으로 작성된 문서는 HTML 등 서식이 있는 문서로 쉽게 변환할 수 있어 위키, 블로그, 깃허브 등 온라인 게시물을 작성할 때도 마크다운을 많이 이용합니다. 마크다운을 사용한 문서 작성 방법은 뒤에서 살펴보겠습니다.

03. 툴 바: 자주 사용하는 기능은 아이콘으로도 있습니다(그림 1-39). 툴 바에 있는 순서대로 살펴봅시다.

① 저장(Save and Checkpoint): 노트북을 저장합니다.

② 셀 추가(insert cell below): 현재 셀의 아래에 새로운 셀을 추가합니다. 셀을 추가하면 셀 유형은 기본적으로 코드를 입력할 수 있는 코드 셀이 됩니다.

③ 셀 삭제(cut selected cells): 선택한 셀을 삭제합니다.

④ 셀 복사(copy selected cells): 선택한 셀을 복사합니다.

⑤ 셀 붙이기(paste cells below): 복사한 셀을 아래에 붙입니다.

⑥ 셀을 위로 이동(move selected cells up): 선택한 셀을 위로 이동합니다.

⑦ 셀을 아래로 이동(move selected cells down): 선택한 셀을 아래로 이동합니다.

⑧ 실행(Run): 셀 유형이 코드이면 코드를 실행하고, 마크다운이면 마크다운 형식으로 작성된 문서의 결과를 보여줍니다.

⑨ 커널 정지(interrupt the kernel): 셀에서 실행하고 있는 코드를 정지합니다. 반복문 등에서 실행을 멈출 때 사용합니다.

⑩ 커널 재시작(restart the kernel): 커널을 다시 시작합니다.

⑪ 커널 재시작 후 전체 재실행(restart the kernel and re-run the notebook): 커널을 다시 시작해 전체 노트북을 다시 실행합니다.

그림 1-39 주피터 노트북의 툴 바

04. 셀 유형 선택: 셀 유형을 선택합니다(그림 1-40). 셀 유형에는 코드와 마크다운 등이 있습니다. 셀 유형은 언제든지 변경할 수 있습니다.

- 코드(Code): 코드를 작성합니다.
- 마크다운(Markdown): 마크다운 형식의 문서를 작성합니다.

그림 1-40 주피터 노트북의 셀 유형 선택

05. 셀: 코드와 문서를 작성하는 공간입니다. 셀 유형을 코드로 지정하면 코드 셀이 되고, 마크다운으로 지정하면 문서를 작성할 수 있는 마크다운 셀이 됩니다. 코드 셀의 앞에는 'In [ ]:'이 표시됩니다. 코드를 입력하고 실행하면 [ ] 안에 숫자가

나타나며, 실행한 순서대로 1씩 증가합니다. 또한 코드 수행 결과의 출력에도 'Out[숫자]:'가 표시되는데 print( )로 결과를 출력할 때는 결과 앞에 'Out[숫자]:'가 표시되지 않습니다. 셀에는 다음과 같이 편집 모드(그림 1-41)와 명령 모드(그림 1-42)가 있습니다. 언제든지 두 모드 사이를 전환할 수 있습니다.

- 편집 모드(Edit mode): 코드나 문서를 작성하기 위한 모드
  · 표시: 녹색의 셀 경계선과 왼쪽의 녹색 막대로 표시되며, 편집 영역에는 프롬프트가 깜빡입니다.
  · 진입 방법: 명령 모드에서 Enter 키를 누르거나 셀의 편집 영역을 클릭합니다.
- 명령 모드(Command mode): 셀을 다루기 위한 모드
  · 표시: 회색의 셀 경계선과 왼쪽의 파란색 막대로 표시합니다.
  · 진입 방법: 편집 모드에서 키보드의 Esc 키를 누르거나 셀의 편집 영역의 바깥 부분을 클릭합니다.

그림 1-41 주피터 노트북 셀의 편집 모드

그림 1-42 주피터 노트북 셀의 명령 모드

주피터 노트북에서 마우스를 사용해 셀, 툴 바, 셀 유형을 선택하면서 코드와 문서를 작성할 수도 있지만 키보드 단축키를 활용하면 좀 더 편리하게 작업할 수 있습니다. 많이 사용하는 주요 단축키는 표 1-1과 같습니다. 모든 단축키를 알고 싶다면 메뉴 바에서 [Help] → [Keyboard Shortcuts]를 클릭합니다.

표 1-1 주피터 노트북의 단축키

키보드 입력	설명
Shift + Enter	현재 셀을 수행하고 아래 셀을 선택. 아래에 셀이 없으면 새로운 셀을 추가
Alt + Enter	현재 셀을 수행하고 아래에 새로운 셀을 추가
Ctrl + Enter	현재 셀을 수행. 아래 셀 추가나 선택 없음
Ctrl + S	노트북 저장
Enter	명령 모드에서 입력 모드로 전환
Esc	입력 모드에서 명령 모드로 전환

키보드 입력	설명
M	명령 모드에서 셀 유형을 마크다운으로 전환
Y	명령 모드에서 셀 유형을 코드로 전환
L	명령 모드에서 줄 번호 보이기/숨기기
Ctrl + /	셀(입력 모드) 편집 영역에서 선택된 코드를 주석으로 처리/해제
상/하 방향키	명령 모드에서 셀 간의 상/하 이동

주피터 노트북에서 코드 작성

지금까지 주피터 노트북의 기본적인 내용을 살펴봤습니다. 이제 주피터 노트북에서 간단한 파이썬 코드를 작성하겠습니다. 생성한 노트북의 첫 번째 셀 편집 영역을 마우스로 클릭해 선택하고 print("Hello Jupyter Notebook!!")을 입력합니다(그림 1-43).

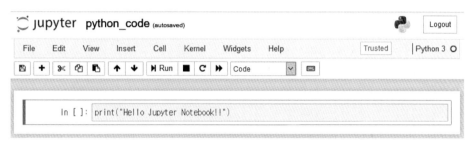

그림 1-43 주피터 노트북에서 코드 입력

다음으로 셀 툴 바에서 [셀 실행] 아이콘을 클릭하거나 키보드로 Shift + Enter 키를 누릅니다(그림 1-44).

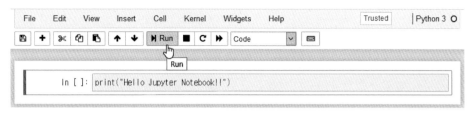

그림 1-44 주피터 노트북에서 코드 실행

그러면 다음과 같이 코드가 실행되고 그 아래 새로운 코드 셀이 추가됩니다(그림 1-45).

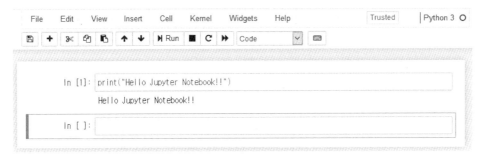

그림 1-45 주피터 노트북에서 코드 실행 후 결과 확인

주피터 노트북의 코드 셀에는 코드를 여러 줄 입력할 수 있습니다. 즉, 일반적인 문서 편집기로 코드를 작성하듯이 코드를 작성할 수 있습니다. 코드 셀에 코드를 여러 줄 입력해 실행하면 위에서부터 순차적으로 코드가 실행됩니다. 다음은 코드 셀에서 여러 줄 코드를 입력하고 실행한 결과입니다(그림 1-46).

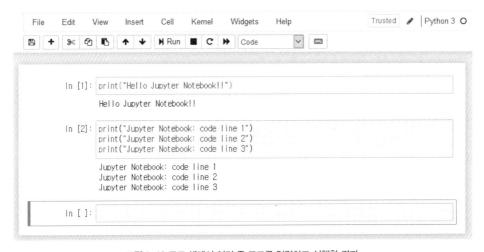

그림 1-46 코드 셀에서 여러 줄 코드를 입력하고 실행한 결과

코드나 문서 작성을 완성하고 나면 저장 아이콘을 클릭해 저장합니다. 저장한 노트북은 브라우저에서 홈 화면(Home page)을 클릭해 [Files] 탭을 보면 확인할 수 있습니다. 여기서는 앞에서 만든 노트북 파일(python_code.ipynb)을 볼 수 있습니다(그림 1-47). 열고 싶은 노트북 파일을 클릭하면 새 창에 노트북이 열립니다. 이미 브라우저에서 원하는 노트북이 열려 있다면 마우스로 클릭해 이동하면 됩니다.

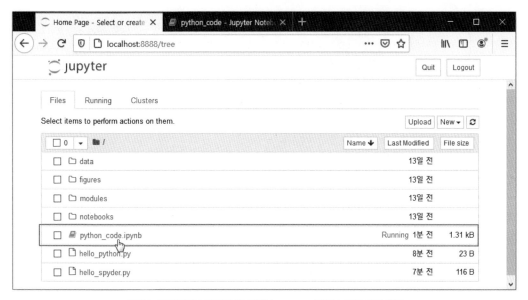

그림 1-47 주피터 노트북의 홈 화면(Home page)에서 노트북 파일 확인

주피터 노트북에서 문서 작성

주피터 노트북에서는 코드뿐만 아니라 문서도 작성할 수 있습니다. 셀 유형을 마크다운으로 선택하면 마크다운 형식의 문서를 입력할 수 있습니다. 마크다운의 문서 형식을 간단히 살펴보겠습니다. 자세한 사용 방법을 알고 싶다면 검색 사이트에서 'markdown' 혹은 '마크다운'을 검색해 마크다운을 설명한 사이트를 참고하기 바랍니다. 어렵지 않으니 금방 익힐 수 있습니다. 마크다운의 문서 형식 중 몇 가지만 살펴보면 다음과 같습니다.

- '# 1단계 제목', '## 2단계 제목', '### 3단계 제목'처럼 '#'의 개수에 따라 제목의 단계를 변경할 수 있습니다.
- **강조**로 문자를 강조할 수도 있습니다.
- 일반 문자는 특별한 기호 없이 그냥 사용하면 됩니다.
- 목록(리스트)을 만들 수 있습니다.
- 그 밖에 표, 선, 수식, 링크, 그림, 동영상도 추가할 수 있습니다.

그림 1-48은 마크다운 셀에 간단한 마크다운 문서를 작성한 예이고, 그림 1-49는 이 마크다운 문서를 출력한 결과입니다.

이것은 셀 타입을 Markdown을 선택해서 작성한 문서의 예입니다.

아래와 같이 단계별 제목을 만들 수 있습니다.

1단계 제목
2단계 제목
3단계 제목
4단계 제목
5단계 제목

줄을 그을 수도 있습니다.

글자를 **강조**할 수도 있습니다.

목록을 표시할 수도 있습니다.
- 목록 테스트 1
- 목록 테스트 2

LaTex 수식을 다음과 같이 $y=ax^2+bx+c$ 문장 내에도 입력할 수도 있습니다.

또한 다음과 같이 별도의 줄에 수식을 입력할 수도 있습니다.

$$ x^n + y^n = z^n $$

표를 입력할 수도 있습니다.

헤더 1	헤더 2	헤더 3	헤더 4
기본	왼쪽 정렬	가운데 정렬	오른쪽 정렬
가	나	다	라
1	2	3	4

그림 1-48 마크다운 형식 문서의 작성 예

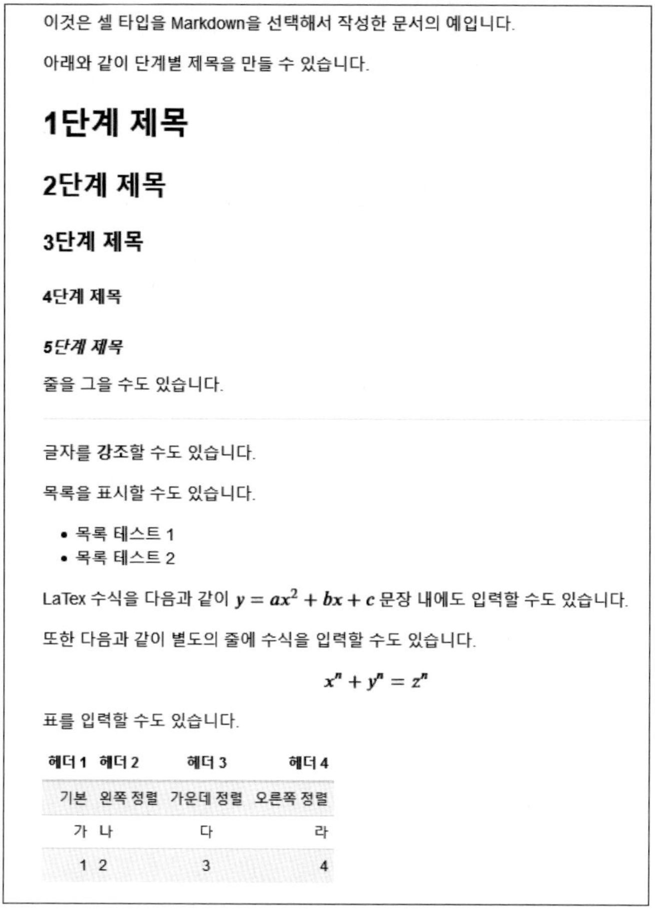

이것은 셀 타입을 Markdown을 선택해서 작성한 문서의 예입니다.

아래와 같이 단계별 제목을 만들 수 있습니다.

1단계 제목

2단계 제목

3단계 제목

4단계 제목

5단계 제목

줄을 그을 수도 있습니다.

글자를 **강조**할 수도 있습니다.

목록을 표시할 수도 있습니다.

- 목록 테스트 1
- 목록 테스트 2

LaTex 수식을 다음과 같이 $y = ax^2 + bx + c$ 문장 내에도 입력할 수도 있습니다.

또한 다음과 같이 별도의 줄에 수식을 입력할 수도 있습니다.

$$x^n + y^n = z^n$$

표를 입력할 수도 있습니다.

헤더 1	헤더 2	헤더 3	헤더 4
기본	왼쪽 정렬	가운데 정렬	오른쪽 정렬
가	나	다	라
1	2	3	4

그림 1-49 마크다운 형식 문서의 출력 결과

그 밖에 할 수 있는 작업

주피터 노트북의 코드 셀에서는 운영체제 명령어를 수행할 수도 있고, 코드 파일을 쓰고(저장하고) 불러오고 실행할 수도 있습니다. 이런 기능들은 다른 프로그램으로 전환없이 주피터 노트북만으로 코드를 작성하는 데 도움이 됩니다. 이제 이러한 기능을 사용하는 방법을 알아보겠습니다.

운영체제 명령어 실행

코드 작업을 하다보면 특정 작업 폴더로 이동해야 할 수도 있고, 특정 폴더에 어떠한 파일이나 폴더가 있는지 확인해야 할 때도 있습니다. 또한 폴더를 만들거나 삭제하고, 파일의 내용을 살펴봐야 할 수도 있습니다. 이러한 작업들은 운영체제의 명령 프롬프트에서 수행할 수 있는데 주피터 노트북의 코드 셀에서는 아래와 같이 운영체제 명령어(command) 앞에 느낌표(!)를 붙여 운영체제에 명령을 내릴 수 있습니다.

```
!command
```

표 1-2는 윈도우 명령 프롬프트(cmd)에서 사용하는 윈도우 명령어 중 디렉터리(폴더)와 파일 관련 명령어 일부를 보여줍니다.

표 1-2 윈도우 명령어 중 디렉터리(폴더)와 파일 관련 명령어 예시

윈도우 명령어	설명	사용 예
cd 디렉터리	작업 디렉터리(폴더)의 위치를 지정한 디렉터리로 변경	cd C:\myPyExcel
dir 디렉터리	작업 디렉터리에 있는 파일과 하위 디렉터리 목록을 출력	dir C:\myPyExcel
tree 디렉터리	디렉터리 구조를 시각적으로 표시	tree C:\myPyExcel
type 파일	텍스트 파일의 내용 표시	type hello_python.py
mkdir 디렉터리	디렉터리 생성	mkdir test_dir
rmdir 디렉터리	디렉터리 삭제	rmkdir test_dir
echo %환경변수%	환경 변수 출력	echo %PYTHONPATH%

몇몇 명령어는 !command가 아니라 command로 운영체제의 명령어를 내릴 수 있습니다. 이 중 일부를 살펴보면 !cd는 cd로, !dir은 ls로, !mkdir는 mkdir로, !rmdir는 rmdir로, !echo는 echo로 사용할 수 있습니다.

다음은 표 1-2에서 설명한 윈도우 명령 프롬프트의 명령어를 주피터 노트북 코드 셀에서 사용하는 몇 가지 예를 보여줍니다.

In: cd c:\myPyExcel

Out: c:\myPyExcel

In: !type hello_python.py

Out: print("Hello Python!!")

In: echo %PYTHONPATH%

Out: C:\myPyExcel\modules

마지막 예에서는 echo를 사용해 파이썬 환경 변수인 PYTHONPATH의 설정을 출력했습니다. 앞에서 스파이더의 PYTHONPATH manager를 통해 지정한 폴더가 PYTHONPATH 환경 변수에 설정된 것을 확인할 수 있습니다.

파일을 쓰고 불러오고 실행하기

주피터 노트북에서는 IPython의 내장 마술 명령어(magic command)를 이용해 다양한 작업을 수행할 수 있습니다. IPython의 마술 명령어 중 코드 파일을 쓰고 불러오고 실행하는 명령어를 알아보겠습니다.

> ### 마술 명령어
>
> 주피터 노트북에 사용할 수 있는 내장 마술 명령어는 다양하게 있습니다. 마술 명령어에 어떤 것이 있는지 알아보려면 코드 셀에 %lsmagic을 입력하면 됩니다. 마술 명령어에는 %로 시작하는 라인 마술 명령어와 %%로 시작하는 셀 마술 명령어가 있습니다. 라인 마술 명령어와 셀 마술 명령어의 적용 범위는 각각 라인(한 줄)과 셀(코드 셀)입니다.

코드 셀의 코드를 파이썬 코드 파일로 저장하려면 다음과 같이 %%writefile 명령어를 사용합니다.

```
%%writefile [-a] file_name.py
<코드 블록>
```

위와 같이 실행하면 해당 코드 셀의 전체 코드가 file_name.py에 저장됩니다. 여기서 파일명을 지정할 때 경로를 포함할 수 있습니다. 옵션인 -a을 사용하면 같은 이름의 파일이 있을 때 기존 파일의 내용 뒤에 새로운 내용을 추가하고, 사용하지 않으면 덮어씁니다. 파이썬 코드뿐만 아니라 일반 텍스트 파일도 %%writefile 명령어로 저장할 수 있습니다.

텍스트 파일을 불러오려면 코드 셀에서 다음과 같이 %load 명령어를 사용합니다.

```
%load file_name.py
```

위와 같이 실행하면 지정한 텍스트 파일(file_name.py)을 읽어 코드 셀에 표시합니다. 역시 파일명을 지정할 때 경로를 포함할 수 있습니다.

파이썬 코드를 실행하려면 다음과 같이 %run 명령어를 사용합니다.

```
%run file_name.py
```

위와 같이 실행하면 지정한 파이썬 코드 파일(file_name.py)을 수행합니다.

이제 앞에서 살펴본 %%writefile, %load, %run을 사용해 파이썬 코드 파일을 쓰고, 읽고, 실행하는 예를 살펴보겠습니다. 먼저 %%writefile 명령어를 사용해 코드 셀의 파이썬 코드를 작업 폴더(C:\myPyExcel)에 파이썬 코드 파일(multi_line_print.py)로 저장하겠습니다.

```
In:    %%writefile C:\myPyExcel\multi_line_print.py
       # File name: multi_line_print.py
       print("Jupyter Notebook: code line 1")
       print("Jupyter Notebook: code line 2")
       print("Jupyter Notebook: code line 3")
```

```
Out:   Writing C:\myPyExcel\multi_line_print.py
```

마술 명령어인 '%%writefile 파일명'을 처음 실행할 때 파일이 잘 생성됐다면 'Writing 파일명'을 출력합니다. 이후에 다시 '%%writefile 파일명'을 실행하는데 같은 이름의 파일이 있다면 기존 파일을 덮어쓰고 'Overwriting 파일명'을 출력합니다. '%%writefile -a 파일명'을 실행할 때 같은 이름의 파일이 이미 있다면 이 파일 뒤에 내용을 추가하고 'Appending to 파일명'을 출력합니다.

앞에서 저장한 파일을 불러오려면 코드 셀에서 '%load C:\myPyExcel\multi_line_print.py'를 수행합니다. 그러면 '%load file_name.py' 관련 부분은 주석 처리되면서 해당 텍스트 파일을 불러옵니다.

다음은 %run으로 파이썬 코드 파일을 실행하는 예를 보여줍니다.

```
In:    %run C:\myPyExcel\multi_line_print.py
```

```
Out:   Jupyter Notebook: code line 1
       Jupyter Notebook: code line 2
       Jupyter Notebook: code line 3
```

04 정리

이번 장에서는 본격적으로 파이썬을 학습하기 전에 엑셀과 VBA의 한계를 알아보고 파이썬의 특징을 살펴봤습니다. 또한 파이썬 배포판인 아나콘다를 이용해 파이썬 개발 환경을 설치했습니다. 설치한 개발 환경을 사용해 파이썬 콘솔, 스파이더, 주피터 노트북에서 파이썬 코드를 작성하고 실행하는 방법을 간단히 알아봤습니다. 특히 주피터 노트북은 코드뿐만 아니라 문서를 작성하는 방법과 운영 체제 명령어를 수행하는 방법도 살펴봤습니다. 프로그래밍 언어를 배운 경험이 없거나 파이썬을 처음 접했다면 새로운 용어와 사용법이 익숙하지 않을 수 있는데 계속 학습하다 보면 금방 익숙해질 것입니다.

파이썬
기본 문법

1장에서는 파이썬 배포판인 아나콘다를 이용해 파이썬 개발 환경을 설치하고 주피터 노트북 사용법 등 개발 환경을 이용하는 방법을 살펴봤습니다. 이번 장에서는 파이썬 프로그래밍을 위한 파이썬의 기본 문법을 살펴보겠습니다. 먼저 변수에 자료를 할당하고 활용하는 방법과 파이썬에서 사용하는 자료형을 알아보고, 코드의 진행 흐름을 제어하는 제어문을 살펴보겠습니다. 또한 형식을 지정해 데이터를 출력하는 방법을 알아보겠습니다.

01 변수와 자료형

대부분의 컴퓨터 프로그래밍 언어와 마찬가지로 파이썬도 입력하는 자료(데이터)의 성격에 따라 자료의 형식을 구분합니다. 파이썬에는 다양한 자료형(데이터 타입, data type)이 있지만 기본적인 자료형에는 정수와 실수를 나타내는 숫자 자료형, 참과 거짓을 나타내는 불(boolean) 자료형, 문자의 집합을 나타내는 문자열 자료형, 여러 자료를 하나의 묶음으로 처리할 수 있는 리스트, 튜플, 세트, 딕셔너리 자료형이 있습니다. 먼저 이러한 자료를 담는 그릇인 변수를 알아보고 여러 가지 자료형을 하나씩 알아보겠습니다.

변수

변수(variable)는 그림 2-1과 같이 자료를 담을 수 있는 이름이 있는 상자입니다. 숫자나 문자열과 같은 자료를 변수에 담고(할당하고) 필요할 때 변수의 내용을 활용한다면 코드를 효율적으로 작성할 수 있습니다.

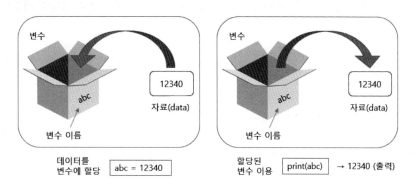

그림 2-1 변수에 자료를 할당하고 변수의 자료를 활용

파이썬에서는 다음과 같은 방법으로 변수에 자료를 할당합니다.

```
변수명 = 자료
```

이때 변수명과 등호(=), 등호와 자료 사이의 공백은 무시됩니다. 변수에 할당된 자료를 이용하려면 변수명만 쓰면 됩니다.

다음은 숫자 12340을 abc 변수에 할당하고 이용하는 예입니다.

```
In:   abc = 12340          # 숫자 12340을 abc 변수에 할당
      print(abc + 100)     # abc 변수에 100을 더해서 결과를 출력

Out:  12440
```

위에서 'abc + 100'을 실행하면 abc 변수에 앞에서 할당한 12340이 들어가서 계산되므로 결과적으로 12440이 출력됩니다.

숫자뿐 아니라 문자열도 변수에 할당할 수 있습니다. 다음은 문자열을 변수에 할당해서 활용하는 예입니다.

```
In:   string1 = "Python is "
      string2 = "powerful."
      print(string1 + string2)
```

Out: Python is powerful.

문자열은 더하기 연산자(+)를 이용해 연결할 수 있으므로 위와 같이 문자열이 할당된 변수끼리 더하면 문자열이 서로 연결됩니다.

앞에서 변수에 숫자와 문자열을 할당하고 이용하는 예를 살펴봤는데 변수에는 모든 형태의 자료를 넣을 수 있습니다.

변수명을 지을 때는 다음과 같이 몇 가지 지켜야 할 규칙이 있습니다.

- 변수명은 문자, 숫자, 밑줄 기호(_)를 이용해 만들 수 있습니다.

- 변수명은 숫자로 시작할 수 없습니다.

- 변수명은 대소문자를 구분합니다.

- 변수명에는 공백을 포함할 수 없습니다.

- 변수명에는 밑줄 이외의 기호는 사용할 수 없습니다.

- 다음과 같은 파이썬 예약어는 변수명으로 이용할 수 없습니다.

    - None, True, False, and, as, assert, break, class, continue, def, del, elif, else, except, finally, for, from, global, if, import, in, is, lambda, nonlocal, not, or, pass, raise, return, try, while, with, yield

파이썬에서 변수명은 보통 영어 알파벳 소문자로 쓰며, 각 단어를 연결할 때는 밑줄 기호(_)를 이용합니다(예: total_sum). 또한 값이 변하지 않는 상수(constant) 데이터를 할당할 때 변수명은 보통 모두 대문자로 씁니다(예: PI = 3.14).

간단하게 테스트하는 것이 아니라 실제 코드를 작성할 때는 변수명에 할당한 자료가 무엇인지 알아보기 쉽게 만드는 것이 좋습니다. 예를 들어, '입력 주소'와 '파일명'처럼 문자열을 넣는 변수를 생성한다면 변수명을 a, abcd12345처럼 만드는 것보다 input_address나 file_name처럼 만드는 것이 좋습니다.

숫자(int, float)

이제부터는 파이썬의 자료형을 살펴보겠습니다. 먼저 파이썬의 숫자 자료형부터 알아보겠습니다.

파이썬의 숫자 자료형에는 123과 같이 숫자에 소수점이 없는 정수형(int)과 123.45와 같이 숫자에 소수점이 있는 실수형(float)이 있습니다.

자료형을 알려주는 type() 함수

파이썬에서 어떤 자료의 자료형을 확인하려면 type() 함수를 이용합니다. 예를 들어, x 변수의 자료형을 알고 싶다면 type(x)를 실행하면 x의 자료형이 반환됩니다. 참고로 앞에서 살펴본 print()도 함수입니다. 코드의 묶음인 함수는 다음 장에서 자세히 살펴보겠습니다.

다음은 숫자 123의 자료형을 확인하기 위해 type(123)을 입력하고 실행하는 예입니다.

```
In:    type(123)
```

```
Out:   int
```

출력 결과는 int로, 123의 자료형이 정수형임을 보여줍니다. 참고로, 파이썬 콘솔 프로그램에서 위의 코드를 실행한다면 출력 결과가 <class 'int'>처럼 나옵니다. 이때 따옴표 안의 내용이 자료형을 표시합니다.

소수점이 있는 숫자의 자료형은 무엇일까요? 이것 역시 다음과 같이 type() 함수를 이용하면 알 수 있습니다.

```
In:    type(123.45)
```

```
Out:   float
```

출력 결과는 float로, 소수점이 있는 숫자의 자료형은 실수형임을 알 수 있습니다.

숫자 자료형끼리는 윈도우 계산기나 엑셀에서처럼 숫자와 연산자로 계산할 수 있습니다. 파이썬 개발 환경의 프롬프트나 주피터 노트북의 코드 셀에서 숫자와 연산자를 입력하고 실행하면 계산 결과를 바로 출력합니다. 다음은 주피터 노트북에서 숫자와 더하기 연산자(+)를 입력해서 더하기 연산을 수행한 예입니다.

```
In:    5 + 2
Out:   7
```

출력 결과를 보면 연산이 제대로 이뤄졌음을 알 수 있습니다. 숫자와 연산자 사이에는 공백이 있어도 되고 없어도 됩니다. 여기서는 print() 함수를 이용하지 않아도 계산 결과가 출력된 것을 볼 수 있는데, 이것은 코드의 마지막 줄의 결과는 print()를 이용하지 않아도 출력되기 때문입니다. 코드의 마지막 줄에 변수만 있는 경우에도 변수의 내용을 출력합니다.

파이썬에는 기본적인 사칙 연산(더하기, 빼기, 곱하기, 나누기)과 몫과 나머지, 거듭제곱을 구하는 연산이 있습니다. 표 2-1은 이러한 산술 연산자와 사용 예를 보여줍니다.

표 2-1 산술 연산자

연산자	설명	사용 예	결과
a + b	숫자 a에 b 더하기	5 + 2	7
a - b	숫자 a에서 b 빼기	5 - 2	3
a * b	숫자 a에 b 곱하기	5 * 2	10
a / b	숫자 a를 b로 나누기	5 / 2	2.5
a // b	숫자 a를 b로 나눴을 때의 몫	5 // 2	2
a % b	숫자 a를 b로 나눴을 때의 나머지	5 % 2	1
a ** b	숫자 a의 b 거듭제곱	5 ** 2	25

다음은 표 2-1의 연산자 사용 예를 실행한 결과입니다. 주피터 노트북 셀 하나에서 여러 연산 결과를 비교하기 위해 print() 함수를 이용해 출력했습니다.

```
In:    print(5 + 2)     # 더하기
       print(5 - 2)     # 빼기
       print(5 * 2)     # 곱하기
       print(5 / 2)     # 나누기
       print(5 // 2)    # 몫 구하기
       print(5 % 2)     # 나머지 구하기
       print(5 ** 2)    # 거듭 제곱

Out:   7
       3
       10
```

```
2.5
2
1
25
```

위에서 5를 2로 나눈 결과는 2.5입니다. 만약 6을 3으로 나눈 결과는 무엇일까요? 다음과 같이 직접 실행해 보겠습니다.

In: `6 / 3`

Out: 2.0

연산 결과를 보면 2가 아니라 2.0이 나왔습니다. 이것은 파이썬 버전 3.x에서 나눗셈 연산은 실수 연산으로 처리되어 결과가 실수형이 되기 때문입니다. 참고로 파이썬 버전 2.x에서는 정수끼리 나누기(즉, 정수/정수)의 결과는 정수가 됩니다.

연산자가 두 개 이상일 때는 다음과 같이 일반적인 연산 규칙을 따릅니다.

- 괄호 안 계산 → 지수 계산 → 곱셈과 나눗셈 계산 → 덧셈과 뺄셈 계산

- 같은 순위의 연산은 왼쪽에서 오른쪽으로 계산

- 중복된 괄호가 있으면 안쪽 괄호부터 계산

연산에서 괄호는 '('와 ')'를 이용하며 반드시 쌍을 이뤄야 합니다.

다음은 복합 연산의 예입니다.

In: `(10/5 + (5-2)) * (1.2+2) / 2**2`

Out: 4.0

파이썬에서는 연산을 할 때 정수와 실수를 혼합해서 사용할 수 있으며, 이때 결과는 실수형이 됩니다. 따라서 연산을 수행할 때 숫자가 정수형인지 실수형인지 신경 쓰지 않아도 됩니다.

과학이나 공학 분야에서는 아주 큰 수나 작은 수를 다뤄야 할 때가 있습니다. 이때는 보통 숫자를 $A \times 10^n$과 같이 표현합니다. 여기서 A는 정수나 실수이고 n은 정수입니다. 예를 들어, 300,000,000와 같이 큰 숫자는 3×10^8처럼 표시하고, 0.000157처럼 작은 숫자는 1.57×10^{-4}처럼 표시합니다.

파이썬에서 $A \times 10^n$의 숫자를 입력할 때는 e를 구분자로 써서 Aen과 같이 과학적 표기법(scientific notation)을 이용할 수 있습니다. 여기서 A가 1이더라도 생략할 수 없습니다. 다음은 과학적 표기법으로 앞의 숫자를 입력한 예입니다.

```
In:    print(3e8)
       print(1.57e-4)
```

```
Out:   300000000.0
       0.000157
```

보다시피 숫자를 과학적 표기법으로 입력하더라도 출력은 과학적 표기법이 아닐 수 있습니다. 숫자에 들어간 0의 개수에 따라 과학적 표기법 출력 여부가 결정됩니다. 즉, 1e15까지는 과학적 표기법으로 출력하지 않고 1e16부터는 과학적 표기법으로 출력합니다. 또한 1e-4까지는 과학적 표기법으로 출력하지 않고 1e-5부터는 과학적 표기법으로 출력합니다. 과학적 표기법으로 출력할 때는 지수가 양수이면 양수 기호(+)가 들어가고 음수이면 음수 기호(-)가 들어갑니다.

다음은 숫자에 들어간 0의 개수에 따라 과학적 표기법 출력 여부가 결정되는 예입니다.

```
In:    print(1e15)
       print(1e16)
       print(1e-4)
       print(1e-5)
```

```
Out:   1000000000000000.0
       1e+16
       0.0001
       1e-05
```

문자열(str)

문자열(string)은 문자(character)의 나열을 의미하는데, 파이썬에서는 따옴표로 둘러싸인 문자의 집합입니다. 파이썬에서는 문자열을 만들기 위해 큰따옴표(")와 작은따옴표(')를 모두 이용할 수 있으며, 양쪽에 같은 따옴표를 써야 합니다. 다음은 큰따옴표와 작은따옴표를 이용해 문자열을 만든 예입니다.

```
In:    "String"
```

```
Out:   'String'
```

```
In:    'Test'
```

```
Out:   'Test'
```

주피터 노트북에서 문자열을 입력해서 출력하면 작은따옴표와 함께 문자열이 출력되지만 print() 함수를 이용하면 다음과 같이 따옴표 없이 문자열만 출력됩니다.

```
In:    print("String")
       print('Test')
```

```
Out:   String
       Test
```

만약 문자열 안에 작은따옴표를 포함하려면 전체 문자열을 큰따옴표로 감싸면 되고, 반대로 큰따옴표를 포함하려면 전체 문자열을 작은따옴표로 감싸면 됩니다. 또한 문자열을 만들 때 한글을 사용할 수도 있습니다. 다음은 작은따옴표나 큰따옴표를 문자열에 포함한 예입니다.

```
In:    print("It's OK.")
```

```
Out:   It's OK.
```

```
In:    print('그는 "파이썬이 무엇입니까?"라고 물었습니다.')
```

```
Out:   그는 "파이썬이 무엇입니까?"라고 물었습니다.
```

만약 여러 행으로 구성된 문장을 그대로 입력하고 싶거나 큰따옴표와 작은따옴표를 모두 포함하고 싶다면 문장 전체를 삼중 큰따옴표(""")나 삼중 작은따옴표(''')로 감싸면 됩니다. 다음은 문장 전체를 삼중 작은따옴표로 감싼 예입니다.

```
In:    long_str = '''
       후회만 가득한 과거와 불안하기만 한 미래 때문에 지금을 망치지 마세요.
       '오늘'을 살아가세요.
       "눈이 부시게!"
       당신은 그럴 자격이 있습니다.

       - 드라마 『 눈이 부시게 』 중
       '''

       print(long_str)
```

Out: 후회만 가득한 과거와 불안하기만 한 미래 때문에 지금을 망치지 마세요.
'오늘'을 살아가세요.
"눈이 부시게!"
당신은 그럴 자격이 있습니다.

- 드라마 『 눈이 부시게 』 중

자료형을 알아보기 위해 사용한 type() 함수를 이용해 문자열의 타입을 출력해 보겠습니다.

In: type('Hello Python!')

Out: str

위의 출력 결과로부터 따옴표로 둘러싸인 문자의 자료형은 문자열(str)임을 알 수 있습니다.

문자열에 사용할 수 있는 연산자는 더하기 연산자(+)와 곱하기 연산자(*)입니다. 더하기 연산자는 문자열끼리 연결하고, 곱하기 연산자는 곱한 정수만큼 문자열을 반복해서 연결합니다. 다음은 문자열에서 더하기 연산자와 곱하기 연산자를 사용한 예입니다.

In: "Hello" + " " + "Python " + "!"

Out: 'Hello Python !'

In: "Python" * 3

Out: 'PythonPythonPython'

위 결과를 보면 문자열에서 더하기 연산자와 곱하기 연산자는 공백 없이 문자열을 연결하는 것을 볼 수 있습니다.

문자열에 len() 함수를 사용하면 문자열이 몇 개의 문자로 이뤄졌는지 알 수 있습니다. 다음 예제를 봅시다.

구성 요소의 개수를 알려주는 len() 함수

파이썬의 len() 함수는 여러 요소로 구성된 자료(문자열, 리스트, 튜플, 세트, 딕셔너리 등)에서 요소의 개수(자료의 길이)를 반환합니다. 따라서 자료 x의 요소 개수를 알고 싶다면 len(x)를 실행하면 됩니다.

```
In:    len("Python")
```

```
Out:   6
```

```
In:    len("Python ")
```

```
Out:   7
```

보다시피 공백도 문자열이므로 문자열의 개수를 셀 때 공백도 포함합니다.

앞에서 살펴본 방법 외에도 파이썬에는 문자열을 처리하기 위한 다양한 방법이 있으며, 4장에서 이와 관련된 내용을 살펴보겠습니다.

불(bool)

불(boolean)은 논리적으로 참(True)과 거짓(False)을 표현하는 자료형입니다. 참은 논리적으로 어떠한 것이 '맞다'는 의미이고 거짓은 '틀리다'는 의미입니다. 불은 논리 연산자(logical operator)와 함께 코드에서 어떤 조건을 판단하는 데 사용됩니다. 불 자료형에는 참을 나타내는 True와 거짓을 나타내는 False가 있습니다. True와 False는 따옴표 없이 써야 하며, 대소문자를 구분하므로 true나 false로 쓰면 안 됩니다.

다음은 True와 False를 출력한 예입니다.

```
In:    print(True)
```

```
Out:   True
```

```
In:    print(False)
```

```
Out:   False
```

위의 출력 결과는 print('True')와 print('False')를 수행한 결과와 같아 보이지만 실질적으로는 다릅니다. type() 함수를 이용해 True와 False의 자료형을 알아보겠습니다.

```
In:    type(True)
```

```
Out:   bool
```

```
In:    type(False)
```

```
Out:   bool
```

보다시피 True와 False의 자료형은 불(bool)임을 알 수 있습니다. 반면 'True'와 'False'의 자료형은 문자열(str)입니다. 다음 코드를 봅시다.

```
In:    type('True')
```

```
Out:   str
```

```
In:    type('False')
```

```
Out:   str
```

불 자료형은 논리 연산을 수행하는 데 사용됩니다. 파이썬의 논리 연산자는 논리곱(and), 논리합(or), 논리 부정(not)이 있습니다. 표 2-2에 논리 연산자의 동작과 활용 예를 정리했습니다.

표 2-2 논리 연산자

논리 연산자	의미	활용 예	설명
and	논리곱	A and B	A와 B 모두 참일 때만 참이고, 나머지는 거짓
or	논리합	A or B	A와 B 중 하나라도 참이면 참이고, 둘 다 거짓일 때 거짓
not	논리 부정	not A	A가 참이면 거짓이고, 거짓이면 참

다음은 불 자료형을 이용해 논리 연산을 수행하는 예입니다.

```
In:    print(True and False)
       print(True or False)
       print(not False)
```

```
Out:   False
       True
       True
```

다음으로 알아볼 연산자는 비교 연산자(comparison operator)입니다. 비교 연산자의 결과는 불 자료형으로 출력합니다. 표 2-3은 비교 연산자의 의미와 활용 예입니다. 비교 연산자 중 ==은 등호(=)를 연속해서 두 번 입력한 것으로, 변수에 값을 할당하는 =과는 구분해서 사용해야 합니다.

표 2-3 비교 연산자

비교 연산자	의미	활용 예	설명
==	같다	A == B	A는 B와 같다
!=	같지 않다	A != B	A는 B와 같지 않다
<	작다	A < B	A는 B보다 작다
>	크다	A > B	A는 B보다 크다
<=	작거나 같다	A <= B	A는 B보다 작거나 같다
>=	크거나 같다	A >= B	A는 B보다 크거나 같다

다음은 비교 연산자의 활용 예를 보여줍니다.

```
In:   # 숫자 자료형에 대한 비교 연산자 활용 예
      print(10 == 5)  # 10과 5는 같다 --> 거짓(False)
      print(10 != 5)  # 10과 5는 같지 않다 --> 참(True)
      print(10 < 5)   # 10은 5보다 작다 --> 거짓(False)
      print(10 > 5)   # 10은 5보다 크다 --> 참(True)
      print(10 <= 5)  # 10은 5보다 작거나 같다 --> 거짓(False)
      print(10 >= 5)  # 10은 5보다 크거나 같다 --> 참(True)

      # 불 자료형에 대한 논리 연산자 활용 예
      print(True == False) # True와 False는 같다 --> 거짓(False)
      print(True != False) # True와 False는 같지 않다 --> 참(True)
```

```
Out:  False
      True
      False
      True
      False
      True
      False
      True
```

비교 연산자는 논리 연산자보다 우선순위가 높습니다. 따라서 비교 연산자와 논리 연산자가 함께 있을 때는 비교 연산을 먼저 수행합니다. 그림 2-2는 비교 연산과 논리 연산이 혼합된 연산에서 연산의 순서를 보여주는 예입니다. 연산 규칙에 따라 괄호 안을 먼저 계산하고 왼쪽에서 오른쪽 순서로 계산하는데 우선 순위가 높은 비교 연산을 먼저 수행합니다.

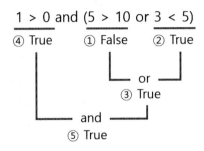

그림 2-2 비교 연산자와 논리 연산자가 함께 있는 연산의 예

그림 2-2의 연산 결과를 코드로 확인하면 다음과 같습니다.

```
In:    1 > 0 and (5 > 10 or 3 < 5)

Out:   True
```

여기서 알아본 비교 연산자와 논리 연산자는 나중에 살펴볼 조건문과 반복문에서 조건을 판단하는 데
이용됩니다.

리스트(list)

지금까지 살펴본 숫자, 문자열, 불 자료형은 자료를 하나씩 처리할 수 있었습니다. 앞으로 살펴볼 리스
트, 튜플, 세트, 딕셔너리 자료형은 여러 자료를 하나로 묶어서 관리할 수 있습니다. 따라서 여러 자료
를 한 번에 처리해야 할 때 사용하면 편리합니다.

먼저 순서가 있는 요소로 구성되며, 생성한 후에 요소를 변경할 수 있는 리스트를 살펴보겠습니다.

리스트 만들기

리스트는 대괄호를 사용해 만듭니다. 대괄호 안에는 여러 요소가 올 수 있으며, 요소는 쉼표(,)로 구분
합니다.

다음은 리스트를 생성하는 방법을 보여줍니다.

```
list_data = [요소1, 요소2, 요소3, · · · , 요소n]
```

리스트의 요소에는 어떤 종류의 자료형도 사용할 수 있으며, 모든 요소가 같은 자료형일 필요는 없습니다. 위와 같이 리스트 데이터를 변수(list_data)에 할당하면 변수에는 요소 데이터가 순서대로 할당됩니다. 다음은 리스트의 예입니다.

```
In:    list_num = [10, 20, 30, 40]  # 숫자로 리스트를 구성
       list_str = ['programming', 'language', 'python']  # 문자열로 리스트를 구성
       list_mix1 = [1.5, 2.6, '문자열1', '문자열2']  # 숫자와 문자열로 리스트를 구성
       list_mix2 = [4.0, True, 'abc', list_mix1]  # 숫자, 불, 문자열, 리스트로 리스트를 구성
       list_empty = []  # 요소가 없는 빈 리스트

       print(list_num)
       print(list_str)
       print(list_mix1)
       print(list_mix2)
       print(list_empty)
```

```
Out:   [10, 20, 30, 40]
       ['programming', 'language', 'python']
       [1.5, 2.6, '문자열1', '문자열2']
       [4.0, True, 'abc', [1.5, 2.6, '문자열1', '문자열2']]
       []
```

보다시피 다양한 자료형의 요소로 구성된 리스트를 만들었습니다. 즉, 리스트의 요소로 숫자, 문자열, 불, 리스트 자료형을 이용했습니다. 또한 요소가 없는 빈 리스트도 만들었습니다. 아무 요소가 없는 빈 리스트도 리스트입니다. 앞에서 이용한 type() 함수를 이용하면 이를 확인할 수 있습니다.

```
In:    type(list_empty)
```

```
Out:   list
```

리스트가 몇 개의 요소로 구성됐는지 알아야 할 때가 있습니다. 이때 이용할 수 있는 함수가 len() 함수입니다. 다음은 len() 함수를 이용해 앞에서 생성한 리스트의 길이를 확인하는 예입니다.

```
In:    print(len(list_num))    # 요소의 개수: 4
       print(len(list_str))    # 요소의 개수: 3
       print(len(list_mix1))   # 요소의 개수: 4
       print(len(list_mix2))   # 요소의 개수: 4
       print(len(list_empty))  # 요소의 개수: 0
```

```
Out:   4
       3
       4
       4
       0
```

앞에서 생성한 리스트 요소의 개수와 len() 함수로 출력한 결과가 일치하는 것을 확인할 수 있습니다.

리스트 연산자

문자열 자료형처럼 리스트에도 더하기 연산자(+)와 곱하기 연산자(*)를 사용할 수 있습니다. 더하기 연산자는 두 리스트의 요소를 연결해서 새로운 리스트를 만들고, 곱하기 연산자는 곱한 정수만큼 리스트의 요소를 반복해서 연결한 후 새로운 리스트를 만듭니다. 다음은 리스트에서 더하기 연산자와 곱하기 연산자를 사용한 예입니다.

```
In:    list_str1 = ["기술이 ", "강한 나라 "]
       list_str2 = ["우리나라 ", "대한민국 "]

       list_str3 = list_str1 + list_str2   # 두 리스트의 요소를 연결해서 새로운 리스트를 생성
       list_str4 = list_str2 * 2           # 리스트의 요소를 반복해서 연결한 후 새로운 리스트를 생성

       print(list_str1)
       print(list_str2)
       print(list_str3)
       print(list_str4)

Out:   ['기술이 ', '강한 나라 ']
       ['우리나라 ', '대한민국 ']
       ['기술이 ', '강한 나라 ', '우리나라 ', '대한민국 ']
       ['우리나라 ', '대한민국 ', '우리나라 ', '대한민국 ']
```

리스트 인덱싱

리스트의 각 요소는 다음과 같이 각 요소의 위치를 표시하는 인덱스(index)를 이용해 특정 요소에 접근할 수 있습니다.

```
list_data[i]
```

리스트의 인덱스(i)는 0부터 시작합니다. 따라서 n개의 요소를 갖는 리스트에서 마지막 요소를 가져오려면 리스트[n-1]로 지정합니다. 인덱스가 음수인 음수 인덱싱(Negative indexing)도 지원하는데 인덱스가 음수이면 요소를 가리키는 순서가 반대가 됩니다. 즉, 인덱스가 -1이면 리스트의 마지막 요소를 가리키고, -2는 마지막 인덱스 바로 앞의 요소를 가리킵니다. 그림 2-3은 인덱스에 따라 리스트의 요소가 어떻게 선택되는지를 보여줍니다.

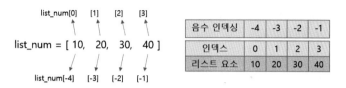

그림 2-3 리스트에서 인덱스가 가리키는 요소의 위치(예)

다음은 앞에서 만든 list_num 리스트에서 인덱스를 이용해 각 요소를 가져오는 예입니다.

```
In:    print(list_num)        # list_num 출력
       print(list_num[0])     # list_num의 첫 번째 요소를 가져옴
       print(list_num[1])     # list_num의 두 번째 요소를 가져옴
       print(list_num[2])     # list_num의 세 번째 요소를 가져옴
       print(list_num[3])     # list_num의 네 번째 요소를 가져옴
```

```
Out:   [10, 20, 30, 40]
       10
       20
       30
       40
```

다음은 리스트에서 인덱스가 음수일 때 요소가 어떻게 선택되는지 보여줍니다.

```
In:    print(list_num[-1])   # list_num의 마지막 요소를 가져옴
       print(list_num[-2])   # list_num의 마지막 요소 앞의 요소를 가져옴
```

```
Out:   40
       30
```

만약 리스트의 요소가 다시 리스트라면 또 다시 인덱스를 통해 요소를 가져올 수 있습니다. 다음은 앞에서 생성한 리스트를 요소로 갖고 있는 list_mix2 리스트에서 요소가 리스트일 때 해당 리스트의 요소를 가져오는 예입니다.

```
In:    print(list_mix2)           # list_mix2 출력
       print(list_mix2[3])        # list_mix2에서 네 번째 요소를 가져옴
       print(list_mix2[3][2])     # 네 번째 요소인 리스트에서 세 번째 요소를 가져옴
```
```
Out:   [4.0, True, 'abc', [1.5, 2.6, '문자열1', '문자열2']]
       [1.5, 2.6, '문자열1', '문자열2']
       문자열1
```

리스트의 요소는 다음과 같이 인덱스로 지정한 요소에 새로운 자료를 입력하는 방식으로 변경할 수 있습니다.

```
list_data[i] = new_data
```

다음은 리스트 변수의 요소를 변경하는 예입니다.

```
In:    list_num1 = [100, 200, 300, 400]   # 리스트 생성
       print(list_num1)

       list_num1[1] = 500                  # 두 번째 요소에 새로운 데이터를 할당
       print(list_num1)
```
```
Out:   [100, 200, 300, 400]
       [100, 500, 300, 400]
```

리스트에서 특정 요소를 제거하려면 다음과 같이 del을 이용하면 됩니다.

```
del list_data[i]
```

이 경우 리스트 데이터(list_data)에서 인덱스 i에 해당하는 요소는 제거되고, 나머지 요소는 새롭게 인덱스가 매겨집니다. 만약 인덱스 i가 리스트의 인덱스 범위를 벗어나면 오류가 발생합니다.

다음은 생성한 리스트의 특정 요소를 제거하는 예입니다.

```
In:    list_num2 = [0, 10, 20, 30, 40, 50]   # 숫자로 리스트를 구성
       print(list_num2)

       del list_num2[2]                        # 리스트에서 인덱스가 2인 요소를 제거
       print(list_num2)
```

```
Out:  [0, 10, 20, 30, 40, 50]
      [0, 10, 30, 40, 50]
```

리스트 슬라이싱

앞에서는 리스트[i]로 인덱스가 i인 리스트의 요소에 접근했습니다. 이번에는 생성한 리스트의 특정 범위를 잘라내어 리스트의 요소 중 일부를 가져오는 리스트 슬라이싱(Slicing)을 알아보겠습니다.

다음과 같은 방법으로 리스트 인덱스의 범위를 지정해서 리스트를 슬라이싱할 수 있습니다.

```
list_data[start:end]
```

여기서 start와 end는 각각 리스트 데이터(list_data)에서 슬라이싱할 시작과 끝 위치를 나타냅니다. 이렇게 범위를 지정하면 리스트에서 인덱스 start~end-1에 해당하는 요소로 리스트를 구성해서 반환합니다. 여기서 주의할 점은 end는 슬라이싱할 인덱스의 범위에 포함되지 않는다는 것입니다. 만약 start를 생략하면 인덱스 0~end-1에 해당하는 요소로 리스트를 구성해서 반환하고, end를 생략하면 인덱스 start~리스트의 끝에 해당하는 요소로 리스트를 구성해서 반환합니다. start와 end 둘 다 생략하면 모든 요소를 갖는 리스트를 반환합니다. 그림 2-4는 리스트 슬라이싱의 예입니다. 리스트 슬라이싱을 할 때 start와 end에 따라서 선택되는 요소가 달라지는 것을 볼 수 있습니다.

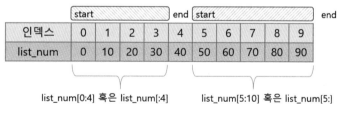

그림 2-4 리스트 슬라이싱의 예

아래는 리스트를 만든 후에 슬라이싱하는 예입니다.

```
In:   list_num3 = [0, 10, 20, 30, 40, 50, 60, 70, 80, 90] # 리스트 생성

      print(list_num3)            # 리스트 출력
      print(list_num3[0:4])       # 인덱스 범위: 0~3
      print(list_num3[5:10])      # 인덱스 범위: 5~9
```

```
Out:    [0, 10, 20, 30, 40, 50, 60, 70, 80, 90]
        [0, 10, 20, 30]
        [50, 60, 70, 80, 90]
```

출력 결과를 살펴보면 end는 인덱스의 범위에 포함되지 않는 것을 알 수 있습니다.

이번에는 start 혹은 end를 생략하는 경우를 살펴보겠습니다.

```
In:     print(list_num3[:4])    # start를 생략. 인덱스 범위: 0~3
        print(list_num3[5:])    # end를 생략. 인덱스 범위: 5~끝(9)
        print(list_num3[:])     # start와 end 둘 다 생략. 인덱스 범위: 모든 인덱스
```

```
Out:    [0, 10, 20, 30]
        [50, 60, 70, 80, 90]
        [0, 10, 20, 30, 40, 50, 60, 70, 80, 90]
```

다음은 지정한 범위 내에서 증가폭만큼 인덱스를 건너뛰면서 요소를 가져오는 방법을 알아보겠습니다. 인덱스 범위와 증가폭을 지정하는 방법은 다음과 같습니다.

```
list_data[start:end:step]
```

여기서 start와 end는 앞에서와 마찬가지로 각각 리스트 슬라이싱을 위한 시작과 끝 위치이며 step은 증가폭입니다. start가 end보다 작으면 step은 양수가 되며, 지정 범위(start~end-1) 내에서 인덱스가 step만큼 증가한 인덱스에 위치한 요소로 리스트를 구성해서 반환합니다. 반대로 start가 end 보다 크면 step은 음수가 되며, 역순으로 요소를 선택한 리스트를 반환합니다. 만약 step을 생략하면 1로 간주합니다.

다음은 증가폭을 포함한 리스트 슬라이싱의 예입니다.

```
In:     print(list_num3)        # 리스트 출력
        print(list_num3[0:8:1]) # 인덱스 범위(0~7)에서 1씩 증가
        print(list_num3[0:8:2]) # 인덱스 범위(0~7)에서 2씩 증가
        print(list_num3[0:8:3]) # 인덱스 범위(0~7)에서 3씩 증가
        print(list_num3[0:4:])  # step 생략. 인덱스 범위(0~3)에서 1씩 증가
        print(list_num3[::2])   # start와 end 모두 생략. 인덱스 범위(0~끝)에서 2씩 증가
        print(list_num3[1::2])  # end 생략. 인덱스 범위(1~끝)에서 2씩 증가
        print(list_num3[::])    # start, end, step 모두 생략. 전체 인덱스 범위
```

```
Out:   [0, 10, 20, 30, 40, 50, 60, 70, 80, 90]
       [0, 10, 20, 30, 40, 50, 60, 70]
       [0, 20, 40, 60]
       [0, 30, 60]
       [0, 10, 20, 30]
       [0, 20, 40, 60, 80]
       [10, 30, 50, 70, 90]
       [0, 10, 20, 30, 40, 50, 60, 70, 80, 90]
```

출력 결과를 보면 list_data[::2]로 짝수 인덱스의 요소를 선택할 수 있고, list_data[1::2]로 홀수 인덱스의 요소를 선택할 수 있음을 알 수 있습니다.

또한 다음과 같이 step을 음수로 지정해서 역순으로 리스트 데이터를 슬라이싱할 수도 있습니다.

```
In:    print(list_num3[::-1])     # step을 -1로 지정해서 역순으로 모든 요소 선택
       print(list_num3[8:2:-1])   # 역순으로 인덱스 지정. 인덱스 범위(8~3)에서 1씩 감소
       print(list_num3[8::-2])    # 역순으로 인덱스 지정. 인덱스 범위(8~처음)에서 2씩 감소
```

```
Out:   [90, 80, 70, 60, 50, 40, 30, 20, 10, 0]
       [80, 70, 60, 50, 40, 30]
       [80, 60, 40, 20, 0]
```

앞에서 del 리스트[i]로 특정 요소를 제거했던 것처럼 다음과 같이 슬라이싱을 이용해 특정 범위의 요소를 제거할 수 있습니다.

```
del list_data[start:end]
del list_data[start:end:step]
```

다음은 리스트에서 슬라이싱을 이용해 특정 범위의 요소를 제거하는 예입니다.

```
In:    list_num4 = [0, 10, 20, 30, 40, 50, 60, 70, 80, 90] # 리스트 생성
       print(list_num4)     # 리스트 출력

       del list_num4[0:2]   # 특정 범위(start~end-1)의 요소를 제거
       print(list_num4)     # 리스트 출력
```

```
Out:   [0, 10, 20, 30, 40, 50, 60, 70, 80, 90]
       [20, 30, 40, 50, 60, 70, 80, 90]
```

```
In:    list_num5 = [0, 10, 20, 30, 40, 50, 60, 70, 80, 90] # 리스트 생성
       print(list_num5)          # 리스트 출력

       del list_num5[0:10:2]     # 특정 범위(start~end-1)에서 step 마다 요소를 제거
       print(list_num5)          # 리스트 출력
```

```
Out:   [0, 10, 20, 30, 40, 50, 60, 70, 80, 90]
       [10, 30, 50, 70, 90]
```

리스트 요소의 존재 여부 확인

어떤 자료가 리스트의 요소인지 확인하려면 다음과 같은 방법을 이용합니다.

```
data in list_data
```

list_data(리스트)의 요소 중 data와 일치하는 요소가 있으면 True, 없으면 False를 반환합니다.

다음 예제를 봅시다.

```
In:    list_num6 = [0, 1, 2, 3] # 리스트 생성

       print(2 in list_num6)     # 2는 리스트에 있음: True 반환
       print(5 in list_num6)     # 5는 리스트에 없음: False 반환
```

```
Out:   True
       False
```

리스트 메서드

파이썬에는 자료형별로 특별한 기능을 수행하는 메서드가 있습니다. 리스트도 그러한 메서드를 이용할
수 있는데, 다음과 같은 형식으로 이용합니다.

```
list_data.method()
```

메서드는 코드의 묶음인 함수처럼 작동하는데 이것에 대해서는 다음 장에 좀 더 자세히 살펴보겠습니
다. 여기서는 우선 각 메서드의 사용법에 대해서만 알아보겠습니다. 표 2-4는 리스트에서 사용할 수
있는 메서드를 정리한 것입니다.

표 2-4 리스트 메서드

리스트 메서드	설명	사용 예
append()	리스트 끝에 요소 하나를 추가	friends = ['토마스'] friends.append('고든') => friends: ['토마스', '고든']
insert()	리스트의 특정 위치에 요소를 삽입	friends.insert(1,'퍼시') => friends: ['토마스', '퍼시', '고든']
extend()	리스트 끝에 여러 요소를 추가	friends.extend(['빌', '벤']) => friends: ['토마스', '퍼시', '고든', '빌', '벤']
remove()	입력값과 첫 번째로 일치하는 요소를 리스트에서 삭제	friends.remove('퍼시') => friends: ['토마스', '고든', '빌', '벤']
pop()	리스트의 마지막 요소를 제거	friends.pop() => friends: ['토마스', '고든', '빌']
index()	리스트에서 입력값과 일치하는 첫 번째 요소의 인덱스를 반환	index_friends = friends.index('빌') => index_friends: 2
count()	리스트에서 입력값과 일치하는 요소의 개수를 반환	count_friends = friends.count('토마스') => count_friends: 1
sort()	숫자나 문자열로 구성된 리스트의 요소를 순방향으로 정렬. 역방향으로 정렬하려면 sort(reverse=True)를 이용	friends.sort() => friends: ['고든', '빌', '토마스']
reverse()	리스트 요소의 순서를 역순으로 뒤집기	numbers = [1, 0, 3, 2] numbers.reverse() => numbers: [2, 3, 0, 1]

다음은 표 2-4의 리스트 메서드 중 append()를 사용하는 예입니다.

```
In:   friends = ['토마스']          # 리스트를 생성
      print(friends)

      friends.append('고든')         # 리스트의 끝에 요소('고든')를 추가
      print(friends)

      friends.append('에드워드')      # 리스트의 끝에 요소('에드워드')를 추가
      print(friends)
```

```
Out:    ['토마스']
        ['토마스', '고든']
        ['토마스', '고든', '에드워드']
```

보다시피 append()는 리스트에 요소를 하나씩 추가할 때 이용합니다. 출력 결과를 보면 리스트에 append() 메서드를 사용하면 리스트의 요소가 추가되면서 변하는 것을 알 수 있습니다.

튜플(tuple)

튜플도 리스트처럼 여러 개의 자료를 하나로 묶어서 처리하는 자료형입니다. 튜플은 한번 생성하고 나면 변경할 수 없다는 점을 제외하면 동작 및 활용법은 리스트와 상당히 유사합니다. 따라서 여기서는 리스트와의 차이점을 중심으로 살펴보겠습니다.

튜플 만들기

튜플은 소괄호를 이용하거나 괄호 없이 요소를 입력해서 만듭니다. 리스트와 마찬가지로 요소는 쉼표 (,)로 구분합니다.

다음은 튜플을 생성하는 방법입니다.

```
tuple_data = (요소1, 요소2, 요소3, · · · , 요소n)
                       혹은
tuple_data = 요소1, 요소2, 요소3, · · · , 요소n
```

튜플 요소에도 어떠한 종류의 자료형이든 사용할 수 있으며, 모든 요소가 같은 자료형일 필요는 없습니다.

다음은 튜플의 사용 예입니다.

```
In:     tuple_num1 = (0, 1, 2, 3, 4)    # 소괄호로 튜플을 생성
        tuple_num2 =  5, 6, 7, 8, 9    # 괄호 없이 튜플을 생성

        print(tuple_num1)
        print(tuple_num2)

Out:    (0, 1, 2, 3, 4)
        (5, 6, 7, 8, 9)
```

보다시피 튜플을 생성할 때는 소괄호를 이용해도 되고 소괄호를 이용하지 않아도 됩니다. 앞에서 생성한 튜플에 대해 type()을 이용해 자료형을 알아보겠습니다.

```
In:     type(tuple_num1)
```

```
Out:    tuple
```

```
In:     type(tuple_num2)
```

```
Out:    tuple
```

출력 결과를 보면 tuple_num1과 tuple_num2 변수의 자료형은 모두 튜플인 것을 알 수 있습니다.

요소를 하나만 갖는 튜플을 생성할 때는 첫 요소 뒤에 반드시 쉼표를 입력해야 합니다. 만약 쉼표를 입력하지 않으면 변수에 자료를 할당하는 것으로 간주합니다. 다음은 요소를 하나만 갖는 튜플을 만드는 예입니다.

```
In:     tuple_num3 = (10, )        # 소괄호로 하나의 요소를 갖는 튜플 생성
        tuple_num4 =  "데이터1",    # 괄호 없이 하나의 요소를 갖는 튜플 생성

        print(tuple_num3)
        print(tuple_num4)
```

```
Out:    (10,)
        ('데이터1',)
```

튜플 다루기

튜플에서도 리스트에서 사용한 연산자, 인덱싱 및 슬라이싱 방법을 그대로 이용할 수 있습니다. 그러나 튜플에서는 요소를 변경, 추가, 삭제할 수 없습니다. 따라서 튜플에서도 표 2-4와 같은 메서드를 이용할 수 있지만 요소를 추가하거나 삭제하는 append(), insert(), extend(), remove(), pop()은 사용할 수 없습니다.

다음은 생성한 튜플을 다루는 몇 가지 예입니다.

```
In:     tuple_mixed1 = ('programming', 'language', 'python', 1, 2, 3) # 튜플 생성
        print(tuple_mixed1[0])      # 튜플 인덱싱
        print(tuple_mixed1[0:4])    # 튜플 슬라이싱(인덱스 0~3까지의 요소를 선택)
```

```
Out:    programming
        ('programming', 'language', 'python', 1)
```

결과를 보면 튜플 데이터의 인덱싱과 슬라이싱은 잘 되는 것을 볼 수 있습니다. 하지만 다음과 같이 튜플의 요소를 변경하려고 하면 오류가 발생합니다.

```
In:     tuple_mixed1[3] = 10 # 튜플의 요소를 변경할 수 없어서 오류가 발생
```

```
Out:    -------------------------------------------------------------
        TypeError                              Traceback (most recent call last)
        <ipython-input-56-75ab62a5e81a> in <module>
        ----> 1 tuple_mixed1[3] = 10 # 튜플의 요소를 변경할 수 없어서 오류가 발생

        TypeError: 'tuple' object does not support item assignment
```

튜플의 요소를 삭제하려는 경우(예: del tuple_mixed1[3])에도 마찬가지로 오류가 발생합니다.

세트(set)

리스트나 튜플과 유사한 또 다른 자료형으로 세트가 있습니다. 세트는 수학의 집합 개념을 나타내는 자료형입니다. 세트도 여러 개의 자료를 하나로 묶어서 다루긴 하지만, 요소의 순서가 없고 같은 요소끼리 중복되지 않는 것이 리스트나 튜플과의 차이점입니다.

세트 만들기

세트는 다음과 같이 중괄호를 이용해서 만들고 요소는 쉼표(,)로 구분합니다.

```
set_data = {요소1, 요소2, 요소3, ···, 요소n}
```

리스트나 튜플과 마찬가지로 세트도 모든 요소가 같은 자료형일 필요는 없습니다. 하지만 리스트, 딕셔너리, 세트 등 변경할 수 있는 자료형은 세트의 요소로 사용할 수 없습니다.

다음은 세트를 사용하는 예입니다.

```
In:   set_num = {10, 100, 2, 3, 4, 4, 5}
      set_str = {"사과", "배", "오렌지", "귤", "귤"}

      print(set_num)
      print(set_str)
```

```
Out:  {2, 3, 100, 4, 5, 10}
      {'오렌지', '귤', '사과', '배'}
```

출력 결과를 보면 세트에서는 입력한 순서대로 요소가 출력되지 않는 것을 볼 수 있습니다. 또한 요소를 중복해서 입력하더라도 중복된 요소를 삭제하고 중복되지 않게 세트를 구성하는 것을 알 수 있습니다.

앞에서와 마찬가지로 type()으로 세트의 자료형을 확인해 보겠습니다.

```
In:   type(set_str)
```

```
Out:  set
```

세트는 순서가 없어 인덱싱이나 슬라이싱을 통해 요소에 접근할 수 없습니다. 따라서 다음과 같이 세트에서 인덱스를 이용하려고 하면 오류가 발생합니다.

```
In:   set_num[0]
```

```
Out:  ---------------------------------------------------------------
      TypeError                                 Traceback (most recent call last)
      <ipython-input-59-0b6e241bbc18> in <module>
      ----> 1 set_num[0]

      TypeError: 'set' object is not subscriptable
```

세트의 교집합, 합집합, 차집합

세트는 수학적으로 집합입니다. 따라서 두 개의 세트에 대해 수학의 집합 연산인 교집합, 합집합, 차집합을 구할 수 있습니다. 세트에서 교집합, 합집합, 차집합을 구하는 연산자는 각각 &, |, -이고, 메서드는 각각 intersection(), union(), difference()입니다.

다음 예제는 두 개의 세트가 있을 때 교집합, 합집합, 차집합을 구하는 방법을 보여줍니다.

```
In:    set_A = {0, 1, 2, 3, 4}   # 세트(집합) A
       set_B = {3, 4, 5, 6, 7}   # 세트(집합) B

       # &, |, - 연산자 사용
       print(set_A & set_B)   # 집합 A와 B의 교집합(A∩B)
       print(set_A | set_B)   # 집합 A와 B의 합집합(A∪B)
       print(set_A - set_B)   # 집합 A와 B의 차집합(A-B)

       # intersection(), union(), difference() 메서드 사용
       print(set_A.intersection(set_B))   # 집합 A와 B의 교집합(A∩B)
       print(set_A.union(set_B))          # 집합 A와 B의 합집합(A∪B)
       print(set_A.difference(set_B))     # 집합 A와 B의 차집합(A-B)
```

```
Out:   {3, 4}
       {0, 1, 2, 3, 4, 5, 6, 7}
       {0, 1, 2}
       {3, 4}
       {0, 1, 2, 3, 4, 5, 6, 7}
       {0, 1, 2}
```

딕셔너리(dict)

딕셔너리(dictionary)는 키(key)와 값(value)의 쌍으로 구성된 자료의 묶음입니다. 앞에서 살펴본 리스트나 튜플에서는 요소를 지정하면 요소의 위치에 따라 인덱스가 자동으로 생성됐습니다. 따라서 원하는 위치의 요소에 접근하려면 반드시 인덱스의 값을 따져봐야 했습니다. 반면 딕셔너리는 키와 값이 쌍으로 구성돼 있어 인덱스 대신 키를 이용해 값에 접근할 수 있습니다.

딕셔너리 만들기

딕셔너리는 중괄호를 이용해 만들며, 키와 값의 쌍으로 구성합니다. 키와 값은 콜론(:)으로 구분하며, 각 쌍은 쉼표(,)로 구분합니다.

다음은 딕셔너리를 생성하는 방법입니다.

```
dict_data = {key_1:value_1, key_2:value_2, · · · , key_n:value_n}
```

딕셔너리의 키(key_n)는 숫자, 문자열, 불이 될 수 있으며 중복 없이 입력합니다. 값(value_n)으로는 어떠한 종류의 자료형도 사용할 수 있습니다.

다음은 딕셔너리의 사용 예입니다.

```
In:    dict_ex1 = {1:'사과', 2:'배', 3:'복숭아', 4:'딸기'}       # 키는 숫자, 값은 문자열
       dict_ex2 = {1:1234, 5:5678, 7:7890}                 # 키와 값이 모두 숫자
       dict_ex3 = {True: '맞습니다.', False:'아닙니다.'}        # 키는 불, 값은 문자열
       dict_ex4 = {'ID_101':['민준',24], 'ID_102':['서연',27]}  # 키는 문자열, 값은 리스트

       print(dict_ex1)
       print(dict_ex2)
       print(dict_ex3)
       print(dict_ex4)
```

```
Out:   {1: '사과', 2: '배', 3: '복숭아', 4: '딸기'}
       {1: 1234, 5: 5678, 7: 7890}
       {True: '맞습니다.', False: '아닙니다.'}
       {'ID_101': ['민준', 24], 'ID_102': ['서연', 27]}
```

앞에서 생성한 딕셔너리 변수 중 하나를 선택해서 type() 함수로 자료형을 출력해 보겠습니다.

```
In:    type(dict_ex4)
```

```
Out:   dict
```

출력 결과로 딕셔너리(dictionary)를 의미하는 dict로 나옵니다.

다음과 같이 dict()를 이용해 변수에 값을 지정하는 방식으로도 딕셔너리를 생성할 수 있습니다.

```
dict_data = dict(key_1=value_1, key_2=value_2, · · ·, key_n=value_n)
```

이때 변수명 key_n은 문자열로 변환돼 딕셔너리의 키가 되고, value_n은 딕셔너리의 값이 됩니다.

다음은 dict()를 이용해 딕셔너리를 생성하는 예입니다.

```
In:    dict_ex5 = dict(a=10, b=2.0,  c='string', d=True, abc=[1,2,3])
       dict_ex5
```

```
Out:   {'a': 10, 'b': 2.0, 'c': 'string', 'd': True, 'abc': [1, 2, 3]}
```

출력 결과를 보면 딕셔너리를 생성할 때 사용한 변수명은 딕셔너리의 키가 되면서 문자열로 변환된 것을 확인할 수 있습니다.

딕셔너리 키로 값 선택, 변경, 추가, 삭제하기

리스트나 튜플에서는 요소에 접근하는 데 인덱스를 이용하지만 딕셔너리에서는 다음과 같이 키를 통해 값에 접근합니다.

```
dict_data[key]
```

이미 생성한 딕셔너리(dict_data)에 키(key)를 입력하면 키에 대응하는 값을 가져옵니다. 만약 딕셔너리에 해당 키가 없으면 오류가 납니다.

다음은 앞에서 생성한 딕셔너리에 키를 입력해 키에 대응하는 값을 선택하는 예입니다.

```
In:   print(dict_ex1[1])
      print(dict_ex2[7])
      print(dict_ex3[True])
      print(dict_ex4['ID_102'])
      print(dict_ex5['b'])
```

```
Out:  사과
      7890
      맞습니다.
      ['서연', 27]
      2.0
```

딕셔너리에서는 다음과 같이 키를 지정하고 새로운 값을 지정해서 기존 값을 변경하거나 새로운 키와 값의 쌍을 추가할 수 있습니다.

```
dict_data[key] = new_value
```

이때 키(key)가 딕셔너리 데이터(dict_data)에 있다면 키(key)에 대응하는 기존 값을 새로운 값(new_value)으로 변경하고, 없다면 딕셔너리 데이터(dict_data)에 새로운 키(key)와 값(new_value)의 쌍을 추가합니다.

다음은 딕셔너리에서 기존 키와 값의 쌍에서 값을 변경하고, 새로운 키와 값의 쌍을 추가하는 예입니다.

```
In:    dict_user = {"이름":"박재민", "나이": 24}    # 딕셔너리 생성
       print(dict_user)

       dict_user["나이"] = 25                      # 기존 키로 값을 변경
       print(dict_user)

       dict_user["취미"] = ["게임", "농구"]         # 새로운 키와 값의 쌍을 추가
       print(dict_user)
```

```
Out:   {'이름': '박재민', '나이': 24}
       {'이름': '박재민', '나이': 25}
       {'이름': '박재민', '나이': 25, '취미': ['게임', '농구']}
```

딕셔너리에서 특정 키와 값을 삭제하려면 다음과 같이 del을 이용합니다.

```
del dict_data[key]
```

이때 딕셔너리 데이터(dict_data)에 해당 키(key)가 있으면 키와 값의 쌍을 삭제하고 없으면 오류가 발생합니다.

다음은 앞에서 생성한 딕셔너리 변수에서 키와 값의 쌍을 삭제하는 예입니다.

```
In:    dict_user2 = {'이름': '조수빈', '나이': 28, '취미': ['독서', '영화']}
       print(dict_user2)

       del dict_user2['취미'] # del을 이용해 딕셔너리의 특정 키와 값의 쌍을 삭제
       print(dict_user2)
```

```
Out:   {'이름': '조수빈', '나이': 28, '취미': ['독서', '영화']}
       {'이름': '조수빈', '나이': 28}
```

딕셔너리 키의 존재 여부 확인

딕셔너리에 어떤 키가 있는지 확인하려면 다음과 같은 방법을 이용합니다.

```
key_data in dict_data
```

딕셔너리 데이터(dict_data)의 키 중 key_data와 일치하는 키가 있으면 True, 없으면 False를 반환합니다.

다음은 딕셔너리의 키가 있는지 확인하는 예입니다.

```
In:     dict_vehicle = {'버스':1, '기차':2, '배':3, '비행기':4} # 딕셔너리 생성

        print('기차' in dict_vehicle)    # dict_vehicle의 키에 '기차'는 있음
        print('택시' in dict_vehicle)    # dict_vehicle의 키에 '택시'는 없음
```

```
Out:    True
        False
```

위 코드에서 딕셔너리 변수인 dict_vehicle의 키에는 버스, 기차, 배, 비행기가 있습니다. 따라서 기차는 dict_vehicle의 키에 속해서 '기차' in dict_vehicle의 결과는 True가 됐고, 택시는 dict_vehicle의 키에 속하지 않아서 '택시' in dict_vehicle의 결과는 False가 됐습니다.

딕셔너리 메서드

앞에서 살펴본 것 외에도 딕셔너리 데이터를 다루기 위한 딕셔너리 메서드를 다음과 같은 형식으로 이용할 수 있습니다.

```
dict_data.method()
```

표 2-5는 딕셔너리 메서드를 정리한 것입니다.

표 2-5 딕셔너리 메서드

딕셔너리 메서드	설명	사용 예
keys()	딕셔너리 키 전체를 리스트로 모아 dict_keys 자료형으로 반환	dict_data.keys()
values()	딕셔너리 값 전체를 리스트로 모아 dict_values 자료형으로 반환	dict_data.values()
items()	딕셔너리 키와 값의 쌍을 (키, 값)처럼 튜플로 모아 dict_items 자료형으로 반환	dict_data.items()

딕셔너리 메서드	설명	사용 예
update(dict_new)	기존 딕셔너리에 새로운 딕셔너리(dict_new)의 키와 값의 쌍을 추가	dict_data.update(dict_new)
get(key_data)	입력값(key_data)이 딕셔너리 키에 있으면 대응하는 값을 반환하고, 없으면 None을 반환	dict_data.get(key_data)
clear()	딕셔너리의 모든 키와 값의 쌍을 삭제하고 빈 딕셔너리가 됨	dict_data.clear()

다음으로 표 2-5에 정리한 딕셔너리 메서드의 사용 예를 살펴보겠습니다. 먼저 keys(), values(), items()의 활용 예를 살펴보겠습니다.

```
In:    dict_num_alpha = {0:'a', 1:'b', 2:'c', 3: 'd', 4: 'e'}  # 딕셔너리 생성
       print(dict_num_alpha)                # dict_num_alpha 출력
       print(dict_num_alpha.keys())         # 딕셔너리의 키를 가져옴
       print(dict_num_alpha.values())       # 딕셔너리의 값을 가져옴
       print(dict_num_alpha.items())        # 딕셔너리의 키와 값의 쌍을 가져옴
```

```
Out:   {0: 'a', 1: 'b', 2: 'c', 3: 'd', 4: 'e'}
       dict_keys([0, 1, 2, 3, 4])
       dict_values(['a', 'b', 'c', 'd', 'e'])
       dict_items([(0, 'a'), (1, 'b'), (2, 'c'), (3, 'd'), (4, 'e')])
```

출력 결과에서 dict_keys, dict_values, dict_item 자료형의 결과를 리스트로 변환하려면 다음과 같이 list()를 이용합니다.

```
In:    print(list(dict_num_alpha.keys()))     # 딕셔너리 키의 반환 결과를 리스트로 변환
       print(list(dict_num_alpha.values()))   # 딕셔너리 값의 반환 결과를 리스트로 변환
       print(list(dict_num_alpha.items()))    # 딕셔너리 키와 값의 쌍 반환 결과를 리스트로 변환
```

```
Out:   [0, 1, 2, 3, 4]
       ['a', 'b', 'c', 'd', 'e']
       [(0, 'a'), (1, 'b'), (2, 'c'), (3, 'd'), (4, 'e')]
```

다음은 기존 딕셔너리에 새로운 딕셔너리의 키와 값의 쌍을 추가하는 update() 메서드의 사용 예입니다.

```
In:    dict_new = {5:'f', 6:'g'} # 딕셔너리 생성
       print(dict_num_alpha)
```

```
        dict_num_alpha.update(dict_new) # 기존 딕셔너리에 새로운 딕셔너리의 키와 값의 쌍을 추가
        print(dict_num_alpha)
```

Out: {0: 'a', 1: 'b', 2: 'c', 3: 'd', 4: 'e'}
        {0: 'a', 1: 'b', 2: 'c', 3: 'd', 4: 'e', 5: 'f', 6: 'g'}

다음은 딕셔너리의 키를 이용해 값을 반환하는 get() 메서드의 사용 예입니다.

In: print(dict_num_alpha.get(1))   # 입력값이 딕셔너리 키에 있으면 대응하는 값을 반환
        print(dict_num_alpha.get(7))   # 입력값이 딕셔너리 키에 없으면 None을 반환

Out: b
        None

출력 결과를 보면 get() 메서드의 입력값이 딕셔너리의 키에 있으면 키에 대응하는 값을 반환하고, 키에 없으면 None을 반환하는 것을 볼 수 있습니다. 여기서 None은 어떠한 데이터도 없다는 것을 의미하며, 문자열 'None'이 아닙니다.

마지막으로 딕셔너리의 모든 키와 값의 쌍을 삭제하는 clear() 메서드의 예를 살펴보겠습니다.

In: dict_num_eng = {0: 'zero', 1: 'one', 2: 'two', 3: 'three'}
        print(dict_num_eng)

        dict_num_eng.clear() # 딕셔너리의 모든 키와 값의 쌍을 삭제
        print(dict_num_eng)

Out: {0: 'zero', 1: 'one', 2: 'two', 3: 'three'}
        {}

위 결과를 보면 딕셔너리에 clear() 메서드를 적용하면 키와 값의 쌍을 모두 삭제하고 빈 딕셔너리가 되는 것을 알 수 있습니다.

02 제어문

지금까지 작성한 코드는 앞에서부터 순차적으로 수행됐습니다. 이처럼 순차적으로 수행되는 코드에 조건을 지정해서 특정 부분만 수행하게 하거나 반복하도록 코드의 진행 순서를 바꿀 수 있는데, 이를 제

어문이라고 합니다. 제어문에는 조건을 검사해서 분기하는 조건문과 코드의 특정 부분을 반복하는 반복문이 있습니다. 제어문을 잘 활용하면 조건에 따라 코드를 다르게 실행할 수 있으며 반복되는 코드를 단순화할 수 있습니다.

조건문

조건에 따라 코드를 다르게 수행하게 하는 조건문으로 if 문이 있습니다. if 문은 단독으로 사용하기도 하지만 else와 elif 구문을 추가해서 더 다양한 조건에 따라 코드를 수행하게 할 수 있습니다.

단일 조건에 따른 분기: if

if 문 중 가장 기본이 되는 단일 조건에 따라 분기하는 if 문의 기본 구조는 다음과 같습니다.

```
if <조건>:
    <코드 블록>
```

위에서 <조건>이 참이면 <코드 블록>을 수행하고, 참이 아니면 <코드 블록>을 수행하지 않습니다. <조건> 다음에는 콜론(:)을 입력하고 <코드 블록>은 키보드의 탭(tab)이나 공백(보통 네 칸)을 이용해 들여쓰기 합니다. 주피터 노트북은 콜론(:)을 입력한 후에 Enter 키를 누르면 자동으로 들여쓰기가 됩니다. <조건>에서는 앞에서 살펴본 비교 연산과 논리 연산을 이용하며, 여러 개를 조합해 사용할 수 있습니다.

다음은 if 문을 이용해 조건에 따라 출력 내용이 달라지는 예입니다.

```
In:   x = 95              # x에 95를 할당

      if x >= 90:          # <조건>
          print("합격")    # <조건>이 참이면 <코드 블록>을 수행
```

```
Out:  합격
```

예제에서 x 변수의 값은 95이므로 x >= 90은 참이 돼서 '합격'을 출력했습니다. 만약 x에 85를 할당했다면 조건을 만족하지 않으므로 아무것도 출력하지 않습니다. 조건을 만족하지 않을 때도 어떤 코드를 수행하게 하려면 다음에 이어지는 if ~ else 구조를 이용해야 합니다.

단일 조건과 그 외에 따른 분기: if ~ else

if 문에서 하나의 조건이 참이냐 참이 아니냐에 따라 코드를 다르게 수행하려면 다음과 같이 if ~ else 구조의 조건문을 이용합니다.

```
if <조건>:
    <코드 블록 1>
else:
    <코드 블록 2>
```

<조건>이 참이면 <코드 블록 1>을 수행하고, 참이 아니면 <코드 블록 2>를 수행합니다. else 다음에도 콜론 (:)을 입력해야 하고, <코드 블록 2>도 들여쓰기해야 합니다.

다음은 if ~ else 구조를 이용한 조건문의 예입니다.

```
In:   x = 85                          # x에 85를 할당

      if x >= 90:                     # <조건>
          print("축하합니다.")        # <코드 블록 1>
          print("당신은 합격입니다.")  # <조건>이 참이면 <코드 블록 1>을 수행
      else:
          print("죄송합니다.")        # <코드 블록 2>
          print("당신은 불합격입니다.") # <조건>이 참이 아니면 <코드 블록 2>를 수행
```

```
Out:  죄송합니다.
      당신은 불합격입니다.
```

위의 코드에서 x 변수의 값은 85이고, 이 값은 x >= 90 조건을 만족하지 않으므로 else: 아래에 있는 코드가 수행됐습니다. 만약 x 변수의 90 이상의 값을 입력하면 다른 결과가 나오는 것을 볼 수 있습니다.

여러 조건에 따른 분기: if ~ elif ~ else

여러 조건에 따라 코드를 각각 다르게 수행하려면 if ~ elif ~ else 조건문을 이용합니다. 여기서 elif 는 필요에 따라 여러 개를 사용할 수도 있습니다.

```
if <조건1>:
    <코드 블록 1>
elif <조건2>:
```

```
    〈코드 블록 2〉
        .
        .
        .
elif 〈조건m〉:
    〈코드 블록 m〉
else:
    〈코드 블록 n〉
```

위에서 우선 〈조건1〉이 참인지 검사하고, 참이면 〈코드 블록 1〉을 수행하고 if 문을 빠져나옵니다. 만약 참이 아니면 〈조건2〉가 참인지 검사하고 참이면 〈코드 블록 2〉를 수행하고, if 문을 빠져나옵니다. 같은 방법으로 마지막 〈조건m〉 전까지 모두 참이 아니면 〈조건m〉이 참인지 검사해서 참이면 〈코드 블록 m〉을 수행하고, 참이 아니면 〈코드 블록 n〉을 수행합니다. 여기서 else: 이후는 생략할 수도 있습니다.

```
In:     x = 75                  # x에 75를 할당

        if x >= 90:             # 〈조건1〉
            print("학점: A")     # 〈코드 블록 1〉
        elif  80 <= x < 90:     # 〈조건2〉: 80 <= x < 90는 (x >= 80) and (x < 90)과 같음
            print("학점: B")     # 〈코드 블록 2〉
        elif  70 <= x < 80:     # 〈조건3〉
            print("학점: C")     # 〈코드 블록 3〉
        else:
            print("학점: D")     # 〈코드 블록 4〉
```

Out: 학점: C

위에서 〈조건〉에 사용한 num1 <= x < num2는 x가 num1보다 크거나 같고 num2보다 작으면 참이고 그렇지 않으면 거짓으로, (x >= num1) and (x < num2)로 써도 됩니다. 여기서 x는 75로 70 <= x < 80를 만족하므로 '학점: C'가 출력됐습니다.

앞에서 살펴본 조건문의 〈코드 블록〉에는 또 다른 조건문을 추가할 수도 있습니다. 이러한 조건문을 중첩 조건문이라고 합니다. 다음은 중첩 조건문의 예입니다.

```
In:     x = 100

        if x >= 90:
            if x == 100:
                print("만점으로 합격")
```

```
        else:
            print("합격")
    else:
        print("불합격")
```

만점으로 합격

위의 코드에서 x 변수에는 100이 할당돼 첫 번째 조건 x >= 90을 만족하고 나서 다시 그 안의 조건 x==100을 만족해 '만점으로 합격'이 출력됩니다.

반복문

반복문에는 for 문을 이용한 반복문이 있고 while 문을 이용한 반복문이 있습니다. 특정 코드 블록을 지정한 범위만큼 반복하게 하려면 for 반복문을 이용하고 조건에 따라서 반복하게 하려면 while 반복문을 이용합니다.

for 반복문

지정한 범위만큼 반복하는 for 문의 구조는 다음과 같습니다.

```
for <반복 변수> in <반복 범위>:
    <코드 블록>
```

위에서 <반복 변수>에 <반복 범위>의 값이 하나씩 순차적으로 대입되면서 <코드 블록>을 반복적으로 실행합니다. <반복 범위> 다음에 콜론(:)을 입력하고 <코드 블록>을 입력할 때는 앞의 if 문에서와 마찬가지로 탭(tab)이나 공백을 이용해 들여쓰기를 합니다. <반복 범위>로는 문자열, 리스트, 튜플, 세트, 딕셔너리, range() 함수 등을 이용할 수 있지만 리스트와 range() 함수를 많이 이용합니다.

다음은 <반복 범위>로 리스트를 이용하는 for 문의 예입니다.

```
In:    for num in [0, 1, 2, 3, 4, 5]:
           print(num)
```

```
Out:    0
        1
        2
        3
```

```
4
5
```

위의 for 문에서 리스트 [0, 1, 2, 3, 4, 5]에 있는 요소가 순차적으로 반복 변수 num에 대입돼 실행되는 것을 볼 수 있습니다.

내장 함수 range()는 다음과 같이 start, stop, step 값을 지정해서 숫자의 범위를 손쉽게 생성합니다.

```
range(start, stop, step)
```

위와 같이 지정하면 start부터 stop전까지(stop 미포함) step 만큼 더해서 〈반복 범위〉를 만듭니다. 여기서 start와 stop은 양의 정수, 음의 정수, 0 모두 사용할 수 있으며 step은 양의 정수와 음의 정수만 사용할 수 있습니다. step이 1일 때는 range(start, stop)와 같이 쓸 수 있으며, start가 0이고 step이 1이면 range(stop)처럼 stop만 지정해서 범위를 생성할 수 있습니다.

range()를 이용해 지정한 범위를 출력하려면 list()를 이용합니다.

In: `list(range(0, 10, 1))`

Out: `[0, 1, 2, 3, 4, 5, 6, 7, 8, 9]`

출력 결과에서 보듯이 stop은 범위에 포함되지 않습니다. 위의 예제에서는 range(start, stop, step) 함수의 start가 0이고 step이 1이므로 다음과 같이 stop만 지정해도 앞의 것과 같은 범위를 생성할 수 있습니다.

In: `list(range(10))`

Out: `[0, 1, 2, 3, 4, 5, 6, 7, 8, 9]`

다음은 for 문의 〈반복 범위〉를 range() 함수를 이용한 예입니다.

In:
```
for num in range(6):
    print(num)
```

Out:
```
0
1
2
```

```
3
4
5
```

만약 for 문에서 리스트 각 요소의 인덱스와 값을 함께 이용하려면 아래와 같이 enumerate()를 이용합니다.

```
for index, value in enumerate(list_data):
    <코드 블록>
```

위와 같이 수행하면 리스트 데이터(list_data) 각 요소의 인덱스(index)와 값(value)을 <코드 블록>에서 순차적으로 이용할 수 있습니다.

다음은 for 문에서 enumerate()를 이용해서 리스트 데이터 각 요소의 인덱스와 값을 출력하는 예입니다.

```
In:    list_num = [10, 20, 30, 40]

       for index, value in enumerate(list_num):
           print(index, value)
```

```
Out:   0 10
       1 20
       2 30
       3 40
```

다음은 for 문을 이용해서 여러 개의 리스트를 다루는 방법을 살펴보겠습니다. 이를 위해서 다음과 같이 이름 리스트와 시험점수 리스트를 만들겠습니다.

```
In:    names = ["동백", "용식", "자영", "규태", "종렬", "향미"]  # 이름
       scores = [96, 85, 100, 70, 80, 75]                      # 시험점수
```

이제 두 리스트를 이용해서 이름별로 시험점수를 출력하려면 다음과 같이 len() 함수와 range() 함수 이용해서 for 문의 <반복 범위>를 지정하고 <반복 변수>를 이용해서 리스트의 요소를 하나씩 출력하면 됩니다.

```
In:   for k in range(len(names)):
          print(names[k], scores[k])
```

```
Out:   동백 96
       용식 85
       자영 100
       규태 70
       종렬 80
       향미 75
```

길이가 같은 리스트가 여러 개 있을 때는 위와 같은 방법으로 for 문을 이용해도 되지만 같은 길이의 리스트를 하나로 묶어주는 zip() 함수를 이용해 〈반복 범위〉를 지정하고 각 리스트별로 〈반복 변수〉를 이용할 수도 있습니다. 다음은 길이가 같은 두 개의 리스트에 이 방법을 적용한 예입니다.

```
for var1, var2 in zip(list1, list2):
    〈코드 블록〉
```

위와 같은 구조로 for 문을 구성하면 〈반복 범위〉인 zip()의 list1과 list2의 요소가 각각 순서대로 동시에 〈반복 변수〉인 var1과 var2에 대입되고 〈코드 블록〉을 수행합니다. 만약 zip()의 리스트의 개수가 늘어나면 〈반복 변수〉에 있는 변수의 개수도 같은 수로 증가해야 합니다. 이 방법은 리스트뿐만 아니라 튜플 등 순서가 있는 자료에 적용할 수 있습니다.

다음은 앞에서 살펴본 이름 리스트와 시험점수 리스트에 대해서 for 문에서 zip() 함수를 이용해서 리스트의 요소를 하나씩 출력하는 코드입니다.

```
In:   for name, score in zip(names, scores):
          print(name, score)
```

```
Out:   동백 96
       용식 85
       자영 100
       규태 70
       종렬 80
       향미 75
```

while 반복문

조건에 따라서 반복하는 while 문의 구조는 다음과 같습니다.

```
while <조건>:
    <코드 블록>
```

위에서 <조건>이 참이면 <코드 블록>을 계속 수행하고, <조건>이 참이 아니면 <코드 블록>을 실행하지 않고 while 문을 빠져나오게 됩니다. <조건> 다음에는 콜론(:)을 쓰고 <코드 블록>은 들여쓰기를 합니다.

반복문에서 for 문과 while 문은 <코드 블록>을 반복적으로 수행합니다. 역할이 비슷해서 for 문으로 된 반복문을 while 문을 이용해서 만들 수 있고 그 반대도 할 수 있습니다. 보통은 미리 반복 횟수나 범위를 알고 있을 때는 for 문으로 반복문을 만들고, 반복 횟수나 범위를 정확히 알기 어려울 때는 while 문으로 반복문을 만듭니다.

다음은 while 문을 이용한 반복문의 예입니다. 초기에 빈 리스트인 list_num을 생성하고 count는 0으로 초기화 합니다. 처음에는 count < 10 조건이 참이므로 <코드 블록>을 실행합니다. 이때 list_num에는 count 값인 0이 추가되고 count는 1이 됩니다. 이후 count < 10이 참이므로 다시 <코드 블록>을 실행합니다. 이러한 동작은 count가 9가 될 때까지 반복하고 count가 10이 되면 count < 10은 더 이상 참이 아니므로 while 문을 빠져나오게 됩니다. 이후에 리스트 list_num을 출력해보면 count가 1씩 증가하면서 추가된 결과를 볼 수 있습니다.

```
In:    list_num = []    # 빈 리스트 생성
       count = 0         # count를 0으로 초기화

       while (count < 10):         # <조건> count가 10보다 작은지 검사
           list_num.append(count)  # <코드 블록> list_num에 count 추가
           count = count + 1       # <코드 블록> count를 1씩 증가

       print(list_num) # 리스트 list_num의 내용을 출력
```

```
Out:   [0, 1, 2, 3, 4, 5, 6, 7, 8, 9]
```

while 문에서 <조건>이 항상 참인 경우(예를 들어 while True:) <코드 블록>을 무한히 반복하며 실행하므로 주의해야 합니다. 이때 무한 반복 실행을 멈추려면 주피터 노트북에서는 마우스로 툴 바의 [커널 정지(interrupt the kernel)] 아이콘을 클릭하고, 파이썬 콘솔에서는 키보드로 Ctrl + C를 입력합니다.

반복의 흐름을 바꾸는 break와 continue

반복문(for 문 혹은 while 문)에서 break와 continue를 이용하면 반복문의 흐름을 바꿀 수 있습니다. 반복문의 <코드 블록>에서 break를 만나면 반복문을 빠져나오고, continue를 만나면 다음 반복으로 넘어갑니다. 예를 들어 반복문에서 특정 조건을 만족하기 전까지는 반복을 계속 수행하고 특정 조건을 만족하면 반복문을 빠져나오게 하고 싶다면 break를 이용할 수 있습니다. 또한 특정 조건에서는 코드를 수행하지 않고 다음 반복으로 넘어가고 싶다면 continue를 이용할 수 있습니다.

다음은 while 문에서 특정 조건을 만족하면 break를 수행해 반복문에서 빠져나오는 예입니다.

```
In:    num = [1, 2, 3, 4, 5, 6]
       num_sum = 0 # 숫자의 합계를 0으로 초기화
       count = 0   # count를 0으로 초기화

       while True:
           num_sum = num_sum + num[count] # 리스트 num의 요소를 하나씩 더함
           print(num_sum)
           if (num_sum >= 10): # 합계(num_sum)가 10 이상인지 검사
               print("while 문을 끝냅니다.")
               break # while 문을 끝냄

           count = count + 1 # count를 1씩 증가
```

```
Out:   1
       3
       6
       10
       while 문을 끝냅니다.
```

위의 코드에서 while True:로 인해 <코드 블록>은 무한히 반복됩니다. 하지만 num_sum 변수의 합계가 10 이상이면 break가 실행돼 while 문을 빠져나옵니다.

다음은 for 문에서 특정 조건을 만족하면 continue를 수행해 다음 반복으로 넘어가게 하는 예입니다.

```
In:    months = [1, 2, 3, 4, 5, 6, 7, 8, 9, 10, 11, 12]
       months_data = [15, 21, 33, 17, 19, 22, 16, 25, 27, 18, 13, 14]
       data_sum = 0 # 숫자 합계를 초기화
```

```
        for month, data in zip(months, months_data):
            if(month == 5):
                print('해당 월의 데이터를 제외합니다.')
                continue # 이후 코드는 실행하지 않고 다음 반복으로 넘어감
            data_sum = data_sum + data # 월별 데이터의 합계를 구함

        print(data_sum) # for 문에서 계산된 전체 합계를 출력
```

Out: 해당 월의 데이터를 제외합니다.
        221

위 코드에서 month가 5이면 continue가 수행되어 data_sum = data_sum + data 코드를 수행하지 않고 다음 반복으로 넘어가서 해당 months_data[4]의 값은 합계에서 제외됩니다.

한 줄 for 반복문

리스트, 세트, 딕셔너리는 한 줄 for 문을 이용해서 데이터를 생성하는 컴프리헨션(Comprehension) 을 지원합니다. 이 중에 리스트 컴프리헨션의 기본 구조는 다음과 같습니다.

[<반복 실행문> for <반복 변수> in <반복 범위>]

다음은 리스트 컴프리헨션을 이용해서 리스트를 생성하는 예입니다.

In: numbers = [0, 1, 2, 3, 4, 5, 6, 7, 8, 9] # 리스트 생성

        # 리스트의 각 요소에 2*x+1 연산을 수행해서 새로운 리스트 생성
        result = [2*x+1 for x in numbers]

        print(result) # 생성한 리스트 출력

Out: [1, 3, 5, 7, 9, 11, 13, 15, 17, 19]

위처럼 리스트 컴프리헨션을 이용하면 리스트의 요소를 반복적으로 처리하는 작업을 편리하게 수행할 수 있습니다.

컴프리헨션에 다음과 같이 if 문을 추가해서 <조건>이 참일 때만 <반복 실행문>을 수행할 수도 있습니다.

[<반복 실행문> for <반복 변수> in <반복 범위> if <조건>]

다음은 리스트 컴프리헨션에 if 문을 추가한 예입니다.

```
In:    numbers = [0, 1, 2, 3, 4, 5, 6, 7, 8, 9] # 리스트 생성

       # x >=3 조건을 만족할 때만 2*x+1 연산을 수행
       result = [2*x+1 for x in numbers if x>=3]

       print(result) # 생성한 리스트 출력
```

```
Out:   [7, 9, 11, 13, 15, 17, 19]
```

03 데이터의 출력

앞에서 데이터를 화면으로 출력하기 위해 print() 함수를 이용했습니다. 지금까지는 print() 함수의 가장 기본적인 기능만 이용했지만, 이번에는 좀 더 다양한 기능을 이용해서 데이터를 화면에 출력하는 방법을 살펴보겠습니다.

기본 출력

지금까지 사용했던 print() 함수에서는 하나의 데이터만 출력했지만, 아래와 같이 쉼표(,)로 구분해서 여러 데이터를 동시에 출력할 수 있습니다. 이때 데이터 사이에 빈칸(공백) 하나가 들어가면서 출력합니다.

```
print(data_1, data_2, data_3, · · · , data_n [, options])
```

위에서 data_n은 앞에서 살펴본 모든 자료형이 될 수 있습니다. 옵션(options)은 사용하지 않을 수 있으며 기본 설정을 변경하려면 옵션을 이용합니다.

다음은 여러 개의 데이터를 연결해서 출력하는 예입니다.

```
In:    print(1, 2, 3, 4, 5)                        # 숫자 출력
       print('a', 'b', 'c', 'd', 'e')              # 문자 출력
       print(123, "abc", True)                     # 숫자, 문자, 불 출력
       print(['abc', 123, 'def'], {"a": 1, "b": 2})  # 리스트와 딕셔너리 출력
```

```
Out:   1 2 3 4 5
       a b c d e
       123 abc True
       ['abc', 123, 'def'] {'a': 1, 'b': 2}
```

위의 결과를 살펴보면 print() 함수를 실행하면 자동으로 줄 바꿈이 되는 것을 볼 수 있습니다. 옵션 end에는 마지막에 들어갈 문자열을 지정할 수 있으며, 기본값으로는 개행문자가 지정돼 있어서 자동으로 줄을 바꿉니다.

만약 줄 바꿈을 자동으로 하지 않으려면 다음과 같이 end 옵션에 빈 문자열을 넣으면 됩니다.

```
In:    print("합계:")          # end 옵션이 없으면 개행문자가 들어가서 줄 바꿈 수행
       print(90)
       print("합계:", end='')  # end 옵션에 빈 문자열을 입력해 줄 바꿈이 없도록 함
       print(90)
```

```
Out:   합계:
       90
       합계:90
```

문자열을 print() 함수를 이용해 출력할 때 개행문자를 쓰면 줄 바꿈이 됩니다. 따라서 다음과 같이 개행문자를 쓰면 하나의 print() 함수로 여러 줄을 출력할 수 있습니다.

```
In:    print("나는 파이썬을 이용해서 \n많은 업무를 \n자동화합니다.")
```

```
Out:   나는 파이썬을 이용해서
       많은 업무를
       자동화합니다.
```

개행문자 입력

개행문자(\n)를 입력할 때 사용하는 역슬래시(\)는 한글 키보드에서는 원화 표시(₩)로 입력합니다.

출력 형식 지정

여러 데이터를 print()로 출력할 때 string.format()으로 출력 위치와 형식을 지정할 수 있습니다. 구문은 다음과 같습니다.

```
print("{0} {1} {2} · · · {n}".format(data_0, data_1, data_2, · · ·, data_n))
```

위에서 {n}에는 format()의 n번 위치(0부터 시작)에 있는 데이터가 출력됩니다. 위치를 지정하는 숫자 없이 {}만 지정하면 format() 안의 데이터를 순차적으로 출력합니다.

다음은 데이터의 출력 위치를 지정하는 예입니다.

```
In:    fruit_0 = "Banana"
       fruit_1 = "Apple"
       fruit_2 = "Orange"

       print("문자열 출력: {0}, {1}, {2}".format(fruit_0, fruit_1, fruit_2))
       print("문자열 출력: {2}, {0}, {1}".format(fruit_0, fruit_1, fruit_2))
```

```
Out:   문자열 출력: Banana, Apple, Orange
       문자열 출력: Orange, Banana, Apple
```

다음과 같이 출력 위치를 지정하는 숫자없이 {}만을 이용해 format() 안의 데이터를 순차적으로 출력할 수도 있습니다.

```
In:    print("문자열 출력: {}, {}, {}".format(fruit_0, fruit_1, fruit_2))
```

```
Out:   문자열 출력: Banana, Apple, Orange
```

문자열 데이터뿐만 아니라 숫자 데이터도 위치를 지정해 출력할 수 있습니다. 이때 위치만 지정하면 숫자 데이터의 출력 형식은 알아서 지정됩니다.

```
In:    num_int = 123
       num_float= 3.14159265358979323846

       print("숫자 출력: {0}, {1}".format(num_int, num_float))
```

```
Out:   숫자 출력: 123, 3.141592653589793
```

출력할 데이터가 숫자일 때는 string.format()에서 {n}대신 {n:출력 형식}으로 숫자의 출력 형식을 지정할 수 있습니다. 표 2-6은 print() 함수에서 숫자의 출력 형식을 지정해 숫자 데이터를 출력하는 몇 가지 예를 보여줍니다. 표 2-6의 출력 결과 항목의 내용은 print("{0:출력 형식}".format(x))를 실행한 결과입니다.

함수, 클래스, 모듈

2장에서 파이썬의 기본 문법을 살펴봤습니다. 기본 문법만 알아도 파이썬 코드를 작성할 수 있지만 함수, 클래스, 모듈을 이용하면 코드를 좀 더 효율적으로 작성하고 이미 작성한 코드를 재활용할 수 있습니다. 이번 장에서는 함수, 클래스, 모듈을 어떻게 만들고 활용하는지 알아보겠습니다.

01 함수

함수(function)는 특정 기능을 수행하는 코드의 묶음입니다. 함수를 사용하면 코드의 반복을 피할 수 있고 코드를 깔끔하게 작성할 수 있습니다. 앞에서는 미리 만들어진 내장 함수 print()와 type() 등을 사용했는데 여기서는 함수를 직접 만들어 보겠습니다. 또한 주요 내장 함수의 사용법도 살펴보겠습니다.

함수의 정의와 호출

코드의 묶음인 함수를 사용하려면 먼저 형식에 맞게 함수를 만들어야 합니다. 이렇게 형식에 맞춰 함수를 만드는 것을 함수를 정의한다고 합니다. 함수를 정의한 후에는 정의한 함수의 형식에 맞게 함수를 호출할 수 있습니다. 이번에는 여러 구조의 함수를 정의하는 방법과 호출하는 방법을 살펴보겠습니다.

함수의 기본 구조

함수를 사용하려면 먼저 함수를 정의해야 합니다. 일반 함수를 정의하는 기본 구조는 다음과 같습니다.

```
def 함수명([매개변수1, 매개변수2, · · · , 매개변수n]):
    <코드 블록>
    [return <반환 값>]
```

함수의 정의는 def 키워드로 시작합니다. 그 뒤에 사용할 함수명을 입력하고 소괄호와 콜론(:)을 입력합니다. 소괄호 안에는 함수에서 사용할 매개변수가 있으면 필요한 수만큼 입력하고 없으면 입력하지 않습니다. 매개변수와 매개변수 사이는 쉼표(,)로 구분하며 매개변수는 어떠한 종류의 자료형도 사용할 수 있습니다. 함수명은 변수명을 만드는 규칙을 따라서 작성합니다. 따라서 보통 영어 알파벳 소문자를 쓰며 공백은 허용하지 않고 단어 간 연결은 밑줄 기호(_)를 씁니다. <코드 블록>에 코드를 입력한 후 반환할 값이 있으면 마지막 줄에 return <반환 값>을 입력하고 없으면 아무것도 입력하지 않습니다. <코드 블록>과 return <반환 값>은 모두 들여쓰기를 합니다.

함수를 정의한 후에는 다음과 같은 방법으로 함수를 호출할 수 있습니다.

```
함수명([인수1, 인수2, · · · , 인수n])
```

함수를 호출할 때 소괄호 안의 인수는 함수를 정의할 때 사용한 매개변수의 개수와 순서가 같아야 합니다. 매개변수가 없는 함수를 정의했다면 함수를 호출할 때 인수 없이 소괄호만 입력합니다. 한번 정의한 함수는 필요할 때마다 호출할 수 있습니다.

> **매개변수와 인수**
>
> 매개변수(parameter)는 함수의 입력값을 함수 내부로 전달하는 데 사용하는 변수로, 함수를 정의할 때 사용합니다. 인수(argument)는 함수로 전달하는 입력값으로, 함수를 호출할 때 사용합니다. 매개변수와 인수는 둘 다 함수에서 사용하는 용어로 구분해 사용하기도 하지만 보통 혼용하기도 합니다. 참고로 매개변수는 '인자'라고도 합니다.

함수의 다양한 예

앞에서 살펴본 함수의 기본 구조를 바탕으로 매개변수와 반환 값의 유무에 따라 다양한 형식으로 함수를 만들 수 있습니다.

먼저 함수의 매개변수도 없고 반환 값도 없는 함수를 정의하고 호출하는 예를 살펴보겠습니다. 어떤 이모티콘을 빈번하게 출력해야 한다면 매번 똑같은 코드를 반복하지 말고 아래처럼 이모티콘을 출력하는 함수를 한 번 정의해 필요할 때마다 호출하면 코드를 편리하게 작성할 수 있습니다.

In:
```
# 함수의 정의 (이모티콘 출력)
def my_emoticon():
    print("=======")
    print(" (^o^)")
    print("=======")


# 함수의 호출
my_emoticon()
```

Out:
```
=======
 (^o^)
=======
```

다음은 함수의 매개변수는 있으나 반환 값은 없는 함수를 정의하고 호출하는 예입니다. 이런 형태의 함수는 입력값은 필요하지만 반환 값은 필요 없는 경우에 사용합니다.

In:
```
# 함수의 정의 (게임 정보 출력)
def game_info_display(name, version, genre): # 3 개의 매개변수를 갖는 함수
    print("--- 게임 정보 ----")
    print("이름:", name)
    print("버전:", version)
    print("장르:", genre)


# 함수의 호출 (매개변수의 개수와 순서가 같게 인수를 입력)
game_info_display("고독한 방랑자", "2.02", "MMORPG")
```

Out:
```
--- 게임 정보 ---
이름: 고독한 방랑자
버전: 2.02
장르: MMORPG
```

다음은 함수의 매개변수도 있고 반환 값도 있는 함수를 정의하고 호출하는 예입니다. 숫자 x를 입력하면 계산식 $y=2x+1$를 계산해 y를 반환하는 함수를 정의하면 다음과 같습니다.

```
In:     # 함수의 정의 (y = 2*x + 1)
        def my_func(x):
            y = 2*x + 1
            return y

        # 함수의 호출 (함수의 인수는 숫자로 입력)
        my_func(3)
```

Out: 7

반환 값이 있는 함수는 다음과 같이 반환 값을 변수에 할당해 활용할 수도 있습니다.

```
In:     result = my_func(5)
        result
```

Out: 11

다음은 리스트를 매개변수로 입력을 받아 합계와 평균을 반환하는 함수를 정의한 후에 함수를 호출하는 예를 살펴보겠습니다. 아래의 함수처럼 여러 개의 값을 반환할 수 있으면 반환 값은 쉼표로 구분합니다. 여러 개의 값을 반환할 때 반환 값의 자료형은 튜플이 됩니다.

```
In:     # 함수의 정의(리스트를 입력 받아서 합계와 평균 반환)
        def calc_sum_mean(list_data):
            e_count = 0  # 요소 개수 (초기화)
            e_sum = 0    # 요소 합계 (초기화)

            for element in list_data:
                e_count = e_count + 1    # 요소 개수 계산
                e_sum = e_sum + element  # 요소 합계 계산
            e_mean = e_sum / e_count     # 평균 = 합계/개수

            return e_sum, e_mean         # 계산 합계와 평균을 반환 (자료형은 튜플)

        # 함수의 호출 (인수는 리스트로 입력)
        calc_sum_mean([1, 2, 3, 4, 5, 6, 7, 8, 9])
```

Out: (45, 5.0)

위에서 정의한 calc_mean() 함수를 호출하면 리스트의 합계와 평균을 반환하는 것을 볼 수 있습니다.

여러 개의 반환 값을 갖는 함수는 다음과 같이 반환 값을 여러 개의 변수에 할당해 활용할 수 있습니다.

```
In:    list_sum, list_mean = calc_sum_mean([1, 2, 3, 4, 5, 6, 7, 8, 9])

       print(list_sum)
       print(list_mean)
```

```
Out:   45
       5.0
```

매개변수에 기본값을 할당한 함수

앞에서는 함수를 정의할 때는 매개변수에 미리 값을 지정하지 않고 함수를 호출할 때 인수로 값을 입력했습니다. 이번에는 매개변수에 미리 값을 지정해 함수를 정의하는 방법을 살펴보겠습니다.

다음은 매개변수에 기본값을 지정하는 함수의 기본 구조입니다.

```
def 함수명(매개변수1=기본값1, 매개변수2=기본값2, · · · , 매개변수n=기본값n):
    <코드 블록>
    [return <반환 값>]
```

매개변수에 기본값을 지정해 함수를 정의하면 함수를 호출할 때 인수를 입력하지 않아도 기본값으로 입력됩니다. 기본값을 변경하고 싶으면 함수를 호출할 때 인수를 입력하면 됩니다.

함수를 호출할 때 인수의 개수는 매개변수의 개수보다 적을 수 있는데 이때 앞에서부터 순차적으로 매개변수의 인수로 할당되고 나머지는 기본값으로 들어갑니다. 기본값을 지정한 모든 매개변수에 대해 인수 입력없이 함수를 호출하면 매개변수에는 함수를 정의할 때 지정한 기본값이 지정됩니다. 이 외에도 다양한 방법으로 인수를 입력해 함수를 호출할 수 있는데 구체적인 방법은 예를 통해 살펴보겠습니다.

다음은 매개변수에 기본값을 지정한 함수의 예입니다.

```
In:    def my_add(a=1, b=2, c=3):
           y = a + b + c
           print("{0} + {1} + {2} = {3}".format(a, b, c, y))
```

위에서 정의한 함수에 대해 다음과 같이 다양한 방법으로 변경하고 싶은 인수를 순서대로 입력해 함수를 호출할 수 있습니다.

```
In:    # 모든 매개변수가 기본값을 사용
       my_add()

       # 첫 번째 매개변수는 입력한 인수를 사용하고 나머지는 기본값을 사용
       my_add(11)

       # 첫 번째와 두 번째 매개변수는 입력한 인수를 사용하고 나머지는 기본값을 사용
       my_add(11, 12)

       # 모든 매개변수가 입력한 인수를 사용
       my_add(11, 12, 13)
```

```
Out:   1 + 2 + 3 = 6
       11 + 2 + 3 = 16
       11 + 12 + 3 = 26
       11 + 12 + 13 = 36
```

매개변수에 기본값을 지정한 함수를 호출할 때 순서대로 인수를 입력하지 않고 다음과 같이 매개변수를 명시적으로 표시하고 값을 직접 지정하는 방식을 따를 수도 있습니다.

```
In:    # 첫 번째와 세 번째 매개변수는 입력한 인수를 사용하고 두 번째는 기본값을 사용
       my_add(11, c=13) # 인수 입력이 매개변수에 의한 입력보다 먼저 와야 됨

       # 두 번째와 세 번째 매개변수는 입력한 인수를 사용하고 첫 번째는 기본값 사용
       my_add(c=13, b=12) # 매개변수에 의한 입력끼리는 순서가 중요하지 않음
```

```
Out:   11 + 2 + 13 = 26
       1 + 12 + 13 = 26
```

기본값 없는 매개변수와 기본값 있는 매개변수를 함께 사용해 함수를 만들 수도 있습니다. 이때 기본값 없는 매개변수가 기본값 있는 매개변수보다 앞에 위치합니다. 이러한 형태의 함수에서 기본값 있는 매개변수는 함수의 옵션을 지정하는 방법으로 많이 이용합니다.

다음은 기본값 없는 매개변수와 기본값 있는 매개변수를 함께 사용해 함수를 정의한 예입니다.

```
In:    def my_add2(a, b, c=3, d=4):
           y = a + b + c + d
           print("{0} + {1} + {2} + {3} = {4}".format(a, b, c, d, y))
```

위의 함수를 호출할 때 기본값 없는 매개변수에 대해서는 같은 개수와 순서의 인수가 반드시 필요하며 기본값 있는 매개변수에 대해서는 인수를 사용하지 않을 수 있습니다. 인수를 사용하지 않으면 기본값으로 입력됩니다. 다음은 다양한 방법으로 인수를 사용해 함수를 호출한 예입니다.

```
In:    my_add2(1, 2)            # 기본값 없는 매개변수는 반드시 인수 필요. c와 d에는 기본값 입력
       my_add2(1, 2, 13)        # d에는 기본값이 입력됨
       my_add2(1, 2, 13, 14)    # c와 d에 모두 인수로 지정한 값 입력
       my_add2(1, 2, d=14)      # c에는 기본값이 입력됨
```

```
Out:   1 + 2 + 3 + 4 = 10
       1 + 2 + 13 + 4 = 20
       1 + 2 + 13 + 14 = 30
       1 + 2 + 3 + 14 = 20
```

지역 변수와 전역 변수

함수 안에서 생성한 변수를 지역 변수(local variable)라고 하고 함수 밖에서 생성한 변수를 전역 변수(global variable)라고 합니다. 지역 변수는 함수를 실행하는 동안만 함수 안에서 사용되고, 전역 변수는 함수 안과 밖에서 어디서나 사용할 수 있습니다. 단, 함수 안에서 전역 변수의 내용을 변경하려면 global 전역변수명을 먼저 선언해야 합니다.

만약 어떤 함수 안에서 지역 변수로 사용한 변수명과 동일한 변수가 함수 밖의 전역 변수로 사용된 경우에 해당 함수를 호출하면 지역 변수가 선택됩니다. 다음은 하나의 코드에서 같은 이름의 변수를 지역 변수와 전역 변수로 모두 사용한 예입니다.

```
In:    a = 10 # 전역 변수. 어디서나 사용

       def func1():
           a = 1 # 지역 변수. 함수 func1 내에서만 사용
           print("[func1()] 지역 변수 a =", a)

       def func2():
```

```
    a = 2 # 지역 변수. 함수 func2 내에서만 사용
    print("[func2()] 지역 변수 a =", a)


def func3():
    print("[func3()] 전역 변수 a =", a) # 전역 변수를 변경 없이 사용


def func4():
    global a  # 함수 내에서 전역 변수를 변경하려면 반드시 'global 전역변수명' 선언 필요
    a = 20      # 전역 변수의 값 변경
    print("[func4()] 전역 변수 a =", a)
```

다음은 위에서 정의한 함수 func1()과 func2()를 호출해 보겠습니다.

```
In:    func1()
       func2()
```

```
Out:   [func1()] 지역 변수 a = 1
       [func2()] 지역 변수 a = 2
```

위의 출력 결과에서 보듯이 변수 a는 함수 내에서 정의한 변수가 사용되는 것을 볼 수 있습니다.

다음은 함수를 호출하지 않고 그냥 변수 a를 사용하는 경우를 살펴보기 위해 변수 a를 출력해 보겠습니다.

```
In:    print("전역 변수 a = ", a)
```

```
Out:   전역 변수 a =  10
```

위 출력 결과 함수 밖에서는 전역 변수 a가 선택되는 것을 볼 수 있습니다.

이번에는 전역 변수를 사용하는 함수 func3()과 func4()를 호출하겠습니다.

```
In:    func3()    # 함수 내에서 전역 변수 a를 호출
       func4()    # 함수 내에서 전역 변수 a의 값을 변경
       func3()    # 함수 내에서 전역 변수 a를 호출
```

```
Out:   [func3()] 전역 변수 a = 10
       [func4()] 전역 변수 a = 20
       [func3()] 전역 변수 a = 20
```

위에서 함수 func4()의 호출 전과 후의 func3() 호출 결과를 비교해 보면 전역 변수 a의 값이 변경된 것을 알 수 있습니다.

내장 함수

파이썬에는 문제없이 잘 동작하는 검증된 내장 함수(Built-in function)가 많이 있습니다. 따라서 함수를 직접 만들기 전에 원하는 기능을 수행하는 내장 함수가 있는지 먼저 알아보는 것이 좋습니다. 우리는 앞에서 print(), type(), len(), range() 등의 내장 함수를 이미 살펴봤습니다. 여기서는 그 외에 활용도가 높은 내장 함수를 좀 더 살펴보겠습니다. 더 많은 내장 함수를 알고 싶다면 파이썬의 내장 함수를 소개한 문서(https://docs.python.org/3/library/functions.html)를 참조하세요.

자료형 변환 함수

데이터를 다루는 코드를 작성하다 보면 주어진 데이터의 자료형을 다른 자료형으로 변환해야 할 때가 있습니다. 파이썬에는 자료형을 변환하는 내장함수가 있어 손쉽게 자료형을 변환할 수 있습니다.

정수, 실수, 문자열 데이터를 변환하는 함수는 표 3-1과 같습니다.

표 3-1 정수, 실수, 문자열 데이터를 변환하는 함수

내장 함수	기능	사용 예
int()	실수/문자열(정수 표시) 데이터를 정수로 변환	int(12.34), int("1234")
float()	정수/문자열(정수 및 실수 표시) 데이터를 실수로 변환	float(12), float("12.34")
str()	정수/실수 데이터를 문자열로 변환	str(1234), str(12.34)

내장 함수인 int()는 실수 데이터를 정수로 변환할 때 소수점 이하를 버립니다. 문자열 자료형은 연산을 할 수 없으므로 연산을 위해서는 숫자를 표시하는 문자열을 숫자(정수 혹은 실수)로 변환해야 합니다. 하지만 변환하려고 하는 문자열이 정수를 표시하고 있는지 실수를 표시하고 있는지 모른다면 float()로 변환하면 됩니다.

아래는 표 3-1에 있는 int(), float(), str()로 데이터를 변환하는 예입니다.

```
In:    print("정수로 변환:", [int(12.34), int("1234"), int(0.56), int(-56.78)])
       print("실수로 변환:", [float(12), float("12.34"), float("56"), float(-98)])
       print("문자열로 변환:", [str(12), str(12.34)])
```

앞에서 살펴본 리스트, 튜플, 세트는 형태가 유사하므로 서로 자료형 변환을 할 수 있습니다. 리스트, 튜플, 세트 데이터로 변환하는 함수는 표 3-2와 같습니다.

표 3-2 리스트, 튜플, 세트 데이터로 변환하는 함수

내장 함수	기능	사용 예
list()	튜플/세트 데이터를 리스트로 변환	list((1,2,3)), list({1,2,3})
tuple()	리스트/세트 데이터를 튜플로 변환	tuple([1,2,3]), tuple({1,2,3})
set()	리스트/튜플 데이터를 세트로 변환	set([1,2,3]), set((1,2,3))

다음은 리스트, 튜플, 세트 데이터를 다른 자료형으로 변환하는 예입니다.

In: print("튜플/세트 -> 리스트로 변환:", list((1,2,3)), list({1,2,3}))
       print("리스트/세트 -> 튜플로 변환:", tuple([1,2,3]), tuple({1,2,3}))
       print("리스트/튜플 -> 세트로 변환:", set([1,2,3]), set((1,2,3)))

Out: 튜플/세트 -> 리스트로 변환: [1, 2, 3] [1, 2, 3]
       리스트/세트 -> 튜플로 변환: (1, 2, 3) (1, 2, 3)
       리스트/튜플 -> 세트로 변환: {1, 2, 3} {1, 2, 3}

위의 코드처럼 리스트, 튜플, 세트는 서로 자료형 변환을 할 수 있습니다.

리스트나 튜플 데이터를 세트로 변환할 때에는 요소의 순서가 유지되지 않고 중복 요소가 있으면 하나만 남기므로 주의해야 합니다. 다음은 중복 요소가 있는 리스트 데이터를 세트로 변환하는 예입니다.

In: list_data = [100, 2, 3, 4, 5, 5, 5] # 리스트 데이터

       print(list_data)
       print(set(list_data))   # 리스트 데이터를 세트로 변환

Out: [100, 2, 3, 4, 5, 5, 5]
       {2, 3, 100, 5, 4}

위에서 세트로 변환한 결과를 원래의 리스트 데이터와 비교해보면 중복 요소는 하나만 남겨졌고 요소의 순서도 변경되었음을 볼 수 있습니다.

최솟값, 최댓값, 합계를 구하는 함수

내장 함수 min()과 max()는 두 개의 입력값이나 리스트, 튜플, 세트 등에서 전체 요소 중 최솟값과 최댓값을 구할 수 있습니다. 또한 내장 함수 sum()으로 요소 전체의 합을 구할 수 있습니다.

다음은 리스트 데이터가 있을 때 전체 요소 중 최솟값과 최댓값을 구하고 요소 전체의 합을 구하는 예입니다.

In:
```
list_data = [-2, -1, 0, 1, 2, 3, 4, 5] # 리스트 데이터

print("최소:", min(list_data))          # 리스트 요소의 최솟값
print("최대:", max(list_data))          # 리스트 요소의 최댓값
print("합계:", sum(list_data))          # 리스트 요소의 합
```

Out:
```
최소: -2
최대: 5
합계: 12
```

앞에서 살펴본 요소의 개수를 반환하는 내장 함수 len()을 사용하면 다음과 같이 리스트 요소 전체의 평균값도 쉽게 계산할 수 있습니다.

In:
```
mean = sum(list_data) / len(list_data) # 요소의 평균 = 요소의 합 / 요소의 개수

print("평균:", mean)
```

Out:
```
평균: 1.5
```

세트는 중복된 요소를 제거하므로 합계와 개수를 구할 때 주의해야 합니다. 다음은 세트에 대한 최솟값, 최댓값, 합계, 요소의 개수를 구하는 예입니다.

In:
```
set_data = {-2, -1, 0, 1, 2, 3, 3, 3} # 중복 요소는 제거하고 세트 생성

print("세트 데이터:", set_data)
print("최소: {}, 최대: {}".format(min(set_data), max(set_data)))
print("합계: {}, 데이터 개수: {}".format(sum(set_data), len(set_data)))
```

```
Out:   세트 데이터: {0, 1, 2, 3, -1, -2}
       최소: -2, 최대: 3
       합계: 3, 데이터 개수: 6
```

02 클래스

앞에서 특정 기능을 수행하는 코드의 묶음인 함수를 사용해, 같은 기능의 코드를 중복으로 작성하지 않고 함수를 불러서 편리하게 활용하는 방법을 살펴봤습니다. 이번에는 한 단계 더 나아가 여러 변수와 함수를 묶어서 처리할 수 있는 클래스(Class)와 객체(Object)를 살펴보겠습니다.

클래스와 객체

클래스를 설명할 때 항상 따라오는 용어가 객체입니다. 객체는 속성(상태, 특징)을 갖고 있으며 행위(행동, 동작, 기능)를 할 수 있는 대상입니다. 객체는 사물일 수도 있고 개념일 수도 있습니다. 프로그래밍 언어에서 객체의 속성은 변수로 구현하며 행위는 함수로 구현합니다. 객체를 만들려면 우선 클래스를 선언해야 합니다. 클래스는 객체를 만들기 위한 기본 틀이고 객체는 클래스로부터 만들어진 결과입니다. 객체는 클래스의 인스턴스(Instance)라고 합니다. 클래스와 객체의 관계를 붕어빵 틀과 붕어빵으로 설명하면 그림 3-1과 같습니다. 클래스는 붕어빵 틀처럼 객체를 만들기 위한 원형이고, 객체는 붕어빵처럼 클래스로부터 만들어진 결과물입니다. 하나의 붕어빵 틀에서 나왔지만 붕어빵 하나하나는 별도의 객체입니다. 또한 붕어빵을 만드는 재료가 붕어빵의 특징을 결정하듯이 객체는 지정한 속성값에 따라 고유한 특징을 갖습니다.

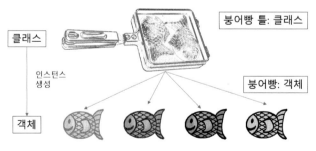

그림 3-1 클래스와 객체의 관계 예시

클래스를 통해 객체를 만들고 활용할 수 있는 프로그래밍 언어를 객체지향 프로그래밍(Object-Oriented Programming, OOP) 언어 혹은 객체지향 언어라고 하며, 파이썬도 객체지향 언어입니다. 파이썬으로 코드를 작성할 때 객체지향 프로그래밍을 하지 않고도 코드를 충분히 작성할 수 있습니다. 하지만 규모가 큰 프로그램을 작성하거나 유사한 객체가 많은 프로그램을 만들 때 객체지향 프로그래밍 기법으로 코드를 좀 더 편리하고 효율적으로 작성할 수 있습니다. 실제 파이썬으로 작성한 많은 프로그램들이 객체지향 기법을 이용하고 있습니다.

클래스 선언

클래스는 각 객체의 공통된 속성과 행위를 변수와 함수로 추상화해서 만드는데 클래스 선언을 위한 기본 구조는 다음과 같습니다. 좀 더 다양한 구조로 클래스를 선언할 수 있지만 여기서는 기본적인 구조만 살펴보겠습니다.

```
class 클래스명():

    [변수]  # 클래스 변수

    def __init__(self[, 매개변수1, 매개변수2, · · · , 매개변수n]): # 초기화 함수
        〈코드 블록〉

    def 함수A(self[, 매개변수_A1, 매개변수_A2, · · · , 매개변수_An]): # 함수A
        〈코드 블록〉

    def 함수B(self[, 매개변수_B1, 매개변수_B2, · · · , 매개변수_Bn]): # 함수B
        〈코드 블록〉
        · · ·
```

클래스를 선언할 때 class 키워드 다음에 클래스명, 소괄호, 콜론(:)을 순서대로 입력합니다. 클래스명은 보통 알파벳 대문자로 시작하며 여러 단어가 연결된 클래스 이름은 가독성을 위해 대문자로 시작하는 단어를 연결해 클래스 이름을 만듭니다. 다음으로 클래스 내에서 def 함수(): 형태로 함수를 작성합니다. 이때 클래스명 다음 줄에 오는 모든 코드는 들여쓰기 해야 합니다. 클래스에서 정의한 함수의 첫 번째 매개변수는 self입니다. 여기서 self는 객체 생성 후 자신을 참조하는 데 사용됩니다. 위에서 대괄호([ ]) 안에 있는 매개변수는 필요한 만큼 사용할 수 있으며, 필요 없으면 생략할 수 있습니다. 초기화 함수 __init__()를 구현하면 객체를 생성할 때 속성값을 지정할 수 있습니다. __init__() 함수는 클래스의

인스턴스가 생성될 때(즉, 객체가 생성될 때) 자동으로 실행되므로 __init__() 함수의 매개변수로 객체의 속성을 초기화할 수 있습니다.

클래스에서 사용하는 변수에는 클래스 변수(class variable)와 인스턴스 변수(instance variable)가 있습니다. 클래스 변수는 클래스 내에 있지만 함수 밖에서 변수명=데이터 형식으로 정의한 변수로 클래스로부터 생성된 모든 객체가 공통으로 사용할 수 있습니다. 클래스 변수는 클래스명.변수명 형식으로 접근할 수 있습니다. 반면 인스턴스 변수는 클래스 내의 함수 안에서 self.변수명=데이터 형식으로 정의한 변수로서 클래스 내의 모든 함수에서 self.변수명으로 접근할 수 있습니다. 인스턴스 변수는 각 인스턴스(객체)에서 개별적으로 관리하며, 객체를 생성한 후에 객체명.변수명 형식으로 접근할 수 있습니다. 인스턴스 변수가 정의돼 있지 않고 클래스 변수만 정의돼 있을 때 객체를 생성한 후 객체명.변수명 형식으로도 클래스 변수에 접근할 수 있습니다.

함수와 메서드

클래스에서 정의한 함수를 객체를 생성한 후에 사용할 때는 메서드(method)라고 합니다. 하지만 객체 생성과 상관없이 클래스에서 정의한 함수를 메서드라고 하기도 합니다. 이처럼 클래스와 객체에서 함수와 메서드라는 용어는 구분 없이 사용하지만 둘 다 클래스에서 정의한 함수를 말하는 것입니다.

메서드에는 인스턴스 메서드, 정적 메서드, 클래스 메서드가 있습니다. 정적 메서드와 클래스 메서드는 특별한 용도로 사용하며 선언할 때는 함수 앞에 데코레이터(Decorator)인 @staticmethod와 @classmethod를 각각 추가해야 합니다. 일반적으로 객체의 메서드라고 하면 인스턴스 메서드를 말합니다.

다음은 컴퓨터 게임의 로봇을 클래스로 선언하는 예를 살펴보겠습니다. 로봇은 이름과 초기 위치를 속성으로 갖고 있으며 앞으로 한 칸 이동할 수 있습니다. 컴퓨터 게임의 로봇처럼 속성과 동작이 유사한 많은 개체가 별개로 동작하게 할 때 클래스를 가지고 객체를 생성하면 편리하게 코드를 작성할 수 있습니다. 로봇의 공통된 속성과 동작을 클래스로 선언하면 다음과 같습니다.

```
In:    class Robot():
           def __init__(self, name, position):    # 초기화 함수
               self.name = name    # 인스턴스 변수(로봇 객체의 이름) 초기화
               self.position = position         # 인스턴스 변수(로봇 객체의 초기 위치) 초기화

           def move(self):       # 앞으로 한 칸 이동을 위한 함수
               self.position = self.position + 1 # 이전 위치에서 앞으로 한 칸 이동
               print(f"{self.name}의 현재 위치: {self.position}")
```

Robot 클래스의 __init__() 함수에서 매개변수를 써서 인스턴스 변수(self.name과 self.position)를 초기화했습니다. 또한 move() 함수에서는 로봇을 앞으로 한 칸 이동하게 구현했습니다. 다음은 선언한 클래스에서 객체를 생성하고 인스턴스 변수와 메서드를 활용하는 방법을 알아보겠습니다.

객체 생성과 활용

앞에서는 클래스를 선언하는 방법을 살펴봤습니다. 이제 선언한 클래스로부터 클래스의 인스턴스인 객체를 생성하는 방법을 살펴보겠습니다. 클래스에서 객체를 생성하는 방법은 다음과 같습니다.

```
객체명 = 클래스명([인수1, 인수2, · · · , 인수n])
```

객체를 생성할 때 클래스명을 쓰고 __init__() 함수의 매개변수와 개수 및 순서가 같은 인수를 입력합니다. 클래스의 __init__() 함수를 만들 때 추가한 self는 입력하지 않습니다. __init__() 함수의 매개변수가 없다면 클래스명()를 입력합니다.

객체를 생성한 후에는 다음과 같은 방법으로 변수에 접근해 객체의 속성을 가져올 수 있습니다.

```
객체명.변수명
```

또한 클래스에서 정의한 함수는 객체를 생성한 후에는 다음과 같은 방법으로 객체의 메서드를 호출할 수 있습니다.

```
객체명.메서드명([인수1, 인수2, · · · , 인수n])
```

위에서 메서드명은 클래스에서 정의한 함수명입니다. 객체에서 메서드를 호출할 때 인수는 클래스의 함수에서 정의한 매개변수와 개수 및 순서가 같아야 합니다. 여기서도 클래스에서 함수를 만들 때 추가한 self는 입력하지 않습니다. 클래스의 함수에 매개변수가 없다면 객체명.메서드명()으로 객체에서 메서드를 호출합니다.

이제 앞에서 생성한 Robot 클래스의 객체를 생성해보겠습니다.

```
In:    robot1 = Robot('R1', 0)  # 클래스에서 객체 생성
```

다음은 생성한 객체의 속성에 접근해 로봇의 이름과 초기 위치를 출력해 보겠습니다.

```
In:    print(f"로봇의 이름: {robot1.name}, 초기 위치: {robot1.position}")
```

```
Out:   로봇의 이름: R1, 초기 위치: 0
```

마지막으로 객체의 메서드를 호출해 로봇을 앞으로 한 칸 이동해 보겠습니다.

```
In:    robot1.move() # 객체의 메서드 move 호출
```

```
Out:   R1의 현재 위치: 1
```

다음은 또 다른 로봇 객체를 생성해 객체의 속성에 접근하고 메서드를 호출해 보겠습니다.

```
In:    robot2 = Robot('R2', 10) # 클래스에서 객체 생성
       # 객체의 속성에 접근해 로봇의 이름과 초기 위치 출력
       print(f"로봇의 이름: {robot2.name}, 초기 위치: {robot2.position}")

       robot2.move()  # 객체의 메서드 move 호출(호출할 때마다 한 칸씩 이동)
       robot2.move()  # 객체의 메서드 move 호출(호출할 때마다 한 칸씩 이동)
```

```
Out:   로봇의 이름: R2, 초기 위치: 10
       R2의 현재 위치: 11
       R2의 현재 위치: 12
```

위처럼 로봇 대수가 늘어나도 객체만 새로 생성하면 되니 코드 작성이 쉽고 편리합니다.

클래스의 상속

클래스를 만들 때 처음부터 새로 만들 수도 있지만 이미 만들어진 클래스의 변수와 함수를 그대로 이어 받고 새로운 내용만 추가해 클래스를 선언할 수도 있습니다. 객체지향 프로그래밍에서 이러한 이어받기를 상속(inheritance)이라고 합니다. 이미 있는 클래스를 상속받아서 새로운 클래스를 선언할 때 이미 있는 클래스를 부모 클래스(상위 클래스 혹은 슈퍼 클래스라고도 함)라고 하고 상속받는 클래스를 자식 클래스(하위 클래스 혹은 서브 클래스라고도 함)라고 합니다. 그림 3-2는 자식 클래스 B와 C가 부모 클래스 A로부터 상속을 받는 관계를 보여줍니다.

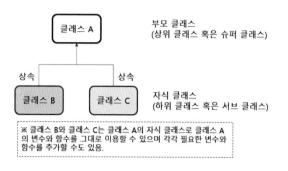

그림 3-2 부모 클래스와 자식 클래스 예시

부모 클래스로부터 상속받아서 자식 클래스를 선언하는 방법은 다음과 같습니다.

```
class 자식클래스명(부모클래스명):
    〈코드 블록〉
```

부모 클래스로부터 상속을 받으려면 클래스를 선언할 때 자식클래스명 다음에 있는 소괄호() 안에 부모 클래스명을 넣습니다. 이때 부모 클래스는 미리 선언돼 있어야 합니다. 부모 클래스를 상속한 후에는 자식 클래스에서 부모 클래스의 변수나 함수를 자식 클래스에서 정의한 것처럼 사용할 수 있습니다. 단, 자식 클래스에서 부모 클래스에서 정의한 함수와 같은 이름의 함수를 정의하면 객체를 생성한 후 메서드를 호출했을 때 자식 클래스에서 정의한 함수가 호출됩니다. 이것을 메서드 오버라이딩(method overriding)이라고 합니다. 또한 자식 클래스에서 부모 클래스의 함수를 호출하려면 명시적으로 부모 클래스명.함수명()으로 호출하거나 super().함수명()을 사용합니다.

다음은 앞에서 만든 Robot 클래스를 상속해 PetBot 클래스를 만들어보겠습니다. 이때 Robot은 부모 클래스가 되고 PetBot은 자식 클래스가 됩니다.

```
In:   class PetBot(Robot):
          def __init__(self, name, position, color): # PetBot 클래스 초기화 함수
              Robot.__init__(self, name, position)    # Robot 클래스 초기화 함수 재사용
              # super().__init__(name, position)      # super()도 사용 가능
              self.color = color    # 인스턴스 변수(로봇 객체의 초기 위치) 초기화
              print("—————————— [객체 속성] ——————————")
              print(f"이름: {self.name}, 초기 위치: {self.position}, 컬러: {self.color}")
              print("————————————————————————————")
```

```
def turn(self, direction):   # 매개변수(direction)를 받아서 회전하는 함수
    print(f"{self.name}의 회전 방향: {direction}")
```

PetBot 클래스는 Robot 클래스를 상속받은 후에 __init__() 함수에서 self.color 변수를 추가하고 매개변수(direction)에 따라 회전하는 turn() 함수도 추가로 구현했습니다. PetBot 클래스의 초기화 함수인 __init__()에서 name과 position 매개변수를 초기화하기 위해 상속받은 Robot 클래스의 초기화 함수인 Robot.__init__(self, name, position)를 사용했고 Robot 클래스에는 없는 self.color 인스턴스 변수를 초기화하려고 self.color=color를 추가했습니다. 초기화할 때 부모 클래스의 이름을 쓰는 Robot.__init__(self, name, position) 대신 super().__init__(name, position)를 사용할 수도 있습니다.

이제 PetBot 클래스의 인스턴스를 생성한 후에 객체의 메서드를 호출하는 예를 살펴보겠습니다.

```
In:   petbot1 = PetBot('루비', 0, '흰색')        # 객체 생성 및 초기화
      petbot1.move()                            # 부모 클래스에서 상속받은 메서드 호출
      petbot1.turn('왼쪽')                       # 자식 클래스에서 정의한 메서드 호출

      petbot2 = PetBot('윙키', 20, '검은색')     # 객체 생성 및 초기화
      petbot2.move()                            # 부모 클래스에서 상속받은 메서드 호출
      petbot2.turn('오른쪽')                     # 자식 클래스에서 정의한 메서드 호출
```

```
Out:   ─────────── [객체 속성] ───────────
       이름: 루비, 초기 위치: 0, 컬러: 흰색
       ───────────────────────────────────
       루비의 현재 위치: 1
       루비의 회전 방향: 왼쪽
       ─────────── [객체 속성] ───────────
       이름: 윙키, 초기 위치: 20, 컬러: 검은색
       ───────────────────────────────────
       윙키의 현재 위치: 21
       윙키의 회전 방향: 오른쪽
```

앞의 예제에서는 PetBot 클래스에서 객체 petbot1와 petbot2를 생성하고 객체의 메서드를 호출했습니다. PetBot 클래스에서 move() 함수는 구현하지 않았지만 Robot 클래스에서 상속받았으므로 PetBot 클래스의 인스턴스(객체)에서 사용할 수 있습니다. 또한 turn() 함수는 PetBot 클래스에서 추가로 구현했으므로 PetBot 클래스의 객체인 petbot1와 petbot2에서 호출할 수 있습니다.

파이썬에서는 변수, 함수, 클래스 등의 코드가 저장된 파일을 모듈(module)이라고 합니다. 모듈의 변수, 함수, 클래스는 다른 파일이나 파이썬 콘솔에서 사용할 수가 있습니다. 파이썬에는 자신이 직접 만든 모듈뿐만 아니라 내장 모듈과 다양한 외부 공개 모듈을 이용할 수 있어 이를 잘 활용하면 손쉽게 코드를 작성할 수 있습니다. 이번에는 모듈을 만들고 불러오는 방법과 주요 내장 모듈을 활용하는 방법을 살펴보겠습니다.

모듈 만들고 불러오기

모듈은 파이썬 코드가 저장된 파일로 모듈명.py 형식으로 파일을 만듭니다. 따라서 my_module이라는 모듈을 만들고 싶으면 파이썬 코드를 my_module.py 파일로 저장합니다. 이 파일의 모듈명은 나중에 모듈을 불러올 때 사용합니다. 이제 모듈을 만들고 불러오는 방법을 살펴보겠습니다.

모듈 만들기

모듈을 만들 때 각 역할별로 함수와 클래스를 잘 만들면 모듈을 불러서 사용할 때 편리합니다. 모듈을 만드는 예를 살펴보기 위해 우선 변수와 함수를 포함한 간단한 코드를 작성해 C:\myPyExcel\modules 디렉터리(폴더)에 calc_area.py 파일로 저장하겠습니다.

이를 위해, 1장에서 설명한 마술 명령어 %%writefile 파일명을 사용합니다. C:\myPyExcel\modules 디렉터리가 없다면 아래 코드를 수행하기 전에 윈도우 탐색기에서 만들어 둬야 합니다.

```
In:    %%writefile C:\myPyExcel\modules\calc_area.py
       # File name: calc_area.py
       PI = 3.14
       def rectangle(l, w): # 직사각형(가로: l, 세로: w)의 넓이를 반환
           return l * w

       def circle(r): # 원(반지름: r)의 넓이를 반환
           return PI * r ** 2
```

```
Out:   Writing C:\myPyExcel\modules\calc_area.py
```

위 코드에서 %%writefile 파일명을 입력할 때 파일명에 디렉터리를 포함하는 경우 윈도우의 디렉터리 구분자인 '\'를 사용할 수도 있지만 리눅스나 맥 OS에서 사용하는 '/'를 사용해도 됩니다. 따라서 위의 코드에서 %%writefile C:\myPyExcel\modules\calc_area.py 대신 %%writefile C:/myPyExcel/modules/calc_area.py를 입력할 수도 있습니다.

다음은 클래스를 선언한 모듈을 살펴보기 위해 아래의 코드를 car.py 파일로 저장하겠습니다.

```
In:    %%writefile C:\myPyExcel\modules\car.py
       # File name: car.py
       class Car(): # 클래스 선언
           def __init__(self, size, color):
               self.size = size    # 인스턴스 변수 생성 및 초기화
               self.color = color  # 인스턴스 변수 생성 및 초기화

           def move(self):
               print("자동차({0} & {1})가 움직입니다.".format(self.size, self.color))
```

```
Out:   Writing C:\myPyExcel\modules\car.py
```

이제 위와 같이 만든 모듈을 불러와서 사용하는 방법을 살펴보겠습니다.

모듈 불러오기

모듈을 불러오려면 다음과 같이 import를 사용합니다.

```
import 모듈명
```

모듈을 임포트하려면 모듈이 있는 폴더로 이동하거나 모듈이 있는 폴더를 PYTHONPATH 환경 변수에 등록해야 합니다. 모듈을 임포트한 후에는 모듈명.변수, 모듈명.함수(), 모듈명.클래스()와 같은 형식으로 모듈에서 정의한 내용을 사용할 수 있습니다.

앞에서 정의한 모듈이 있는 폴더(C:\myPyExcel\modules)는 통합 개발 환경 스파이더에서 PYTHONPATH 환경 변수에 등록했으므로 해당 폴더로 이동하지 않고도 모듈을 임포트할 수 있지만, 등록하지 않은 경우에 대비해 먼저 해당 폴더로 이동하겠습니다.

```
In:    cd C:\myPyExcel\modules
```

```
Out:   C:\myPyExcel\modules
```

다음은 앞에서 정의한 calc_area 모듈을 불러와서 변수와 함수를 사용하는 예를 살펴보겠습니다.

```
In:   import calc_area # 모듈 임포트

      pi = calc_area.PI # 임포트한 모듈의 변수를 사용
      rect = calc_area.rectangle(5, 2)      # 임포트한 모듈의 함수를 호출
      circ = calc_area.circle(3)            # 임포트한 모듈의 함수를 호출

      print(f"원주율:{pi}, 직사각형 넓이: {rect}, 원의 넓이: {circ}")
```

Out: 원주율:3.14, 직사각형 넓이: 10, 원의 넓이: 28.26

다음은 모듈의 클래스로부터 객체를 생성해 메서드를 호출하는 예를 보여줍니다.

```
In:   import car # 모듈 임포트

      my_car = car.Car("중형", "검은색")      # 임포트한 모듈의 클래스에서 객체를 생성
      my_car.move()                          # 객체의 메서드를 호출
```

Out: 자동차(중형 & 검은색)가 움직입니다.

앞에서는 모듈을 불러와서 모듈의 변수, 함수, 클래스를 사용할 때 모듈명.변수, 모듈명.함수(), 모듈명.클래스()와 같은 형식으로 호출했는데, 다음과 같은 형식으로 선언하면 모듈명 없이 변수, 함수(), 클래스()를 호출해 사용할 수 있습니다.

```
from 모듈명 import 변수명/함수명/클래스명
```

여기서 변수명/함수명/클래스명은 쉼표(,)를 써서 여러 개의 변수명, 함수명, 클래스명을 임포트할 수도 있습니다.

또한 모듈의 모든 변수, 함수, 클래스를 사용하고 싶으면 다음과 같은 형식으로 임포트합니다.

```
from 모듈명 import *
```

이 방법은 모듈의 변수, 함수, 클래스 이름을 지정하지 않고 임포트할 수 있어 편리하지만 모듈을 여러 개 임포트할 때는 주의해야 합니다. 임포트한 모듈 가운데 겹치는 변수명, 함수명, 클래스명이 있으면 맨 마지막에 가져온 것만 사용할 수 있습니다.

다음은 앞에서 만든 calc_area 모듈을 from 모듈명 import 변수명/함수명/클래스명 형식으로 선언해 사용하는 예입니다.

In: from calc_area import PI, rectangle, circle # *모듈의 변수, 함수를 임포트*

        pi = PI # *모듈명 없이 바로 변수를 사용*
        rect = rectangle(5, 2) # *모듈명 없이 바로 함수를 호출*
        circ = circle(3)   # *모듈명 없이 바로 함수를 호출*

        print(f"원주율:{pi}, 직사각형 넓이: {rect}, 원의 넓이: {circ}")

Out: 원주율:3.14, 직사각형 넓이: 10, 원의 넓이: 28.26

앞에서 모듈을 부르기 위해 사용한 import 모듈명 형식은 다음과 같은 형식으로 새로운 이름(별명)을 붙여 사용할 수 있습니다. 이 방법은 긴 모듈명을 짧게 별명으로 줄일 수 있어 편리합니다.

> import 모듈명 as 별명

위와 같이 모듈을 임포트하면 모듈의 변수, 함수(), 클래스()를 별명.변수, 별명.함수(), 별명.클래스()와 같이 사용합니다.

또한 from 모듈명 import 변수명/함수명/클래스명 형식도 다음과 같이 변수명, 함수명, 클래스명에 별명을 붙일 수 있습니다. 이 경우 여러 모듈을 부를 때 임포트한 모듈 중에 같은 이름의 변수, 함수, 클래스가 있을 경우에 발생하는 문제를 피할 수 있습니다.

> from 모듈명 import 변수명/함수명/클래스명 as 별명

이때도 변수명, 함수명, 클래스명 대신 별명으로 사용할 수 있습니다.

다음은 모듈을 불러올 때 모듈명 대신 별명을 사용하는 예입니다.

In: import calc_area as area   # *모듈을 불러와서 별명으로 지정*

        pi = area.PI   # *임포트한 모듈의 별명과 함께 변수를 사용*
        rect = area.rectangle(5, 2) # *임포트한 모듈의 별명과 함께 함수를 호출*
        circ = area.circle(3)   # *임포트한 모듈의 별명과 함께 함수를 호출*

        print(f"원주율:{pi}, 직사각형 넓이: {rect}, 원의 넓이: {circ}")

Out: 원주율:3.14, 직사각형 넓이: 10, 원의 넓이: 28.26

위의 예에서 모듈명 calc_area 대신 별명 area를 가지고 모듈의 변수와 함수를 사용했습니다.

다음은 모듈의 변수와 함수에 별명을 붙여 사용한 예입니다.

```
In:  from calc_area import PI as pi          # 모듈의 변수를 별명으로 지정
     from calc_area import rectangle as rect # 모듈의 함수를 별명으로 지정
     from calc_area import circle as circ    # 모듈의 함수를 별명으로 지정


     p = pi           # 모듈의 변수를 별명으로 사용
     r = rect(5, 2)   # 모듈의 함수를 별명으로 호출
     c = circ(3)      # 모듈의 함수를 별명으로 호출


     print(f"원주율:{p}, 직사각형 넓이: {r}, 원의 넓이: {c}")
```

Out: 원주율:3.14, 직사각형 넓이: 10, 원의 넓이: 28.26

앞에서와 같이 모듈을 불러올 때 모듈명을 별명으로 지정하는 방법과 모듈의 변수명, 함수명, 클래스명 도 별명으로 지정하는 방법을 알아봤습니다. 이러한 지정 방법은 모듈을 불러와서 활용할 때 이름을 짧 게 만들 수 있어 실제로 많이 사용합니다.

모듈을 수정 후 다시 불러올 때 주의 사항

주피터 노트북에서 한 번 불러온 모듈은 'import 모듈명'을 다시 수행해도 반영되지 않습니다. 따라서 모듈을 한 번 부른 이후에 해당 모듈을 수정한 경우 수정한 내용을 반영하려면 주피터 노트북 메뉴에서 [Kernel] → [Restart]로 커널을 재시작한 후에 모듈을 불러오면 수정된 사항을 반영할 수 있습니다. 혹은 다음의 방법을 쓰면 커널을 재시작하지 않고도 수정한 모듈을 반영할 수 있습니다.

```
from importlib import reload
reload(모듈명)
```

내장 모듈

앞에서는 모듈을 직접 만들어 활용했지만 파이썬에는 미리 만들어진 다양한 내장 모듈(https://docs. python.org/3/py-modindex.html)이 있습니다. 여러 내장 모듈 중 경로와 파일 관련 처리를 할 수 있는 pathlib 모듈과 날짜와 시간 관련 처리를 할 수 있는 datetime 모듈을 살펴보겠습니다.

파일과 경로 처리 모듈

데이터 분석 작업을 할 때는 많은 파일을 다룹니다. 이때 파일 관련 처리 작업을 손쉽게 할 수 있으면 데이터 분석을 자동화하는 데 큰 도움이 됩니다. 경로 파악과 파일 처리를 손쉽게 할 수 있는 pathlib 내장 모듈(https://docs.python.org/3/library/pathlib.html)을 살펴보겠습니다.

파일 시스템의 경로를 다루는 모듈에는 os 내장 모듈도 있지만 파이썬 3.4 이후에 추가된 pathlib 내장 모듈은 파일의 경로를 문자열이 아니라 객체로 다루어서 좀 더 편리하게 경로를 다룰 수 있습니다. pathlib 모듈의 Path 클래스를 써서 파일 시스템의 경로를 다루는 방법을 알아보겠습니다.

먼저 다음과 같이 `from pathlib import Path`를 실행한 후 Path 클래스의 객체를 생성합니다.

```
from pathlib import Path
path = Path(경로)
```

Path 클래스의 객체(path)를 생성할 때는 경로를 입력합니다. 경로는 파일의 위치를 나타내는 것으로 디렉터리(폴더)명이나 파일명으로 구성되며, 절대 경로(최상위 디렉터리를 기준으로 작성한 경로)나 상대 경로(현재 디렉터리를 기준으로 작성한 경로)로 지정할 수 있습니다. 객체를 생성한 후에는 Path 클래스의 속성과 메서드를 사용할 수 있습니다. 표 3-3은 Path 클래스의 속성을 보여줍니다. 파일의 전체 경로에서 디렉터리만 가져오거나 파일명, 확장자, 확장자를 제외한 파일명을 가져올 수 있습니다.

표 3-3 내장 모듈 pathlib에 있는 Path 클래스의 속성

Path 클래스의 속성	설명	사용 예
parent	경로에서 파일명을 제외한 디렉터리 혹은 상위 디렉터리	`path.parent`
name	경로에서 디렉터리를 제외한 파일명	`path.name`
suffix	경로에서 파일의 확장자(. 포함)	`path.suffix`
stem	확장자를 제외한 파일명	`path.stem`

또한 표 3-4는 Path 클래스의 주요 메서드를 보여줍니다.

표 3-4 내장 모듈 pathlib에 있는 Path 클래스의 주요 메서드

Path 클래스의 메서드	설명	사용 예
`exists()`	경로가 있으면 True를, 없으면 False를 반환	`path.exists()`
`is_dir()`	경로가 있고 디렉터리이면 True를, 없거나 디렉터리가 아니면 False를 반환	`path.is_dir()`

Path 클래스의 메서드	설명	사용 예
is_file()	경로가 있고 파일이면 True를, 없거나 파일이 아니면 False를 반환	path.is_file()
home()	사용자의 홈(home) 디렉터리를 반환	path.home()
resolve()	상대 경로를 절대 경로로 변환해 반환	path.resolve()
cwd()	현재 작업 디렉터리를 반환	path.cwd()
mkdir()	디렉터리를 생성	path.mkdir()
rmdir()	빈 디렉터리를 제거	path.rmdir()
touch()	지정한 디렉터리에 빈 파일을 생성	path.touch()
unlink()	파일이나 심볼릭 링크를 제거	path.unlink()
glob(pattern)	지정한 디렉터리에서 패턴과 일치하는 파일을 찾아서 반환	path.glob('*.py')

다음은 표 3-3과 표 3-4의 사용 예를 살펴보겠습니다. 이를 위해 앞에서 만든 C:\myPyExcel\modules 디렉터리에 있는 파일을 사용하겠습니다.

파일의 디렉터리 구분자 입력

리눅스나 맥OS에서 파일의 경로를 나타낼 때 '/'로 디렉터리를 구분하지만 윈도우는 '\'로 구분합니다. 파이썬에서 리눅스나 맥OS의 경로를 코드에 입력할 때는 디렉터리 구분자로 '/'를 그대로 사용하고, 윈도우의 경로를 코드에 입력할 때 오류가 발생하면 '\'를 두 번 연속으로 입력('\\')하거나 r'윈도우 경로'를 입력합니다. 혹은 '\' 대신 '/'를 사용합니다. 예를 들어 윈도우에서 파일 경로가 C:\myPyExcel\modules\sample.txt일 때 코드에서는 'C:\\myPyExcel\\modules\\sample.txt'나 r'C:\myPyExcel\modules\sample.txt', 혹은 'C:/myPyExcel/modules/sample.txt'로 입력합니다.

먼저 'C:/myPyExcel/modules/car.py'를 인수로 해서 pathlib 모듈의 Path 클래스에서 객체를 생성하고 표 3-3에서 설명한 속성을 사용하는 예를 살펴보겠습니다.

```
In:    from pathlib import Path

       # 파일의 경로 입력해 Path 클래스에서 file_path 객체 생성
       file_path = Path('C:/myPyExcel/modules/car.py')

       print("- 파일의 전체 경로:", file_path)              # 파일의 전체 경로 출력
       print("- 파일의 디렉터리:", file_path.parent)        # 파일의 디렉터리 출력
       print("- 파일명:", file_path.name)                   # 파일의 이름 출력
       print("- 파일의 확장자:", file_path.suffix)          # 파일의 확장자 출력
       print("- 확장자 제외한 파일명:", file_path.stem)     # 확장자를 제외한 파일명 출력
```

- 파일의 전체 경로: C:\myPyExcel\modules\car.py

　　- 파일의 디렉터리: C:\myPyExcel\modules

　　- 파일명: car.py

　　- 파일의 확장자: .py

　　- 확장자 제외한 파일명: car

이번에는 표 3-4에서 설명한 Path 클래스의 메서드를 사용하는 예를 살펴보겠습니다.

```
In:    from pathlib import Path

       dir_path = Path('C:/myPyExcel/modules') # 디렉터리 경로를 입력해 dir_path 객체 생성

       print("- 지정한 경로:", dir_path)
       print("- 경로 존재 여부 확인:", dir_path.exists())
       print("- 경로가 디렉터리(폴더)인지 확인:", dir_path.is_dir())
       print("- 경로가 파일인지 확인:", dir_path.is_file())
       print("- 홈 디렉터리:", dir_path.home())
```

Out:　- 지정한 경로: C:\myPyExcel\modules

　　- 경로 존재 여부 확인: True

　　- 경로가 디렉터리(폴더)인지 확인: True

　　- 경로가 파일인지 확인: False

　　- 홈 디렉터리: C:\Users\choies

위 코드의 dir_path 객체는 디렉터리(C:/myPyExcel/modules)이므로 dir_path.is_dir()의 결과는 True이고, dir_path.is_file()의 결과는 False입니다. 만약 이전 코드의 파일의 경로 'C:/myPyExcel/modules/car.py'를 인수로 입력해 생성한 객체 file_path를 사용하면 file_path.is_dir()와 file_path.is_file()의 결과는 어떻게 될까요? 다음의 코드를 살펴보겠습니다.

```
In:    print("- 파일의 전체 경로:", file_path)
       print("- 경로 존재 여부 확인:", file_path.exists())
       print("- 경로가 디렉터리(폴더)인지 확인:", file_path.is_dir())
       print("- 경로가 파일인지 확인:", file_path.is_file())
```

Out:　- 파일의 전체 경로: C:\myPyExcel\modules\car.py

　　- 경로 존재 여부 확인: True

　　- 경로가 디렉터리(폴더)인지 확인: False

　　- 경로가 파일인지 확인: True

위에서 file_path.is_dir()의 실행 결과가 False이고 file_path.is_file()의 실행 결과가 True이므로 file_path 객체는 파일의 경로임을 알 수 있습니다.

다음은 작업 디렉터리를 변경하는 cd 명령으로 C:\myPyExcel\modules 폴더로 이동한 후 resolve() 메서드로 상대 경로를 절대 경로로 변경하고 cwd() 메서드로 현재 경로를 가져오는 예를 살펴보겠습니다.

```
In:    cd C:\myPyExcel\modules
```

```
Out:    C:\myPyExcel\modules
```

이제 경로 지정 시에 현재 위치를 상대 경로로 지정하는 기호(.)와 현재 위치의 상위 디렉터리를 상대 경로로 지정하는 기호(..)를 사용해 Path 클래스의 객체를 생성한 후 resolve()로 절대 경로를 가져오는 방법을 살펴보겠습니다.

```
In:    from pathlib import Path

       r_dir_path = Path('.')       # 현재 작업 디렉터리를 상대 경로로 입력해 r_dir_path 객체를 생성

       print("- 현재 디렉터리의 상대 경로:", r_dir_path)
       print("- 상대 경로를 절대 경로로 변경:", r_dir_path.resolve())
       print("- 현재 작업 디렉터리:", r_dir_path.cwd())

       a_dir_path = Path('..')       # 상위 디렉터리를 상대 경로로 입력해 a_dir_path 객체를 생성
       # a_dir_path = Path('./..') # 현재 디렉터리의 상위 디렉터리로 표시해도 됨
       print("- 상위 디렉터리의 상대 경로:", a_dir_path)
       print("- 상위 디렉터리의 상대 경로를 절대 경로로 변경:", a_dir_path.resolve())
```

```
Out:   - 현재 디렉터리의 상대 경로: .
       - 상대 경로를 절대 경로로 변경: C:\myPyExcel\modules
       - 현재 작업 디렉터리: C:\myPyExcel\modules
       - 상위 디렉터리의 상대 경로: ..
       - 상위 디렉터리의 상대 경로를 절대 경로로 변경: C:\myPyExcel
```

다음은 표 3-4에서 디렉터리를 생성하는 Path 클래스의 mkdir() 메서드를 살펴보겠습니다.

```
path.mkdir(parents = False, exist_ok = False)
```

위에서 매개변수 parents와 exist_ok의 기본값은 모두 False입니다. 생성하고자 하는 디렉터리의 상위 디렉터리가 없는 경우 parents 옵션이 False이면 오류가 발생하고 True이면 상위 디렉터리까지 자동으로 생성합니다. 이미 같은 디렉터리가 있는 경우 exist_ok 옵션이 False이면 오류가 발생하고 True이면 오류가 발생하지 않습니다.

다음은 디렉터리를 지정해 생성한 객체 dir_path에 test 디렉터리를 생성하고 이 디렉터리가 있는지 확인하는 코드입니다.

```
In:    from pathlib import Path

       # 디렉터리 경로를 입력해 path 객체를 생성
       dir_path = Path('C:/myPyExcel/modules')

       # 새로 생성할 디렉터리를 dir_path 객체에 추가. 디렉터리 구분자는 '/'를 사용
       sub_dir_path = dir_path/'test'

       # 새로운 디렉터리 생성
       sub_dir_path.mkdir(parents=True, exist_ok=True)

       # 생성한 디렉터리의 존재 여부 확인
       print("{0} 존재 여부: {1}".format(sub_dir_path, sub_dir_path.exists()))
```

```
Out:   C:\myPyExcel\modules\test 존재 여부: True
```

앞에서 생성한 디렉터리를 rmdir() 메서드로 제거해 보겠습니다. 제거하려는 디렉터리는 하위 디렉터리나 파일이 없는 빈 디렉터리여야 합니다. 빈 디렉터리가 아니거나 없는 디렉터리를 rmdir() 메서드로 제거하려고 하면 오류가 발생합니다.

```
In:    # 디렉터리 제거
       sub_dir_path.rmdir()

       # 생성한 디렉터리의 존재 여부 확인
       print("{0} 존재 여부: {1}".format(sub_dir_path, sub_dir_path.exists()))
```

```
Out:   C:\myPyExcel\modules\test 존재 여부: False
```

하나의 디렉터리 아래에 여러 개의 하위 디렉터리를 생성하고 싶다면 다음처럼 반복문과 `mkdir()`를 사용하면 됩니다.

```
In:    # 하위 디렉터리 이름을 리스트로 지정
       sub_dirs = ['test1', 'test2', 'test3']

       for sub_dir in sub_dirs:
           sub_dir_path = dir_path/sub_dir
           sub_dir_path.mkdir(parents = True, exist_ok = True)
           print("{0} 존재 여부: {1}".format(sub_dir_path, sub_dir_path.exists()))
```

```
Out:   C:\myPyExcel\modules\test1 존재 여부: True
       C:\myPyExcel\modules\test2 존재 여부: True
       C:\myPyExcel\modules\test3 존재 여부: True
```

출력 결과를 보면 하위 디렉터리가 잘 생성된 것을 볼 수 있습니다. 생성한 하위 디렉터리를 모두 삭제하려면 다음과 같이 반복문과 `rmdir()`을 사용합니다.

```
In:    for sub_dir in sub_dirs:
           sub_dir_path = dir_path/sub_dir
           sub_dir_path.rmdir()
           print("{0} 존재 여부: {1}".format(sub_dir_path, sub_dir_path.exists()))
```

```
Out:   C:\myPyExcel\modules\test1 존재 여부: False
       C:\myPyExcel\modules\test2 존재 여부: False
       C:\myPyExcel\modules\test3 존재 여부: False
```

다음은 `touch()` 메서드로 파일을 생성하고 `unlink()` 메서드로 파일을 제거하는 예를 살펴보겠습니다. 먼저 `touch()` 메서드로 C:\myPyExcel\modules 폴더에 빈 파일(test_file.txt)을 하나 생성하겠습니다.

```
In:    file_path = Path('C:/myPyExcel/modules/test_file.txt')
       file_path.touch()    # 빈 파일 생성
       file_path.exists()   # 파일의 존재 여부 확인
```

```
Out:   True
```

위에서 파일이 잘 생성됐는지 확인하려고 앞에서 살펴본 `exists()` 메서드를 사용했는데 출력 결과가 True이므로 파일이 잘 생성된 것을 알 수 있습니다.

다음은 생성한 파일을 unlink() 메서드로 제거하겠습니다. 없는 파일에 대해 unlink() 메서드를 수행하면 오류가 발생하므로 아래처럼 파일이 있을 때만 파일을 제거하게 코드를 작성하겠습니다. 파일을 제거한 후 exists() 메서드로 파일의 존재 여부를 다시 확인합니다.

```
In:    if(file_path.exists() == True):   # 파일이 있는지 확인
            file_path.unlink()            # 파일이 있다면 제거
        file_path.exists()                # 파일의 존재 여부 다시 확인
```

```
Out:   False
```

출력 결과가 False이므로 파일이 제거된 것을 알 수 있습니다.

데이터 분석을 수행하다 보면 다양한 종류의 데이터 파일을 다루게 됩니다. 이때 특정한 패턴을 갖는 디렉터리나 파일의 이름을 가져올 수 있으면 파일명을 일일이 입력하지 않고 자동화할 수 있습니다. 표 3-4에서 설명한 Path 클래스의 glob() 메서드를 이럴 때 사용할 수 있습니다. 다음은 glob() 메서드의 사용법입니다.

```
path.glob(pattern)
```

위의 glob() 메서드는 지정된 pattern에 대응되는 모든 디렉터리와 파일을 반환합니다. 이때 pattern에는 '*'와 '?'를 포함한 문자열을 사용할 수 있습니다. 여기서 '*'는 길이와 상관없이 모든 문자열을, '?'는 한 글자로 된 모든 문자열을 의미합니다.

glob() 메서드의 사용법을 살펴보기 위해 C:\myPyExcel\modules 디렉터리에 test 디렉터리를 생성하고 하위 디렉터리와 다양한 패턴을 갖는 파일을 생성하겠습니다.

```
In:    from pathlib import Path

       # C:/myPyExcel/modules 아래에 test 디렉터리 지정
       test_dir = Path('C:/myPyExcel/modules/test')

       # 테스트용 디렉터리 생성
       test_dir.mkdir(parents=True, exist_ok=True)

       # C:/myPyExcel/data/ch03/test 디렉터리에 생성할 다양한 패턴의 파일 이름을 지정
       data_files = ['file01.txt','file02.txt','file10.txt','file11.txt',
                     'file01.csv','file02.csv']
```

```python
# C:/myPyExcel/modules/test 디렉터리에 파일 생성
for data_file in data_files:
    file_path = test_dir/data_file
    file_path.touch()

# 하위 디렉터리 이름을 리스트로 지정
sub_dirs = ['sub_dir1', 'sub_dir2', 'sub_dir3']

# 하위 디렉터리 생성
for sub_dir in sub_dirs:
    sub_dir_path = test_dir / sub_dir
    sub_dir_path.mkdir(parents=True, exist_ok=True)

# 하위 디렉터리에 생성할 다양한 패턴의 파일 이름을 지정
sub_dir_files = ['data_file01.csv', 'data_file02.csv']

# 하위 디렉터리 중 하나에 파일 생성
for sub_dir_file in sub_dir_files:
    file_path = test_dir / sub_dirs[0] /sub_dir_file
    file_path.touch()
```

생성한 폴더와 파일을 윈도우의 tree 명령으로 표시해 보겠습니다. 참고로 tree의 /F 옵션을 지정하면 지정한 폴더의 구조와 파일까지 표시합니다.

In: `!tree /F C:\myPyExcel\modules\test`

Out:
```
system 볼륨에 대한 폴더 경로의 목록입니다.
볼륨 일련 번호는 5861-8DD6입니다.
C:\MYPYEXCEL\MODULES\TEST
│   file01.csv
│   file01.txt
│   file02.csv
│   file02.txt
│   file10.txt
│   file11.txt
│
├───sub_dir1
│       data_file01.csv
│       data_file02.csv
```

```
        |
        ├──sub_dir2
        └──sub_dir3
```

앞에서 다양한 파일과 디렉터리를 생성했으니, 이제 glob() 메서드로 지정한 패턴과 일치하는 파일을 찾는 예를 살펴보겠습니다. 다음 코드는 C:\myPyExcel\modules\test 디렉터리에 있는 모든 디렉터리와 파일을 나열합니다.

```
In:     dir_files = test_dir.glob('*') # 모든 디렉터리와 파일을 반환

        for dir_file in dir_files:
            print(dir_file)              # 반환된 결과를 출력
```

```
Out:    C:\myPyExcel\modules\test\file01.csv
        C:\myPyExcel\modules\test\file01.txt
        C:\myPyExcel\modules\test\file02.csv
        C:\myPyExcel\modules\test\file02.txt
        C:\myPyExcel\modules\test\file10.txt
        C:\myPyExcel\modules\test\file11.txt
        C:\myPyExcel\modules\test\sub_dir1
        C:\myPyExcel\modules\test\sub_dir2
        C:\myPyExcel\modules\test\sub_dir3
```

C:\myPyExcel\modules\test 디렉터리에 있는 파일 중 확장자가 csv인 파일만 가져오려면 다음과 같이 지정합니다.

```
In:     dir_files = test_dir.glob('*.csv') # 확장자가 csv 파일만 반환

        for dir_file in dir_files:
            print(dir_file)                # 반환된 결과를 출력
```

```
Out:    C:\myPyExcel\modules\test\file01.csv
        C:\myPyExcel\modules\test\file02.csv
```

다음은 패턴에 ?를 사용해 확장자가 txt인 파일 이름 중 file10.txt, file11.txt는 제외하고 file01.txt, file02.txt만 가져오는 예입니다.

```
In:    dir_files = test_dir.glob('file0?.txt')

       for dir_file in dir_files:
           print(dir_file) # 반환된 결과를 출력
```

```
Out:   C:\myPyExcel\modules\test\file01.txt
       C:\myPyExcel\modules\test\file02.txt
```

하위 디렉터리인 sub_dir1의 모든 파일을 가져오려면 다음과 같이 지정합니다.

```
In:    # 하위 디렉터리의 모든 파일과 디렉터리를 가져오도록 패턴을 지정
       dir_files = test_dir.glob('./sub_dir1/*')

       for dir_file in dir_files:
           print(dir_file) # 반환된 결과를 출력
```

```
Out:   C:\myPyExcel\modules\test\sub_dir1\data_file01.csv
       C:\myPyExcel\modules\test\sub_dir1\data_file02.csv
```

또한 디렉터리의 모든 파일과 하위 디렉터리, 하위 디렉터리의 모든 파일까지 가져오려면 다음과 같이
'**/*' 패턴을 지정합니다.

```
In:    # 디렉터리의 모든 내용(하위 디렉터리의 내용 포함)을 가져오기 위한 패턴을 지정
       dir_files = test_dir.glob('**/*')

       for dir_file in dir_files:
           print(dir_file) # 반환된 결과를 출력
```

```
Out:   C:\myPyExcel\modules\test\file01.csv
       C:\myPyExcel\modules\test\file01.txt
       C:\myPyExcel\modules\test\file02.csv
       C:\myPyExcel\modules\test\file02.txt
       C:\myPyExcel\modules\test\file10.txt
       C:\myPyExcel\modules\test\file11.txt
       C:\myPyExcel\modules\test\sub_dir1
       C:\myPyExcel\modules\test\sub_dir2
       C:\myPyExcel\modules\test\sub_dir3
       C:\myPyExcel\modules\test\sub_dir1\data_file01.csv
       C:\myPyExcel\modules\test\sub_dir1\data_file02.csv
```

이번에는 C:\myPyExcel\modules\test 디렉터리의 모든 내용을 가져온 후에 제거해 보겠습니다. 가져온 내용이 파일이면 unlink() 메서드로, 디렉터리이면 rmdir() 메서드로 제거하면 되는데 rmdir() 메서드는 디렉터리 안에 파일이 없어야 합니다. 따라서 위의 코드처럼 디렉터리의 내용을 가져온 후 제거하게 되면 sub_dir1 디렉터리를 제거하려고 할 때 빈 디렉터리가 아니므로 오류가 발생합니다. 이러한 오류를 없애려면 디렉터리의 모든 내용을 가져온 후에 역순으로 정렬해서 순차적으로 내용을 제거하면 됩니다. 그러면 하위 디렉터리의 파일이 먼저 제거되기 때문에 하위 디렉터리를 제거할 때 오류가 발생하지 않습니다.

다음은 디렉터리의 모든 내용을 가져온 후에 리스트로 변환하고 reversed() 함수를 사용해 역순으로 변경하는 코드입니다. 여기서 reversed() 함수는 시퀀스 데이터(리스트나 튜플과 같이 순서가 있는 자료형 데이터) 요소의 순서를 역순으로 변경해 반환합니다.

In:
```
# 디렉터리의 모든 내용(하위 디렉터리의 내용 포함)을 가져오기 위한 패턴을 지정
dir_files = test_dir.glob('**/*')

# 가져온 내용을 리스트로 변환 후 역순으로 변경
r_dir_files = reversed(list(dir_files))

for r_dir_file in r_dir_files:
    print(r_dir_file) # 반환된 결과를 출력
```

Out:
```
C:\myPyExcel\modules\test\sub_dir1\data_file02.csv
C:\myPyExcel\modules\test\sub_dir1\data_file01.csv
C:\myPyExcel\modules\test\sub_dir3
C:\myPyExcel\modules\test\sub_dir2
C:\myPyExcel\modules\test\sub_dir1
C:\myPyExcel\modules\test\file11.txt
C:\myPyExcel\modules\test\file10.txt
C:\myPyExcel\modules\test\file02.txt
C:\myPyExcel\modules\test\file02.csv
C:\myPyExcel\modules\test\file01.txt
C:\myPyExcel\modules\test\file01.csv
```

이제 위의 코드를 활용해 디렉터리의 파일과 하위 디렉터리를 제거하는 코드를 작성하면 다음과 같습니다. 디렉터리의 파일과 함수를 제거하는 부분은 함수로 만들겠습니다.

```
In:    from pathlib import Path

       # 입력한 디렉터리의 파일과 하위 디렉터리를 제거하는 함수
       def remove_dir_contents(remove_dir):
           dir_files = remove_dir.glob('**/*')        # 디렉터리의 모든 내용 가져오기
           r_dir_files = reversed(list(dir_files))    # 리스트로 변환 후 역순으로 변경

           # 디렉터리의 내용을 모두 제거
           for r_dir_file in r_dir_files:
               if(r_dir_file.is_file() == True):      # 파일을 제거
                   r_dir_file.unlink()
                   print("파일 제거:", r_dir_file)
               elif(r_dir_file.is_dir() == True):     # 디렉터리를 제거
                   r_dir_file.rmdir()
                   print("디렉터리 제거:", r_dir_file)

       # 디렉터리를 지정한 후에 함수를 호출
       test_dir = Path('C:/myPyExcel/modules/test')  # 디렉터리 지정
       remove_dir_contents(test_dir) # 함수를 호출
```

Out: 파일 제거: C:\myPyExcel\modules\test\sub_dir1\data_file02.csv
       파일 제거: C:\myPyExcel\modules\test\sub_dir1\data_file01.csv
       디렉터리 제거: C:\myPyExcel\modules\test\sub_dir3
       디렉터리 제거: C:\myPyExcel\modules\test\sub_dir2
       디렉터리 제거: C:\myPyExcel\modules\test\sub_dir1
       파일 제거: C:\myPyExcel\modules\test\file11.txt
       파일 제거: C:\myPyExcel\modules\test\file10.txt
       파일 제거: C:\myPyExcel\modules\test\file02.txt
       파일 제거: C:\myPyExcel\modules\test\file02.csv
       파일 제거: C:\myPyExcel\modules\test\file01.txt
       파일 제거: C:\myPyExcel\modules\test\file01.csv

다시 윈도우 명령어인 tree를 가지고 C:/myPyExcel/modules/test 경로에 파일과 하위 디렉터리(폴더)가
있는지 확인해 보겠습니다.

```
In:    !tree /F C:\myPyExcel\modules\test
```

Out: system 볼륨에 대한 폴더 경로의 목록입니다.
       볼륨 일련 번호는 5861-8DD6입니다.

```
C:\MYPYEXCEL\MODULES\TEST
```

에 하위 폴더가 없습니다.

위 출력 결과를 보면 해당 폴더 경로에 파일과 하위 디렉터리(폴더)가 모두 제거된 것을 알 수 있습니다.

날짜와 시간 처리 모듈

데이터를 생성할 때 어떠한 사건이 발생한 날짜와 시각을 함께 표시해 두면 시각 변화에 따른 사건 발생 추이를 파악할 수 있고 특정 기간 동안 사건의 빈도도 알 수 있습니다. 따라서 데이터를 생성할 때 날짜와 시각을 포함하는 경우가 많습니다. 이번에는 날짜와 시각(혹은 시간) 관련 처리를 할 수 있는 datetime 내장 모듈(https://docs.python.org/3/library/datetime.html)을 살펴보겠습니다.

내장 모듈 datetime에는 날짜를 표현하는 date 클래스, 시각을 표시하는 time 클래스, 날짜와 시각을 모두 표현하는 datetime 클래스, 날짜와 시각의 차이를 표시하는 timedelta 클래스 등이 있습니다. 이러한 클래스로부터 객체를 생성해 날짜와 시각 데이터를 처리할 수도 있고 클래스 메서드를 바로 사용하는 방법도 있습니다. 내장 모듈 datetime을 임포트할 때 import 모듈명 형식으로 모듈을 먼저 불러온 후에 클래스나 메서드를 사용해도 되지만, 여기서는 코드 작성의 편리성을 위해 from 모듈명 import 변수명/함수명/클래스명 형식을 사용합니다.

다음은 datetime 모듈에서 사용하려는 클래스를 한 번에 부른 후에 각 클래스에서 객체를 생성하는 방법을 보여줍니다.

```
from datetime import date, time, datetime, timedelta

date_obj = date(year, month, day)
time_obj = time(hour=0, minute=0, second=0, microsecond=0)
datetime_obj = datetime(year, month, day,
                        hour=0, minute=0, second=0, microsecond=0)
timedelta_obj = timedelta(days=0, seconds=0, microseconds=0,
                          milliseconds=0, minutes=0, hours=0, weeks=0)
```

위에서 생성한 객체를 가지고 각 클래스의 속성을 사용할 수 있습니다. date 클래스에는 year, month, day의 속성이 있으며 time 클래스에는 hour, minute, second, microsecond의 속성이 있습니다. datetime

클래스는 date 클래스와 time 클래스의 모든 속성이 있습니다. 또한 timedelta 클래스는 days, seconds, microseconds, milliseconds, minutes, hours, weeks의 속성이 있습니다.

먼저 datetime 모듈의 date, time, datetime 클래스를 사용해 날짜와 시각을 지정해 객체를 생성하고 활용하는 방법을 살펴보겠습니다.

In:
```
from datetime import date, time, datetime, timedelta

date_obj = date(2020, 10, 9)
time_obj = time(15, 23, 21)
datetime_obj = datetime(2021, 8, 15, 20, 19, 45)

print("[date 클래스로 날짜 지정]", date_obj)
print("[date 클래스의 속성 이용] {0}/{1}/{2}".format(date_obj.year,
                                                date_obj.month,
                                                date_obj.day))

print("[time 클래스로 시각 지정]", time_obj)
print("[time 클래스의 속성 지정] {0}/{1}/{2}".format(time_obj.hour,
                                                time_obj.minute,
                                                time_obj.second))

print("[datetime 클래스로 날짜와 시각 지정]", datetime_obj)
```

Out:
```
[date 클래스로 날짜 지정] 2020-10-09
[date 클래스의 속성 이용] 2020/10/9
[time 클래스로 시각 지정] 15:23:21
[time 클래스의 속성 지정] 15/23/21
[datetime 클래스로 날짜와 시각 지정] 2021-08-15 20:19:45
```

위에서 날짜와 시각 관련 객체를 생성해 연, 월, 일, 시, 분, 초를 표시했는데요, 출력 결과에서 보듯이 시각은 24 시간제가 적용됩니다.

date 객체끼리 혹은 datetime 객체끼리는 서로 빼기 연산을 할 수 있습니다. 이때 연산 결과는 timedelta 객체가 됩니다. 다음은 date 객체끼리 빼기 연산을 통해 날짜의 차이를 계산하는 예입니다.

In:
```
date_obj2 = date(2020, 10, 15)   # 날짜 지정
diff_date = date_obj2 - date_obj # date 객체의 날짜 차이를 연산
diff_date
```

```
Out:    datetime.timedelta(days=6)
```

위의 결과에서 날짜만 출력하려면 다음과 같이 timedelta 클래스의 days 속성을 사용합니다.

```
In:     print("두 날짜의 차이: {}일".format(diff_date.days))
```

```
Out:    두 날짜의 차이: 6일
```

다음과 같이 timedelta 객체를 사용해 date 객체에 날짜를 더하거나 뺄 수도 있습니다.

```
In:     date_org = date(2022, 5, 15) # 날짜 지정
        date_result = date_org - timedelta(weeks=1) # 일 주일 전의 날짜 계산
        print("지정 날짜: {0}, 일 주일 전 날짜: {1}".format(date_org, date_result))
```

```
Out:    지정 날짜: 2022-05-15, 일 주일 전 날짜: 2022-05-08
```

date 객체뿐만 아니라 datetime 객체에도 timedelta 객체를 사용해 날짜나 시간을 더하거나 뺄 수 있습니다.

```
In:     # 날짜 및 시간 지정
        datetime_org = datetime(2021, 11, 14, 23, 0, 0)

        # 1시간 30분 후 날짜 및 시각 계산
        datetime_result = datetime_org + timedelta(hours=1, minutes=30)

        print(datetime_result)
```

```
Out:    2021-11-15 00:30:00
```

date 클래스의 today() 메서드를 사용하면 오늘 날짜로 객체를 생성할 수 있습니다. 또한 datetime 클래스의 now() 메서드로 현재 날짜와 시각으로 객체를 생성할 수 있습니다. 이때도 각 클래스의 속성은 그대로 사용할 수 있습니다. today() 메서드와 now() 메서드를 잘 활용하면 날짜와 시각을 일일이 지정하지 않고도 오늘 날짜 혹은 현재 날짜와 시각을 자동으로 지정할 수 있어 편리합니다.

다음의 예를 살펴보겠습니다.

```
In:     today = date.today()
        now = datetime.now()
```

```
print("- 오늘의 날짜: {0}-{1}-{2}".format(today.year, today.month, today.day))
print("- 현재의 날짜 및 시각(전체 표시):", now)
print("- 현재의 날짜: {0}-{1}-{2}".format(now.year, now.month, now.day))
print("- 현재의 시각: {0}:{1}:{2}".format(now.hour, now.minute, now.second))
```

Out: - 오늘의 날짜: 2020-9-20
       - 현재의 날짜 및 시각(전체 표시): 2020-09-20 13:46:32.278560
       - 현재의 날짜: 2020-9-20
       - 현재의 시각: 13:46:32

날짜와 시각을 출력할 때 각 클래스의 속성을 사용할 수도 있지만 다음과 같이 날짜 및 시각 출력 양식
을 지정해 출력할 수도 있습니다.

In: special_day = datetime(2021, 4, 8, 13, 30, 0)

```
print("- 날짜 표시: {0:%Y}년 {0:%m}월 {0:%d}일".format(special_day))
print("- 시각 표시: {0:%H}시 {0:%M}분 {0:%S}초 ({0:%p})".format(special_day))
print("- 요일 표시: {0:%A}, {0:%a}, {0:%w}".format(special_day))
print("- 월 표시: {0:%B}, {0:%b}".format(special_day))
```

Out: - 날짜 표시: 2021년 04월 08일
       - 시각 표시: 13시 30분 00초 (PM)
       - 요일 표시: Thursday, Thu, 4
       - 월 표시: April, Apr

위에서 지정한 날짜 및 시각 출력 양식 중 %Y, %m, %d는 각각 연도(4자리), 월(2자리), 일(2자리)을 표시
하고 %H, %M, %S는 각각 시(2자리), 분(2자리), 초(2자리)를 표시하고, %p는 오전이면 AM, 오후면 PM을
표시합니다. 또한 %A, %a, %w는 모두 요일을 표시하는데 %A는 전체 이름으로, %a는 축약 이름으로, %w는
0(일요일)~6(토요일) 중 하나의 숫자로 요일을 표시합니다. 마지막으로 %B와 %b는 월을 표시하는데 %B
는 전체 이름으로, %b는 축약 이름으로 월을 표시합니다.

요일을 표시하는 %A, %a와 월을 표시하는 %B, %b는 지정한 로케일(locale)에 따라 표시됩니다. 여기서
로케일은 언어나 국가에 따라 선호하는 사항을 지정한 매개변수의 모임으로, 이에 따라서 표시 언어
나 형식이 달라집니다. 로케일을 지정하지 않으면 기본적으로 영어로 요일과 월을 표시합니다. 파이
썬에서는 locale 모듈의 setlocale()로 로케일을 설정하고 getlocale()로 설정된 로케일을 확인할 수 있
습니다.

다음은 로케일에 따라 %A, %a의 표시가 어떻게 달라지는지를 보여줍니다.

```
In:    import locale

       # 한글, 한국, UTF-8 인코딩을 로케일로 지정
       locale.setlocale(locale.LC_ALL, 'ko_KR.UTF-8')

       print("* 설정한 로케일: ", locale.getlocale())  # 설정한 로케일 가져오기
       print("- 요일 표시(한글/한국): {0:%A}, {0:%a}".format(special_day))
       print("- 월 표시(한글/한국): {0:%B}, {0:%b}".format(special_day))

       # 영어, 미국, UTF-8 인코딩을 로케일로 지정
       locale.setlocale(locale.LC_ALL, 'en_US.UTF-8')

       print("* 설정한 로케일: ", locale.getlocale()) # 설정한 로케일 가져오기
       print("- 요일 표시(영어/미국): {0:%A}, {0:%a}".format(special_day))
       print("- 월 표시(한글/한국): {0:%B}, {0:%b}".format(special_day))
```

```
Out:   * 설정한 로케일:  ('ko_KR', 'UTF-8')
       - 요일 표시(한글/한국): 목요일, 목
       - 월 표시(한글/한국): 4월, 4
       * 설정한 로케일:  ('en_US', 'UTF-8')
       - 요일 표시(영어/미국): Thursday, Thu
       - 월 표시(한글/한국): April, Apr
```

날짜 및 시간 출력 양식을 지정해 표시할 때 print() 함수의 형식 지정 출력뿐만 아니라 다음처럼 strftime() 메서드로 출력할 수도 있습니다. 이때 strftime() 메서드는 지정한 양식으로 표시한 문자열을 반환합니다. strftime()에 한글을 입력하려면 로케일을 먼저 지정해야 합니다.

```
In:    # 한글, 한국, UTF-8 인코딩을 로케일로 지정
       locale.setlocale(locale.LC_ALL, 'ko_KR.UTF-8')
       print(special_day.strftime("[날짜] %Y-%m-%d, %A [시간] %H:%M:%S (%p)"))

       # 영어, 미국, UTF-8 인코딩을 로케일로 지정
       locale.setlocale(locale.LC_ALL, 'en_US.UTF-8')
       print(special_day.strftime("[Date] %Y-%m-%d, %A [Time] %H:%M:%S (%p)"))
```

```
Out:   [날짜] 2021-04-08, 목요일 [시간] 13:30:00 (오후)
       [Date] 2021-04-08, Thursday [Time] 13:30:00 (PM)
```

패키지

패키지(Package)는 하나의 디렉터리에 여러 모듈을 모아 놓은 꾸러미입니다. 디렉터리 아래에는 하위 디렉터리를 만들고 그 안에 모듈을 만들 수도 있습니다. 규모가 큰 프로그램을 만들 때 패키지로 만들면 각 기능을 여러 모듈로 체계적으로 나눠서 관리할 수 있어 효율적으로 코드를 작성할 수 있습니다. 패키지까지 직접 만드는 일은 많지 않겠지만 앞으로 살펴볼 내용에서 패키지를 사용하므로 여기서는 패키지의 구성과 사용 방법을 간단히 살펴보겠습니다.

패키지 구조

파이썬의 패키지는 디렉터리 구조로 돼 있습니다. 하나의 패키지 디렉터리 안에는 또 다른 하위 디렉터리가 있을 수 있습니다. 파이썬 버전 3.3 이전에는 각 디렉터리 안에는 패키지 폴더임을 알려주는 __init__.py라는 특별한 파일이 있어야 했지만 파이썬 버전 3.3 이후에는 이 파일이 없어도 됩니다.

그림 3-3은 설명을 위해 만든 이미지 처리를 수행하는 image 패키지의 디렉터리 구조입니다.

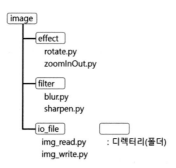

그림 3-3 패키지의 디렉터리 구조의 예

그림 3-3에서 보듯이 image 폴더에는 effect, filter, io_file 폴더가 있으며 각 하위 폴더에는 여러 개의 모듈(모듈이름.py 파일)이 있습니다.

패키지 작성

다음은 앞에서 예로 제시한 image 패키지를 C:\myPyExcel\modules 폴더에 만들어 보겠습니다. 여기서는 image 패키지의 여러 모듈 중 io_file 디렉터리에 있는 img_read 모듈을 구현해 보겠습니다. 이를 위해 먼저 C:\myPyExcel\modules\image\io_file 디렉터리를 아래의 코드를 실행해 생성합니다.

```
In:     from pathlib import Path

        # 디렉터리 경로를 입력해 path 객체를 생성
        dir_path = Path('C:/myPyExcel/modules/image/io_file')

        # 디렉터리 생성
        dir_path.mkdir(parents=True, exist_ok=True)

        # 생성한 디렉터리의 존재 여부 확인
        print("{0} 디렉터리의 존재 여부: {1}".format(dir_path, dir_path.exists()))
```

Out: C:\myPyExcel\modules\image\io_file 디렉터리의 존재 여부: True

다음은 모듈(img_read.py 파일)을 아래와 같이 생성하겠습니다. 이 모듈에는 png_read() 함수와 jpg_read() 함수가 있습니다.

```
In:     %%writefile C:\myPyExcel\modules\image\io_file\img_read.py
        # File name: img_read.py

        default_image = "=> variable 'default_imag' in img_read module"

        def png_read():
            print("- png_read() in img_read module")

        def jpg_read():
            print("- jpg_read() in img_read module")
```

Out: Writing C:\myPyExcel\modules\image\io_file\img_read.py

패키지 사용

패키지를 만든 후에 활용하고자 한다면 패키지가 있는 디렉터리로 이동하거나 해당 디렉터리를 PYTHONPATH 환경 변수에 등록해야 합니다. 등록 후에는 파이썬 수행 시 어느 경로에서나 이 패키지를 불러서 사용할 수 있습니다.

이제 패키지의 모듈을 임포트하는 다양한 방법을 살펴보겠습니다. 패키지의 모듈을 임포트하는 가장 기본적인 방법은 다음과 같습니다.

```
import 패키지명[.하위폴더명].모듈명
```

패키지 디렉터리의 바로 아래 모듈이 있다면 import 패키지명.모듈명으로 모듈을 임포트하고 패키지 디렉터리의 하위 디렉터리(폴더)에 모듈이 있다면 import 패키지명.하위폴더명.모듈명으로 모듈을 임포트합니다.

모듈을 임포트한 후에 모듈 안에 있는 변수, 함수, 클래스는 아래와 같이 패키지명, 하위 폴더명, 모듈명을 마침표(.)로 구분해 불러올 수 있습니다.

```
패키지명[.하위폴더명].모듈명.변수
패키지명[.하위폴더명].모듈명.함수()
패키지명[.하위폴더명].모듈명.클래스()
```

다음은 앞에서 만든 image 패키지의 img_read 모듈을 임포트해서 해당 모듈 내의 함수를 호출하는 방법을 살펴보겠습니다. 해당 패키지가 있는 디렉터리(C:\myPyExcel\modules)를 PYTHONPATH 환경 변수에 등록했다면 어디서나 이 패키지를 임포트할 수 있지만, 등록하지 않은 경우에 대비해 먼저 다음 명령으로 해당 디렉터리로 이동하겠습니다.

In:　　cd C:\myPyExcel\modules

Out:　　C:\myPyExcel\modules

다음은 image 패키지의 img_read 모듈을 임포트한 후에 png_read(), jpg_read() 함수와 변수 default_image를 호출하겠습니다.

In:
```
# image 패키지 내에 io_file 폴더에 있는 img_read 모듈 임포트
import image.io_file.img_read

# '패키지명.하위폴더명.모듈명.함수()' 형식으로 함수 호출
image.io_file.img_read.png_read()
image.io_file.img_read.jpg_read()

# '패키지명.하위폴더명.모듈명.변수' 형식으로 변수를 사용
print(image.io_file.img_read.default_image)
```

```
Out:  - png_read() in img_read module
      - jpg_read() in img_read module
      ⇒ variable 'default_imag' in img_read module
```

앞의 코드는 img_read 모듈 내의 변수나 함수를 사용하려면 패키지명, 하위 폴더명, 모듈명을 모두 써야 해서 번거롭습니다. 이때 from A import B 형식으로 임포트하면 다음과 같이 패키지에 있는 모듈을 좀 더 간단하게 사용할 수 있습니다.

```
from 패키지명[.하위폴더명] import 모듈명
```

위와 같은 형식으로 모듈을 임포트한 후에는 다음과 같이 모듈명만 가지고 모듈의 변수, 함수, 클래스를 사용할 수 있습니다.

```
모듈명.변수
모듈명.함수()
모듈명.클래스()
```

다음은 from 패키지명[.하위폴더명] import 모듈명 형식으로 패키지의 모듈을 임포트하고 함수와 변수를 호출하는 예입니다.

```
In:   from image.io_file import img_read

      # 모듈명.함수() 형식으로 함수를 호출
      img_read.png_read()
      img_read.jpg_read()

      # 모듈명.변수 형식으로 변수를 사용
      print(img_read.default_image)
```

```
Out:  - png_read() in img_read module
      - jpg_read() in img_read module
      ⇒ variable 'default_imag' in img_read module
```

위의 코드에서 변수나 함수를 호출할 때 모듈명.변수나 모듈명.함수() 형식을 이용해 간단해졌습니다. 더 간단하게 모듈명 없이 변수, 함수, 클래스를 바로 사용하려면 다음과 같은 방법도 있습니다.

```
from 패키지명[.하위폴더명].모듈명 import 변수명/함수명/클래스명
```

여기서 변수명/함수명/클래스명은 쉼표(,)를 써서 여러 개를 동시에 선언할 수도 있습니다. 위의 방법으로 모듈명 없이 변수, 함수(), 클래스()를 바로 사용할 수 있습니다.

다음은 위 방법으로 변수와 함수를 호출하는 예입니다.

In:
```
from image.io_file.img_read import png_read, jpg_read, default_image

# 모듈의 함수를 바로 호출
png_read()
jpg_read()

# 모듈의 변수를 바로 사용
print(default_image)
```

Out:
```
- png_read() in img_read module
- jpg_read() in img_read module
=> variable 'default_imag' in img_read module
```

모듈의 모든 변수, 함수, 클래스를 모듈명 없이 바로 사용하고 싶으면 다음과 같은 형식으로 선언할 수도 있습니다.

```
from 패키지명[.하위폴더명].모듈명 import *
```

또한 다음과 같이 별명을 가지고 모듈과 변수, 함수, 클래스를 사용할 수도 있습니다.

```
import 패키지명[.하위폴더명].모듈명 as 별명
from 패키지명[.하위폴더명] import 모듈명 as 별명
from 패키지명[.하위폴더명].모듈명 import 변수명/함수명/클래스명 as 별명
```

다음은 패키지에 있는 모듈, 함수, 변수를 별명으로 호출하는 예입니다.

In:
```
# 'import 패키지명[.하위폴더명].모듈명 as 별명'
import image.io_file.img_read as i_read
```

```python
# 모듈 별명으로 함수를 호출
i_read.png_read()
```

Out: - png_read() in img_read module

In:
```python
# 'from 패키지명[.하위폴더명] import 모듈명 as 별명'
from image.io_file import img_read as img_r

# 모듈 별명으로 함수를 호출
img_r.jpg_read()
```

Out: - jpg_read() in img_read module

In:
```python
# 'from 패키지명[.하위폴더명].모듈명 import 변수명/함수명/클래스명 as 별명'
from image.io_file.img_read import png_read as p_read
from image.io_file.img_read import jpg_read as j_read
from image.io_file.img_read import default_image as d_image

# 별명으로 모듈의 함수를 바로 호출
p_read()
j_read()

# 별명으로 모듈의 변수를 바로 사용
print(d_image)
```

Out: - png_read() in img_read module
   - jpg_read() in img_read module
   ⇒ variable 'default_imag' in img_read module

패키지 설치

파이썬에는 다양한 공개 패키지가 있어 필요한 패키지를 설치해 사용할 수 있습니다. 파이썬의 공개 패키지 정보는 파이썬 패키지 인덱스 사이트(https://pypi.org)에서 찾을 수 있습니다. 파이썬의 공개 패키지는 윈도우 명령창에서 'pip install 패키지명'으로 설치하거나 주피터 노트북의 코드 셀에서 '!pip install 패키지명'으로 설치할 수 있습니다. 아나콘다 배포판은 많이 사용하는 공개 패키지가 기본적으로 설치돼 있습니다.

04 정리

이번 장에서는 함수, 클래스, 모듈을 살펴봤습니다. 함수에서는 함수의 기본 구조를 이용해 다양한 함수를 정의하고 호출하는 예를 살펴봤고 내장 함수를 활용하는 방법도 살펴봤습니다. 클래스에서는 클래스를 선언하고 객체를 생성해 활용하는 방법을 알아봤습니다. 또한 클래스를 상속하는 방법도 알아봤습니다. 모듈에서는 모듈을 만들고 활용하는 방법과 내장 모듈(파일과 경로 처리 모듈, 날짜와 시간 처리 모듈)을 활용하는 방법을 살펴봤습니다. 마지막으로 패키지의 구조, 패키지를 작성하는 방법, 패키지를 사용하는 방법을 알아봤습니다. 앞으로 코드를 작성할 때 함수는 아주 많이 이용할 것이며, 클래스도 가끔 이용하게 될 것입니다. 패키지까지 만들 일은 많지 않겠지만 다양한 패키지를 많이 활용하므로 기본적인 내용을 이해하면 도움이 됩니다.

CHAPTER

04

파일 읽고 쓰기와
문자열 처리

3장까지는 코드에 데이터를 직접 입력했지만 실제로는 파일 형태의 데이터를 다루는 일이 많습니다. 파일에는 사진 파일이나 사운드 파일, 혹은 동영상 파일처럼 이진 파일도 있지만 비지니스 영역에서 다루는 데이터는 문자나 숫자로 이뤄진 텍스트 파일이 많습니다. 그러므로 이번 장에서는 문자나 숫자가 저장된 텍스트 파일 데이터를 처리하는 방법을 살펴보겠습니다. 이를 위해 텍스트 파일에서 데이터를 읽어오거나 텍스트 파일로 데이터를 쓰는 방법을 먼저 알아본 다음, 텍스트 파일에서 읽어온 데이터를 처리하는 다양한 기법도 알아보겠습니다.

01 파일 읽고 쓰기

문자열이나 숫자로 구성된 데이터 파일은 일반 텍스트 편집기로 읽을 수 있는 텍스트 파일이나 마이크로소프트 엑셀 파일로 저장된 것이 많습니다. 여기서는 텍스트 파일을 읽고 쓰는 방법을 먼저 살펴보겠습니다.

파일 읽고 쓰기 위한 기본 구조

파이썬에서 파일을 읽고 쓰는 기본 구조는 다음과 같습니다.

```
# 1) 파일 열기
f = open(file_name[, mode, encoding = 인코딩_방식])

# 2) 파일 객체(f)를 이용해 파일을 읽거나 쓰기
data = f.read()  # 파일의 내용 읽기
      혹은
f.write(str)     # 파일에 문자열 쓰기

# 3) 파일 객체(f) 닫기
f.close()
```

위에서 파이썬 내장 함수인 open()은 텍스트 파일(file_name)을 열어서 파일 객체(f)로 반환합니다. 그다음 파일 읽기나 쓰기를 수행하고 생성한 파일 객체는 close()로 닫습니다. open()에서 file_name은 디렉터리를 포함한 전체 경로를 사용할 수도 있고 파일 이름만 지정할 수도 있습니다. 파일 이름만 지정하면 현재 디렉터리에서 파일을 엽니다. 옵션으로 mode와 encoding을 지정할 수 있는데 의미와 사용 방법은 다음과 같습니다.

- mode: 파일 열기 모드로 여는 파일의 속성을 지정합니다. 표 4-1은 mode로 지정할 수 있는 파일의 속성을 보여줍니다. {r, w, x, a}와 {b, t}는 'rb'처럼 혼합해 사용할 수 있습니다. {r, w, x, a} 중 어느 하나도 입력하지 않으면 기본적으로 읽기 모드('r')로 지정되고, {b, t} 중 어느 하나를 입력하지 않으면 기본적으로 텍스트 파일 모드('t')로 지정됩니다. 지정하지 않으면 기본적으로 텍스트 파일 읽기 모드('rt')가 됩니다.

- encoding: 텍스트 파일의 인코딩 방식을 지정합니다. 예를 들어 텍스트 파일이 'utf-8'로 인코딩돼 있으면 'utf-8'로 지정합니다. 지정하지 않으면 기본 인코딩 방식으로 텍스트 파일을 엽니다.

표 4-1 파일 열기 모드

모드	의미
r	읽기 모드로 파일 열기(기본). 모드를 지정하지 않으면 기본적으로 읽기 모드로 지정됨.
w	쓰기 모드로 파일 열기. 같은 이름의 파일이 있으면 기존 내용은 모두 삭제됨.
x	쓰기 모드로 파일 열기. 같은 이름의 파일이 있으면 오류가 발생함.
a	추가 모드로 파일 열기. 같은 이름의 파일이 없으면 w와 기능이 같음.
b	바이너리 파일 모드로 파일 열기.
t	텍스트 파일 모드로 파일 열기(기본). 지정하지 않으면 기본적으로 텍스트 모드로 지정됨.

이제 위의 파일을 읽고 쓰기 위한 기본 구조를 이용해 텍스트 파일을 읽고 쓰는 방법을 살펴보겠습니다.

파일 읽기

파일을 읽기 위해서는 우선 파일이 있어야 하므로 이번 장에서 사용할 데이터 디렉터리(C:\myPyExcel\data\ch04)에 마술 명령어 %%writefile로 다음과 같이 텍스트 파일을 생성합니다.

> **일러두기**
>
> 예제 코드의 입력 파일은 data 폴더 아래에 장별로 구분한 하위 폴더에 있습니다. 예를 들어, 4장에서 사용하는 데이터 파일은 C:\myPyExcel\data\ch04 폴더에, 5장에서 사용하는 데이터 파일은 C:\myPyExcel\data\ch05 폴더에 있다고 가정합니다. 예제 코드의 출력 데이터 파일도 해당 폴더에 생성합니다. 입력 데이터 파일을 복사하는 방법은 「책 사용 설명서」를 참고하세요.

```
In:     %%writefile C:\myPyExcel\data\ch04\read_test.txt
        All grown-up
        were once children,
        although few of them
        remember it.
```

```
Out:    Writing C:\myPyExcel\data\ch04\read_test.txt
```

텍스트 편집기로 read_test.txt 파일을 열어보면 그림 4-1처럼 해당 텍스트 파일이 잘 생성됐는지 확인할 수 있습니다.

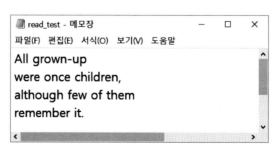

그림 4-1 테스트를 위해 생성한 텍스트 파일

이제 파이썬에서 텍스트 파일을 읽는 방법을 알아보겠습니다. 텍스트 파일을 읽기 위한 기본 구조는 다음과 같습니다.

```
f = open(file_name[, 'r', encoding = 인코딩_방식])  # 파일 열기(읽기 모드)
data = f.read()                    # 파일의 내용 읽기
f.close()                          # 파일 닫기
```

위의 텍스트 파일 읽기 방법으로 앞에서 생성한 테스트 파일을 읽어보겠습니다.

In:
```
f = open('C:/myPyExcel/data/ch04/read_test.txt', 'r') # 파일 열기(읽기 모드)
data = f.read() # 파일의 내용 전체를 읽어서 변수에 할당
f.close()       # 파일 닫기

print(data)     # 읽어온 파일 내용 출력
```

Out:
```
All grown-up
were once children,
although few of them
remember it.
```

출력 결과를 보면 생성한 텍스트 파일의 내용을 잘 읽어온 것을 볼 수 있습니다.

다음은 한글을 포함한 텍스트 파일을 읽는 방법을 알아보겠습니다. 이러한 파일을 open()으로 열 때는 encoding 옵션으로 인코딩 방식을 지정해야 오류 없이 한글 텍스트 파일을 읽어옵니다. 한글을 표현할 수 있는 인코딩 방식에는 여러 가지가 있는데, 그중 'utf-8'이나 'cp949'를 주로 사용합니다. 읽어올 텍스트 파일이 'cp949'로 인코딩됐다면 encoding='cp949'를 지정하고 'utf-8'로 인코딩됐다면 encoding='utf-8'을 지정합니다. 한글 윈도우 환경에서 'cp949'로 인코딩한 텍스트 파일을 open()으로 열 때는 encoding 옵션을 생략해도 됩니다.

다음은 'cp949'와 'utf-8'로 인코딩한 한글 텍스트 파일을 읽어오는 예입니다. 테스트용 한글 텍스트 파일은 이 장의 데이터 폴더에 있습니다.

In:
```
# cp949로 인코딩된 한글 텍스트 파일 읽기
file_name='C:/myPyExcel/data/ch04/헌법_cp949.txt' # 파일 경로를 변수에 할당

f = open(file_name, 'r', encoding='cp949')        # 파일 열기(읽기 모드)
# f = open(file_name)
```

```
        data = f.read()      # 파일의 내용 전체를 읽어서 변수에 할당
        f.close()            # 파일 닫기

        print(data)          # 읽어온 파일 내용 출력
```

Out: 대한민국 헌법 (cp949로 인코딩)

      제1조
      ①대한민국은 민주공화국이다.
      ②대한민국의 주권은 국민에게 있고, 모든 권력은 국민으로부터 나온다.

In: # utf-8로 인코딩된 한글 텍스트 파일 읽기
```
      file_name = 'C:/myPyExcel/data/ch04/헌법_utf8.txt' # 파일 경로를 변수에 할당

      f = open(file_name, 'r', encoding='utf-8')        # 파일 열기(읽기 모드)
      data = f.read()   # 파일의 내용 전체를 읽어서 변수에 할당
      f.close()         # 파일 닫기

      print(data)       # 읽어온 파일 내용 출력
```

Out: 대한민국 헌법 (utf-8로 인코딩)

      제1조
      ①대한민국은 민주공화국이다.
      ②대한민국의 주권은 국민에게 있고, 모든 권력은 국민으로부터 나온다.

파일을 한 줄씩 읽어 처리하기

앞에서는 파일을 열어 read()로 파일의 전체 내용을 읽어왔습니다. 그렇게 하면 파일 내용 전체를 문자열로 반환하므로 데이터를 한 줄씩 처리하기는 어렵습니다. 텍스트 파일의 내용을 한 줄씩 읽어 처리하려면 readline()이나 readlines()를 사용합니다.

한 줄씩 읽어오기: readline()

먼저 readline()을 이용하는 방법을 알아보겠습니다. 파일을 연 후 readline()을 실행하면 파일로부터 한 줄을 읽어서 문자열로 반환합니다. 다시 readline()을 실행하면 바로 그 다음 문자열 한 줄을 읽습니다. 이런 식으로 readline()은 실행한 횟수만큼 문자열을 한 줄씩 읽습니다. 파일의 마지막 한 줄을 읽고 나서 다시 readline()을 실행하면 빈 문자열을 반환합니다.

다음은 앞에서 생성한 파일(read_test.txt)을 readline()으로 한 줄씩 읽은 예입니다.

```
In:    file_name = 'C:/myPyExcel/data/ch04/read_test.txt' # 파일 경로를 변수에 할당

       f = open(file_name, 'r') # 파일 열기(읽기 모드)

       line1 = f.readline()     # 파일의 내용을 한 줄씩 읽어서 변수에 할당
       line2 = f.readline()     # 파일의 내용을 한 줄씩 읽어서 변수에 할당
       f.close()  # 파일 닫기

       print(line1, end='')     # print 자체의 개행문자는 출력하지 않고 내용 출력
       print(line2, end='')
```

```
Out:   All grown-up
       were once children,
```

위에서는 원하는 파일을 텍스트 읽기 모드로 열어서 readline()을 이용해 한 줄씩 두 번 읽어 온 후 print()로 출력했습니다. 이 때 readline()으로 읽은 문자열에는 이미 개행문자가 포함됐으므로 print()로 출력할 때는 end 옵션에 빈 문자열을 지정해 줄 바꿈이 중복되지 않게 했습니다.

readline()으로 모든 줄을 읽어 처리하고자 한다면 다음처럼 while 문과 if 문을 사용하면 됩니다.

```
In:    file_name = 'C:/myPyExcel/data/ch04/read_test.txt' # 파일 경로를 변수에 할당

       f = open(file_name, 'r')  # 파일 열기(읽기 모드)
       line_num = 0 # 줄 수 표시를 위한 변수 초기화

       while True:
           line = f.readline()   # 파일의 내용을 한 줄씩 읽어서 변수에 할당
           if (line == ''):      # line이 빈 문자열인지 검사
               break             # 빈 문자열이면 while문을 빠져나감
```

```
        line_num = line_num + 1    # line_num 을 1씩 증가
        print("{0}: {1}".format(line_num, line), end='') # 줄 수와 읽은 문자열 출력

    f.close() # 파일 닫기
```

Out: 1: All grown-up
        2: were once children,
        3: although few of them
        4: remember it.

위에서는 while 문과 readline()으로 파일의 처음 줄부터 마지막 줄까지 문자열을 한 줄씩 읽어왔습니다. 파일의 마지막 줄을 읽고 나서 readline()을 수행하면 빈 문자열을 반환하므로 if 문으로 line이 빈 문자열인지를 검사해 빈 문자열이 아니면 while 문을 계속 수행하고 빈 문자열이면 while 문을 빠져나오게 했습니다. 위 코드에서 if (line == ''):대신 if not line:을 쓸 수도 있습니다.

한 줄씩을 요소로 갖는 리스트로 읽어오기: readlines()

한 줄씩 처리하는 또 다른 방법은 readlines()를 이용하는 것입니다. 파일을 연 후에 readlines()를 실행하면 파일 전체의 모든 줄을 읽어서 한 줄씩을 요소로 갖는 리스트를 반환합니다. 파일 전체를 읽어오므로 하나의 파일에 대해 readlines()를 한 번만 실행하면 됩니다.

다음은 readlines()를 이용해 앞에서 생성한 파일(read_test.txt)의 전체 내용을 읽어오는 예입니다.

In: file_name = 'C:/myPyExcel/data/ch04/read_test.txt' # 파일 경로를 변수에 할당

        f = open(file_name, 'r') # 파일 열기(읽기 모드)
        lines = f.readlines()   # 파일 전체의 내용을 읽어서 변수에 할당
        f.close()   # 파일 닫기

        print(lines)

Out: ['All grown-up\n', 'were once children,\n', 'although few of them\n', 'remember it.\n']

위의 출력 결과를 보면 변수 lines의 각 요소에는 파일의 전체 내용이 한 줄씩 할당된 것을 볼 수 있습니다. 각 요소에 들어간 문자열에는 개행문자도 포함된 것을 볼 수 있습니다.

lines에 할당된 문자열을 한 줄씩 처리하고 싶으면 다음 코드처럼 for 문을 이용하면 됩니다.

```
In:  file_name = 'C:/myPyExcel/data/ch04/read_test.txt' # 파일 경로를 변수에 할당

     f = open(file_name, 'r')     # 파일 열기(읽기 모드)
     lines = f.readlines()        # 파일 전체의 내용을 읽어서 변수에 할당
     f.close() # 파일 닫기

     line_num = 0 # 줄 수 표시를 위한 변수 초기화
     for line in lines:
         line_num = line_num + 1  # line_num 을 1씩 증가
         print("{0}: {1}".format(line_num, line), end='') # 줄 수와 읽은 문자열 출력
```

```
Out:  1: All grown-up
      2: were once children,
      3: although few of them
      4: remember it.
```

파일 쓰기

앞에서는 텍스트 파일을 읽는 방법을 살펴봤는데, 이번에는 코드의 결과를 텍스트 파일로 쓰는 방법을 알아보겠습니다.

```
f = open(file_name, 'w')     # 파일 열기(쓰기 모드)
f.write(str)                 # 파일에 문자열 쓰기
f.close()                    # 파일 닫기
```

파일에 텍스트를 쓰려면 open()을 사용해 파일(file_name)을 쓰기 모드(w)로 열어 파일 객체(f)를 생성합니다. 파일을 쓰기 모드로 연 후에는 write(str)로 문자열 str을 파일에 씁니다. print() 함수에서 사용하는 출력 방식을 write()에 그대로 적용할 수 있습니다. 즉, 따옴표를 이용해 문자열을 파일로 출력할 수도 있고 형식 지정 출력 방식을 이용해 문자열을 파일로 출력할 수도 있습니다. 단, write() 함수는 자동으로 줄 바꿈이 되지 않으므로 파일에서 줄을 바꾸려면 문자열 끝에 개행문자를 추가해야 합니다.

다음은 쓰기 모드로 텍스트 파일을 열어서 데이터를 쓰는 예입니다.

```
In:     file_name = 'C:/myPyExcel/data/ch04/write_test.txt' # 파일 경로를 변수에 할당

        f = open(file_name, 'w')  # 파일 열기(쓰기 모드)
        f.write("Python is powerful... and fast;\n")      # 문자열을 파일에 쓰기
        f.write("plays well with others;\n")
        f.write("runs everywhere;\n")
        f.write("is friendly & easy to learn;\n")
        f.write("is Open.\n")
        f.close() # 파일 닫기

        print("생성한 파일:", file_name) # 생성한 파일 이름 출력

Out:    생성한 파일: C:/myPyExcel/data/ch04/write_test.txt
```

위 코드의 write()는 print()와 달리 개행문자가 자동으로 들어가지 않아 줄 바꿈을 위해 문자열 끝에 개행문자를 추가했습니다. 파일이 잘 생성됐는지 확인하려면 다음과 같이 윈도우 type 명령으로 텍스트 파일 내용을 표시합니다.

```
In:     !type C:\myPyExcel\data\ch04\write_test.txt

Out:    Python is powerful... and fast;
        plays well with others;
        runs everywhere;
        is friendly & easy to learn;
        is Open.
```

위의 출력 결과를 보면 파일 쓰기가 잘 수행된 것을 확인할 수 있습니다.

다음은 문자열을 write()를 이용해 파일로 쓸 때 형식 지정 출력 방식을 이용하는 예를 살펴보겠습니다.

```
In:     file_name = 'C:/myPyExcel/data/ch04/two_times.txt' # 파일 경로를 변수에 할당

        f = open(file_name, 'w') # 파일 열기(쓰기 모드)
        f.write("[구구단 2단의 일부]\n")
        for num in range(1,6):  # for문: num이 1~5까지 반복
            format_string = "2 x {0} = {1}\n".format(num, 2 * num) # 저장할 문자열 생성
            f.write(format_string)  # 파일에 문자열 쓰기
```

```
f.close() # 파일 닫기

print("생성한 파일:", file_name) # 생성한 파일 이름 출력
```

Out: 생성한 파일: C:/myPyExcel/data/ch04/two_times.txt

앞에서와 마찬가지로 방법으로 파일이 잘 생성됐는지 확인해 보겠습니다.

In: `!type C:\myPyExcel\data\ch04\two_times.txt`

Out:
```
[구구단 2단의 일부]
2 x 1 = 2
2 x 2 = 4
2 x 3 = 6
2 x 4 = 8
2 x 5 = 10
```

with 문으로 파일 읽고 쓰기

지금까지는 open() 함수로 파일을 열어 읽기나 쓰기 작업을 하고 close()로 파일을 닫았습니다. 아래와 같이 with 문을 사용하면 수행이 끝난 후에 자동으로 파일을 닫으므로 close()가 필요 없습니다.

```
with open(file_name[, mode, encoding = 인코딩_방식]) as f:
    파일 객체(f)를 이용해 파일을 읽거나 쓰는 코드
```

다음은 with 문으로 파일을 쓰는 예입니다.

In:
```
file_name = 'C:/myPyExcel/data/ch04/three_times.txt' # 파일 경로를 변수에 할당

with open(file_name, 'w') as f:           # 파일 열기(쓰기 모드)
    f.write("[구구단 3단의 일부]\n")
    for num in range(1,6):                 # for문: num이 1~5까지 반복
        format_string = "3 x {0} = {1}\n".format(num, 3 * num) # 저장할 문자열 생성
        f.write(format_string)             # 파일에 문자열 쓰기
```

다음은 with 문으로 파일을 읽는 예입니다.

```
In:    with open(file_name, 'r') as f:    # 파일 열기(읽기 모드)
           data = f.read()                 # 파일에서 문자열 읽기
           print(data)

Out:   [구구단 3단의 일부]
       3 x 1 = 3
       3 x 2 = 6
       3 x 3 = 9
       3 x 4 = 12
       3 x 5 = 15
```

위의 예제에서 보듯이 with 문으로 파일을 열었을 때는 close()를 사용하지 않습니다.

02 문자열 처리

파이썬에서는 따옴표로 둘러싸인 문자의 집합을 문자열이라고 했습니다. 또한 텍스트 파일의 내용을 읽어 온 결과도 문자열입니다. 텍스트 파일을 읽어서 가져온 문자열은 대부분 문자열 처리(문자열 분리, 불필요한 문자열 삭제, 문자열 연결 등)를 통해 원하는 형태의 데이터로 가공해 이용합니다. 파이썬은 문자열 처리를 위한 다양한 메서드가 있어서 문자열을 처리하기가 쉽습니다. 이번에는 파이썬의 주요 문자열 메서드를 알아보겠습니다.

문자열 분리하기: split()

문자열을 부분 문자열로 나누고 싶을 때는 split() 메서드를 이용합니다. split() 메서드의 사용법은 다음과 같습니다.

```
str.split([sep])
```

split() 메서드는 구분자 sep를 기준으로 str 문자열을 분리해 리스트로 반환합니다. 여기서 소괄호 안의 대괄호([ ]) 부분은 생략할 수 있습니다. str.split()을 호출할 때 인자를 생략하면 문자열 사이의 모든 공백과 개행문자를 없애고 분리된 문자열을 항목으로 담은 리스트를 반환합니다.

다음은 쉼표(,)로 구분된 단어가 여러 개 있는 문자열에서 split() 메서드로 단어를 분리하는 예입니다. 이때 구분자는 쉼표(,)를 이용합니다.

```
In:    "에스프레소,아메리카노,카페라테,카푸치노".split(',')
```

```
Out:   ['에스프레소', '아메리카노', '카페라테', '카푸치노']
```

위 예의 출력 결과를 살펴보면 구분된 단어는 리스트 형태로 반환된 것을 볼 수 있습니다.

문자열에 있는 모든 공백과 개행문자를 없애고 단어를 분리하려면 다음 예처럼 구분자 없이 split()을 사용합니다.

```
In:    "  에스프레소 아메리카노    카페라테        카푸치노\n".split()
```

```
Out:   ['에스프레소', '아메리카노', '카페라테', '카푸치노']
```

불필요한 문자열 삭제하기: strip()

문자열에서는 앞뒤 공백 혹은 개행문자와 같이 불필요한 부분을 지워야 할 때가 있습니다. 이때 사용할 수 있는 것이 strip() 메서드입니다. 다음은 strip() 메서드의 사용법입니다.

```
str.strip([chars])
```

strip() 메서드는 str 문자열의 앞과 뒤에서 시작해 chars에 지정한 문자 외의 다른 문자를 만날 때까지 지정한 문자를 모두 삭제한 문자열을 반환합니다. 지정한 문자와 일치하는 것이 없으면 str을 그대로 반환합니다. chars에 여러 개의 문자를 지정한 경우 순서는 상관이 없습니다. str.strip()를 인자 없이 실행하면 문자열 앞과 뒤의 모든 공백과 개행문자를 삭제한 문자열을 반환합니다.

다음으로 strip() 메서드의 사용 예를 살펴보겠습니다. 먼저 문자열 "aaaaPythonaaa"에서 앞뒤의 모든 'a'를 제거하고 싶다면 다음과 같이 없애고자 하는 문자를 'a'로 지정해 strip() 메서드를 실행하면 됩니다.

```
In:    "aaaaPythonaaa".strip('a')
```

```
Out:   'Python'
```

문자열 앞뒤의 공백과 개행문자를 지우고 싶을 때는 다음과 같이 인자 없이 strip() 메서드를 실행하면 됩니다.

```
In:    "\n  Python  \n\n".strip()
```

```
Out:   'Python'
```

문자열 연결하기: join()

앞에서 문자열에 split() 메서드를 적용하면 구분자를 기준으로 문자열을 분리해 리스트를 반환한다고
했습니다. 이와는 반대로 리스트의 모든 요소를 하나의 문자열로 만들고 싶다면 다음과 같이 join() 메
서드를 사용합니다.

```
str.join(seq)
```

join() 메서드는 문자열을 항목으로 갖는 시퀀스(seq)의 항목 사이에 구분자 문자열(str)을 모두 넣은
후에 문자열로 반환합니다. 여기서 시퀀스는 리스트나 튜플과 같이 여러 데이터를 순서대로 담고 있는
나열형 데이터입니다.

다음은 join() 메서드를 이용해 문자열을 요소로 갖는 리스트를 문자열로 변환하는 예입니다.

```
In:    " ".join(["서울시","서초구","반포대로","201(반포동)"])
```

```
Out:   '서울시 서초구 반포대로 201(반포동)'
```

위의 출력 결과는 리스트의 모든 요소 사이에 구분자 문자열(공백)을 추가해 문자열을 반환한 것을 볼
수 있습니다.

다음은 다른 구분자 문자열(****)을 이용해 리스트의 모든 요소를 연결해 문자열을 반환하는 예입니다.

```
In:    "****".join(["서울시","서초구","반포대로","201(반포동)"])
```

```
Out:   '서울시****서초구****반포대로****201(반포동)'
```

리스트의 모든 요소를 개행문자로 연결하려면 다음과 같이 구분자 문자열을 개행문자로 지정해 join()
메서드를 수행합니다.

```
In:    joined_str = "\n".join(["서울시","서초구","반포대로","201(반포동)"])
       joined_str
```

```
Out:   '서울시\n서초구\n반포대로\n201(반포동)'
```

위와 같이 리스트의 모든 요소를 개행문자로 연결하면 문자열에 개행문자가 포함됩니다. 이 문자열을 print()로 출력하면 개행문자로 인해 아래와 같이 리스트의 모든 요소를 줄 바꿈해 출력합니다.

```
In:     print(joined_str)
```

```
Out:    서울시
        서초구
        반포대로
        201(반포동)
```

문자열 찾기: find(), count(), startswith(), endswith()

주어진 문자열에서 검색 문자열의 위치를 찾으려면 다음과 같이 find() 메서드를 사용합니다.

```
str.find(search_str[, start, end])
```

find() 메서드는 문자열(str)에서 찾으려는 검색 문자열(search_str)과 첫 번째로 일치하는 문자열의 위치를 반환합니다. 문자열의 위치는 0부터 시작합니다. 문자열(str)에서 찾으려는 검색 문자열(search_str)이 없다면 −1을 반환합니다. 옵션인 시작 위치(start)와 끝 위치(end)를 지정해 문자열의 검색 범위를 지정할 수도 있습니다. 시작 위치(start)만 지정하면 검색 범위는 시작 위치에서 문자열의 끝 위치가 되고, 시작 위치(start)와 끝 위치(end)를 모두 지정하지 않으면 검색 범위는 문자열 전체가 됩니다.

다음은 문자열에서 검색 문자열의 위치를 찾는 예입니다.

```
In:     str_p = "Python is powerful. Python is easy."

        print(str_p.find("Python")) # 전체 범위
        print(str_p.find("Python", 10, 30)) # 시작과 끝 범위 지정
        print(str_p.find("easy"))    # 전체 범위
        print(str_p.find("Python", 21))     # 시작 범위 지정. 일치하는 문자열 없음
        print(str_p.find("Jupyter"))        # 전체 범위. 일치하는 문자열 없음
```

```
Out:    0
        20
        30
        −1
        −1
```

그림 4-2는 위에서 예제로 사용한 문자열의 위치와 find()로 찾은 검색 문자열의 결과를 보여줍니다.

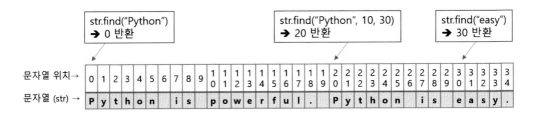

그림 4-2 예제 문자열의 위치 표시

위의 예에서 보듯이 find() 메서드는 검색 범위 내에서 검색 문자열과 일치하는 문자열의 위치를 반환합니다. 문자열에 검색 문자열이 몇 개 있는지 알고 싶다면 다음과 같이 count() 메서드를 사용합니다.

```
str.count(search_str[, start, end])
```

count() 메서드는 문자열(str)에서 찾으려는 검색 문자열(search_str)과 일치하는 문자열의 개수를 반환합니다. 일치하는 것이 없다면 0을 반환합니다. find()와 마찬가지로 옵션인 시작 위치(start)와 끝 위치(end)를 지정할 수도 있습니다.

다음은 count()를 이용해 문자열에 있는 검색 문자열의 개수를 찾는 예입니다.

```
In:    print(str_p.count("Python")) # 전체 범위
       print(str_p.count("Python", 10, 30)) # 시작과 끝 범위 지정
       print(str_p.count("easy"))   # 전체 범위
       print(str_p.count("Python", 21))    # 시작 범위 지정. 일치하는 문자열 없음
       print(str_p.count("Jupyter"))       # 전체 범위. 일치하는 문자열 없음
```

```
Out:   2
       1
       1
       0
       0
```

또 다른 찾기 메서드로는 startswith()와 endswith()가 있습니다. 각각 문자열이 지정된 문자열로 시작되는지 끝나는지 검사할 때 이용합니다. 사용법은 다음과 같습니다.

주어진 문자열에서 특정 문자열의 위치를 찾으려면 다음과 같이 find() 메서드를 이용합니다.

```
str.startswith(prefix_str[, start, end])
str.endswith(suffix_str[, start, end])
```

startswith() 메서드는 문자열(str)이 지정한 문자열(prefix_str)로 시작하면 True를 반환하고, 아니면 False를 반환합니다. endswith() 메서드는 문자열(str)이 지정한 문자열(suffix_str)로 끝나면 True를 반환하고, 아니면 False를 반환합니다. find()와 마찬가지로 옵션인 시작 위치(start)와 끝 위치(end)를 지정할 수도 있습니다.

다음은 startswith() 메서드와 endswith() 메서드의 사용 예입니다.

In:
```
print("- 문자열이 'Python'으로 시작?",str_p.startswith("Python"))
print("- 문자열이 'powerful'로 시작?",str_p.startswith("powerful"))
print("- 지정 범위에서 'powerful'로 시작?",str_p.startswith("powerful",10))
print("- 문자열이 'easy.'으로 끝?",str_p.endswith("easy."))
```

Out:
```
- 문자열이 'Python'으로 시작? True
- 문자열이 'powerful'로 시작? False
- 지정 범위에서 'powerful'로 시작? True
- 문자열이 'easy.'으로 끝? True
```

문자열 바꾸기: `replace()`

주어진 문자열에서 지정한 문자열을 찾아서 다른 문자열로 바꾸려면 다음과 같이 replace() 메서드를 사용합니다.

```
str.replace(old_str, new_str[, count])
```

replace() 메서드는 문자열(str)에서 지정한 문자열(old_str)을 찾아서 새로운 문자열(new_str)로 바꿉니다. 옵션인 count는 문자열(str)의 처음부터 지정한 문자열(old_str)을 찾아서 바꾸는 횟수입니다. count 옵션을 지정하지 않으면 문자열(str) 전체에서 찾아 바꿉니다.

다음은 replace() 메서드의 사용 예입니다.

```
In:    str_o = "Python is powerful. Python is easy. Python is open."
       print(str_o.replace("Python", "IPython"))      # 전체 범위
       print(str_o.replace("Python", "IPython", 2))   # 횟수 지정
```

```
Out:   IPython is powerful. IPython is easy. IPython is open.
       IPython is powerful. IPython is easy. Python is open.
```

다음 예와 같이 새로운 문자열(new_str)에 빈 문자("")를 지정하면 replace()를 이용해 특정 문자열을 삭제할 수도 있습니다.

```
In:    str_e = "[Python] [is] [easy] [to] [learn.]"
       str_e1 = str_e.replace("[", "")      # 문자열(str_e)에서 '[' 제거하고 결과를 변수에 할당
       str_e2 = str_e1.replace("]", "")     # '['를 제거한 결과에 다시 ']'를 제거

       print(str_e)
       print(str_e1)
       print(str_e2)
```

```
Out:   [Python] [is] [easy] [to] [learn.]
       Python] is] easy] to] learn.]
       Python is easy to learn.
```

위의 코드에서 문자열 '[' 와 ']'를 제거하려고 순차적으로 replace()를 두 번 사용했습니다. 이것은 replace() 메서드는 한 번에 문자열 하나씩만 지정해 바꿀 수 있기 때문입니다.

대소문자 변경하기: lower(), upper()

파이썬은 로마자 알파벳의 대문자와 소문자를 구분합니다. 따라서 대소문자 구분 없이 문자열을 비교하려면 비교 전에 문자열을 대문자나 소문자로 변경하는 과정이 필요합니다.

다음과 같이 lower() 메서드와 upper() 메서드를 이용하면 문자열에서 로마자 알파벳을 모두 소문자로 바꾸거나 대문자로 바꿀 수 있습니다.

```
str.lower()
str.upper()
```

lower() 메서드는 문자열에서 로마자 알파벳을 모두 소문자로 바꾼 문자열을 반환하고 upper() 메서드는 모두 대문자로 바꾼 문자열을 반환합니다.

다음은 lower() 메서드와 upper() 메서드를 이용해 문자열을 모두 소문자나 대문자로 변경하는 예입니다.

```
In:  str_lu = "Python is powerful. PYTHON IS EASY."
     print(str_lu.lower())    # 문자열을 모두 소문자로 변경
     print(str_lu.upper())    # 문자열을 모두 대문자로 변경
```

```
Out:  python is powerful. python is easy.
      PYTHON IS POWERFUL. PYTHON IS EASY.
```

다음은 대소문자 차이로 인해 의미가 같은 문자열임에도 불구하고 다르게 인식한 결과에 lower()나 upper()를 적용했을 때 어떤 결과가 나오는지 살펴보겠습니다. 먼저 의미는 같지만 대소문자가 같지 않은 문자열을 비교해 보겠습니다.

```
In:  print('Python' == 'python') # 변경 없이 비교
```

```
Out:  False
```

위의 결과에서 보듯이 서로 다른 문자열로 인식합니다. 다음은 비교하려는 문자열을 lower()메서드를 이용해 모두 소문자로 바꾼 후에 비교해 보겠습니다.

```
In:  'Python'.lower() == 'python'.lower() # 소문자로 변경 후 비교
```

```
Out:  True
```

문자열을 모두 소문자로 변경해 비교하니 두 문자열이 같다고 나옵니다. 따라서 대소문자 차이 때문에 다른 문자열로 인식하는 문제가 없습니다.

문자열에서 특정 단어를 검색할 때도 대소문자 차이로 같은 의미의 단어를 찾지 못하는 경우가 있습니다. 다음의 코드를 살펴보겠습니다.

```
In:  str_lu = "Python is powerful. PYTHON IS EASY."

     print(str_lu.count("Python")) # 변경 없이 찾기
```

```
Out:  1
```

위의 결과를 보면 문자열(str_lu)에는 파이썬 의미의 단어가 두 개 있지만 하나 밖에 검색하지 못했습니다. 이때 다음과 같이 문자열을 모두 대문자나 소문자로 변경하고 찾으려는 단어도 대문자나 소문자로 변경해 검색하면 대소문자 상관없이 원하는 단어를 찾을 수 있습니다.

```
In:    # 문자열(str_lu)과 검색 문자열(Python)을 모두 소문자로 변경해서 찾기
       print(str_lu.lower().count("Python".lower()))
```

```
Out:   2
```

위의 결과에서 보듯이 이제 의미가 같은 단어가 대소문자 차이로 검색되지 않는 문제를 해결했습니다.

03 정리

이번 장에서는 텍스트 파일을 읽고 쓰는 방법과 문자열 처리 방법을 살펴봤습니다. 텍스트 파일을 읽을 때는 전체 파일 내용을 한 번에 읽는 방법, 한 줄씩 읽어서 처리하는 방법, 한 줄씩을 요소로 갖는 리스트로 읽어오는 방법을 살펴봤습니다. 텍스트 파일을 쓸 때는 단순히 문자열을 출력하는 방식과 형식 지정 출력 방식을 이용해 원하는 형식으로 데이터를 파일로 쓰는 방식을 알아봤습니다. 또한 with 문으로 파일을 읽고 쓰는 방법도 살펴봤습니다. 문자열을 처리하는 방식에서는 문자열 분리, 불필요한 문자열 삭제, 문자열 연결 방법을 알아보고, 원하는 문자열을 찾고 개수를 구하는 방법, 시작하는 문자열과 끝나는 문자열을 확인하는 방법, 문자열을 바꾸는 방법, 로마자 알파벳을 소문자 혹은 대문자로 변경하는 방법을 알아봤습니다. 이번 장에서 알아본 내용은 데이터 파일을 읽어서 처리하고 원하는 형식으로 출력할 때 많이 이용하게 될 테니 잘 알아두길 바랍니다.

데이터 처리와 분석을 위한
라이브러리

지금까지는 파이썬 코드 작성을 위한 기본적인 내용을 살펴봤는데요, 이제부터는 파일에 저장된 데이터를 가져와서 처리하고 분석하는 방법을 살펴보겠습니다. 파이썬에서 CSV 파일이나 엑셀 파일을 읽어서 처리하고 저장하려면 패키지 혹은 라이브러리가 몇 가지 필요합니다. 가장 대표적인 것이 판다스(pandas)입니다. 판다스는 엑셀과 같은 표 형식의 데이터를 쉽게 다룰 수 있게 도와주는 패키지로 파이썬의 엑셀이라고 할 만큼 데이터 처리 및 분석에 많이 씁니다. 또한 판다스와 함께 배열(array) 데이터를 편리하게 다룰 수 있는 패키지인 넘파이(NumPy)도 자주 이용합니다.

이번 장에서는 데이터 처리 및 분석에 꼭 필요한 라이브러리인 넘파이와 판다스를 알아보겠습니다. 여기서는 우선 기본이 되는 내용을 살펴보고 엑셀 데이터를 다루면서 필요한 내용을 추가로 살펴보겠습니다.

01 배열 데이터 연산에 효율적인 넘파이(NumPy)

넘파이는 배열의 수치 연산을 쉽고 빠르게 수행하는 파이썬 패키지로 다차원 배열 데이터를 효과적으로 처리합니다. 따라서 과학과 공학 분야의 수치 해석과 데이터 분석을 위한 통계 처리에 많이 이용합니다. 넘파이의 기능은 방대하므로 여기서는 중요한 내용을 중심으로 살펴보겠습니다. 더 많은 정보가 필요하면 넘파이 홈페이지(https://www.numpy.org)를 참조하세요.

넘파이는 파이썬의 내장 모듈이 아니므로 별도의 설치가 필요하지만 아나콘다 배포판에 포함되어 있어서 아나콘다를 설치했다면 별도로 설치할 필요가 없습니다. 넘파이를 사용하려면 먼저 넘파이를 임포트해야 합니다. 넘파이를 임포트할 때 import numpy를 써도 되지만 보통은 다음과 같이 import ~ as ~ 형식을 이용합니다.

```
import numpy as np
```

위와 같이 선언하면 numpy를 다 적는 대신 np로 줄여 쓸 수 있습니다.

배열 데이터 생성

넘파이를 이용해 배열을 처리하려면 우선 배열을 생성해야 합니다. 배열이란 순서가 있는 같은 종류의 데이터가 저장된 집합을 말합니다. 따라서 배열 각 요소의 데이터 타입은 같습니다. 넘파이에서 배열을 생성하는 여러 가지 방법을 살펴보겠습니다.

리스트 데이터로부터 배열을 생성

우선 앞에서 살펴본 리스트 데이터를 가지고 넘파이 배열을 생성하는 방법을 알아보겠습니다.

```
arr = np.array(list_data)
```

위는 리스트 데이터(list_data)를 인수로 받아 넘파이의 배열 객체(arr)를 생성합니다. 리스트 데이터뿐만 아니라 튜플 데이터를 가지고도 배열을 생성할 수 있습니다.

다음은 리스트로부터 넘파이의 1차원 배열을 생성하는 예입니다.

```
In:    import numpy as np

       list_data = [0, 1, 2, 3, 4, 5.0]
       a1 = np.array(list_data)
       a1
```

```
Out:   array([0., 1., 2., 3., 4., 5.])
```

위 예에서 리스트 변수 list_data의 요소에는 정수와 실수가 섞여 있는데 이렇게 정수와 실수가 혼합되어 있는 리스트 데이터로부터 넘파이 배열을 생성하면 모든 요소를 실수로 변환합니다.

넘파이 배열의 타입을 알아보려면 다음과 같이 type()을 이용합니다.

In:　 type(a1)

Out:　 numpy.ndarray

위의 출력 결과를 보면 넘파이 배열의 타입은 numpy.ndarray임을 알 수 있습니다.

배열은 1차원뿐만 아니라 다차원 배열도 생성할 수 있습니다. 다음은 2차원 배열을 생성하는 예입니다.

In:　 a2 = np.array([[1, 2, 3], [4, 5, 6], [7, 8, 9]])
　　　 a2

Out:　 array([[1, 2, 3],
　　　　　　 [4, 5, 6],
　　　　　　 [7, 8, 9]])

참고로 수학에서는 1차원 배열은 벡터라고 하고 2차원 배열은 행렬이라고 합니다. 따라서 수학에서 벡터와 행렬은 각각 넘파이의 1차원 배열과 2차원 배열로 표현합니다. 그림 5-1은 n개의 요소를 갖는 1차원 배열(벡터)의 구조를 보여줍니다. 넘파이에서 1차원 배열의 위치는 0부터 시작합니다.

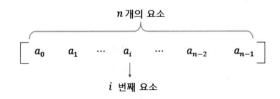

그림 5-1 NumPy 1차원 배열(n개의 요소를 갖는 벡터)의 구조

마찬가지로 그림 5-2는 $m \times n$ 형태의 2차원 배열($m \times n$ 행렬)의 구조를 보여줍니다. 넘파이에서 2차원 배열의 행과 열의 위치는 0부터 시작합니다.

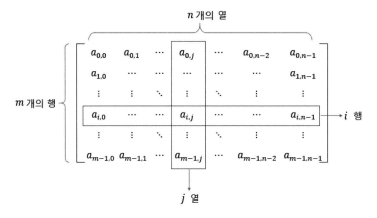

그림 5-2 NumPy 2차원 배열($m \times n$ 행렬)의 구조

숫자뿐만 아니라 다음처럼 문자열 요소로 구성된 리스트도 넘파이 배열로 만들 수 있습니다.

```
In:    a3 = np.array(['abc', 'def', '123'])
       a3
```

```
Out:   array(['abc', 'def', '123'], dtype='<U3')
```

위 출력 결과를 보면 dtype을 볼 수 있는데, 이것은 넘파이 배열 요소의 데이터 타입을 나타냅니다. 출력 결과에서 dtype='<U3'는 배열 요소의 데이터 타입이 유니코드 문자열임 의미합니다. dtype은 뒤에서 다시 살펴보겠습니다.

또한 다음과 같이 숫자와 문자열이 섞여 있는 리스트도 넘파이 배열을 생성할 수 있습니다. 하지만 이 경우에 숫자는 문자열로 변환돼 넘파이 배열의 요소는 모두 문자열이 됩니다.

```
In:    a4 = np.array([10, 'hello', 'python', 3.14])
       a4
```

```
Out:   array(['10', 'hello', 'python', '3.14'], dtype='<U11')
```

위 출력 결과를 살펴보면 리스트에서 입력한 숫자 10과 3.14가 넘파이 배열에서는 모두 문자열로 변환된 것을 볼 수 있습니다.

범위와 간격을 지정해 배열을 생성

앞에서는 리스트를 가지고 배열을 생성했습니다. 이번에는 넘파이의 arange()로 배열의 범위(시작과 끝)와 간격을 지정해 배열을 생성하는 방법을 알아보겠습니다.

```
arr = np.arange([start,] stop[, step])
```

위와 같이 지정하면 start부터 시작해 stop 전까지 step만큼 계속 더해 넘파이 배열(arr)을 생성(주의: stop은 포함되지 않음)합니다. 여기서 step이 1이면 생략해서 np.arange(start, stop)처럼 사용할 수 있으며, step이 1이고 start가 0이면 둘 다 생략해 np.arange(stop)처럼 사용할 수 있습니다.

이제 사용 예를 살펴보겠습니다.

In:　　np.arange(0, 10, 1)　*# start, stop, step 모두 지정*

Out:　array([0, 1, 2, 3, 4, 5, 6, 7, 8, 9])

In:　　np.arange(0, 10)　　*# start, stop만 지정(step=1)*

Out:　array([0, 1, 2, 3, 4, 5, 6, 7, 8, 9])

In:　　np.arange(10)　　　*# stop만 지정(start=0. step=1)*

Out:　array([0, 1, 2, 3, 4, 5, 6, 7, 8, 9])

In:　　np.arange(0, 5, 0.5)　*# start, stop, step 모두 지정*

Out:　array([0. , 0.5, 1. , 1.5, 2. , 2.5, 3. , 3.5, 4. , 4.5])

위의 예에서 보듯이 생성된 배열에는 stop은 포함되지 않습니다.

범위와 개수를 지정해 배열을 생성

다음으로 넘파이의 linspace()를 이용해 배열의 범위(시작과 끝)와 요소의 개수를 지정해 넘파일 배열을 생성하는 방법을 살펴보겠습니다.

```
arr = np.linspace(start, stop[, num])
```

위와 같이 지정하면 start부터 stop까지 num개 요소를 갖는 넘파이 배열(arr)을 생성합니다. num이 2이상이면 start와 stop을 포함하는 num개의 요소를 갖는 넘파이 배열을 생성합니다. 이때 배열의 각 요소 사이의 간격은 (stop-start)/(num-1)이 됩니다. np.linspace(start, stop)처럼 num을 지정하지 않으면 num은 50으로 간주합니다.

다음은 1부터 10까지 10개의 데이터를 생성하는 예입니다.

```
In:    np.linspace(1, 10, 10) # start, stop, num 지정
```

```
Out:   array([ 1.,  2.,  3.,  4.,  5.,  6.,  7.,  8.,  9., 10.])
```

다음은 0부터 π(원주율)까지 동일한 간격으로 나눈 20개의 요소를 갖는 배열을 생성한 예입니다. 아래에서 사용한 np.pi는 넘파이에서 π를 입력할 때 이용합니다.

```
In:    np.linspace(0, np.pi, 20)
```

```
Out:   array([0.        , 0.16534698, 0.33069396, 0.49604095, 0.66138793,
               0.82673491, 0.99208189, 1.15742887, 1.32277585, 1.48812284,
               1.65346982, 1.8188168 , 1.98416378, 2.14951076, 2.31485774,
               2.48020473, 2.64555171, 2.81089869, 2.97624567, 3.14159265])
```

배열 형태를 재구성

넘파이의 배열(arr)은 구성의 형태(shape)가 있는데 arr.shape을 이용하면 넘파이 배열의 형태(혹은 형상)를 알 수 있습니다. n개의 요소를 갖는 1차원 배열(벡터)는 (n,)과 같은 형태로 결과를 반환하고 $m \times n$ 형태의 2차원 배열(행렬)의 경우는 (m, n)과 같은 형태로 결과를 반환합니다. 다음은 1차원 배열과 2차원 배열의 형태를 출력하는 예입니다.

```
In:    arr1 = np.array([0, 1, 2, 3, 4, 5])      # 1차원 배열
       arr1.shape
```

```
Out:   (6,)
```

```
In:    arr2 = np.array([[0, 1, 2], [3, 4, 5]]) # 2차원 배열
       arr2.shape
```

```
Out:   (2, 3)
```

넘파이 배열에 reshape()를 적용하면 배열의 형태를 재구성해 반환합니다. reshape()를 적용해도 원래 배열의 형태는 변하지 않으므로 재구성한 배열을 이용하려면 반환된 배열을 사용해야 합니다. 표 5-1 은 넘파이 배열(arr)에 reshape()를 적용한 예입니다. 재구성하려는 배열의 요소 개수는 원래 배열의 요소 개수와 같아야 합니다.

표 5-1 넘파이 배열(arr)에 reshape()를 적용한 예

reshape()의 형태	사용 예	반환 결과	조건
reshape(n,)	arr.reshape(6,) 혹은 arr.reshape(6)	1차원 배열(벡터)	arr 원소 개수: n개
reshape(m,n)	arr.reshape(2,3)	2차원 배열($m \times n$ 행렬)	arr 원소 개수: $m \times n$개
reshape(l,m,n)	arr.reshape(2,3,4)	3차원 배열($l \times m \times n$)	arr 원소 개수: $l \times m \times n$개

다음은 넘파이 배열에 reshape()을 적용한 몇 가지 예를 살펴보겠습니다. 우선 앞에서 생성한 1차원 배열(arr1)을 2차원 배열로 재구성해보겠습니다.

```
In:  arr1  # 1차원 배열 출력
```

```
Out: array([0, 1, 2, 3, 4, 5])
```

```
In:  arr1.reshape(2, 3)  # 1차원 배열을 2차원 배열로 재구성
```

```
Out: array([[0, 1, 2],
            [3, 4, 5]])
```

다음은 앞에서 생성한 2차원 배열(arr2)을 1차원 배열로 변환하는 예입니다.

```
In:  arr2  # 2차원 배열 출력
```

```
Out: array([[0, 1, 2],
            [3, 4, 5]])
```

```
In:  arr2.reshape(6,)  # 2차원 배열을 1차원 배열로 재구성
```

```
Out: array([0, 1, 2, 3, 4, 5])
```

다음은 1차원 배열을 3차원 배열로 재구성하는 예입니다.

```
In:    np.arange(0, 24, 1).reshape(2, 3, 4) # 1차원 배열을 3차원 배열로 재구성
```

```
Out:   array([[[ 0,  1,  2,  3],
               [ 4,  5,  6,  7],
               [ 8,  9, 10, 11]],

              [[12, 13, 14, 15],
               [16, 17, 18, 19],
               [20, 21, 22, 23]]])
```

넘파이 배열에서 형태를 다룰 때 주의할 점은 (n,)은 (1,n)이나 (n,1)과 다르다는 것입니다. 넘파이에서 배열의 형태가 (n,)인 것은 1차원 배열인데 비해 (1,n)이나 (n,1)인 것은 2차원 배열로 간주합니다. 다음은 1차원 배열을 $m \times 1$과 $1 \times n$ 형태의 2차원 배열로 재구성하는 예입니다.

```
In:    new_arr1 = arr1.reshape(6, 1) # 6 x 1 형태의 2차원 배열로 재구성
       new_arr1
```

```
Out:   array([[0],
              [1],
              [2],
              [3],
              [4],
              [5]])
```

```
In:    new_arr2 = arr1.reshape(1, 6) # 1 x 6 형태의 2차원 배열로 재구성
       new_arr2
```

```
Out:   array([[0, 1, 2, 3, 4, 5]])
```

넘파이에서 배열(arr)의 차원을 알고 싶다면 arr.ndim을 이용합니다. 다음은 arr.ndim을 이용해 배열의 차원을 알아보는 예입니다.

```
In:    [arr1.ndim, new_arr1.ndim, new_arr2.ndim] # 리스트로 묶어서 출력
```

```
Out:   [1, 2, 2]
```

위의 결과를 보면 배열 arr1는 1차원 배열이고, new_arr1과 new_arr2은 2차원 배열임을 알 수 있습니다.

넘파이 배열(arr)에 reshape(m,n)을 적용할 때 m이나 n 중 하나에만 값을 입력하고 나머지에 -1을 대입하면 넘파이 배열(arr)의 개수에 따라 자동으로 해당 자리의 값을 계산해 대입해줍니다. 아래에 몇 가지 예를 살펴보겠습니다.

```
In:   arr1.reshape(2, -1) # arr1.reshape(2, 3)과 동일
```

```
Out:  array([[0, 1, 2],
             [3, 4, 5]])
```

```
In:   arr1.reshape(-1, 2) # arr1.reshape(3, 2)와 동일
```

```
Out:  array([[0, 1],
             [2, 3],
             [4, 5]])
```

```
In:   arr1.reshape(-1, 1) # arr1.reshape(6, 1)과 동일
```

```
Out:  array([[0],
             [1],
             [2],
             [3],
             [4],
             [5]])
```

또한 reshape(1,m,n)을 적용할 때도 1, m, n 중 둘만 값을 입력하고 나머지 하나에는 -1을 대입하면 해당 자리의 값을 알아서 계산한 후에 대입해줍니다. 다음은 이를 적용한 예입니다.

```
In:   np.arange(0, 24, 1).reshape(2, 3, -1) # arr1.reshape(2, 3, 4)와 동일
```

```
Out:  array([[[ 0,  1,  2,  3],
              [ 4,  5,  6,  7],
              [ 8,  9, 10, 11]],

             [[12, 13, 14, 15],
              [16, 17, 18, 19],
              [20, 21, 22, 23]]])
```

배열의 데이터 타입

넘파이 배열의 데이터 타입은 파이썬의 일반적인 데이터 타입보다 좀 더 다양합니다. 넘파이 배열의 데이터 타입은 다음과 같이 dtype을 통해 확인할 수 있습니다.

```
arr.dtype
```

위를 수행하면 넘파이 배열(arr)의 데이터 타입을 반환하는데, 배열의 대표적인 데이터 타입의 종류는 표 5-2와 같습니다. 표 5-2의 데이터 타입 중 숫자 데이터 타입(int, uint, float, complex)은 세부 데이터 타입을 갖고 있습니다. 세부 데이터 타입에 보이는 숫자는 데이터를 표시하는 비트의 개수를 나타냅니다. 예를 들어, int16은 16개의 비트로 표현하는 정수(16비트 정수)를 의미합니다. 정수(int)나 부호 없는 정수(uint)는 세부 데이터 타입에 있는 숫자가 클 수록 더 넓은 범위의 숫자를 표현할 수 있으며, 실수(float)나 복소수(complex)는 세부 데이터 타입에 있는 숫자가 클수록 좀 더 정밀하게 숫자를 표현할 수 있습니다.

표 5-2 넘파이 배열의 데이터 타입

데이터 타입	데이터 종류	세부 데이터 타입
bool	불	–
int	정수	int8, int16, int32, int64
uint	부호없는 정수	uint8, uint16, uint32, uint64
float	실수	float16, float32, float64
complex	복소수	complex64, complex128
m	시간의 차이(timedelta)	–
M	날짜와 시각(datetime)	–
U	유니코드 문자열	–
O	파이썬 객체	–

넘파이 배열을 생성할 때 데이터 타입을 지정하지 않으면 자동으로 지정되며, dtype=data_type과 같은 방식으로 데이터 타입을 지정할 수도 있습니다. 표 5-3은 데이터의 종류에 따라 데이터 타입을 지정하는 방법을 보여줍니다.

표 5-3 넘파이 배열에서 데이터 타입 지정 방법

데이터 종류	데이터 타입 지정 방법
불	np.bool (np.bool 대신 'bool'로 지정 가능)
정수	np.int8, np.int16, np.int32, np.int64 (np.int32 대신 np.int, 'int', 'i'로 지정 가능)
부호없는 정수	np.uint8, np.uint16, np.uint32, np.uint64 (np.uint32 대신 np.uint, 'uint'로 지정 가능)
실수	np.float16, np.float32, np.float64 (np.float64 대신 np.float나 'float'로, np.float32 대신'f'로 지정 가능)
복소수	np.complex64, np.complex128 (np.complex128 대신 np.complex, 'complex'로 지정 가능)

넘파이 배열의 데이터 타입은 다음과 같이 astype() 메서드를 이용해 변경할 수도 있습니다.

```
arr_new = arr.astype(dtype)
```

위와 같이 넘파이 배열(arr)에 astype() 메서드를 적용하면 지정한 데이터 타입(dtype)으로 변환한 배열을 반환합니다. 여기서 데이터 타입을 지정할 때는 표 5-3의 방법을 이용합니다.

이제 넘파이 배열의 데이터 타입을 지정, 확인, 변경하는 예를 살펴보겠습니다. 이를 위해 먼저 배열의 모든 요소가 정수인 배열을 다음과 같이 생성하겠습니다.

```
In:    arr1 = np.array([0, 1, 2, 3, 4, 5]) # 정수 배열
       arr1
```

```
Out:   array([0, 1, 2, 3, 4, 5])
```

배열을 생성할 때 위와 같이 데이터 타입을 별도로 지정하지 않아도 되지만, 아래와 같이 dtype에 데이터 타입을 별도로 지정할 수도 있습니다.

```
In:    arr1 = np.array([0, 1, 2, 3, 4, 5], dtype=np.int) # 정수 배열
       arr1.dtype
```

```
Out:   dtype('int32')
```

위의 출력 결과를 보면 배열 arr1의 데이터 타입은 32비트 정수임을 알 수 있습니다.

넘파이 배열의 데이터 타입을 변경하려면 다음과 같이 astype() 메서드에 변경하려는 데이터 타입을 지정하면 됩니다.

```
In:    arr2 = arr1.astype(np.uint) # 부호 없는 정수로 변경
       arr2
```

```
Out:   array([0, 1, 2, 3, 4, 5], dtype=uint32)
```

위의 출력 결과에서 dtype=uint32를 보면 배열의 데이터 타입이 부호 없는 32비트 정수로 변경된 것을 볼 수 있습니다.

다음은 배열의 데이터 타입을 실수로 변경한 후에 배열과 데이터 타입을 출력하겠습니다.

```
In:    arr3 = arr1.astype(np.float)
       arr3
```

```
Out:   array([0., 1., 2., 3., 4., 5.])
```

```
In:    arr3.dtype # 배열 요소의 데이터 타입 출력
```

```
Out:   dtype('float64')
```

위의 출력 결과를 보면 배열 arr3의 데이터 타입은 64비트 실수임을 알 수 있습니다.

실수 배열을 정수 배열로 변경하는 예를 살펴보기 위해 먼저 다음과 같이 배열의 모든 요소가 실수인 배열을 생성하겠습니다.

```
In:    arr4 = np.array([10.0, 10.1, 10.2, 10.3, 10.4, 10.5]) # 실수 배열
       arr4
```

```
Out:   array([10. , 10.1, 10.2, 10.3, 10.4, 10.5])
```

이제 실수 배열의 데이터 타입을 정수로 변경해 보겠습니다.

```
In:    arr5 = arr4.astype(np.int)
       arr5
```

```
Out:   array([10, 10, 10, 10, 10, 10])
```

출력 결과를 살펴보면 실수를 정수로 변환할 때 소수점은 버리는 것을 알 수 있습니다. 따라서 실수를 정수로 변환할 때는 주의가 필요합니다.

다음은 문자열을 요소로 갖는 배열을 생성해 데이터 타입을 살펴보겠습니다.

```
In:    arr6 = np.array(['abc', 'def', '123456']) # 실수 배열
       arr6
```

```
Out:   array(['abc', 'def', '123456'], dtype='<U6')
```

위의 출력 결과에서 dtype='<U6'의 U는 배열 요소의 데이터 타입이 유니코드 문자열임을 보여줍니다. 또한 숫자 6은 배열의 요소에 있는 유니코드 문자열의 최대 자리수가 6임을 표시합니다.

배열 데이터 연산

넘파이에서 배열의 연산은 직관적이며 쉽고 빠른 수행을 위한 다양한 메서드를 제공합니다. 여기서는 다양한 배열의 연산 방법 중 데이터 분석에 필요한 주요 내용을 중심으로 살펴보겠습니다.

배열 데이터 기본 연산

넘파이에서 두 배열의 형태가 같다면 두 배열끼리 덧셈, 뺄셈, 곱셈, 나눗셈 연산을 수행할 수 있습니다. 여기서 연산은 배열의 각 요소끼리 수행합니다. 다음은 배열의 연산을 수행하는 예입니다.

```
In:    import numpy as np

       arr1 = np.array([10, 20, 30, 40])
       arr2 = np.array([1, 2, 3, 4])

       arr1 + arr2  # 덧셈
```

```
Out:   array([11, 22, 33, 44])
```

```
In:    arr1 - arr2 # 뺄셈
```

```
Out:   array([ 9, 18, 27, 36])
```

```
In:    arr1 * arr2 # 곱셈
```

```
Out:   array([ 10,  40,  90, 160])
```

```
In:   arr1 / arr2 # 나눗셈
```

```
Out:  array([10., 10., 10., 10.])
```

넘파이의 두 배열의 형태가 다르더라도 특정 조건을 만족하면 작은 형태의 배열이 확장돼서 연산을 수행할 수 있는데 이것을 브로드캐스팅(broadcasting)이라고 합니다. 브로드캐스팅의 한 예가 배열과 상수의 연산입니다. 배열과 상수 사이에도 덧셈, 뺄셈, 곱셈, 나눗셈 연산을 할 수 있습니다. 이때 배열의 연산은 배열의 각 원소와 상수 사이에 수행합니다. 다음은 배열과 상수 사이의 연산을 수행하는 예입니다.

```
In:   arr2 + 10 # 배열의 각 요소에 상수 덧셈
```

```
Out:  array([11, 12, 13, 14])
```

```
In:   arr2 - 1 # 배열의 각 요소에 상수 뺄셈
```

```
Out:  array([0, 1, 2, 3])
```

```
In:   arr2 * 2 # 배열의 각 요소에 상수 곱셈
```

```
Out:  array([2, 4, 6, 8])
```

```
In:   arr2 / 10 # 배열의 각 요소에 상수 나눗셈
```

```
Out:  array([0.1, 0.2, 0.3, 0.4])
```

그 외에 배열에 거듭제곱이나 비교 연산도 수행할 수 있습니다. 배열에 거듭제곱을 수행하면 배열의 각 요소에 거듭제곱을 한 결과를 반환합니다.

```
In:   arr2 ** 2 # 배열의 각 요소에 거듭제곱
```

```
Out:  array([ 1,  4,  9, 16], dtype=int32)
```

배열에 비교 연산을 수행하면 각 요소와 비교해 요소별로 결과를 True 혹은 False로 반환합니다.

```
In:   arr1 >= 30 # 배열의 각 요소에 비교 연산
```

```
Out:  array([False, False,  True,  True])
```

배열을 넘파이의 스칼라 함수(하나의 숫자에 적용할 수 있는 함수)에 적용할 수도 있는데 그러면 배열의 각 요소가 함수를 수행한 결과를 반환합니다. 다음은 배열에 넘파이의 사인 함수 np.sin()을 적용한 예입니다.

```
In:    x = np.linspace(0, np.pi * 2, 20 )
       np.sin(x)
```

```
Out:   array([ 0.00000000e+00,   3.24699469e-01,   6.14212713e-01,   8.37166478e-01,
               9.69400266e-01,   9.96584493e-01,   9.15773327e-01,   7.35723911e-01,
               4.75947393e-01,   1.64594590e-01,  -1.64594590e-01,  -4.75947393e-01,
              -7.35723911e-01,  -9.15773327e-01,  -9.96584493e-01,  -9.69400266e-01,
              -8.37166478e-01,  -6.14212713e-01,  -3.24699469e-01,  -2.44929360e-16])
```

위의 출력 결과를 보면 과학적 표기법으로 숫자를 표시한 것을 볼 수 있습니다.

넘파이의 함수뿐만 아니라 일반 함수에도 배열을 적용할 수 있습니다. 다음은 입력 받은 숫자를 제곱해 반환하는 함수 my_square()를 만들고 함수를 호출할 때 인수로 넘파이 배열을 입력하는 예를 보여줍니다.

```
In:    def my_square(a):
           return a**2

       my_square(arr2) # 함수 호출
```

```
Out:   array([ 1,   4,   9, 16], dtype=int32)
```

출력 결과를 보면 배열 arr2의 각 요소가 my_square() 함수를 수행한 결과를 배열로 반환하는 것을 볼 수 있습니다.

배열 데이터의 집계 및 통계 연산

넘파이에는 배열의 집계 및 통계를 구하기 위한 다양한 메서드가 있어서 별도로 함수를 만들지 않아도 이들을 손쉽게 구할 수 있습니다. 이러한 메서드에는 배열 각 요소의 합을 구하는 sum(), 평균을 구하는 mean(), 표준 편차를 구하는 std(), 분산을 구하는 var(), 최솟값을 구하는 min(), 최댓값을 구하는 max(), 누적 합을 구하는 cumsum(), 누적 곱을 구하는 cumprod() 메서드 등이 있습니다.

다음은 넘파이의 1차원 배열을 생성하고 이 배열의 각 요소에 대한 다양한 통곗값을 넘파이의 메서드를 이용해 구하는 예입니다.

```
In:    import numpy as np

       arr3 = np.array([1, 2, 3, 4, 5]) # 배열의 생성
       [arr3.sum(), arr3.mean()]          # 합, 평균

Out:   [15, 3.0]
```

```
In:    [arr3.std(), arr3.var()] # 표준편차, 분산

Out:   [1.4142135623730951, 2.0]
```

```
In:    [arr3.min(), arr3.max()] # 최소, 최대

Out:   [1, 5]
```

```
In:    arr3.cumsum()  # 누적 합

Out:   array([ 1,  3,  6, 10, 15], dtype=int32)
```

```
In:    arr3.cumprod() # 누적 곱

Out:   array([ 1,  2,  6, 24, 120], dtype=int32)
```

배열 데이터 선택

넘파이 배열에서 요소의 위치, 조건, 범위를 지정해 배열의 요소를 선택해 데이터 값을 가져오거나 변경할 수 있습니다. 위치나 조건을 지정해 배열의 요소 선택하는 것을 인덱싱(indexing)이라 하고 범위를 지정해 배열의 요소를 선택하는 것을 슬라이싱(slicing)이라고 합니다.

배열의 인덱싱

먼저 배열의 인덱싱을 살펴보겠습니다. 배열의 인덱싱은 1차원부터 다차원까지 다양하게 수행할 수 있지만 여기서는 1차원 배열의 인덱싱 방법만 살펴보겠습니다.

1차원 배열에서 특정 요소를 선택하려면 다음과 같이 요소의 위치를 지정합니다.

```
배열명[i]
```

여기서 i는 배열의 위치로 0부터 시작합니다. 따라서 요소의 개수가 n개인 배열의 마지막 위치는 n-1이 됩니다. i는 음의 정수로도 지정할 수 있는데 이때는 방향이 반대입니다. 예를 들어, i가 −1이면 배열의 마지막 요소를 가리키고 −2이면 배열의 마지막 요소 바로 앞의 요소를 가리킵니다.

다음은 1차원 배열에서 위치를 지정해 배열의 요소를 가져오는 예입니다.

```
In:     import numpy as np

        a1 = np.array([0, 10, 20, 30, 40, 50])   # 1차원 배열 생성
        [a1[0], a1[3], a1[5], a1[-1], a1[-2]]    # 배열 인덱싱의 다양한 예
```

```
Out:    [0, 30, 50, 50, 40]
```

선택한 배열의 요소에 값을 지정하면 배열 요소의 값을 지정한 값으로 변경할 수 있습니다. 다음은 배열에서 특정 요소의 값을 변경하는 예입니다.

```
In:     a1[4] = 90
        a1
```

```
Out:    array([ 0, 10, 20, 30, 90, 50])
```

1차원 배열에서 여러 개의 요소를 가져오려면 다음과 같이 각 요소의 위치를 리스트로 지정합니다.

```
배열명[[i, j, · · ·, k]]
```

여기서 i, j, · · ·, k은 가져오고 싶은 배열 요소의 위치입니다.

다음은 1차원 배열을 생성한 후에 원하는 여러 개의 요소를 가져오는 예입니다.

```
In:     a2 = np.array([0, 10, 20, 30, 40, 50]) # 1차원 배열 생성
        a2[[4, 0, 5, -1, -2]] # 배열의 위치로 여러 개의 요소를 선택
```

```
Out:    array([40,  0, 50, 50, 40])
```

배열에 조건을 지정해 조건을 만족하는 배열의 요소를 선택할 수도 있습니다.

```
배열명[conditions]
```

위와 같이 지정하면 배열에서 conditions(배열을 이용해 만든 조건)을 만족하는 요소만 선택합니다. 이 것을 불 인덱싱(boolean indexing)이라고 합니다.

다음은 조건을 지정해 배열의 요소를 선택하는 예입니다. 먼저 1차원 배열을 하나 생성하겠습니다.

```
In:    a = np.array([0, 1, 2, 3, 4, 5, 6, 7, 8, 9])
       a

Out:   array([0, 1, 2, 3, 4, 5, 6, 7, 8, 9])
```

위 배열에서 요소의 값이 5 이상인 요소를 선택하려면 다음과 같이 a >= 5 조건을 이용합니다.

```
In:    a[a >= 5]

Out:   array([5, 6, 7, 8, 9])
```

또한 생성한 배열에서 짝수인 요소만 가져오려면 요소를 2로 나눠서 나머지가 0인 요소만 선택하면 되 므로 다음과 같이 (a % 2) == 0 조건을 이용합니다.

```
In:    a[(a % 2) == 0]

Out:   array([0, 2, 4, 6, 8])
```

배열에 사용할 불 인덱싱의 조건은 &(and, 각 요소의 논리곱), |(or, 각 요소의 논리합), ~(not, 각 요소 의 논리 부정) 기호를 이용해 여러 조건이 복합된 조건을 만들 수 있습니다. 다음은 배열에 불 인덱싱을 수행할 때 &, |, ~를 가지고 복합 조건을 지정한 예입니다.

```
In:    a[ ((a % 2)==0) & (a > 5) ]  # 두 조건을 동시에 만족하는 요소만 선택

Out:   array([6, 8])
```

```
In:    a[ ((a % 2)==0) | (a > 5) ]  # 두 조건 중 하나만 만족해도 요소 선택

Out:   array([0, 2, 4, 6, 7, 8, 9])
```

```
In:    a[ ~((a % 2)==0) ]  # 짝수를 찾는 조건의 논리 부정을 이용해 홀수 선택

Out:   array([1, 3, 5, 7, 9])
```

배열의 슬라이싱

이번에는 배열의 범위를 지정해 배열의 요소 중 일부분을 잘라내 선택하는 슬라이싱을 살펴보겠습니다. 배열이 몇 차원이든 모두 슬라이싱을 할 수 있지만 여기서는 1차원 배열의 슬라이싱 방법만 살펴보겠습니다.

1차원 배열의 슬라이싱은 다음과 같이 배열의 시작과 끝 위치를 지정합니다.

```
배열[start:end]
```

여기서 start는 시작 위치이고 end는 끝 위치입니다. 선택되는 요소의 범위는 start ~ end-1가 됩니다. start를 지정하지 않으면 요소의 범위는 0 ~ end-1이 되고, end를 지정하지 않으면 요소의 범위는 start ~ 배열의_마지막_위치가 됩니다. 또한 start와 end를 모두 지정하지 않으면 선택 범위는 배열 전체가 됩니다.

다음은 1차원 배열에서 슬라이싱으로 요소를 선택해 가져오는 예입니다.

```
In:    import numpy as np

       a1 = np.array([0, 10, 20, 30, 40, 50]) # 1차원 배열 생성

       a1[1:4] # start, end를 모두 지정해 슬라이싱. 선택 범위: start ~ end-1

Out:   array([10, 20, 30])


In:    a1[:3] # end만 지정해 슬라이싱. 선택 범위: 0 ~ end-1

Out:   array([ 0, 10, 20])


In:    a1[2:] # start만 지정해 슬라이싱. 선택 범위: start ~ 배열의_마지막_위치

Out:   array([20, 30, 40, 50])


In:    a1[:] # start, end 모두 지정하지 않으면 배열 전체가 선택됨

Out:   array([ 0, 10, 20, 30, 40, 50])
```

다음과 같이 슬라이싱으로 선택한 배열의 요소에 새로운 배열이나 스칼라(scalar, 하나의 수치) 값을 지정하면 요소의 값을 변경할 수 있습니다. 새로운 배열을 지정하려면 선택한 요소의 개수와 지정하는 배열의 요소의 개수가 같아야 하고, 스칼라 값으로 지정하면 선택한 모든 요소를 스칼라 값으로 변경합니다.

```
In:     a1[2:5] = np.array([25, 35, 45]) # 선택한 위치(2, 3, 4)의 요소를 새로운 배열로 변경
        a1
```

```
Out:    array([ 0, 10, 25, 35, 45, 50])
```

```
In:     a1[3:6] = 70 # 선택한 위치(3, 4, 5)의 요소를 모두 스칼라 값으로 변경
        a1
```

```
Out:    array([ 0, 10, 25, 70, 70, 70])
```

1차원 배열은 다음과 같이 증가폭을 지정해서 슬라이싱할 수도 있습니다.

```
배열[start:end:step]
```

여기서 start와 end는 각각 배열의 슬라이싱을 위한 시작과 끝 위치이며 step은 증가폭입니다. start가 end보다 작으면 step은 양수가 되며 지정 범위(start ~ end-1) 내에서 위치가 step마다 증가하는 새로운 배열을 반환합니다. 반대로 start가 end 보다 크면 step은 음수가 되며 역순으로 요소를 선택한 새로운 배열을 반환합니다. step을 생략하면 1로 간주합니다.

다음은 1차원 배열에서 증가폭을 지정해 슬라이싱하는 예입니다.

```
In:     a2 = np.array([0, 10, 20, 30, 40, 50, 60, 70, 80, 90]) # 1차원 배열 생성

        a2[0:10:2] # 선택 범위: start~end-1, 증가폭(step): 2
```

```
Out:    array([ 0, 20, 40, 60, 80])
```

```
In:     a2[2:8:3] # 선택 범위: start~end-1, 증가폭(step): 3
```

```
Out:    array([20, 50])
```

```
In:     a2[0:10:] # 선택 범위: start ~ end-1, 증가폭(step): 1
```

```
Out:    array([ 0, 10, 20, 30, 40, 50, 60, 70, 80, 90])
```

```
In:    a2[3::] # 선택 범위: start~배열의_마지막_위치, 증가폭(step): 1
```

```
Out:   array([30, 40, 50, 60, 70, 80, 90])
```

```
In:    a2[:5:] # 선택 범위: 0~end-1, 증가폭(step): 1
```

```
Out:   array([ 0, 10, 20, 30, 40])
```

```
In:    a2[::] # 선택 범위: 0 ~ 배열의_마지막_위치, 증가폭(step): 1
```

```
Out:   array([ 0, 10, 20, 30, 40, 50, 60, 70, 80, 90])
```

또한 다음과 같이 start가 end 보다 크고 step은 음수로 지정해 역순으로 배열의 특정 범위의 요소를 선택할 수도 있습니다.

```
In:    a2[::-1] # 선택 범위: 배열의_마지막_위치~0, 증가폭(step): -1 -> 역순으로 선택
```

```
Out:   array([90, 80, 70, 60, 50, 40, 30, 20, 10,  0])
```

```
In:    a2[8:2:-2] # 증가폭(step): -2 -> 역순으로 선택
```

```
Out:   array([80, 60, 40])
```

02 표 데이터 처리에 강한 판다스(pandas)

데이터 분석에서 다루는 데이터는 엑셀 데이터처럼 대부분 표 데이터 형식을 하고 있습니다. 판다스는 이러한 표 데이터의 처리와 분석을 간편하게 수행할 수 있는 다양한 기능을 제공합니다. 따라서 데이터의 검사, 정제, 정리, 여과, 변환, 집계, 시각화 등과 같은 작업에 많은 데이터 과학자들이 판다스를 주로 이용합니다. 판다스는 내용이 방대하므로 여기서는 꼭 알아야 할 내용을 위주로 살펴보고 앞으로 진행하면서 추가적으로 필요한 기능은 그때그때 살펴보겠습니다. 좀 더 자세한 정보가 필요하면 판다스 홈페이지(https://pandas.pydata.org)를 방문하기 바랍니다.

판다스도 파이썬의 내장 모듈이 아니므로 설치가 필요하지만 역시 아나콘다 배포판에 포함되어 있어서 별도로 설치할 필요가 없습니다. 판다스를 이용하려면 먼저 판다스를 임포트해야 합니다. 판다스를 임포트할 때도 보통은 다음과 같이 import ~ as ~ 형식을 이용합니다.

```
import pandas as pd
```

위와 같이 선언하면 이후에 pandas 대신 pd로 판다스를 이용할 수 있습니다.

데이터 구조와 생성

판다스의 데이터 구조(타입)에는 라벨이 있는 1차원 구조의 Series와 엑셀과 같은 표 형식의 데이터를 담을 수 있는 DataFrame이 있습니다. Series 데이터와 DataFrame 데이터의 구조적 특징과 생성 방법을 차례대로 살펴보겠습니다.

판다스는 몇 가지 형태의 데이터를 생성할 수 있는 방법을 제공합니다. Series()를 이용하면 라벨이 있는 연속된 Series 데이터를 생성할 수 있고, date_range()를 이용하면 DatetimeIndex 형식의 날짜 데이터도 생성할 수 있으며, DataFrame()을 이용하면 행과 열이 있는 표 형식의 DataFrame 데이터를 생성할 수 있습니다. 표 데이터를 많이 이용하므로 DataFrame을 생성하는 방법을 주로 살펴보겠지만, 그 전에 DataFrame을 구성하는 Series와 날짜 데이터를 생성하는 법을 먼저 살펴보겠습니다.

Series 데이터의 구조와 생성

판다스의 Series는 라벨이 있는 1차원 데이터입니다. 앞에서 살펴본 넘파이의 배열은 모든 요소의 데이터 타입이 같았지만 Series는 각 요소 데이터 타입이 달라도 됩니다.

다음은 Series()로 Series 데이터를 생성하는 방법입니다.

```
s = pd.Series(data[, index = index_data])
```

Series()의 입력 인수 data에는 리스트, 딕셔너리, 넘파이의 배열, 판다스의 Series 데이터 등을 사용할 수 있습니다. Series 데이터에서 세로축 라벨(label)을 index라고 하고 입력한 데이터를 values라고 합니다(그림 5-3). 각각의 index 라벨은 행 방향의 데이터와 연계되어 있습니다. 옵션인 index에는 리스트 등으로 index_data를 지정할 수 있습니다. 이때 data 요소의 개수와 index_data 요소의 개수는 같아야 합니다. 옵션인 index를 명시적으로 지정하지 않으면 입력 데이터(data)의 순서에 따라서 0부터 숫자가 생성돼 index가 자동으로 지정됩니다. 단, 입력 인수가 딕셔너리일 때는 index 옵션을 이용하지 않으며 딕셔너리의 키와 값이 Series 데이터의 index와 values가 됩니다.

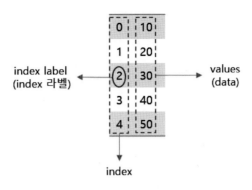

그림 5-3 Series 데이터의 구조

다음은 리스트를 이용해 Series 데이터를 생성하는 예입니다.

```
In:    import pandas as pd

       s1 = pd.Series([10, 20, 30, 40, 50]) # 리스트로 Series 데이터 생성
       s1
```

```
Out:   0    10
       1    20
       2    30
       3    40
       4    50
       dtype: int64
```

위의 Series 데이터 s1을 출력한 결과를 보면 입력한 데이터 앞에 index가 함께 표시된 것을 볼 수 있습니다. 옵션인 index를 별도로 지정하지 않았으므로 입력한 데이터의 순서에 따라 index가 자동으로 생성됐습니다. 마지막에 'dtype: int64'을 표시했는데 이것은 Series 데이터 값의 데이터 타입을 나타내는 것으로 앞에서 살펴본 넘파이 배열의 데이터 타입과 같습니다. 판다스의 Series 데이터를 다룰 때도 넘파이 배열에서 살펴본 dtype과 astype() 메서드는 그대로 이용할 수 있습니다.

Series 데이터는 index와 values를 분리해 가져올 수 있습니다. Series 데이터(s)에서 index는 s.index로 values는 s.values로 가져올 수 있습니다. 다음은 앞에서 만든 Series 데이터에서 index를 가져온 예입니다.

```
In:    s1.index
```

```
Out:   RangeIndex(start=0, stop=5, step=1)
```

출력 결과에서 RangeIndex는 index를 범위로 표시했음을 의미합니다. index의 범위는 start ~ stop-1
이며 간격은 step 만큼씩 증가합니다.

다음은 Series 데이터에서 values를 가져온 예입니다.

```
In:   s1.values
```

```
Out:  array([10, 20, 30, 40, 50], dtype=int64)
```

출력된 결과를 보면 Series 데이터의 values는 넘파이의 배열과 형식이 같은 것을 알 수 있습니다.

다음은 날짜별 판매량을 생성하는 예를 통해 index 옵션을 지정하는 방법을 살펴보겠습니다. 먼저
index_data로 사용할 날짜 데이터와 data로 입력할 판매량 데이터를 생성하고 이것으로부터 Series 데
이터를 생성하겠습니다.

```
In:   import numpy as np

      index_data = ['2020-02-27','2020-02-28','2020-02-29','2020-03-01'] # 날짜 지정
      data = [3500, 3579, np.nan, 3782]       # 데이터 지정

      s2 = pd.Series(data, index=index_data) # Series 데이터 생성
      s2
```

```
Out:  2020-02-27     3500.0
      2020-02-28     3579.0
      2020-02-29        NaN
      2020-03-01     3782.0
      dtype: float64
```

출력된 결과를 보면 Series 데이터의 index에는 index_data가 지정된 것을 확인할 수 있습니다. 위
예에서 데이터를 위한 자리는 있지만 실제로 데이터가 없는 누락 데이터를 표시하기 위해 넘파이의
np.nan를 이용했습니다. 출력에서 NaN은 'Not a Number'로 데이터가 없다는 것을 의미합니다.

다음은 딕셔너리 데이터로부터 Series 데이터를 생성하는 예를 살펴보겠습니다.

```
In:   s3 = pd.Series({'국어': 100, '영어': 95, '수학': 90})
      s3
```

```
Out:   국어    100
       영어     95
       수학     90
       dtype: int64
```

위의 결과에서 딕셔너리 데이터의 키('국어', '영어', '수학')는 Series 데이터의 index로 지정됐고 딕셔너리 데이터의 값(100, 95, 90)은 Series 데이터의 values로 지정된 것을 확인할 수 있습니다.

앞의 예에서 날짜를 입력할 때 날짜를 일일이 지정했는데 입력해야 할 날짜가 아주 많다면 날짜를 입력하기가 쉽지 않습니다. 이때 다음과 같이 판다스의 date_range() 함수로 시작일과 종료일 혹은 시작일과 기간을 지정하면 날짜를 자동으로 생성해주므로 편리하게 날짜를 입력할 수 있습니다.

```
s = pd.date_range(start = None, end = None, periods = None, freq = 'D')
```

date_range()의 입력 인수 start는 시작 날짜, end는 끝 날짜, periods는 날짜 데이터 생성 기간, freq는 날짜 데이터 생성 주기입니다. start는 필수 인수이며 end나 periods는 둘 중 하나만 있으면 됩니다. 옵션인 freq에는 freq='주기_문자' 형식으로 날짜 생성을 위한 주기를 설정하는데 입력하지 않으면 freq='D' 옵션이 설정돼 달력 날짜 기준으로 하루씩 증가합니다. 표 5-4는 date_range()에서 사용할 수 있는 freq 옵션입니다.

표 5-4 판다스 date_rage()의 freq 옵션

약어	설명	부가 설명 및 사용 예
D	달력 날짜 기준 하루 주기	하루 주기: freq = 'D', 이틀 주기: freq = '2D'
B	업무 날짜 기준 하루 주기	업무일(월요일~ 금요일) 기준으로 생성. freq = 'B', freq = '3B'
W	요일 시작 기준 일주일 주기	일요일 기준: freq = 'W-SUN' 혹은 freq = 'W', 월요일 기준: freq = 'W-MON', 화요일 기준: freq = 'W-TUE'
M	월말 날짜 기준 주기	한 달 주기: freq = 'M', 네 달 주기: freq = '4M'
BM	업무 월말 날짜 기준 주기	freq = 'BM', freq = '2BM'
MS	월초 날짜 기준 주기	freq = 'MS', freq = '3MS'
BMS	업무 월초 날짜 기준 주기	freq = 'BMS', freq = '3BMS'
Q	분기 끝 날짜 기준 주기	freq = 'Q', freq = '2Q'
BQ	업무 분기 끝 날짜 기준 주기	freq = 'BQ', freq = '2BQ'
QS	분기 시작 날짜 기준 주기	freq = 'QS', freq = '2QS'

약어	설명	부가 설명 및 사용 예
BQS	업무 분기 시작 날짜 기준 주기	freq = 'BQS', freq = '2BQS'
A	일년 끝 날짜 기준 주기	freq = 'A', freq = '5A'
BA	업무 일년 끝 날짜 기준 주기	freq = 'BA', freq = '3BA'
AS	일년 시작 날짜 기준 주기	freq = 'AS', freq = '2AS'
BAS	업무 일년 시작 날짜 기준 주기	freq = 'BAS', freq = '2BAS'
H	시간 기준 주기	1시간 주기: freq = 'H', 2시간 주기: freq = '2H'
BH	업무 시간 기준 주기	업무 시간 (09:00 ~ 17:00) 기준으로 생성
T, min	분 주기	10분 주기: freq = '10T', 30분 주기: freq = '30min'
S	초 주기	1초 주기: freq = 'S', 10초 주기: freq = '10S'

다음은 앞에서 일일이 날짜를 지정해 Series 데이터를 생성했던 것을 판다스의 date_range( )를 이용해 날짜를 생성하는 예입니다.

```
In:  index_data = pd.date_range(start='2020-02-27', end='2020-03-01') # 날짜 생성
     data = [3500, 3579, np.nan, 3782] # 데이터 지정

     pd.Series(data, index=index_data) # Series 데이터 생성
```

```
Out: 2020-02-27    3500.0
     2020-02-28    3579.0
     2020-02-29       NaN
     2020-03-01    3782.0
     Freq: D, dtype: float64
```

다음은 date_range( )를 이용해 날짜를 생성하는 몇 가지 예를 보여줍니다.

```
In:  # 시작일 ~ 종료일 이틀 주기(freq='2D')로 날짜 생성
     pd.date_range(start='2020-07-01', end='2020-07-10', freq='2D')
```

```
Out: DatetimeIndex(['2020-07-01', '2020-07-03', '2020-07-05', '2020-07-07',
                     '2020-07-09'],
                    dtype='datetime64[ns]', freq='2D')
```

```
In:  # 시작일 기준으로 설정한 기간(periods=12)동안 날짜 생성
     pd.date_range(start='2020-07-01', periods=12)
```

```
Out:   DatetimeIndex(['2020-07-01', '2020-07-02', '2020-07-03', '2020-07-04',
                      '2020-07-05', '2020-07-06', '2020-07-07', '2020-07-08',
                      '2020-07-09', '2020-07-10', '2020-07-11', '2020-07-12'],
                     dtype='datetime64[ns]', freq='D')
```

In:
```
# 시작일 기준으로 설정한 기간동안 업무일 기준(freq='B')으로 날짜 생성
pd.date_range(start='2020-07-01', periods=12, freq='B')
```

```
Out:   DatetimeIndex(['2020-07-01', '2020-07-02', '2020-07-03', '2020-07-06',
                      '2020-07-07', '2020-07-08', '2020-07-09', '2020-07-10',
                      '2020-07-13', '2020-07-14', '2020-07-15', '2020-07-16'],
                     dtype='datetime64[ns]', freq='B')
```

In:
```
# 시작일과 시각 기준으로 설정한 기간동안 날짜 및 시각 생성(freq='30min')
pd.date_range(start='2020-07-01 10:00', periods=5, freq='30min')
```

```
Out:   DatetimeIndex(['2020-07-01 10:00:00', '2020-07-01 10:30:00',
                      '2020-07-01 11:00:00', '2020-07-01 11:30:00',
                      '2020-07-01 12:00:00'],
                     dtype='datetime64[ns]', freq='30T')
```

다음은 판다스의 Series 데이터를 재배열하는 방법을 살펴보겠습니다. 판다스의 Series 데이터에 reindex(new_index_data)를 적용하면 index와 이와 연관된 데이터를 재배열해 반환합니다. 예를 살펴보기 위해 먼저 다음과 같이 Series 데이터를 생성하겠습니다.

In:
```
s4 = pd.Series({'B': 4.0, 'A': 5.0, 'D': 2.0, 'C': 3.0})
s4
```

```
Out:   B    4.0
       A    5.0
       D    2.0
       C    3.0
       dtype: float64
```

이제 다음과 같이 reindex(new_index_data)를 이용해 새로운 index로 Series 데이터를 재배열하겠습니다.

```
In:    s4.reindex(['A', 'B', 'C', 'D'])
```

```
Out:   A    5.0
       B    4.0
       C    3.0
       D    2.0
       dtype: float64
```

위의 출력 결과를 보면 지정한 index 순서대로 Series 데이터가 재배열된 것을 볼 수 있습니다.

DataFrame 데이터 구조와 생성

판다스의 DataFrame은 말 그대로 자료(Data)를 담는 틀(Frame)인데 이를 이용하면 행과 열이 있는 표 형식의 데이터를 생성할 수 있습니다. 판다스에서는 DataFrame으로 생성된 표 데이터를 다양한 방법으로 다룰 수 있어 표 형식의 데이터를 판다스의 DataFrame으로 만들면 처리가 편리합니다.

다음은 DataFrame()를 이용해 DataFrame 형식의 데이터를 생성하는 방법입니다.

```
df = pd.DataFrame(data[, index = index_data, columns = columns_data])
```

DataFrame()의 인수인 data에는 리스트, 딕셔너리, 넘파이의 배열, 판다스의 Series와 DataFrame 데이터 등을 사용할 수 있습니다. DataFrame의 세로축 라벨을 index라고 하고 가로축 라벨을 columns라고 합니다. 또한 index와 columns를 제외한 부분을 values라고 하는데 이것이 관심을 갖고 살펴볼 데이터입니다. 그림 5-4는 DataFrame 데이터의 구조를 보여줍니다. columns의 각 요소는 하나의 열을 나타내는 이름으로 column name(열 이름)이라고 합니다. 즉, 그림 5-4에서 A, B, C는 각각 '열 이름'입니다. index와 columns에는 1차원 배열과 유사한 데이터 타입(리스트, 넘파이의 배열 데이터, Series 데이터 등)의 데이터를 입력할 수 있습니다. 한 가지 주의할 점은 DataFrame의 data의 행 개수와 index 개수, data 열의 개수와 columns 개수가 일치해야 한다는 것입니다. index와 columns는 선택 사항이므로 입력하지 않을 수 있는데 그러면 index와 columns에는 자동으로 0부터 숫자가 생성되어 채워집니다. DataFrame 데이터에서는 행 방향 처리와 열 방향 처리를 구분하기 위해 데이터의 축 방향을 지정하는 경우 index 방향(세로 축 방향)이 axis=0이고 columns 방향(가로 축 방향)이 axis=1입니다.

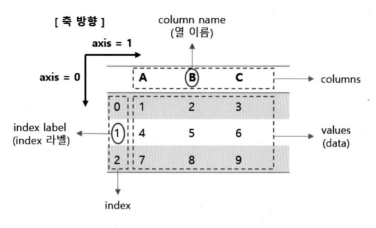

그림 5-4 DataFrame 데이터의 구조

이제 DataFrame 데이터를 생성하는 예를 살펴보겠습니다. 우선 리스트를 이용해 DataFrame의 데이터를 생성하는 예입니다.

```
In:    import pandas as pd

       data = [[1,2,3], [4,5,6],[7,8,9]]
       df = pd.DataFrame(data)
       df
```

```
Out:        0   1   2

       0    1   2   3

       1    4   5   6

       2    7   8   9
```

판다스의 DataFrame 데이터를 주피터 노트북에서 출력하면 위처럼 HTML의 표 형식으로 보기 좋게 출력됩니다. 출력 결과를 보면 입력한 data는 values를 구성하고 가장 좌측의 열과 가장 윗줄에는 숫자가 자동으로 생성돼 index와 columns를 구성한 것을 볼 수 있습니다. 이처럼 명시적으로 index와 columns를 입력하지 않더라도 index와 columns가 자동으로 생성됩니다.

이번에는 넘파이의 배열을 이용해 DataFrame 데이터를 생성해 보겠습니다. 넘파이 배열을 입력 데이터(data)로 하고 index와 columns도 지정하는 예를 살펴보겠습니다. 아래의 예에서 index에는 date_range()로 생성한 날짜를, columns에는 리스트 데이터(['A', 'B', 'C'])를 입력했습니다.

```
In:    import numpy as np
       import pandas as pd

       data = np.array([[1, 2, 3], [4, 5, 6], [7, 8 ,9], [10, 11, 12]]) # data 생성
       index_data = pd.date_range('2020-01-11', periods=4) # index를 위한 날짜 데이터
       columns_data = ['A', 'B', 'C'] # columns를 위한 리스트 데이터

       pd.DataFrame(data, index=index_data, columns=columns_data)      # DataFrame 데이터 생성
```

```
Out:              A     B     C
      2020-01-11  1     2     3
      2020-01-12  4     5     6
      2020-01-13  7     8     9
      2020-01-14  10    11    12
```

출력 결과에서 index와 columns에 지정한 데이터가 잘 들어간 것을 볼 수 있습니다.

다음은 DataFrame 데이터 생성을 위해 딕셔너리를 이용하는 예를 살펴보겠습니다. 이를 위해 우선 표 5-5와 같이 어느 회사의 연도 및 지사별 고객 수의 데이터가 있다고 가정해 보겠습니다. 2017년에는 미국 지사가 없었으므로 고객 수의 값이 없습니다.

표 5-5 연도 및 지사별 고객의 수

연도	지사	고객 수
2017	한국	200
2017	미국	–
2018	한국	250
2018	미국	450
2019	한국	300
2019	미국	500

표 5-5의 자료를 이용해 다음과 같이 딕셔너리 데이터를 만들고 DataFrame을 생성했습니다. 값이 없는 데이터(결측치)는 np.nan으로 입력합니다.

```
In:    dict_data = {'연도': [2017, 2017, 2018, 2018, 2019, 2019],
                    '지사': ['한국', '미국', '한국', '미국', '한국','미국'],
```

```
            '고객 수': [200, np.nan, 250, 450, 300, 500]} # 딕셔너리 데이터

df = pd.DataFrame(dict_data) # 딕셔너리 데이터로부터 DataFrame 데이터 생성
df
```

Out:

	연도	지사	고객 수
0	2017	한국	200.0
1	2017	미국	NaN
2	2018	한국	250.0
3	2018	미국	450.0
4	2019	한국	300.0
5	2019	미국	500.0

출력 결과를 보면 index는 자동으로 생성됐고 딕셔너리 데이터의 키는 DataFrame 데이터의 columns로 지정돼 표 5-5에서 각 열의 제목(연도, 지사, 고객 수)처럼 들어간 것을 볼 수 있습니다. 또한 값이 없어서 np.nan으로 입력한 것은 DataFrame에서 NaN으로 표시됐습니다.

DataFrame 데이터(df)에서 index, columns, values는 각각 df.index, df.columns, df.values로 확인할 수 있습니다. 다음은 앞에서 생성한 DataFrame 데이터에서 index, columns, values를 각각 구한 예입니다.

In: `df.index`

Out: `RangeIndex(start=0, stop=6, step=1)`

In: `df.columns`

Out: `Index(['연도', '지사', '고객 수'], dtype='object')`

In: `df.values`

Out:
```
array([[2017, '한국', 200.0],
       [2017, '미국', nan],
       [2018, '한국', 250.0],
       [2018, '미국', 450.0],
       [2019, '한국', 300.0],
       [2019, '미국', 500.0]], dtype=object)
```

위의 DataFrame 데이터에서도 넘파이 배열의 데이터 타입인 dtype을 그대로 이용하는 것을 볼 수 있습니다. 판다스의 DataFrame 데이터를 다룰 때도 넘파이 배열의 dtype과 astype() 메서드를 이용할 수 있습니다.

DataFrame 데이터(df)의 특정 열을 이용해 index를 변경하고 싶다면 df.set_index(열_이름)를 이용합니다. 이를 적용하면 index가 지정한 열로 변경된 DataFrame 데이터를 반환합니다. 원래 DataFrame 데이터는 변경되지 않으므로 원래의 DataFrame 데이터를 변경하고 싶으면 같은 이름의 변수에 다시 할당해야 합니다.

다음은 앞의 DataFrame 데이터(df)의 index를 연도 열의 데이터로 변경하는 예입니다.

```
In:    df1 = df.set_index("연도")
       df1
```

Out:

연도	지사	고객 수
2017	한국	200.0
2017	미국	NaN
2018	한국	250.0
2018	미국	450.0
2019	한국	300.0
2019	미국	500.0

위의 출력 결과를 통해 자동으로 지정된 index 대신 DataFrame 데이터(df)의 연도 열이 index로 설정된 것을 볼 수 있습니다.

판다스의 DataFrame 데이터에 reindex(new_index_data)를 적용하면 행 데이터를 재배열해 반환하고, reindex(columns=new_columns_data)를 적용하면 열 데이터를 재배열해 반환합니다.

예를 살펴보기 위해 먼저 다음과 같이 DataFrame 데이터를 생성하겠습니다.

```
In:    dict_data = {'A': [10, 20, 30, 40, 50, 60],
                     'B': [0.1, 0.2, 0.3, 0.4, 0.5, 0.6],
                     'C': [100, 200, 300, 400, 500, 600]} # 딕셔너리 데이터

       df2 = pd.DataFrame(dict_data) # 딕셔너리 데이터로부터 DataFrame 데이터 생성
       df2
```

	A	B	C
0	10	0.1	100
1	20	0.2	200
2	30	0.3	300
3	40	0.4	400
4	50	0.5	500
5	60	0.6	600

이제 다음과 같이 reindex(new_index_data)를 이용해 새로운 index로 DataFrame 데이터의 행 데이터 재배열하겠습니다.

In: `df2.reindex([4, 2, 5, 3, 1])`

Out:

	A	B	C
4	50	0.5	500
2	30	0.3	300
5	60	0.6	600
3	40	0.4	400
1	20	0.2	200

다음은 reindex(columns=new_columns_data)를 이용해 새로운 columns로 DataFrame 데이터의 열 데이터를 재배열하겠습니다.

In: `df2.reindex(columns=['B', 'C', 'A'])`

Out:

	B	C	A
0	0.1	100	10
1	0.2	200	20
2	0.3	300	30
3	0.4	400	40
4	0.5	500	50
5	0.6	600	60

표 형식의 데이터 파일 읽고 쓰기

앞에서 DataFrame 데이터를 생성할 때 직접 값을 입력했지만 실제로 우리 주변에 있는 데이터는 컴퓨터 파일 형태(CSV나 엑셀 파일 등)로 있을 때가 많습니다. 따라서 이번에는 판다스의 read_csv(), to_csv(), read_excel(), to_excel()을 가지고 CSV 파일이나 엑셀 파일에서 데이터를 읽어와서 판다스 DataFrame 데이터를 생성하고 DataFrame 데이터를 CSV 파일이나 엑셀 파일로 쓰는(저장하는) 방법을 살펴보겠습니다.

CSV 파일

CSV 파일은 CSV 형식으로 데이터를 저장한 텍스트 파일입니다. 여기서 CSV는 comma-separated values의 줄임말로 말 그대로 데이터 필드 사이(값과 값의 사이)를 콤마(쉼표)로 구분한 것을 의미합니다. CSV 파일의 확장자는 '.csv'이지만 일반 text 파일입니다. CSV 형식은 오랫동안 사용됐으며 간단하게 데이터를 표현할 수 있어서 테이블 형태의 데이터를 표현할 때 표준처럼 사용되고 있습니다. 따라서 데이터를 처리하는 각종 프로그램(마이크로소프트 엑셀, 오픈 오피스, 구글 문서도구 등)에서 CSV 파일을 읽을 수 있게 지원합니다. 넘파이에서는 CSV 파일을 배열로 읽어오는 것을 지원하며 판다스에서는 CSV 파일을 DataFrame 형식으로 읽어오는 것을 지원합니다.

CSV 파일 읽고 쓰기

다음은 read_csv()를 이용해 CSV 파일을 읽어와서 DataFrame 데이터를 생성하는 방법입니다.

```
df = pd.read_csv(file_name
            [, encoding = 인코딩_방식,
                index_col = 열_이름 혹은 숫자,
                header = 숫자(기본: 0) 혹은 None,
                sep = 구분자(기본: ','),
                names = 열_이름_리스트 ])
```

위에서 read_csv()는 텍스트 파일(file_name)을 읽어와서 판다스의 DataFrame 데이터(df)로 반환합니다. 여기서 file_name은 텍스트 파일 이름으로 디렉터리를 포함할 수도 있습니다. 다양한 옵션이 있지만 여기서는 주요 옵션만 살펴보겠습니다. 위에서 지정한 옵션의 의미는 다음과 같습니다.

- encoding: 읽어올 텍스트 파일의 인코딩 방식을 지정합니다. 예를 들어 텍스트 파일이 'utf-8'로 인코딩돼 있으면 'utf-8'(혹은 'utf8')로, 'cp949'로 인코딩돼 있으면 'cp949'로 지정합니다. 지정하지 않으면 기본인 'utf-8'이 지정됩니다.

- index_col: CSV 파일의 데이터 중 특정한 열을 DataFrame의 index로 지정합니다. 특정 열을 지정할 때 열_이름으로 지정할 수도 있고 0부터 시작하는 숫자로 지정할 수도 있습니다. 지정하지 않으면 index를 자동으로 생성합니다.

- header: CSV 파일의 데이터 중 특정한 행을 DataFrame의 columns(열 이름)로 지정합니다. 특정 행을 지정할 때 0부터 시작하는 숫자로 지정하는데, 지정한 행 이후의 행 데이터부터 읽어옵니다. names 옵션 없이 지정하지 않으면 자동으로 header=0이 돼 데이터 파일의 첫 줄이 DataFrame의 columns가 됩니다. CSV 파일의 행 데이터를 DataFrame의 columns으로 지정하지 않으려면 header=None을 지정합니다. names 옵션 없이 header=None을 지정하면 DataFrame의 columns은 0부터 시작하는 숫자로 자동 지정됩니다.

- sep: 데이터 필드 사이(값과 값의 사이)를 구분하는 구분자를 지정합니다. 예를 들어, 구분자가 쉼표(콤마)이면 ','로 지정하고 공백(빈칸, space)이면 ' '로 지정하며 탭(tab)이면 '\t'로 지정합니다. 지정하지 않으면 기본인 ','로 지정됩니다.

- names: DataFrame 데이터(df)의 열 이름을 리스트로 지정합니다. CSV 파일에 열 이름이 없어서 지정하는 경우에는 header=None을 지정하거나 header 옵션 없이 사용하고, CSV 파일의 첫 줄에 열 이름이 있지만 변경하고 싶은 경우에는 header=0으로 지정하고 사용합니다.

텍스트 파일의 인코딩

파이썬에서 텍스트 파일을 생성하면 기본 문자 인코딩 형식이 'utf-8'입니다. 하지만 한글 윈도우에서 생성한 한글 텍스트 파일은 인코딩 형식이 'cp949'로 된 것이 많습니다. 넘파이나 판다스에서 텍스트 파일을 읽어 올 때 인코딩 형식에 따라 옵션을 지정해야 합니다. 그렇지 않으면 한글을 제대로 표현할 수 없습니다. 텍스트 파일이 'utf-8'로 인코딩돼 있으면 encoding='utf-8'로, 'cp949'로 인코딩돼 있으면 encoding='cp949'로 지정합니다. 텍스트 파일의 인코딩 방식은 여러 가지가 있지만 한글 윈도우에서 한글로 작성된 파일은 대부분 이 두 가지 인코딩 형식 중 하나를 선택하면 오류 없이 읽어 올 수 있습니다.

다음은 read_csv()를 이용해 CSV 파일의 데이터를 읽어오는 예를 살펴보겠습니다. 이를 위해 2014년 부터 2018년까지 우리나라 계절별 강수량(단위: mm)을 기록한 CSV 데이터 파일(sea_rain1.csv)을 C:\myPyExcel\data\ch05 디렉터리에 생성하겠습니다. 여기서 C:\myPyExcel\data\ch05는 이번 장에 사용할 데이터 디렉터리로 이미 생성돼 있다고 가정합니다. 아래의 코드를 수행할 때 오류가 발생한다면 「책 사용 설명서」를 참조해 이 책의 깃허브 저장소에 있는 data 폴더의 모든 내용을 C:\myPyExcel\data 폴더에 복사하세요.

아래와 같이 주피터 노트북에서 마술 명령어인 %%writefile를 이용해 텍스트 파일을 생성하면 기본적으로 'utf-8'로 인코딩합니다.

```
In:     %%writefile C:/myPyExcel/data/ch05/korea_rain1.csv
        연도,봄,여름,가을,겨울
        2014,215.9,599.8,293.1,76.9
        2015,223.2,387.1,247.7,109.1
        2016,312.8,446.2,381.6,108.1
        2017,118.6,609.7,172.5,75.6
        2018,368.1,586.5,351.2,66.5
```

Out: Writing C:/myPyExcel/data/ch05/korea_rain1.csv

이제 판다스의 read_csv()를 이용해 CSV 파일을 읽어와서 DataFrame 데이터를 생성하겠습니다. CSV 파일을 'utf-8'로 인코딩했으므로 옵션에는 encoding='utf-8'을 이용하겠습니다. 판다스의 read_csv()에서 encoding 옵션을 지정하지 않으면 기본적으로 'utf-8'로 지정되므로 encoding 옵션을 지정하지 않아도 됩니다.

```
In:     import pandas as pd

        # CSV 파일 경로
        folder = 'C:/myPyExcel/data/ch05/'     # 폴더 경로를 지정
        csv_file = folder + 'korea_rain1.csv'  # 파일 경로를 지정

        # CSV 파일을 읽어와서 DataFrame 데이터 생성
        df = pd.read_csv(csv_file, encoding = "utf-8")
        df
```

Out:

	연도	봄	여름	가을	겨울
0	2014	215.9	599.8	293.1	76.9
1	2015	223.2	387.1	247.7	109.1
2	2016	312.8	446.2	381.6	108.1
3	2017	118.6	609.7	172.5	75.6
4	2018	368.1	586.5	351.2	66.5

위에서 파일로부터 읽어와서 생성한 DataFrame 데이터를 보면 index가 자동으로 생성된 것을 볼 수 있습니다. CSV 데이터 파일에서 특정 열을 index로 지정하고 싶으면 index_col 옵션을 지정하면 됩니다. 다음은 CSV 파일(korea_rain1.csv)에 연도 열을 index로 지정해 CSV 파일을 읽어오는 예입니다.

```
In:    df = pd.read_csv(csv_file, index_col="연도")
       df
```

Out:

	봄	여름	가을	겨울
연도				
2014	215.9	599.8	293.1	76.9
2015	223.2	387.1	247.7	109.1
2016	312.8	446.2	381.6	108.1
2017	118.6	609.7	172.5	75.6
2018	368.1	586.5	351.2	66.5

위의 출력 결과를 보면 자동으로 지정된 index 대신 지정한 연도 열이 index로 설정된 것을 알 수 있습니다.

앞에서는 텍스트 파일에서 각 데이터 필드 사이(값과 값의 사이)를 콤마(쉼표)로 구분한 CSV 파일을 파이썬으로 읽었습니다. 구분자가 쉼표가 아니라면 sep 옵션을 이용해 구분자를 지정해 줘야합니다. 여기서 공백 구분자와 탭 구분자로 데이터 필드 사이가 구분된 텍스트 데이터 파일은 각각 SSV(Space-Separated Values) 파일과 TSV(Tab-Separated Values) 파일이라고 부르기도 합니다. 그림 5-5와 그림 5-6은 각각 공백 구분자로 데이터 필드 사이가 구분된 텍스트 데이터 파일(korea_rain1_space.txt)과 탭 구분자로 데이터 필드 사이가 구분된 텍스트 데이터 파일(korea_rain1_tab.txt)을 보여줍니다.

그림 5-5 공백 구분자로 데이터 필드를 구분한 텍스트 데이터 파일

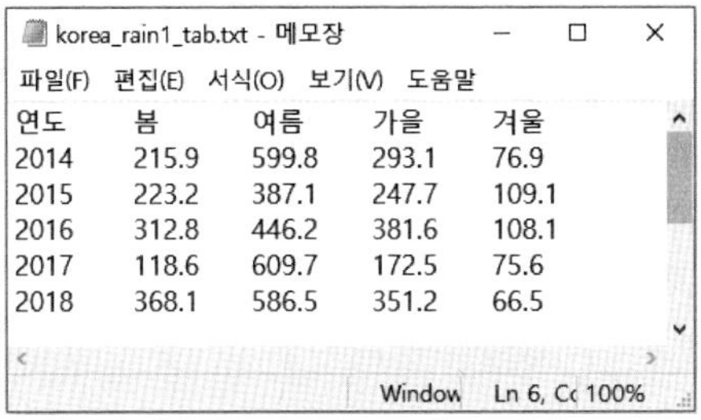
korea_rain1_tab.txt - 메모장

파일(F) 편집(E) 서식(O) 보기(V) 도움말

연도	봄	여름	가을	겨울
2014	215.9	599.8	293.1	76.9
2015	223.2	387.1	247.7	109.1
2016	312.8	446.2	381.6	108.1
2017	118.6	609.7	172.5	75.6
2018	368.1	586.5	351.2	66.5

Window Ln 6, Co 100%

그림 5-6 탭 구분자로 데이터 필드를 구분한 텍스트 데이터 파일

다음은 공백 구분자로 데이터 필드 사이가 구분된 텍스트 데이터 파일(korea_rain1_sapce.txt)을 DataFrame 데이터로 읽어오는 예입니다.

In:
```
# 텍스트 파일 경로
folder = 'C:/myPyExcel/data/ch05/'
txt_file = folder + 'korea_rain1_space.txt'

# 공백 구분자가 있는 텍스트 데이터 파일을 읽어서 DataFrame 데이터 생성
df = pd.read_csv(txt_file, sep=" ", encoding="utf-8")
df
```

Out:

	연도	봄	여름	가을	겨울
0	2014	215.9	599.8	293.1	76.9
1	2015	223.2	387.1	247.7	109.1
2	2016	312.8	446.2	381.6	108.1
3	2017	118.6	609.7	172.5	75.6
4	2018	368.1	586.5	351.2	66.5

이번에는 탭 구분자로 데이터 필드 사이가 구분된 텍스트 데이터 파일(korea_rain1_tab.txt)을 DataFrame 데이터로 읽어오는 예입니다.

In:
```
# 텍스트 파일 경로
folder = 'C:/myPyExcel/data/ch05/'
txt_file = folder + 'korea_rain1_tab.txt'

# 탭 구분자가 있는 텍스트 데이터 파일을 읽어서 DataFrame 데이터 생성
df = pd.read_csv(txt_file, sep="\t", encoding="utf-8")
df
```

	연도	봄	여름	가을	겨울
0	2014	215.9	599.8	293.1	76.9
1	2015	223.2	387.1	247.7	109.1
2	2016	312.8	446.2	381.6	108.1
3	2017	118.6	609.7	172.5	75.6
4	2018	368.1	586.5	351.2	66.5

다음은 열 이름이 없는 CSV 파일을 DataFrame 데이터로 읽어오는 예를 살펴보겠습니다. 이를 위해서 다음과 같이 열 이름이 없는 CSV 파일(korea_rain2.csv)을 생성합니다.

In:
```
%%writefile C:/myPyExcel/data/ch05/korea_rain2.csv
2014,215.9,599.8,293.1,76.9
2015,223.2,387.1,247.7,109.1
2016,312.8,446.2,381.6,108.1
2017,118.6,609.7,172.5,75.6
2018,368.1,586.5,351.2,66.5
```

Out: Overwriting C:/myPyExcel/data/ch05/korea_rain2.csv

열 이름이 없는 CSV 파일(korea_rain2.csv)을 다음과 같이 header와 names 옵션 없이 DataFrame 데이터로 읽어오면 CSV 파일의 첫 줄이 DataFrame의 columns가 됩니다.

In:
```
# 텍스트 파일 경로
folder = 'C:/myPyExcel/data/ch05/'
txt_file = folder + 'korea_rain2.csv' # 열 이름이 없는 CSV 파일

# CSV 파일을 읽어 DataFrame 데이터 생성
df2 = pd.read_csv(txt_file)
df2
```

Out:

	2014	215.9	599.8	293.1	76.9
0	2015	223.2	387.1	247.7	109.1
1	2016	312.8	446.2	381.6	108.1
2	2017	118.6	609.7	172.5	75.6
3	2018	368.1	586.5	351.2	66.5

열 이름이 없는 CSV 파일(korea_rain2.csv)을 DataFrame 데이터로 읽어올 때 columns를 자동으로 지정하려면 다음과 같이 names 옵션 없이 header=None을 지정합니다.

```
In:     # 텍스트 파일 경로
        folder = 'C:/myPyExcel/data/ch05/'
        txt_file = folder + 'korea_rain2.csv' # 열 이름이 없는 CSV 파일

        # CSV 파일을 읽어 DataFrame 데이터 생성(header 옵션 지정)
        df2 = pd.read_csv(txt_file, header=None)
        df2
```

Out:

	0	1	2	3	4
0	2014	215.9	599.8	293.1	76.9
1	2015	223.2	387.1	247.7	109.1
2	2016	312.8	446.2	381.6	108.1
3	2017	118.6	609.7	172.5	75.6
4	2018	368.1	586.5	351.2	66.5

열 이름이 없는 CSV 파일(korea_rain2.csv)을 DataFrame 데이터로 읽어올 때 columns를 명시적으로 지정하려면 다음과 같이 names 옵션에 열 이름을 리스트로 지정합니다.

```
In:     # 텍스트 파일 경로
        folder = 'C:/myPyExcel/data/ch05/'
        txt_file = folder + 'korea_rain2.csv' # 열 이름이 없는 CSV 파일

        # CSV 파일을 읽어 DataFrame 데이터 생성(names 옵션 지정)
        names_list = ["Year", "Spring", "Summer", "Fall", "Winter"]
        df2 = pd.read_csv(txt_file, names=names_list)
        # df2 = pd.read_csv(txt_file, header=None, names=names_list) 도 동일
        df2
```

	Year	Spring	Summer	Fall	Winter
0	2014	215.9	599.8	293.1	76.9
1	2015	223.2	387.1	247.7	109.1
2	2016	312.8	446.2	381.6	108.1
3	2017	118.6	609.7	172.5	75.6
4	2018	368.1	586.5	351.2	66.5

위의 출력 결과를 보면 names 옵션에 지정한 열 이름이 DataFrame의 columns가 된 것을 수 있습니다.

첫 줄에 열 이름이 있는 CSV 파일(korea_rain1.csv)을 DataFrame 데이터로 읽어 올 때 columns를 변경하려면 다음과 같이 header=0으로 지정하고 names 옵션에 변경할 열 이름을 리스트로 지정합니다.

In:
```
# 텍스트 파일 경로
folder = 'C:/myPyExcel/data/ch05/'
txt_file = folder + 'korea_rain1.csv' # 열 이름이 있는 CSV 파일

# CSV 파일을 읽어 DataFrame 데이터 생성(header와 names 옵션 지정)
names_list = ["연도_new", "봄_new", "여름_new", "가을_new", "겨울_new"]
df2 = pd.read_csv(txt_file, header=0, names=names_list)
df2
```

Out:

	연도_new	봄_new	여름_new	가을_new	겨울_new
0	2014	215.9	599.8	293.1	76.9
1	2015	223.2	387.1	247.7	109.1
2	2016	312.8	446.2	381.6	108.1
3	2017	118.6	609.7	172.5	75.6
4	2018	368.1	586.5	351.2	66.5

출력 결과를 보면 CSV 파일(korea_rain1.csv)의 첫 줄에 있는 열 이름 대신 names 옵션에 지정한 열 이름이 DataFrame의 columns가 된 것을 볼 수 있습니다.

다음은 to_csv()를 이용해 DataFrame 데이터를 CSV 파일로 쓰는 방법을 살펴보겠습니다.

```
df.to_csv(file_name
      [, encoding = 인코딩_방식,
```

```
       index = True(기본) 혹은 False,
       header = True(기본) 혹은 False,
       sep = 구분자(기본: ',') ])
```

위에서 df는 DataFrame 데이터이며 file_name은 저장할 파일 이름으로 디렉터리를 포함할 수 있습니다. 다양한 옵션이 있지만 여기서도 주요 옵션만 살펴보겠습니다. 위에서 지정한 옵션의 의미는 다음과 같습니다.

- encoding: 생성할 텍스트 파일의 인코딩 방식을 지정합니다. 지정하지 않으면 기본인 'utf-8'가 지정됩니다.

- index: DataFrame 데이터의 index를 CSV 파일에 포함할지 여부를 지정합니다. 포함하고 싶다면 True를 지정하고 포함하고 싶지 않다면 False를 지정합니다. 지정하지 않으면 기본값인 True로 지정됩니다.

- header: DataFrame 데이터의 columns(열 이름)를 CSV 파일에 포함할지 여부를 지정합니다. 포함하고 싶다면 True를 지정하고 포함하고 싶지 않다면 False를 지정합니다. 지정하지 않으면 기본값인 True로 지정됩니다.

- sep: 생성할 텍스트 파일의 구분자를 지정합니다. 지정하지 않으면 기본인 ','로 지정됩니다.

해당 파일을 엑셀로 연 상태라면 오류가 발생하므로 반드시 to_csv() 실행 전에 해당 파일을 닫아야 합니다.

이제 DataFrame 데이터를 CSV 파일로 쓰는 예를 살펴보겠습니다. 이를 위해 아래와 같이 DataFrame 데이터를 생성했습니다.

```
In:   df = pd.DataFrame({ '제품ID': ['P1001', 'P1002', 'P1003', 'P1004'],
                          '판매가격':[5000, 7000, 8000, 10000],
                          '판매량':[50, 93, 70, 48]} )
      df
```

Out:

	제품ID	판매가격	판매량
0	P1001	5000	50
1	P1002	7000	93
2	P1003	8000	70
3	P1004	10000	48

다음은 DataFrame 데이터(df)를 CSV 파일(product_sales1.csv)로 쓰겠습니다.

```
In:    # CSV 파일 경로
       folder = 'C:/myPyExcel/data/ch05/'
       csv_file = folder + 'product_sales1.csv'

       df.to_csv(csv_file) # DataFrame 데이터를 CSV 파일로 쓰기
       print("생성한 CSV 파일:", csv_file) # 생성한 파일 이름 출력
```

Out: 생성한 CSV 파일: C:/myPyExcel/data/ch05/product_sales1.csv

위 코드로 CSV 파일(product_sales1.csv)이 잘 생성됐는지 확인하기 위해 메모장(그림 5-7)과 엑셀(그림 5-8)에서 열어보겠습니다. 앞에서 to_csv()로 CSV 파일(product_sales1.csv)을 생성할 때 아무런 옵션을 주지 않았으므로 'utf-8'로 인코딩됐습니다. 메모장(그림 5-7)은 텍스트 파일을 읽을 때 인코딩을 자동으로 감지하므로 한글이 깨지지 않고 잘 보이지만, 엑셀(그림 5-8)은 텍스트 파일을 읽을 때 기본 인코딩인 'cp949'로 지정돼 한글이 깨져 보입니다.

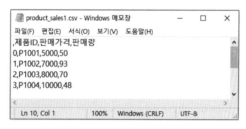

그림 5-7 윈도우 메모장에서 읽은 CVS 파일

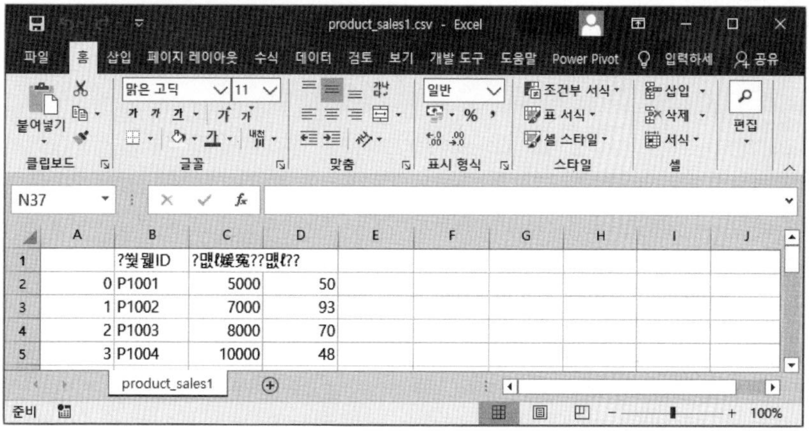

그림 5-8 엑셀에서 읽은 CVS 파일

엑셀에서 판다스 DataFrame 데이터로부터 생성한 CSV 파일을 읽어올 때 한글이 깨진다면 엑셀에서 [데이터] 탭 → [텍스트]을 클릭해서 CSV 파일을 선택한 후 '원본 파일'을 '유니코드(UTF-8)'로 지정해 CSV을 가져오는 방법으로 문제를 해결할 수도 있지만, 읽어야할 CSV 파일이 많을 때 이 방법은 효율적이지 않습니다. to_csv()로 CSV 파일을 생성 시 encoding='cp949'로 encoding 옵션을 지정하면 하면 엑셀에서 한글 깨짐 없이 바로 CSV을 읽을 수 있어서 이러한 문제를 해결할 수 있습니다. 또한 DataFrame 데이터의 index를 CSV 파일에 포함하고 싶지 않다면 index=False로 index 옵션을 지정하면 됩니다. 다음은 이러한 옵션을 적용해 CSV 파일을 생성한 예입니다.

In:
```
# CSV 파일 경로
folder = 'C:/myPyExcel/data/ch05/'
csv_file = folder + 'product_sales1_cp949_encoding.csv'

# DataFrame 데이터를 CSV 파일로 쓰기(인코딩은 'cp949', index 포함 안 함)
df.to_csv(csv_file, encoding="cp949", index=False)
print("생성한 CSV 파일:", csv_file) # 생성한 파일 이름 출력
```

Out: 생성한 CSV 파일: C:/myPyExcel/data/ch05/product_sales1_cp949_encoding.csv

위의 옵션을 적용해 생성한 CSV 파일(product_sales1_cp949_encoding.csv)을 엑셀에서 열면 그림 5-9 처럼 한글이 깨지지 않고 DataFrame 데이터의 index도 포함하지 않은 것을 볼 수 있습니다.

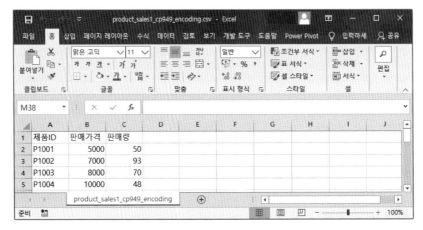

그림 5-9 엑셀에서 읽은 CVS 파일

엑셀 파일 읽고 쓰기

앞에서 판다스를 이용해 CSV 파일을 읽어오는 방법을 살펴봤습니다. 이번에는 엑셀 파일을 읽어오는 방법을 알아보겠습니다. 판다스에서 엑셀 파일의 데이터를 읽어오는 방법은 다음과 같습니다.

```
df = pd.read_excel(excel_file
            [, sheet_name = 시트_이름(기본: 'Sheet1') 혹은 시트_번호(기본: 0),
              index_col = 숫자 혹은 열_이름,
              header = 숫자(기본: 0) 혹은 None,
              names = 열_이름_리스트 ])
```

위에서 read_excel()는 엑셀 파일(excel_file)을 읽어와서 판다스의 DataFrame 데이터(df)로 반환합니다. 여기서 excel_file은 읽기를 원하는 엑셀 파일명으로 디렉터리를 포함할 수 있습니다. 다양한 옵션이 있지만 여기서는 주요 옵션만 살펴보겠습니다. 위에서 지정한 옵션의 의미는 다음과 같습니다.

- sheet_name: 엑셀 파일의 워크시트를 시트_이름 혹은 시트_번호로 지정합니다. 시트_번호는 0부터 시작하며 0은 첫 번째 워크시트를 가리킵니다. 지정하지 않으면 첫 번째 워크시트에서 데이터를 읽어옵니다.

- index_col: 엑셀 파일의 워크시트에 있는 데이터 중 특정한 열을 DataFrame의 index로 지정합니다. 특정 열을 지정할 때 열_이름으로 지정할 수도 있고 0부터 시작하는 숫자로 지정할 수도 있습니다. 지정하지 않으면 index를 자동으로 생성합니다.

- header: 엑셀 파일의 워크시트에 있는 데이터 중 특정한 행을 DataFrame의 columns(열 이름)로 지정합니다. 특정 행을 지정할 때 0부터 시작하는 숫자로 지정하는데, 지정한 행 이후의 행 데이터부터 읽어옵니다. names 옵션 없이 지정하지 않으면 자동으로 header=0이 돼 워크시트의 첫 줄이 DataFrame의 columns가 됩니다. 워크시트의 행 데이터를 DataFrame의 columns으로 지정하지 않으려면 header=None을 지정합니다. names 옵션 없이 header=None을 지정하면 DataFrame의 columns은 0부터 시작하는 숫자로 자동 지정됩니다.

- names: DataFrame 데이터(df)의 열 이름을 리스트로 지정합니다. 엑셀 파일의 워크시트 데이터에 열 이름이 없어서 지정하는 경우에는 header=None을 지정하고, 엑셀 파일의 워크시트 첫 줄에 열 이름이 있지만 변경하고 싶은 경우에는 header=0으로 지정하고 사용합니다.

다음은 read_excel()를 이용해 엑셀 파일의 데이터를 읽어오는 예를 살펴보겠습니다. 이를 위해 필요한 엑셀 파일(사원별_월간_판매현황.xlsx)은 C:\myPyExcel\data\ch05 디렉터리에 있습니다. 그림 5-10은 이 엑셀 파일을 보여줍니다.

그림 5-10 사원별 월간 판매량을 저장한 엑셀 파일

이제 판다스의 read_excel()를 이용해 그림 5-10의 엑셀 파일(사원별_월간_판매현황.xlsx)을 읽어와서 DataFrame 데이터를 생성하겠습니다.

```
In:   import pandas as pd

      # 엑셀 파일 경로
      folder = 'C:/myPyExcel/data/ch05/'
      excel_file = folder + '사원별_월간_판매현황.xlsx'

      # 엑셀 파일을 읽어서 DataFrame 데이터 생성
      df = pd.read_excel(excel_file)
      df
```

	이름	1월	2월	3월	4월	5월	6월
0	양동호	69	54	76	34	67	56
1	조순열	65	47	85	12	56	34
2	박영순	76	85	57	42	89	91
3	고지영	98	69	23	82	67	87
4	지수경	45	39	56	98	34	53
5	오선호	56	34	56	76	95	73
6	진가연	90	57	34	44	58	96
7	최소진	45	63	76	15	85	54
8	한영미	81	75	23	97	53	95

위의 출력 결과를 보면 엑셀 파일(사원별_월간_판매현황.xlsx)에서 열의 제목을 표시하기 위한 첫 번째 행은 DataFrame의 columns가 된 것을 볼 수 있습니다. 또한 엑셀 파일에서는 입력하지 않았지만 DataFrame 데이터의 index가 0부터 시작된 숫자로 자동으로 지정된 것을 볼 수 있습니다. 이름 열을 index로 지정하고 싶다면 다음과 같이 index_col 옵션을 이용해 DataFrame 데이터에서 index로 사용할 열 이름을 지정할 수 있습니다.

In:
```
df = pd.read_excel(excel_file, index_col='이름')
# df = pd.read_excel(excel_file, index_col=0) # 이 방법도 가능
df
```

Out:

이름	1월	2월	3월	4월	5월	6월
양동호	69	54	76	34	67	56
조순열	65	47	85	12	56	34
박영순	76	85	57	42	89	91
고지영	98	69	23	82	67	87
지수경	45	39	56	98	34	53
오선호	56	34	56	76	95	73
진가연	90	57	34	44	58	96
최소진	45	63	76	15	85	54
한영미	81	75	23	97	53	95

그림 5-11처럼 엑셀 파일(사원별_월간_판매현황2.xlsx)의 워크시트가 두 개 이상일 때는 sheet_name 옵션으로 데이터를 가져올 워크시트를 지정할 수 있습니다.

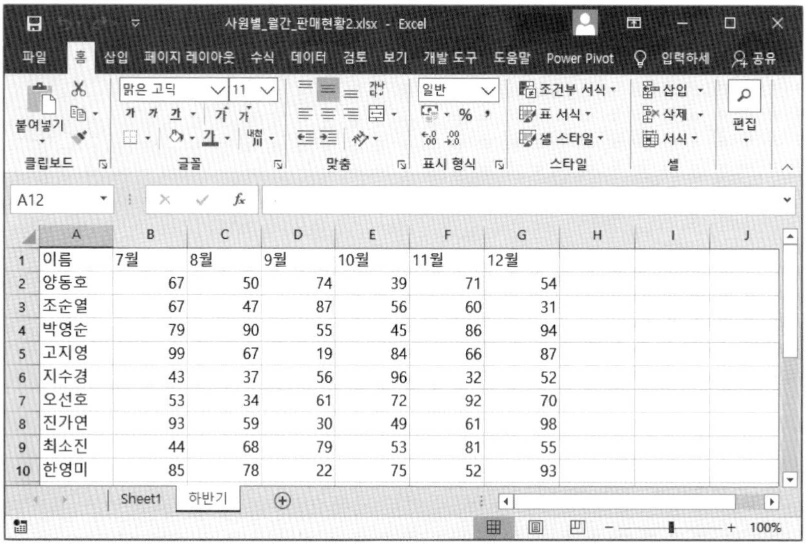

그림 5-11 사원별 월간 판매량을 두 번째 시트에 입력한 엑셀 파일

다음은 그림 5-11의 엑셀 파일(사원별_월간_판매현황2.xlsx)에서 하반기 워크시트의 데이터를 가져오기 위해 read_excel()을 이용할 때 sheet_name='하반기' 옵션을 지정한 예입니다.

In:
```
# 엑셀 파일 경로
folder = 'C:/myPyExcel/data/ch05/'
excel_file = folder + '사원별_월간_판매현황2.xlsx'

# 워크시트를 지정해 엑셀 파일을 읽어서 DataFrame 데이터를 생성
df = pd.read_excel(excel_file, sheet_name='하반기')
# df = pd.read_excel(excel_file, sheet_name=1)  # 이 방법도 가능
df
```

	이름	7월	8월	9월	10월	11월	12월
0	양동호	67	50	74	39	71	54
1	조순열	67	47	87	56	60	31
2	박영순	79	90	55	45	86	94
3	고지영	99	67	19	84	66	87
4	지수경	43	37	56	96	32	52
5	오선호	53	34	61	72	92	70
6	진가연	93	59	30	49	61	98
7	최소진	44	68	79	53	81	55
8	한영미	85	78	22	75	52	93

위 결과를 보면 엑셀 파일의 두 번째 시트(하반기)에서 데이터를 가져온 것을 알 수 있습니다. sheet_name과 index_col 옵션은 다음과 같이 동시에 지정할 수 있으며 옵션의 지정 순서는 상관없습니다.

In:
```
df = pd.read_excel(excel_file, sheet_name='하반기', index_col='이름')
df
```

	7월	8월	9월	10월	11월	12월
이름						
양동호	67	50	74	39	71	54
조순열	67	47	87	56	60	31
박영순	79	90	55	45	86	94
고지영	99	67	19	84	66	87
지수경	43	37	56	96	32	52
오선호	53	34	61	72	92	70
진가연	93	59	30	49	61	98
최소진	44	68	79	53	81	55
한영미	85	78	22	75	52	93

다음은 열 이름이 없는 엑셀 파일을 DataFrame 데이터로 읽어오는 예를 살펴보겠습니다. 이를 위해 그림 5-12와 같이 열 이름이 없는 엑셀 파일(사원별_월간_판매현황_열이름없음.xlsx)을 이용합니다.

그림 5-12 열 이름 없이 사원별 월간 판매량을 저장한 엑셀 파일

열 이름이 없는 엑셀 파일(사원별_월간_판매현황_열이름없음.xlsx)을 DataFrame 데이터로 읽어올 때 columns를 명시적으로 지정하려면 다음과 같이 header=None으로 지정하고 names 옵션에 열 이름을 리스트로 지정합니다.

```
In:    # 엑셀 파일 경로
       folder = 'C:/myPyExcel/data/ch05/'
       excel_file = folder + '사원별_월간_판매현황_열이름없음.xlsx' # 열 이름 없는 엑셀 파일

       # 워크시트를 지정해 엑셀 파일을 읽어서 DataFrame 데이터를 생성(header와 names 옵션 지정)
       names_list = ["Name", "January", "February", "March", "April", "May", "June"]
       df = pd.read_excel(excel_file, header=None, names=names_list)
       df
```

Out:

	Name	January	February	March	April	May	June
0	양동호	69	54	76	34	67	56
1	조순열	65	47	85	12	56	34
2	박영순	76	85	57	42	89	91
3	고지영	98	69	23	82	67	87
4	지수경	45	39	56	98	34	53
5	오선호	56	34	56	76	95	73
6	진가연	90	57	34	44	58	96
7	최소진	45	63	76	15	85	54
8	한영미	81	75	23	97	53	95

위의 출력 결과를 보면 names 옵션에 지정한 열 이름이 DataFrame의 columns가 된 것을 수 있습니다.

첫 줄에 열 이름이 있는 엑셀 파일(사원별_월간_판매현황.xlsx)을 DataFrame 데이터로 읽어 올 때 columns를 변경하려면 다음과 같이 header=0으로 지정하고 names 옵션에 변경할 열 이름을 리스트로 지정합니다.

In:
```
# 엑셀 파일 경로
folder = 'C:/myPyExcel/data/ch05/'
excel_file = folder + '사원별_월간_판매현황.xlsx' # 첫 줄에 열 이름 있는 엑셀 파일

# 워크시트를 지정해 엑셀 파일을 읽어서 DataFrame 데이터를 생성(header와 names 옵션 지정)
names_list = ["사원명", "1월달", "2월달", "3월달", "4월달", "5월달", "6월달"]
df = pd.read_excel(excel_file, header=0, names=names_list)
df
```

Out:

	사원명	1월달	2월달	3월달	4월달	5월달	6월달
0	양동호	69	54	76	34	67	56
1	조순열	65	47	85	12	56	34
2	박영순	76	85	57	42	89	91
3	고지영	98	69	23	82	67	87
4	지수경	45	39	56	98	34	53
5	오선호	56	34	56	76	95	73
6	진가연	90	57	34	44	58	96
7	최소진	45	63	76	15	85	54
8	한영미	81	75	23	97	53	95

출력 결과를 보면 엑셀 파일의 첫 줄에 있는 열 이름 대신 names 옵션에 지정한 열 이름이 DataFrame 의 columns가 된 것을 볼 수 있습니다.

이번에는 to_excel()을 이용해 DataFrame 데이터를 엑셀 파일로 쓰는 방법을 살펴보겠습니다.

```
df.to_excel(excel_file
        [, index = True(기본) 혹은 False,
          header = True(기본) 혹은 False,
          sheet_name = 시트_이름(기본: 'Sheet1') 혹은 시트_번호(기본: 0),
          startrow = 숫자(기본: 0),
          startcol = 숫자(기본: 0) ])
```

여기서 df는 DataFrame 데이터이며 excel_file은 저장할 엑셀 파일 이름으로 디렉터리를 포함할 수 있습니다. 다양한 옵션이 있지만 여기서는 주요 옵션만 살펴보겠습니다. 위에서 지정한 옵션의 의미는 다음과 같습니다.

- index: 엑셀 파일에 DataFrame 데이터의 index 포함 여부를 결정합니다. 포함하고 싶다면 True를 지정하고 포함하고 싶지 않다면 False를 지정합니다. 지정하지 않으면 기본값인 True로 지정됩니다.

- header: 엑셀 파일에 DataFrame 데이터의 columns(열 이름) 포함 여부를 결정합니다. 포함하고 싶다면 True를 지정하고 포함하고 싶지 않다면 False를 지정합니다. 지정하지 않으면 기본값인 True로 지정됩니다.

- sheet_name: 엑셀 파일의 워크시트를 시트_이름 혹은 시트_번호로 지정합니다. 시트_번호의 경우 Sheet1을 가리키는 0번부터 시작합니다. 지정하지 않으면 기본값인 Sheet1이 지정돼서 엑셀의 Sheet1 워크시트에 데이터가 써집니다.

- startrow: 워크시트에 DataFrame 데이터가 써질 왼쪽 상단의 행(row) 위치를 0번부터 시작하는 숫자로 지정합니다. 지정하지 않으면 기본값인 0이 지정됩니다.

- startcol: 워크시트에 DataFrame 데이터가 써질 왼쪽 상단의 열(column) 위치를 0번부터 시작하는 숫자로 지정합니다. 지정하지 않으면 기본값인 0이 지정됩니다.

하나의 엑셀 파일에 여러 개의 DataFrame 데이터를 쓰려면 다음과 같이 ExcelWriter로부터 객체 (excel_writer)를 생성해 to_excel()을 이용합니다.

```
# 1) 쓰기 엔진을 xlsxwriter로 지정해 판다스의 ExcelWriter로부터 객체(excel_writer)를 생성
excel_writer = pd.ExcelWriter(excel_file, engine = 'xlsxwriter')

# 2) 생성한 객체(excel_writer)를 이용해 DataFrame 데이터(df)를 쓰기
df.to_excel(excel_writer
```

```
          [, index = True(기본) 혹은 False,
              header = True(기본) 혹은 False,
              sheet_name = 시트_이름(기본: 'Sheet1') 혹은 시트_번호(기본: 0),
              startrow = 숫자(기본: 0),
              startcol = 숫자(기본: 0) ])

# 3) 객체를 닫고 엑셀 파일로 저장
excel_writer.save()
```

위는 다음과 같이 with 문을 써서 수행할 수도 있습니다.

```
with pd.ExcelWriter(excel_file, engine = 'xlsxwriter') as excel_writer:
    df.to_excel(excel_writer
                [, index = True(기본) 혹은 False,
                    header = True(기본) 혹은 False,
                    sheet_name = 시트_이름(기본: 'Sheet1') 혹은 시트_번호(기본: 0),
                    startrow = 숫자(기본: 0),
                    startcol = 숫자(기본: 0) ])
```

여러 개의 DataFrame 데이터를 엑셀 파일에 쓸 때 위의 구조에서 to_excel()은 DataFrame 데이터 별로 여러 번 수행할 수 있습니다. sheet_name 옵션에 지정하는 시트_이름이 다르면 각각 다른 워크시트에 DataFrame 데이터를 쓰게 되고 시트_이름이 같으면 같은 워크시트에 쓰게 되는데 이때는 옵션 startrow와 startcol를 이용해 각 DataFrame 데이터가 써질 위치를 알맞게 지정해야 합니다.

주의

to_excel()을 이용해 엑셀 파일 쓰기를 수행할 때 생성할 엑셀 파일이 열려 있으면 오류가 발생하므로 반드시 먼저 닫아야 합니다.

다음은 to_excel()을 이용해 DataFrame 데이터를 엑셀 파일로 저장하는 예를 살펴보겠습니다. 먼저 앞에서 살펴본 엑셀 파일 읽기 방법으로 엑셀 쓰기에 사용할 DataFrame 데이터를 생성하겠습니다.

```
In:    # 엑셀 파일 경로
       folder = 'C:/myPyExcel/data/ch05/'
       excel_file = folder + '사원별_월간_판매현황2.xlsx'
```

```
# 엑셀 파일의 첫 번째 워크시트를 읽어서 DataFrame 데이터(df1) 생성
df1 = pd.read_excel(excel_file, sheet_name=0)
# 엑셀 파일의 두 번째 워크시트를 읽어서 DataFrame 데이터(df2) 생성
df2 = pd.read_excel(excel_file, sheet_name=1)
df1
```

Out:

	이름	1월	2월	3월	4월	5월	6월
0	양동호	69	54	76	34	67	56
1	조순열	65	47	85	12	56	34
2	박영순	76	85	57	42	89	91
3	고지영	98	69	23	82	67	87
4	지수경	45	39	56	98	34	53
5	오선호	56	34	56	76	95	73
6	진가연	90	57	34	44	58	96
7	최소진	45	63	76	15	85	54
8	한영미	81	75	23	97	53	95

이제 DataFrame 데이터(df1, df2)를 to_excel()을 이용해 엑셀 파일 쓰기를 수행하겠습니다. 먼저 하나의 DataFrame 데이터(df1)를 워크시트에 쓰는 방법부터 살펴보겠습니다.

우선 다음 코드와 같이 옵션 지정 없이 엑셀 파일만 지정해 DataFrame 데이터(df1)를 엑셀 파일로 쓰겠습니다.

In:
```
# 엑셀 파일 경로
folder = 'C:/myPyExcel/data/ch05/'
excel_file = folder + '사원별_월간_판매현황_new.xlsx'

# DataFrame 데이터를 엑셀 파일로 쓰기
df1.to_excel(excel_file)

print("생성한 엑셀 파일:", excel_file) # 생성한 파일 이름 출력
```

Out: 생성한 엑셀 파일: C:/myPyExcel/data/ch05/사원별_월간_판매현황_new.xlsx

앞의 코드로 생성한 엑셀 파일(사원별_월간_판매현황_new.xlsx)을 열면 그림 5-13과 같습니다.

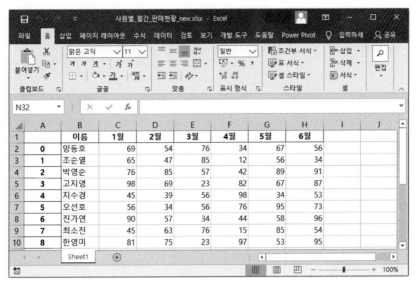

그림 5-13 to_excel()로 생성한 엑셀 파일

to_excel()을 실행할 때 sheet_name 옵션을 생략해 기본 워크시트인 Sheet1에 DataFrame의 데이터가 써진 것을 볼 수 있습니다. 또한 DataFrame 데이터의 index가 포함된 것을 볼 수 있습니다. 엑셀의 워크시트 이름을 바꾸고 싶다면 sheet_name 옵션으로 워크시트 이름을 지정하고, DataFrame 데이터의 index를 포함하고 싶지 않다면 index=False를 지정합니다. 다음은 이러한 옵션을 적용한 코드입니다.

In:
```
# 엑셀 파일 경로
folder = 'C:/myPyExcel/data/ch05/'
excel_file = folder + '사원별_월간_판매현황_new2.xlsx'

# DataFrame 데이터를 엑셀로 쓰기(옵션 지정)
df1.to_excel(excel_file, sheet_name='상반기', index=False)

print("생성한 엑셀 파일:", excel_file) # 생성한 파일 이름 출력
```

Out: 생성한 엑셀 파일: C:/myPyExcel/data/ch05/사원별_월간_판매현황_new2.xlsx

그림 5-14는 to_excel() 수행 시에 워크시트 이름을 지정하고 index는 False로 지정했을 때 생성된 엑셀 파일(사원별_월간_판매현황_new2.xlsx)입니다. DataFrame 데이터의 index는 포함되지 않았고 엑셀의 시트 이름이 앞에서 지정한 상반기로 된 것을 볼 수 있습니다.

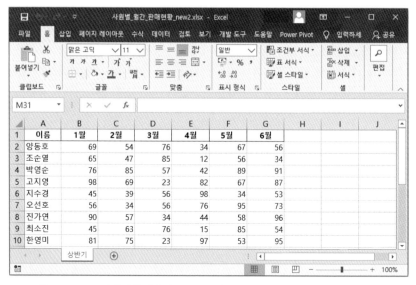

그림 5-14 to_excel( ) 수행 시에 sheet_name과 index=False를 지정해 생성한 엑셀 파일

다음은 DataFrame 데이터(df1, df2)를 각각 상반기 워크시트와 하반기 워크시트에 쓰는 예제를 살펴보겠습니다. 이를 위해 다음과 같이 앞에서 설명한 대로 ExcelWriter( )로 부터 만든 객체를 이용하고 sheet_name 옵션에 각각 시트_이름을 지정해야 합니다.

In:
```
# 엑셀 파일 경로
folder = 'C:/myPyExcel/data/ch05/'
excel_file = folder + '사원별_월간_판매현황_two_sheets.xlsx'

# DataFrame 데이터를 엑셀 파일의 '상반기'와 '하반기' 시트에 쓰기
with pd.ExcelWriter(excel_file, engine='xlsxwriter') as excel_writer:
    df1.to_excel(excel_writer, sheet_name='상반기', index=False)
    df2.to_excel(excel_writer, sheet_name='하반기', index=False)

print("생성한 엑셀 파일:", excel_file) # 생성한 파일 이름 출력
```

Out: 생성한 엑셀 파일: C:/myPyExcel/data/ch05/사원별_월간_판매현황_two_sheets.xlsx

위와 같이 코드를 수행하면 그림 5-15의 엑셀 파일(사원별_월간_판매현황_two_sheets.xlsx)처럼 여러 개의 DataFrame 데이터를 워크시트 이름을 지정해 각각의 워크시트에 쓸 수 있습니다.

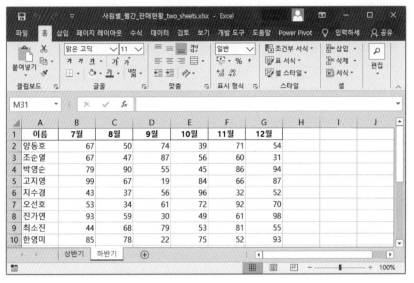

그림 5-15 DataFrame 데이터를 여러 개의 워크시트에 쓴 엑셀 파일

다음은 여러 개의 DataFrame 데이터를 하나의 엑셀 워크시트에 위치를 지정해 쓰는 예입니다.

```
In:    import pandas as pd

       # 판다스 DataFrame 데이터 생성
       df1 = pd.DataFrame({ '제품ID':['P1001', 'P1002', 'P1003', 'P1004'],
                            '판매가격':[5000, 7000, 8000, 10000],
                            '판매량':[50, 93, 70, 48]}  )

       df2 = pd.DataFrame({ '제품ID':['P2001', 'P2002', 'P2003', 'P2004'],
                            '판매가격':[5200, 7200, 8200, 10200],
                            '판매량':[51, 94, 72, 58]}  )

       df3 = pd.DataFrame({ '제품ID':['P3001', 'P3002', 'P3003', 'P3004'],
                            '판매가격':[5300, 7300, 8300, 10300],
                            '판매량':[52, 95, 74, 68]}  )

       df4 = pd.DataFrame({ '제품ID':['P4001', 'P4002', 'P4003', 'P4004'],
                            '판매가격':[5400, 7400, 8400, 10400],
                            '판매량':[53, 96, 76, 78]}  )

       # 출력할 엑셀 파일 경로
       folder = 'C:/myPyExcel/data/ch05/'
```

```
excel_file = folder + 'product_sales_in_one_worksheet.xlsx'

# 1) 생성한 객체(excel_writer)를 이용해 DataFrame 데이터(df)를 쓰기
excel_writer = pd.ExcelWriter(excel_file, engine='xlsxwriter')

# 2) 여러 DataFrame 데이터를 하나의 엑셀 워크시트에 위치를 달리해서 출력
df1.to_excel(excel_writer) # startrow=0, startcol=0 과 동일
df2.to_excel(excel_writer, startrow=0, startcol=5, index=False)
df3.to_excel(excel_writer, startrow=6, startcol=0)
df4.to_excel(excel_writer, startrow=5, startcol=5, index=False, header=False)

# 3) 객체를 닫고 엑셀 파일로 저장
excel_writer.save()

print("생성한 엑셀 파일:", excel_file) # 생성한 파일 이름 출력
```

Out: 생성한 엑셀 파일: C:/myPyExcel/data/ch05/product_sales_in_one_worksheet.xlsx

위의 코드를 수행하면 그림 5-16의 엑셀 파일(product_sales_in_one_worksheet.xlsx)처럼 하나의 워크시트 안에 여러 개의 DataFrame 데이터가 써진 것을 확인할 수 있습니다. 옵션을 지정하면 DataFrame의 index와 columns(열 이름)을 포함하지 않을 수 있습니다.

그림 5-16 여러 개의 DataFrame 데이터를 하나의 워크시트에 쓴 엑셀 파일

CSV 파일 읽고 엑셀 파일로 쓰기, 엑셀 파일 읽고 CSV 파일로 쓰기

CSV 파일에 있는 데이터를 엑셀 파일로 변환하는 작업은 엑셀에서도 수행할 수 있습니다. 하지만 파이썬에서는 이 작업을 엑셀을 열지 않고도 수행할 수 있어서 훨씬 빠르게 수행할 수 있습니다. 다음은 CSV 파일(korea_rain1.csv)의 데이터를 판다스 DataFrame 데이터로 읽은 후에 엑셀 파일(korea_rain1.xlsx)로 쓰는 코드입니다.

```
In:    import pandas as pd

       # CSV 파일 경로
       folder = 'C:/myPyExcel/data/ch05/'
       csv_file = folder + 'korea_rain1.csv'

       # 출력할 엑셀 파일 경로
       excel_file = folder + 'korea_rain1.xlsx'

       # CSV 파일 데이터를 DataFrame 데이터로 읽기
       df = pd.read_csv(csv_file)

       # DataFrame 데이터를 엑셀 파일로 쓰기 (index는 포함하지 않음)
       df.to_excel(excel_file, index=False)

       print("출력 엑셀 파일:", excel_file)
```

```
Out:   출력 엑셀 파일: C:/myPyExcel/data/ch05/korea_rain1.xlsx
```

위의 코드를 수행하면 CSV 파일(korea_rain1.csv)의 데이터를 읽어서 그림 5-17처럼 엑셀 파일(korea_rain1.xlsx)로 출력해 줍니다.

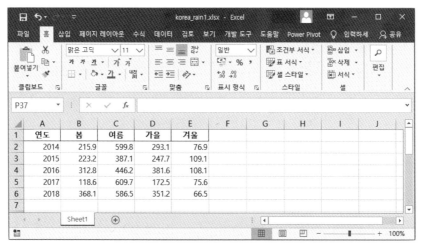

그림 5-17 CSV 파일의 데이터를 엑셀 파일로 출력한 결과

다음은 엑셀 파일(korea_rain1.xlsx)을 CSV 파일(korea_rain2_cp949.csv)로 변환하는 코드입니다. 엑셀 파일을 DataFrame 데이터로 읽은 후에 to_csv()로 CSV 파일을 생성할 때 엑셀에서 한글을 깨짐 없이 CSV을 읽을 수 있게 encoding='cp949' 옵션을 지정했습니다. 또한 DataFrame 데이터의 index를 CSV 파일에 포함하지 않도록 index=False 옵션도 지정했습니다.

In: import pandas as pd

```python
# 엑셀 파일 경로
folder = 'C:/myPyExcel/data/ch05/'
excel_file = folder + 'korea_rain1.xlsx'

# 출력할 CSV 파일 경로
output_csv_file = folder + 'korea_rain2_cp949.csv'

# 엑셀 파일을 DataFrame 데이터로 읽기
df = pd.read_excel(excel_file)

# DataFrame 데이터를 CSV 파일로 쓰기 (encoding과 index 옵션 지정)
df.to_csv(output_csv_file, encoding="cp949", index=False)

print("출력 CSV 파일:", output_csv_file)
```

Out: 출력 CSV 파일: C:/myPyExcel/data/ch05/korea_rain2_cp949.csv

위의 코드를 수행 결과로 생성한 CSV 파일(korea_rain2_cp949.csv)을 엑셀로 열면 그림 5-18과 같이 한글이 깨지지 않습니다.

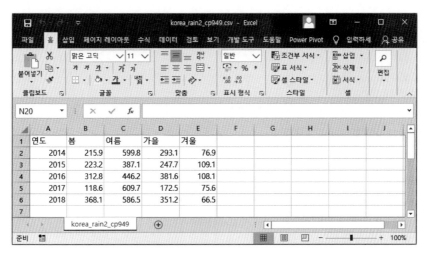

그림 5-18 엑셀 파일에서 cp949로 인코딩된 CSV 파일을 연 결과

표 데이터 연산

판다스의 Series 데이터와 DataFrame 데이터에서 연산은 하나의 숫자끼리 연산하듯이 쉽게 할 수 있습니다. 또한 통계 분석을 위한 다양한 메서드가 있어서 통곗값을 손쉽게 구할 수 있습니다. 이번에는 판다스의 Series 데이터와 DataFrame 데이터의 연산을 살펴보겠습니다.

표 데이터 기본 연산

판다스의 Series 데이터와 DataFrame 데이터끼리는 각각 사칙 연산을 할 수 있습니다. 사칙 연산은 values에서 같은 위치에 있는 요소끼리 이뤄집니다. 파이썬의 리스트와 넘파이의 배열과 달리 판다스의 Series 데이터와 DataFrame 데이터는 서로 크기가 달라도 연산할 수 있습니다. 이때 연산을 할 수 있는 요소끼리만 연산을 수행하고 연산을 할 수 없는 요소는 NaN으로 표시합니다.

먼저 Series 데이터 연산의 예를 살펴보겠습니다. 이를 위해 먼저 크기가 다른 두 개의 Series 데이터를 생성하겠습니다.

```
In:   import pandas as pd
```

```
        s1 = pd.Series([10, 20, 30, 40, 50])
        s1
```

Out: 0   10
        1   20
        2   30
        3   40
        4   50
        dtype: int64

In: ```
       s2 = pd.Series([1, 2, 3, 4])
       s2
       ```

Out:    0    1
        1    2
        2    3
        3    4
        dtype: int64

이제 Series 데이터의 사칙 연산을 하나씩 실행해 보겠습니다.

In:    ```
       s1 + s2 # Series 데이터끼리 더하기
       ```

Out: 0   11.0
        1   22.0
        2   33.0
        3   44.0
        4   NaN
        dtype: float64

In: ```
       s1 - s2 # Series 데이터끼리 빼기
       ```

Out:    0     9.0
        1    18.0
        2    27.0
        3    36.0
        4     NaN
        dtype: float64
       ```

```
In:    s1 * s2 # Series 데이터끼리 곱하기
```

```
Out:    0      10.0
        1      40.0
        2      90.0
        3     160.0
        4       NaN
        dtype: float64
```

```
In:    s1 / s2 # Series 데이터끼리 나누기
```

```
Out:    0      10.0
        1      10.0
        2      10.0
        3      10.0
        4       NaN
        dtype: float64
```

각 연산의 결과를 보면 같은 위치의 Series 데이터 요소끼리 연산하는 것을 확인할 수 있고 연산을 할 수 없는 요소는 NaN으로 표시하는 것을 알 수 있습니다.

넘파이의 Series 데이터에 사칙 연산 외에 넘파이에서 살펴봤던 브로드캐스팅, 거듭제곱, 비교 연산도 수행할 수 있습니다. 다음의 예를 살펴보겠습니다.

```
In:    s1 + 5 # value의 각 요소에 상수 더함
```

```
Out:    0     15
        1     25
        2     35
        3     45
        4     55
        dtype: int64
```

```
In:    s1 ** 2 # value의 각 요소에 거듭제곱
```

```
0     100
        1      400
        2      900
        3     1600
        4     2500
        dtype: int64
```

```
In:    s1 > 30 # value의 각 요소에 비교 연산
```

```
Out:   0    False
       1    False
       2    False
       3     True
       4     True
       dtype: bool
```

다음은 DataFrame 데이터끼리의 사칙 연산을 수행하는 예입니다. 역시 크기가 다른 두 개의 DataFrame 데이터를 먼저 생성하겠습니다.

```
In:    dict_data1 = {'A': [1, 2, 3, 4, 5],
                     'B': [10, 20, 30, 40, 50],
                     'C': [100, 200, 300, 400, 500]}
       df1 = pd.DataFrame(dict_data1)
       df1
```

Out:

	A	B	C
0	1	10	100
1	2	20	200
2	3	30	300
3	4	40	400
4	5	50	500

```
In:    dict_data2 = {'A': [6, 7, 8, 9],
                     'B': [60, 70, 80, 90],
                     'D': [600, 700, 800, 900]}
       df2 = pd.DataFrame(dict_data2)
       df2
```

Out:

	A	B	D
0	6	60	600
1	7	70	700
2	8	80	800
3	9	90	900

이제 DataFrame 데이터의 사칙 연산을 하나씩 실행해 보겠습니다.

In: **df1 + df2** *# DataFrame 데이터끼리 더하기*

Out:

	A	B	C	D
0	7.0	70.0	NaN	NaN
1	9.0	90.0	NaN	NaN
2	11.0	110.0	NaN	NaN
3	13.0	130.0	NaN	NaN
4	NaN	NaN	NaN	NaN

In: **df1 - df2** *# DataFrame 데이터끼리 빼기*

Out:

	A	B	C	D
0	-5.0	-50.0	NaN	NaN
1	-5.0	-50.0	NaN	NaN
2	-5.0	-50.0	NaN	NaN
3	-5.0	-50.0	NaN	NaN
4	NaN	NaN	NaN	NaN

In: **df1 * df2** *# DataFrame 데이터끼리 곱하기*

Out:

	A	B	C	D
0	6.0	600.0	NaN	NaN
1	14.0	1400.0	NaN	NaN
2	24.0	2400.0	NaN	NaN
3	36.0	3600.0	NaN	NaN
4	NaN	NaN	NaN	NaN

In: df1 / df2 # *DataFrame 데이터끼리 나누기*

Out:

	A	B	C	D
0	0.166667	0.166667	NaN	NaN
1	0.285714	0.285714	NaN	NaN
2	0.375000	0.375000	NaN	NaN
3	0.444444	0.444444	NaN	NaN
4	NaN	NaN	NaN	NaN

DataFrame도 마찬가지로 같은 위치의 DataFrame 데이터 요소끼리 연산하고, 연산을 할 수 없는 요소는 NaN으로 표시하는 것을 알 수 있습니다.

DataFrame도 브로드캐스팅, 거듭제곱, 비교 연산을 수행할 수 있습니다. 다음의 예를 살펴보겠습니다.

In: df1 + 5 # *value의 각 요소에 값을 더함*

Out:

	A	B	C
0	6	15	105
1	7	25	205
2	8	35	305
3	9	45	405
4	10	55	505

In: df1 ** 2 # *value의 각 요소에 거듭제곱*

Out:

	A	B	C
0	1	100	10000
1	4	400	40000
2	9	900	90000
3	16	1600	160000
4	25	2500	250000

In: df1 > 30 # value의 각 요소에 비교 연산

Out:

	A	B	C
0	False	False	True
1	False	False	True
2	False	False	True
3	False	True	True
4	False	True	True

표 데이터의 집계 및 통계 연산

판다스의 Series 데이터와 DataFrame 데이터도 넘파이의 배열에서 살펴본 통계 분석을 위한 다양한 메서드(sum(), mean(), std(), var(), min(), max(), cumsum(), cumprod() 등)를 그대로 이용할 수 있어 Series 데이터와 DataFrame 데이터의 통계량을 손쉽게 구할 수 있습니다. 판다스의 DataFrame 데이터에 sum(), mean(), std(), var(), min(), max(), cumsum(), cumprod() 메서드를 적용할 때 axis 옵션을 axis=0으로 지정하면 DataFrame 데이터의 values에서 index 방향으로 연산을 수행하고, axis=1로 지정하면 DataFrame 데이터의 values에서 columns 방향으로 연산을 수행합니다. axis 옵션을 지정하지 않으면 기본적으로 axis=0이 지정됩니다.

판다스의 통계 분석을 위한 메서드의 사용 예를 살펴보기 위해 앞에서 생성한 우리나라의 연도별 계절 강수량을 기록한 CSV 데이터 파일(korea_rain1.csv)을 읽어와서 DataFrame 데이터를 생성하겠습니다.

```
In:    import pandas as pd

       # CSV 파일 이름 지정
       csv_file = "C:/myPyExcel/data/ch05/korea_rain1.csv"

       # CSV 파일을 읽어와서 DataFrame 데이터 생성
       df = pd.read_csv(csv_file, encoding="utf8", index_col='연도')
       df
```

	봄	여름	가을	겨울
연도				
2014	215.9	599.8	293.1	76.9
2015	223.2	387.1	247.7	109.1
2016	312.8	446.2	381.6	108.1
2017	118.6	609.7	172.5	75.6
2018	368.1	586.5	351.2	66.5

다음은 앞에서 생성한 우리나라의 연도별 계절 강수량의 DataFrame 데이터에 대해 계절별 강수량의 평균(mean)과 표준 편차(std)를 구해보겠습니다.

In: df.mean() # df.mean(axis=0)와 동일

Out: 봄   247.72
여름   525.86
가을   289.22
겨울   87.24
dtype: float64

In: df.std() # df.std(axis=0)와 동일

Out: 봄   96.193123
여름   102.192872
가을   83.273807
겨울   19.909495
dtype: float64

앞에서는 계절별로 강수량의 평균과 표준 편차를 구했는데 다음과 같이 axis=1 옵션을 지정하면 연산의 방향이 columns 방향으로 설정돼서 연도별 강수량의 평균과 표준 편차를 구할 수 있습니다.

In: df.mean(axis=1)

Out: 연도
2014   296.425
2015   241.775
2016   312.175
2017   244.100

```
2018    343.075
dtype: float64
```

In: `df.std(axis=1)`

Out: 연도
```
2014    221.150739
2015    114.166760
2016    146.548658
2017    246.936173
2018    213.261754
dtype: float64
```

판다스에는 다음과 같이 데이터 개수, 평균, 표준 편차, 최솟값, 최댓값 등 기본 통계량을 한꺼번에 구할 수 있는 describe() 메서드도 있습니다.

In: `df.describe()`

Out:

	봄	여름	가을	겨울
count	5.000000	5.000000	5.000000	5.000000
mean	247.720000	525.860000	289.220000	87.240000
std	96.193123	102.192872	83.273807	19.909495
min	118.600000	387.100000	172.500000	66.500000
25%	215.900000	446.200000	247.700000	75.600000
50%	223.200000	586.500000	293.100000	76.900000
75%	312.800000	599.800000	351.200000	108.100000
max	368.100000	609.700000	381.600000	109.100000

표 데이터 선택

데이터 분석을 진행할 때 주어진 데이터에서 원하는 데이터만 추출하거나 원하지 않는 데이터를 제거하는 작업은 빈번하게 발생합니다. 이번에는 판다스의 Series 데이터와 DataFrame 데이터에서 특정한 행이나 열 데이터를 선택하거나, 원하지 않는 데이터를 삭제하는 방법을 살펴보겠습니다.

행 데이터 선택

판다스의 Series와 DataFrame은 loc나 iloc를 이용해 행 데이터를 선택할 수 있습니다. 다음은 판다스의 Series 데이터와 DataFrame 데이터 객체에서 loc나 iloc로 원하는 행 데이터를 선택하는 방법입니다.

먼저 loc를 이용해 행 데이터를 선택하는 방법은 다음과 같습니다.

```
Series_data.loc[index_label_item]
DataFrame_data.loc[index_label_item]
```

위를 수행하면 선택한 행 데이터를 반환합니다. 여기서 index_label_item은 지정된 index 라벨에 기반한 지정 방식을 의미하며 다음과 같이 세 가지 방법으로 지정할 수 있습니다.

- index 라벨: index 라벨 하나(예: 'a', 'b', 'd')를 지정합니다. 하나의 행 데이터를 반환하는데 Series 데이터(Series_data)의 경우 요소값으로 반환하고, DataFrame 데이터(DataFrame_data)의 경우 Series로 반환합니다.

- index 라벨 리스트나 배열: index 라벨을 요소로 갖는 리스트나 배열(예: ['a', 'b', 'e'], ['가', '나', '다'])로 지정합니다. 여러 행의 데이터를 반환하는데 Series 데이터(Series_data)의 경우 Series로 반환하고, DataFrame 데이터(DataFrame_data)의 경우 DataFrame으로 반환합니다.

- index 라벨 슬라이싱: index 라벨을 이용한 슬라이싱(예: 'a':'d', 'a':'e': 2)으로 지정합니다. 지정한 범위의 행 데이터를 반환하는데 Series 데이터(Series_data)의 경우 Series로 반환하고, DataFrame 데이터(DataFrame_data)의 경우 DataFrame으로 반환합니다. index 라벨 슬라이싱의 경우는 정수 위치에 기반한 지정 방식과 다르게 범위는 index_start_라벨 ~ index_end_라벨이 됩니다.

다음은 iloc를 이용해 행 데이터를 선택하는 방법입니다.

```
Series_data.iloc[index_pos_item]
DataFrame_data.iloc[index_pos_item]
```

위를 수행하면 선택한 행 데이터를 반환합니다. 여기서 index_pos_item은 index 라벨의 위치(position)에 기반한 지정 방식을 의미하며 다음과 같이 세 가지 방법으로 지정할 수 있습니다. 이때 index 라벨의 위치는 리스트나 넘파이 배열처럼 0부터 시작하는 정수(integer)로 지정합니다.

- index 위치: index 라벨의 위치(예: 0, 1, -1, 2)를 지정합니다. 하나의 행 데이터를 반환하는데 Series 데이터(Series_data)의 경우 요소값으로 반환하고, DataFrame 데이터(DataFrame_data)의 경우 Series로 반환합니다.

- index 위치 리스트나 배열: index 라벨 위치를 요소로 갖는 리스트나 배열(예: [0, 1, 2], [-1, -2, 2, 7])로 지정합니다. 여러 행의 데이터를 반환하는데 Series 데이터(Series_data)의 경우 Series로 반환하고, DataFrame 데이터 (DataFrame_data)의 경우 DataFrame으로 반환합니다.

- index 위치 슬라이싱: index 라벨 위치를 이용한 슬라이싱(예: 0:8, 0:10:1, 9::-1)으로 지정합니다. 지정한 범위의 행 데이터를 반환하는데 Series 데이터(Series_data)의 경우 Series로 반환하고, DataFrame 데이터(DataFrame_data)의 경우 DataFrame으로 반환합니다.

Series 데이터에서 행 데이터를 선택하는 예를 살펴보기 위해 아래와 같이 Series 데이터를 생성하겠습니다.

```
In:    import pandas as pd
       import numpy as np

       index_data = ['a', 'b', 'c', 'd', 'e']    # index용 데이터
       data = [0.0, 1.0, 2.0, 3.0, 4.0]          # 데이터
       s1 = pd.Series(data, index = index_data)
       s1
```

```
Out:   a    0.0
       b    1.0
       c    2.0
       d    3.0
       e    4.0
       dtype: float64
```

이제 loc을 이용해 앞에서 생성한 Series 데이터(s1)에서 원하는 행 데이터를 선택하는 예를 살펴보겠습니다.

```
In:    s1.loc['a'] # index 라벨 지정으로 하나의 행 데이터 선택
```

```
Out:   0.0
```

```
In:    s1.loc[['a', 'c', 'e']] # index 라벨 리스트 지정으로 여러 행의 데이터를 선택
```

```
Out:   a    0.0
       c    2.0
       e    4.0
       dtype: float64
```

```
In:    s1.loc[['e', 'b', 'a']] # index 라벨 리스트 지정으로 여러 행의 데이터를 선택

Out:   e    4.0
       b    1.0
       a    0.0
       dtype: float64
```

```
In:    s1.loc['b':'d'] # index 라벨 슬라이싱으로 여러 행의 데이터를 선택

Out:   b    1.0
       c    2.0
       d    3.0
       dtype: float64
```

앞의 예에서 index 라벨 리스트를 이용해 여러 개의 행 데이터를 선택하는 경우 지정한 index 라벨의 순서에 따라서 반환되는 행 데이터의 순서가 결정되는 것을 볼 수 있습니다.

다음은 iloc를 이용해 Series 데이터(s1)에서 원하는 행 데이터를 선택하는 예를 살펴보겠습니다.

```
In:    s1.iloc[1] # index 위치 지정으로 하나의 행 데이터를 선택

Out:   1.0
```

```
In:    s1.iloc[[0, 2, 4]] # index 위치 리스트 지정으로 여러 행의 데이터를 선택

Out:   a    0.0
       c    2.0
       e    4.0
       dtype: float64
```

```
In:    s1.iloc[1:4] # index 위치 슬라이싱으로 여러 행의 데이터를 선택

Out:   b    1.0
       c    2.0
       d    3.0
       dtype: float64
```

Series 데이터에서 선택한 행 데이터에도 스칼라 값을 지정하면 해당 요소의 값을 모두 하나의 스칼라 값으로 변경할 수 있습니다. 다음은 선택한 행 데이터에 스칼라 값을 지정한 예입니다.

```
In:    s1.loc['a':'c'] = 10 # 여러 행의 데이터에 스칼라 값을 지정
       s1
```

```
Out:   a    10.0
       b    10.0
       c    10.0
       d     3.0
       e     4.0
       dtype: float64
```

```
In:    s1.iloc[3:5] = 20
       s1
```

```
Out:   a    10.0
       b    10.0
       c    10.0
       d    20.0
       e    20.0
       dtype: float64
```

이번에는 DataFrame 데이터에서 행 데이터를 선택하는 예를 살펴보기 위해 아래와 같이 DataFrame 데이터를 생성하겠습니다.

```
In:    dict_data = {'A': [0, 10, 20, 30, 40],
                    'B': [0, 0.1, 0.2, 0.3, 0.4],
                    'C': [0, 100, 200, 300, 400]} # 딕셔너리 데이터

       index_data = ['a', 'b', 'c', 'd', 'e']      # index 지정용 데이터

       df1 = pd.DataFrame(dict_data, index=index_data) # 딕셔너리 데이터로부터 DataFrame 데이터 생성
       df1
```

Out:

	A	B	C
a	0	0.0	0
b	10	0.1	100
c	20	0.2	200
d	30	0.3	300
e	40	0.4	400

이제 loc을 이용해 앞에서 생성한 DataFrame 데이터(df1)에서 원하는 행 데이터를 선택하는 예를 살펴보겠습니다.

In: `df1.loc['a']` *# index 라벨 지정으로 하나의 행 데이터를 선택*

Out:
```
A    0.0
B    0.0
C    0.0
Name: a, dtype: float64
```

In: `df1.loc[['a', 'c', 'e']]` *# index 라벨 리스트 지정으로 여러 행의 데이터를 선택*

Out:

	A	B	C
a	0	0.0	0
c	20	0.2	200
e	40	0.4	400

In: `df1.loc['b':'d']` *# index 라벨 슬라이싱으로 여러 행의 데이터를 선택*

Out:

	A	B	C
b	10	0.1	100
c	20	0.2	200
d	30	0.3	300

다음은 iloc을 이용해 DataFrame 데이터(df1)에서 원하는 행 데이터를 선택하는 예를 살펴보겠습니다.

In: `df1.iloc[2]` *# index 위치 지정으로 하나의 행 데이터를 선택*

Out:
```
A     20.0
B      0.2
C    200.0
Name: c, dtype: float64
```

```
In:   df1.iloc[[1, 3, 4]] # index 위치 리스트 지정으로 여러 행의 데이터를 선택
```

Out:

	A	B	C
b	10	0.1	100
d	30	0.3	300
e	40	0.4	400

```
In:   df1.iloc[1:3] # index 위치 슬라이싱으로 여러 행의 데이터를 선택
```

Out:

	A	B	C
b	10	0.1	100
c	20	0.2	200

판다스 DataFrame 데이터에서 선택한 행 데이터에도 스칼라 값을 지정하면 해당 요소의 값을 모두 하나의 스칼라 값으로 변경할 수 있습니다. 다음은 선택한 행 데이터에 스칼라 값을 지정한 예입니다.

```
In:   df1.loc['a':'c'] = 50
      df1
```

Out:

	A	B	C
a	50	50.0	50
b	50	50.0	50
c	50	50.0	50
d	30	0.3	300
e	40	0.4	400

판다스의 Series는 다음과 같이 loc나 iloc 없이도 index 위치나 라벨을 바로 지정해 행 데이터를 선택할 수 있습니다.

```
Series_data[index_label_item]
Series_data[index_pos_item]
```

위와 같이 실행하면 선택한 행 데이터를 반환합니다. 이때 index 라벨에 기반한 지정 방식(index_label_item)이나 index 라벨의 정수 위치에 기반한 지정 방식(index_pos_item)을 구분 없이 이용할 수 있습니다.

다음은 Series 데이터에서 loc나 iloc 없이 행 데이터를 선택하는 예를 살펴보기 위해 아래와 같이 Series 데이터를 생성하겠습니다.

```
In:    index_data = ['a', 'b', 'c', 'd', 'e'] # index용 데이터
       data = [0, 1, 2, 3, 4] # 데이터

       s2 = pd.Series(data, index=index_data)
       s2
```

```
Out:   a    0
       b    1
       c    2
       d    3
       e    4
       dtype: int64
```

이제 앞에서 생성한 Series 데이터(s2)로 loc나 iloc 없이 행 데이터를 선택하는 예를 살펴보겠습니다.

```
In:    s2['a'] # index 라벨 지정으로 하나의 행 데이터를 선택
```

```
Out:   0
```

```
In:    s2[['a', 'c']] # index 라벨 리스트 지정으로 여러 행의 데이터를 선택
```

```
Out:   a    0
       c    2
       dtype: int64
```

```
In:    s2['c':'e'] # index 라벨 슬라이싱으로 여러 행의 데이터를 선택
```

```
Out:   c    2
       d    3
       e    4
       dtype: int64
```

```
In:    s2['a':'e':2] # index 라벨 슬라이싱으로 여러 행의 데이터를 선택
```

```
Out:   a    0
       c    2
       e    4
       dtype: int64
```

```
In:    s2[0] # index 위치 지정으로 하나의 행 데이터를 선택

Out:   0
```

```
In:    s2[[1, 2, 4]] # index 위치 리스트 지정으로 여러 행의 데이터를 선택

Out:   b    1
       c    2
       e    4
       dtype: int64
```

```
In:    s2[0:5:2] # index 위치 슬라이싱으로 여러 행의 데이터를 선택

Out:   a    0
       c    2
       e    4
       dtype: int64
```

다음은 판다스의 Series 데이터나 DataFrame 데이터에 조건을 지정해 행 데이터를 선택하는 방법입니다.

```
Series_data[conditions]
DataFrame_data[conditions]
```

위를 수행하면 판다스의 Series 데이터나 DataFrame 데이터에서 conditions(Series 데이터를 이용해 만든 조건)을 만족하는 Series 데이터나 DataFrame 데이터의 행 데이터를 반환합니다. 이것을 판다스의 Series 데이터나 DataFrame 데이터의 불 인덱싱이라고 합니다. 조건인 conditions에서 배열의 불 인덱싱에서 이용한 &(and), |(or), ~(not) 기호를 이용해 여러 조건이 복합된 조건을 만들 수 있습니다.

다음은 판다스의 Series 데이터와 DataFrame 데이터에 대해 불 인덱싱을 수행한 예를 살펴보겠습니다. 이를 위해 먼저 Series 데이터와 DataFrame 데이터를 생성합니다.

```
In:    # Series 데이터 생성
       s = pd.Series(range(-3, 6))
       s

Out:   0    -3
       1    -2
```

```
2   -1
3    0
4    1
5    2
6    3
7    4
8    5
dtype: int64
```

In: # DataFrame 데이터 생성
        dict_data = {'지점': ['서울', '대전', '대구', '부산', '광주'],
                     '1월': [558, 234, 340, 380, 213],
                     '2월': [437, 216, 238, 290, 194],
                     '3월': [337, 196, 209, 272, 186]} # 딕셔너리 데이터

        df = pd.DataFrame(dict_data) # 딕셔너리 데이터로부터 DataFrame 데이터 생성
        df

Out:

	지점	1월	2월	3월
0	서울	558	437	337
1	대전	234	216	196
2	대구	340	238	209
3	부산	380	290	272
4	광주	213	194	186

위 Series 데이터(s)의 값에서 0보다 큰 행 데이터만 가져오려면 다음과 같이 수행합니다.

In: s[s > 0] # 조건을 만족하는 행 데이터 가져오기

Out: 4   1
        5   2
        6   3
        7   4
        8   5
        dtype: int64

Series 데이터(s)에 다음과 같이 &로 여러 조건을 연결해 모든 조건 만족하는 행 데이터만 가져올 수 있습니다.

```
In:   s[(s >= -2) & (s%2 == 0)] # 두 조건을 모두 만족하는 행 데이터 가져오기
```

```
Out:  1   -2
      3    0
      5    2
      7    4
      dtype: int64
```

앞의 DataFrame 데이터(df)에서 1월 열 데이터의 값이 300이상인 조건을 만족하는 행 데이터를 가져오려면 다음과 같이 수행합니다.

```
In:   df[df['1월'] >= 300] # 조건을 만족하는 행 데이터 가져오기
```

Out:

	지점	1월	2월	3월
0	서울	558	437	337
2	대구	340	238	209
3	부산	380	290	272

DataFrame 데이터(df)의 지점 열 데이터의 값이 서울이거나 부산인 조건을 만족하는 행 데이터를 가져오려면 다음과 같이 수행합니다.

```
In:   df[(df['지점'] == '서울') | (df['지점'] == '부산')] # 둘 중 하나만 만족해도 행을 선택
```

Out:

	지점	1월	2월	3월
0	서울	558	437	337
3	부산	380	290	272

Series의 isin() 메서드를 이용해서도 Series나 DataFrame 데이터의 불 인덱싱 기능을 수행할 수 있습니다. Series의 isin(list_data) 메서드는 리스트 데이터(list_data)의 요소가 Series 데이터의 값에 있는지를 요소별로 검사해서 있으면 True, 없으면 False를 갖는 불(boolean) 벡터를 반환합니다. 다음은 isin()을 이용해 DataFrame 데이터(df)의 지점 열 데이터 값에 서울이나 부산이 있는 행 데이터를 가져오는 예입니다.

```
In:    df[df['지점'].isin(['서울','부산'])]
```

```
Out:
        지점    1월    2월    3월
    0   서울   558   437   337
    3   부산   380   290   272
```

판다스의 DataFrame에서 행 방향으로 데이터가 많은 경우 전체를 출력하면 너무 많은 데이터가 출력돼서 보기 불편합니다. 이때 전체 데이터 중 처음이나 끝 일부 행만 선택해 출력하면 데이터 구조를 파악하는 데 오히려 편리할 때가 있습니다. 다음은 head()와 tail()을 이용해 DataFrame 데이터 중 처음과 끝 일부 행만 선택하는 방법을 보여줍니다.

```
DataFrame_data.head([n])
DataFrame_data.tail([n])
```

여기서 n은 양의 정수로 head(n)은 DataFrame 데이터(DataFrame_data)에서 처음 n개의 행 데이터를 반환하고 tail(n)은 마지막 n개의 행 데이터를 반환합니다. n을 지정하지 않으면 기본값인 5가 지정됩니다.

DataFrame 데이터에서 head()와 tail()를 이용하는 예제를 위해 다음과 같이 DataFrame 데이터를 생성합니다.

```
In:    dict_data = { '제품ID':['P501', 'P502', 'P503', 'P504', 'P505', 'P506', 'P507'],
                     '판매가격':[6400, 5400, 9400, 10400, 9800, 1200, 3400],
                     '판매량':[63, 56, 98, 48, 72, 59, 43],
                     '이익률':[0.30, 0.21, 0.15, 0.25, 0.45, 0.47, 0.32]}  # 딕셔너리 데이터

       df2 = pd.DataFrame(dict_data)
       df2
```

Out:

	제품ID	판매가격	판매량	이익률
0	P501	6400	63	0.30
1	P502	5400	56	0.21
2	P503	9400	98	0.15
3	P504	10400	48	0.25
4	P505	9800	72	0.45
5	P506	1200	59	0.47
6	P507	3400	43	0.32

다음은 생성한 DataFrame 데이터(df2)에 head()와 tail()을 이용해 처음과 끝의 행 데이터를 선택하는 예입니다.

In: df2.head() # 처음 5개의 행 데이터 선택

Out:

	제품ID	판매가격	판매량	이익률
0	P501	6400	63	0.30
1	P502	5400	56	0.21
2	P503	9400	98	0.15
3	P504	10400	48	0.25
4	P505	9800	72	0.45

In: df2.head(2) # 처음 2개의 행 데이터 선택

Out:

	제품ID	판매가격	판매량	이익률
0	P501	6400	63	0.30
1	P502	5400	56	0.21

In: df2.tail() # 마지막 5개의 행 데이터 선택

Out:

	제품ID	판매가격	판매량	이익률
2	P503	9400	98	0.15
3	P504	10400	48	0.25
4	P505	9800	72	0.45
5	P506	1200	59	0.47
6	P507	3400	43	0.32

`df2.tail(3)` *# 마지막 3개의 행 데이터 선택*

Out:

	제품ID	판매가격	판매량	이익률
4	P505	9800	72	0.45
5	P506	1200	59	0.47
6	P507	3400	43	0.32

열 데이터 선택

판다스의 Series는 열 데이터를 별도로 선택할 필요가 없으므로 DataFrame에 대해서만 열 데이터를 선택하는 방법을 알아보겠습니다.

다음과 같은 방법으로 DataFrame의 열 데이터를 선택할 수 있습니다.

```
DataFrame_data[columns_name_item]
```

여기서 columns_name_item은 열 이름(column name)에 기반한 지정 방식을 의미하며 다음과 같이 두 가지 방법으로 지정할 수 있습니다.

- 열 이름: DataFrame 데이터의 열 이름(예: 'A', 'B', 'C')을 지정합니다. 하나의 열 데이터를 Series 형식으로 반환합니다.
- 열 이름 리스트나 배열: 열 이름을 요소로 갖는 리스트나 배열(예: ['A'], ['A', 'B', 'C'])을 지정합니다. 지정한 여러 열 데이터를 DataFrame 형식으로 반환합니다.

다음은 앞에서 생성한 DataFrame 데이터(df2)의 열 데이터를 선택하는 예입니다.

In: `df2['제품ID']`

```
Out:  0    P501
      1    P502
      2    P503
      3    P504
      4    P505
      5    P506
      6    P507
      Name: 제품ID, dtype: object
```

DataFrame 데이터에서 하나의 열 데이터를 선택하면 위의 출력 결과처럼 Series 형식으로 반환합니다. 하나의 열 데이터라도 DataFrame 형식으로 반환하려면 다음과 같이 열 이름을 리스트 형식으로 만들어서 지정하면 됩니다.

In: `df2[['제품ID']]`

Out:

	제품ID
0	P501
1	P502
2	P503
3	P504
4	P505
5	P506
6	P507

여러 개의 열 데이터를 선택하려면 다음과 같이 원하는 열 이름을 리스트로 만들어서 지정하면 됩니다. 이때 지정한 열 이름 순서에 따라서 반환되는 열 데이터의 순서가 결정됩니다.

In: `df2[['제품ID', '이익률', '판매가격']]`

Out:

	제품ID	이익률	판매가격
0	P501	0.30	6400
1	P502	0.21	5400
2	P503	0.15	9400
3	P504	0.25	10400
4	P505	0.45	9800
5	P506	0.47	1200
6	P507	0.32	3400

판다스 DataFrame 데이터에서 선택한 열 데이터에도 스칼라 값을 지정하면 해당 요소의 값을 모두 하나의 스칼라 값으로 변경할 수 있습니다. 다음은 선택한 열 데이터에 스칼라 값을 지정한 예입니다.

 # 지정한 열 데이터의 모든 값을 스칼라값으로 변경
df2['이익률'] = 0.5 *# '이익률' 열 데이터를 0.5로 변경*
df2

Out:

	제품ID	판매가격	판매량	이익률
0	P501	6400	63	0.5
1	P502	5400	56	0.5
2	P503	9400	98	0.5
3	P504	10400	48	0.5
4	P505	9800	72	0.5
5	P506	1200	59	0.5
6	P507	3400	43	0.5

행과 열 데이터 선택

다음과 같은 방법으로 DataFrame 데이터에서 원하는 행과 열을 선택할 수 있습니다.

```
DataFrame_data.loc[index_label_item, columns_name_item]
DataFrame_data.iloc[index_pos_item, columns_pos_item]
```

여기서 index_label_item, columns_name_item, index_pos_item은 앞에서 행과 열을 선택할 때 살펴본 방법
대로 지정할 수 있습니다. columns_pos_item은 열 위치를 정수로 표시하며 사용 방법은 index_pos_item
과 같습니다. loc를 이용할 때 index_label_item 대신 조건을 지정한 불 인덱싱을 이용할 수도 있습니다.

다음은 DataFrame 데이터에서 행과 열 데이터를 선택하는 예를 살펴보겠습니다. 이를 위해 먼저
DataFrame 데이터를 아래와 같이 생성합니다.

In:
```
dict_data = {'A': [0, 1, 2, 3, 4],
             'B': [10, 11, 12, 13, 14],
             'C': [20, 21, 22, 23, 24]} # 딕셔너리 데이터

index_data = ['a', 'b', 'c', 'd', 'e'] # index 지정용 데이터

df = pd.DataFrame(dict_data, index=index_data) # DataFrame 데이터 생성
df
```

	A	B	C
a	0	10	20
b	1	11	21
c	2	12	22
d	3	13	23
e	4	14	24

앞에서 생성한 DataFrame 데이터(df)에서 index 라벨이 a인 행 데이터 중에서 A 열의 데이터만 가져오려면 다음과 같이 수행합니다.

In: `df.loc['a', 'A'] # loc 이용`

Out: 0

In: `df.iloc[0, 0] #iloc 이용`

Out: 0

또한 생성한 DataFrame 데이터(df)에서 index 라벨이 a~c까지 행 데이터 중에서 A열과 B 열의 데이터를 가져오려면 다음과 같이 수행합니다.

In: `df.loc['a':'c', ['A', 'B']] # loc 이용`

Out:

	A	B
a	0	10
b	1	11
c	2	12

In: `df.iloc[0:3, 0:2] # iloc 이용`

Out:

	A	B
a	0	10
b	1	11
c	2	12

다음은 조건을 지정해 행을 선택하는 불 인덱싱을 이용해 DataFrame 데이터의 행과 열을 선택하는 예입니다.

In: `df.loc[df['A']>2, ['A', 'B']] # loc 이용`

Out:
	A	B
d	3	13
e	4	14

위에서 조건(df['A']>2)을 이용한 불 인덱싱을 수행하면 A 열의 데이터 중 2보다 큰 값이 있는 행만 선택합니다. 그 후에 ['A', 'B']에 의해 선택한 행 중에서 A열과 B 열의 데이터만 가져옵니다.

DataFrame 데이터(df)에 대해 loc나 iloc로 선택한 행과 열과 데이터에도 스칼라 값을 지정하면 해당 요소의 값을 모두 하나의 스칼라 값으로 변경할 수 있습니다. 다음은 이를 위한 예입니다.

In:
```
df.loc['a':'c', ['A', 'B']] = 50 # 스칼라 값 지정
df
```

Out:
	A	B	C
a	50	50	20
b	50	50	21
c	50	50	22
d	3	13	23
e	4	14	24

In:
```
df.iloc[3:5, 1:3] = 100 # 스칼라 값 지정
df
```

Out:
	A	B	C
a	50	50	20
b	50	50	21
c	50	50	22
d	3	100	100
e	4	100	100

```
In:    df.loc[df['B']<70, 'B'] = 70 # 스칼라 값 지정
       df
```

Out:

	A	B	C
a	50	70	20
b	50	70	21
c	50	70	22
d	3	100	100
e	4	100	100

DataFrame 데이터에 대해 loc로 선택한 행과 열 데이터에 스칼라 값을 지정할 때 열 이름이 기존 DataFrame 데이터에 없다면 새롭게 열 이름을 생성해 열 데이터를 추가합니다. 다음은 이를 위한 예입니다.

```
In:    df.loc[df['C']<30, 'D'] = 40 # loc 이용. 스칼라 값 지정
       df
```

Out:

	A	B	C	D
a	50	70	20	40.0
b	50	70	21	40.0
c	50	70	22	40.0
d	3	100	100	NaN
e	4	100	100	NaN

위의 출력 결과를 보면 DataFrame 데이터(df)에서 조건(df['C']<30)을 만족하는 행에 대해 입력한 스칼라 값(40)을 갖는 새로운 D 열 데이터가 생성된 것을 볼 수 있습니다.

DataFrame에서 하나의 열 이름(column_name)만 지정해 열 데이터를 선택하는 경우에는 다음과 같은 방법으로도 행 데이터를 지정할 수도 있습니다.

```
DataFrame_data[column_name][index_label_item]
DataFrame_data[column_name][index_pos_item]
```

여기서 index_label_item과 index_pos_item은 앞에서 행을 선택할 때 살펴본 방법대로 지정할 수 있습니다. 위를 수행하면 선택한 하나의 열(column_name) 데이터에 대해 행 데이터를 반환합니다. 여기서 index_label_item나 index_pos_item 대신 조건을 지정한 불 인덱싱을 이용할 수도 있습니다. 이와 같이 loc나 iloc 없이 행 데이터를 선택할 수 있는 이유는 DataFrame_data[column_name]의 수행 결과가 Series 로 반환되기 때문입니다.

다음은 위의 방법으로 열 데이터를 선택 예를 살펴보겠습니다. 이를 위해 우선 아래와 같이 DataFrame 데이터를 생성하겠습니다.

```
In:    dict_data = {'A': [0, 1, 2, 3],
                     'B': [4, 5, 6, 7],
                     'C': [8, 9, 10, 11]}  # 딕셔너리 데이터

       index_data = ['a', 'b', 'c', 'd']  # index 지정용 데이터

       df1 = pd.DataFrame(dict_data, index=index_data) # DataFrame 데이터 생성
       df1
```

Out:

	A	B	C
a	0	4	8
b	1	5	9
c	2	6	10
d	3	7	11

DataFrame 데이터에서 하나의 열 이름만 지정해 loc나 iloc 없이 열 데이터를 선택하는 예는 다음과 같습니다.

```
In:    df1['C']['c']  # 하나의 열 선택 후 하나의 행 선택(index 라벨)
```

Out: 10

```
In:    df1['C'][2]  # 하나의 열 선택 후 하나의 행 선택(index 위치)
```

Out: 10

```
In:   df1['C'][[0,1,3]] # 하나의 열 선택 후 리스트로 여러 행을 선택
```

```
Out:  a    8
      b    9
      d    11
      Name: C, dtype: int64
```

```
In:   df1['C']['a':'d'] # 하나의 열 선택 후 슬라이싱으로 여러 행을 선택
```

```
Out:  a    8
      b    9
      c    10
      d    11
      Name: C, dtype: int64
```

```
In:   df1['C'][df1['B']>=5] # 하나의 열 선택 후 조건을 지정해 행을 선택
```

```
Out:  b    9
      c    10
      d    11
      Name: C, dtype: int64
```

DataFrame 데이터를 다루다 보면 행과 열을 바꿔야 할 때도 있습니다. 행렬의 행과 열을 바꾸는 것을 전치(transpose)라고 하며, 판다스에서는 다음과 같은 방법으로 DataFrame 데이터의 행과 열을 바꿀 수 있습니다.

```
DataFrame_data.T
```

다음은 앞에서 생성한 DataFrame 데이터(df1)의 전치를 구하는 예입니다.

```
In:   df1.T
```

Out:

	a	b	c	d
A	0	1	2	3
B	4	5	6	7
C	8	9	10	11

행이나 열 데이터 삭제

데이터를 선별할 때 필요한 데이터를 선택할 수도 있지만 필요 없는 데이터를 버릴 수도 있습니다. 이번에는 Series 데이터나 DataFrame 데이터에서 필요 없는 데이터를 삭제하는 방법을 알아보겠습니다.

Series 데이터나 DataFrame 데이터에서 특정 행이나 열을 지정해 없애려면 다음과 같이 drop()을 이용합니다. 단, drop()은 결측치 검사 없이 지정한 행이나 열을 삭제하니 주의해야 합니다.

```
Series_data.drop(index = index_label)
DataFrame_data.drop(index = index_label 혹은 columns = column_name)
```

위와 같이 실행하면 특정 행이나 열을 없앤 나머지 데이터를 반환합니다. 이를 위해 index에 index 라벨(index_label)을 지정하거나 columns에 열 이름(column_name)을 지정할 수 있습니다. index 라벨(index_label)과 열 이름(column_name)은 하나를 지정할 수도 있고 리스트를 이용해 여러 개를 지정할 수 있습니다. 또한 DataFrame은 index나 columns 중 하나만 지정할 수도 있고 두 개 모두를 지정할 수도 있습니다.

예를 살펴보기 위해 먼저 Series 데이터를 다음과 같이 생성하겠습니다.

```
In:     import numpy as np
        import pandas as pd

        s3 = pd.Series([10, 20, 30, 40, np.nan, 60]) # Series 데이터 생성
        s3
```

```
Out:    0     10.0
        1     20.0
        2     30.0
        3     40.0
        4      NaN
        5     60.0
        dtype: float64
```

이제 생성한 Series 데이터(s3)에서 특정 행을 제거하는 예를 살펴보겠습니다.

```
In:    s3.drop(index = 0) # Series 데이터에서 하나의 행을 제거
```

```
Out:   1    20.0
       2    30.0
       3    40.0
       4     NaN
       5    60.0
       dtype: float64
```

```
In:    s3.drop(index = [1, 3, 5]) # Series 데이터에서 여러 행을 제거
```

```
Out:   0    10.0
       2    30.0
       4     NaN
       dtype: float64
```

다음은 C:\myPyExcel\data\ch05 디렉터리에 있는 CSV 파일(electric_products.csv)을 읽어와서 DataFrame 데이터를 생성하겠습니다.

```
In:    import pandas as pd

       # CSV 파일 경로
       folder = 'C:/myPyExcel/data/ch05/'
       csv_file = folder + 'electric_products.csv'

       # CSV 파일을 읽어와서 DataFrame 데이터 생성
       df3 = pd.read_csv(csv_file, encoding="utf-8")
       df3
```

Out:

	year	M1	M2	M3	M4
0	2014	20	15	NaN	NaN
1	2015	25	17	13.0	NaN
2	2016	24	19	15.0	NaN
3	2017	27	20	18.0	12.0
4	2018	30	19	17.0	14.0
5	2019	32	24	21.0	19.0

위의 DataFrame 데이터(df3)에서 index 레벨이 1과 2인 행 데이터를 제거하려면 다음과 같이 수행합니다.

In:
```
# DataFrame 데이터에서 여러 행을 제거
df3.drop(index=[1, 2])
```

Out:

	year	M1	M2	M3	M4
0	2014	20	15	NaN	NaN
3	2017	27	20	18.0	12.0
4	2018	30	19	17.0	14.0
5	2019	32	24	21.0	19.0

다음은 DataFrame 데이터(df3)에서 열 이름이 M3와 M4인 열의 데이터를 제거하겠습니다.

In:
```
# DataFrame 데이터에서 여러 열의 데이터를 제거
df3.drop(columns=['M3','M4'])
```

Out:

	year	M1	M2
0	2014	20	15
1	2015	25	17
2	2016	24	19
3	2017	27	20
4	2018	30	19
5	2019	32	24

이번에는 DataFrame 데이터(df3)에서 index 레벨이 1과 2인 행의 데이터와 열 이름이 M3와 M4인 열의 데이터를 모두 제거하겠습니다.

In:
```
# DataFrame 데이터에서 행과 열의 데이터를 제거
df3.drop(index=[1,2], columns=['M3','M4'])
```

	year	M1	M2
0	2014	20	15
3	2017	27	20
4	2018	30	19
5	2019	32	24

표 데이터 통합

데이터 분석과 처리를 할 때는 여러 데이터를 하나로 합치는 작업이 자주 일어납니다. 판다스에는 Series 데이터나 DataFrame 데이터를 가로나 세로 방향으로 연결하거나 병합하기 위한 다양한 메서드가 있습니다. 여기서는 주요 기능을 중심으로 Series 데이터나 DataFrame 데이터를 통합하는 방법을 살펴보겠습니다.

세로나 가로 방향으로 연결: concat()

판다스에서 Series 데이터나 DataFrame 데이터를 세로 방향(index 증가 방향)이나 가로 방향 (columns 증가 방향)으로 연결하려면 다음과 같이 concat()을 이용합니다.

```
pd.concat(Series_data_list 혹은 DataFrame_data_list
        [, axis = 0(기본) 혹은 1,
            ignore_index = True 혹은 False(기본),
            join = 'outer'(기본) 혹은 'inner' ])
```

위를 수행하면 Series 데이터 리스트(Series_data_list)나 DataFrame 데이터 리스트(DataFrame_data_list)의 데이터를 세로 방향이나 가로 방향으로 연결해 반환합니다. 다양한 옵션이 있지만 주요 옵션을 중심으로 살펴보겠습니다. axis 옵션은 연결 방향을 설정합니다. 세로 방향(index 방향)으로 연결하려면 axis=0이고 가로 방향(columns 방향)으로 연결하려면 axis=1입니다. axis 옵션을 지정하지 않으면 기본인 axis=0으로 설정됩니다. ignore_index 옵션은 원본 데이터의 index 사용 여부를 결정합니다. ignore_index=False이면 연결할 데이터의 index를 그대로 이용하고, ignore_index=True이면 연결할 원본 데이터의 index를 무시하고 0부터 시작해 순차적으로 증가하는 새로운 index를 생성합니다. ignore_index 옵션을 지정하지 않으면 기본인 ignore_index=False가 설정됩니다. 마지막으로 join 옵션은 연결할 데이터의 연결 방법을 지정합니다. join='outer'이면 모든 데이터를 선택하고, join='inner' 이면 공통 데이터만 선택합니다.

먼저 Series 데이터의 세로 연결 예를 살펴보기 위해 다음과 같이 Series 데이터를 생성하겠습니다.

```
In:    import pandas as pd

       s1 = pd.Series([10, 20, 30])
       s1
```

```
Out:   0    10
       1    20
       2    30
       dtype: int64
```

```
In:    s2 = pd.Series([40, 50, 60])
       s2
```

```
Out:   0    40
       1    50
       2    60
       dtype: int64
```

```
In:    s3 = pd.Series([70, 80, 90])
       s3
```

```
Out:   0    70
       1    80
       2    90
       dtype: int64
```

앞에서 생성한 Series 데이터(s1과 s2)를 세로 방향으로 연결하려면 다음과 같이 실행합니다.

```
In:    # 세로 방향으로 연결
       pd.concat([s1, s2])
```

```
Out:   0    10
       1    20
       2    30
       0    40
       1    50
       2    60
       dtype: int64
```

위의 출력 결과를 보면 Series 데이터(s1과 s2)가 세로 방향으로 연결됐는데, 원본 Series 데이터의 index는 유지됐습니다. index를 새롭게 지정하려면 다음과 같이 ignore_index=True 옵션을 추가합니다.

```
In:    # 기존 index를 무시하고 새로운 index를 생성
       pd.concat([s1, s2], ignore_index=True)
```

```
Out:   0     10
       1     20
       2     30
       3     40
       4     50
       5     60
       dtype: int64
```

위 출력 결과를 보면 두 개의 Series 데이터(s1과 s2)가 세로 방향으로 연결되고 index도 새롭게 지정된 것을 볼 수 있습니다.

다음은 세 개의 Series 데이터(s1, s2, s3)를 세로 방향으로 연결하는 예입니다.

```
In:    # 기존 index를 무시하고 새로운 index를 생성
       pd.concat([s1, s2, s3], ignore_index=True)
```

```
Out:   0     10
       1     20
       2     30
       3     40
       4     50
       5     60
       6     70
       7     80
       8     90
       dtype: int64
```

이번에는 DataFrame 데이터의 통합 예를 살펴보기 위해 아래처럼 DataFrame 데이터를 생성하겠습니다.

```
In:   df1 = pd.DataFrame({'물리':[95, 92, 98, 100],
                         '화학':[91, 93, 97, 99]})
      df1
```

Out:

	물리	화학
0	95	91
1	92	93
2	98	97
3	100	99

```
In:   df2 = pd.DataFrame({'물리':[87, 89],
                         '화학':[85, 90]})
      df2
```

Out:

	물리	화학
0	87	85
1	89	90

```
In:   df3 = pd.DataFrame({'물리':[72, 85]})
      df3
```

Out:

	물리
0	72
1	85

```
In:   df4 = pd.DataFrame({'생명과학':[94, 91, 94, 83],
                         '자구과학':[86, 94, 89, 93]})
      df4
```

Out:

	생명과학	자구과학
0	94	86
1	91	94
2	94	89
3	83	93

앞에서 생성한 DataFrame 데이터(df1과 df2)를 세로 방향으로 연결하려면 다음과 같이 수행합니다. 이때 index를 새롭게 지정하기 위해 ignore_index=True 옵션을 추가하겠습니다.

In:
```
# 세로 방향으로 연결하되 기존 index를 무시
pd.concat([df1, df2], ignore_index=True)
```

Out:

	물리	화학
0	95	91
1	92	93
2	98	97
3	100	99
4	87	85
5	89	90

DataFrame 데이터 df2와 df3처럼 columns의 개수가 같지 않을 때도 다음과 같이 DataFrame 데이터를 세로 방향으로 연결할 수 있습니다. 이때 데이터가 없는 부분은 NaN으로 채워집니다.

In:
```
# 세로 방향으로 연결하되 기존 index를 무시
pd.concat([df2, df3], ignore_index=True)
```

Out:

	물리	화학
0	87	85.0
1	89	90.0
2	72	NaN
3	85	NaN

공통으로 있는 데이터만 연결하려면 다음과 같이 join='inner' 옵션을 추가합니다.

In:
```
# 세로 방향으로 공통 데이터만 연결 (기존 index를 무시)
pd.concat([df2, df3], ignore_index=True, join='inner')
```

	물리
0	87
1	89
2	72
3	85

다음은 앞에서 생성한 DataFrame 데이터(df1과 df4)를 다음과 같이 axis=1 옵션을 추가해 가로 방향으로 연결하겠습니다.

In: # 가로 방향으로 연결
```
pd.concat([df1, df4], axis=1)
```

Out:

	물리	화학	생명과학	자구과학
0	95	91	94	86
1	92	93	91	94
2	98	97	94	89
3	100	99	83	93

DataFrame 데이터 df2와 df4처럼 index의 개수가 같지 않을 때도 다음과 같이 DataFrame 데이터를 가로 방향으로 연결할 수 있습니다.

In: # 가로 방향으로 모든 데이터 연결
```
pd.concat([df2, df4], axis=1)
```

Out:

	물리	화학	생명과학	자구과학
0	87.0	85.0	94	86
1	89.0	90.0	91	94
2	NaN	NaN	94	89
3	NaN	NaN	83	93

연결하려는 DataFrame 데이터에서 가로 방향으로 공통으로 있는 데이터만 연결하려면 다음과 같이 axis=1 옵션에 join='inner'옵션을 추가합니다.

```
In:     # 가로 방향으로 공통 데이터만 연결
        pd.concat([df2, df4], axis=1, join='inner')
```

Out:

	물리	화학	생명과학	자구과학
0	87	85	94	86
1	89	90	91	94

세로 방향으로 연결: append( )

판다스의 Series 데이터와 DataFrame 데이터에 새로운 데이터를 세로 방향(index 증가 방향)으로 합하려면 다음과 같이 append( )를 이용합니다.

```
Series_data.append(other_Series_data[, ignore_index = True 혹은 False(기본) ])
DataFrame_data.append(other_DataFrame_data[, ignore_index = True 혹은 False(기본) ])
```

위를 수행하면 Series 데이터(Series_data)나 DataFrame 데이터(DataFrame_data)에 다른 Series 데이터(other_Series_data)나 다른 DataFrame 데이터(other_DataFrame_data)를 세로 방향으로 연결한 결과를 반환합니다. 여기서 다른 Series 데이터(other_Series_data)는 하나의 Series 데이터일 수도 있고 Series 데이터 리스트일 수도 있으며, 마찬가지로 다른 DataFrame 데이터(other_DataFrame_data)도 하나의 DataFrame 데이터일 수도 있고 DataFrame 데이터 리스트일 수도 있습니다. 다양한 옵션 중 ignore_index 옵션은 연결할 데이터의 index를 그대로 유지할지 무시할지를 결정하는데 ignore_index=False이면 연결할 데이터의 index를 그대로 유지하고, ignore_index=True이면 연결할 데이터 index를 무시하고 새로운 index를 생성합니다.

다음은 append( )를 이용해 앞에서 생성한 Series 데이터(s1, s2, s3)를 세로 방향으로 연결하는 예를 살펴보겠습니다. 이때 ignore_index=True 옵션을 추가해 index를 새롭게 생성하겠습니다.

```
In:     # s1에 s2를 세로 방향으로 연결하되 기존 index를 무시하고 새로운 index를 생성
        s1.append(s2, ignore_index=True)
```

Out: 0   10
        1   20
        2   30
        3   40
        4   50

```
5    60
dtype: int64
```

In: *# s1에 s2, s3를 세로 방향으로 연결하되 기존 index를 무시하고 새로운 index를 생성*
    `s1.append([s2, s3], ignore_index=True)`

```
Out: 0    10
     1    20
     2    30
     3    40
     4    50
     5    60
     6    70
     7    80
     8    90
     dtype: int64
```

이번에는 append( )를 이용해 앞에서 생성한 DataFrame 데이터(df1, df2)를 세로 방향으로 연결하는 예를 살펴보겠습니다.

In: *# df1에 df2를 세로 방향으로 연결하되 기존 index를 무시하고 새로운 index를 생성*
    `df1.append(df2, ignore_index=True)`

Out:

	물리	화학
0	95	91
1	92	93
2	98	97
3	100	99
4	87	85
5	89	90

DataFrame 데이터 df2와 df3처럼 columns의 개수가 같지 않을 때도 append( )를 이용해 다음과 같이 DataFrame 데이터를 세로 방향으로 연결할 수 있습니다. 이때 데이터가 없는 부분은 NaN으로 채워집니다.

```
In:   # df2에 df3를 세로 방향으로 연결하되 기존 index를 무시하고 새로운 index를 생성
      df2.append(df3, ignore_index=True)
```

Out:

	물리	화학
0	87	85.0
1	89	90.0
2	72	NaN
3	85	NaN

하나의 DataFrame 데이터에 여러 개의 DataFrame 데이터를 세로 방향으로 연결할 수도 있습니다. 다음은 df1에 df2와 df3를 세로 방향으로 연결하는 예입니다.

```
In:   # df1에 df2, df3를 세로 방향으로 연결하되 기존 index를 무시하고 새로운 index를 생성
      df1.append([df2, df3], ignore_index=True)
```

Out:

	물리	화학
0	95	91.0
1	92	93.0
2	98	97.0
3	100	99.0
4	87	85.0
5	89	90.0
6	72	NaN
7	85	NaN

가로 방향(index 기준)으로 병합: join()

DataFrame 데이터끼리 index 기준으로 가로 방향(columns 증가 방향)으로 병합하려면 다음과 같이 join()을 이용합니다.

```
DataFrame_data.join(other_DataFrame_data
              [, lsuffix = str_left, rsuffix = str_right,
               how = join_method(기본: 'left') ])
```

05 _ 데이터 처리와 분석을 위한 라이브러리 249

위를 수행하면 DataFrame 데이터(DataFrame_data)에 index를 기준으로 가로 방향(columns 증가 방향)으로 다른 DataFrame 데이터(other_DataFrame_data)를 병합한 결과(DataFrame 데이터)를 반환합니다. 두 개의 DataFrame 데이터를 병합할 때 index는 공통이고 DataFrame_data의 열 데이터는 왼쪽에, other_DataFrame_data의 열 데이터는 오른쪽에 위치합니다. DataFrame_data의 열 이름과 other_DataFrame_data의 열 이름에 같은 것이 있다면 lsuffix에는 DataFrame_data의 열 이름에 추가할 문자열(str_left)을 지정하고, rsuffix에는 other_DataFrame_data의 열 이름에 추가할 문자열(str_right)을 지정합니다. 옵션 how는 index를 기준으로 두 DataFrame 데이터끼리 병합 방법(join_method)을 결정합니다. 표 5-6은 join() 이용 시 how 옵션에 따라 달라지는 병합 방법을 설명합니다. how 옵션을 지정하지 않으면 기본적으로 how='left'가 지정됩니다. 이 외에 다양한 옵션과 사용 방법이 있지만 여기는 다루지 않겠습니다.

표 5-6 join()의 how 옵션에 따른 병합 방법

how 옵션	설명
left	왼쪽 데이터는 모두 선택하고 왼쪽 index와 연관된 항목이 있는 오른쪽 데이터만 병합(기본)
right	오른쪽 데이터는 모두 선택하고 오른쪽 index와 연관된 항목이 있는 왼쪽 데이터만 병합
outer	index를 기준으로 왼쪽과 오른쪽 열 데이터를 모두 병합
inner	index를 기준으로 왼쪽과 오른쪽에 연관된 항목이 모두 있는 데이터만 병합

위에서 살펴본 join()의 예를 살펴보기 위해 우선 다음과 같이 DataFrame 데이터를 생성하겠습니다.

```
In:    dict_data = {'A': ['a0', 'a1', 'a2'],
                    'B': ['b0', 'b1', 'b2']}

       df_left1 = pd.DataFrame(dict_data)
       df_left1
```

```
Out:        A    B

       0    a0   b0

       1    a1   b1

       2    a2   b2
```

```
In:    dict_data = {'C': ['c0', 'c1', 'c2'],
                    'D': ['d0', 'd1', 'd2']}
```

```
df_right1 = pd.DataFrame(dict_data, index = [1, 2, 3])
df_right1
```

Out:

	C	D
1	c0	d0
2	c1	d1
3	c2	d2

In:
```
dict_data = {'A': ['a0', 'a1', 'a2'],
             'D': ['d0', 'd1', 'd2']}

df_right2 = pd.DataFrame(dict_data)
df_right2
```

Out:

	A	D
0	a0	d0
1	a1	d1
2	a2	d2

생성한 DataFrame 데이터 중 df_left1과 df_right1을 비교해보면 서로 index와 열 데이터의 이름이 다른 것을 볼 수 있습니다. 또한 df_left1과 df_right2의 경우는 서로 열 이름이 같은 열 데이터가 있는 것을 볼 수 있습니다.

이제 앞에서 생성한 DataFrame 데이터 df_left1과 df_right1에 대해 how 옵션에 따라서 병합 결과가 어떻게 달라지는지 살펴보겠습니다.

In:
```
# 왼쪽 데이터는 모두 선택, 왼쪽 index와 연관된 항목이 있는 오른쪽 데이터만 병합
df_left1.join(df_right1, how='left') # df_left1.join(df_right1)와 동일
```

Out:

	A	B	C	D
0	a0	b0	NaN	NaN
1	a1	b1	c0	d0
2	a2	b2	c1	d1

In: # 오른쪽 데이터는 모두 선택, 오른쪽 index와 연관된 항목이 있는 왼쪽 데이터만 병합
df_left1.join(df_right1, how='right')

Out:

	A	B	C	D
1	a1	b1	c0	d0
2	a2	b2	c1	d1
3	NaN	NaN	c2	d2

In: # index를 기준으로 왼쪽과 오른쪽 열 데이터를 모두 병합
df_left1.join(df_right1, how='outer')

Out:

	A	B	C	D
0	a0	b0	NaN	NaN
1	a1	b1	c0	d0
2	a2	b2	c1	d1
3	NaN	NaN	c2	d2

In: # index를 기준으로 왼쪽과 오른쪽에 연관된 항목이 모두 있는 데이터만 병합
df_left1.join(df_right1, how='inner')

Out:

	A	B	C	D
1	a1	b1	c0	d0
2	a2	b2	c1	d1

위의 출력 결과를 보면 옵션 how에 따라서 통합된 결과가 달라지는 것을 알 수 있습니다. 여기서 해당 항목에 데이터가 없는 경우에는 NaN으로 채워진 것을 볼 수 있습니다.

다음은 앞에서 생성한 DataFrame 데이터 df_left1과 df_right2을 통합해 보겠습니다. df_left1과 df_right2의 경우 열 이름이 같은 열 데이터가 있으므로 다음과 같이 lsuffix와 rsuffix 옵션을 지정해야 합니다. 지정하지 않으면 오류가 발생합니다.

In: # lsuffix와 rsuffix 옵션 추가
df_left1.join(df_right2, lsuffix ='_1', rsuffix='_2')

	A_1	B	A_2	D
0	a0	b0	a0	d0
1	a1	b1	a1	d1
2	a2	b2	a2	d2

출력 결과를 보면 lsuffix와 rsuffix에 지정한 문자열 '_1'과 '_2'가 각각 왼쪽과 오른쪽의 공통 열 이름 다음에 추가된 것을 볼 수 있습니다.

참고로 앞에서 살펴본 concat()는 DataFrame의 열에 공통된 열 이름이 있더라도 다음과 같이 특별한 지정없이 연결할 수 있습니다.

In: `pd.concat([df_left1, df_right2], axis=1) # 가로 방향으로 연결`

Out:

	A	B	A	D
0	a0	b0	a0	d0
1	a1	b1	a1	d1
2	a2	b2	a2	d2

가로 방향(열 기준)으로 병합: merge()

DataFrame 데이터끼리 열을 기준으로 가로 방향(columns 증가 방향)으로 병합하려면 다음과 같이 merge()를 이용합니다.

```
DataFrame_left.merge(DataFrame_right
                [, how = merge_method(기본: 'inner'), on = key_label,
                 left_on = left_key_label, right_on = right_key_label,
                 suffixes = (str_left, str_right) ])
```

위를 수행하면 DataFrame 데이터(DataFrame_left)에 특정 열(key)를 기준으로 다른 DataFrame 데이터(DataFrame_right)를 가로 방향(columns 증가 방향)으로 병합한 결과(DataFrame 데이터)를 반환합니다. 여러 옵션이 있지만 주요 옵션만 살펴보겠습니다.

- on: DataFrame 데이터 DataFrame_left와 DataFrame_right에서 공통으로 있는 열 중에서 키(key)로 지정하고 싶은 열 이름(key_label)을 지정합니다. 열 이름(key_label)은 하나를 지정할 수도 있고 리스트로 지정할 수도 있습니다. 지정하지 않으면 DataFrame 데이터 DataFrame_left과 DataFrame_right에 공통으로 있는 열 이름이 자동 지정됩니다.

- left_on과 right_on: DataFrame 데이터 DataFrame_left와 DataFrame_right에서 키(key)로 지정하고 싶은 열의 열 이름(left_key_label과 right_key_label)을 지정합니다. 이 옵션은 항상 쌍으로 쓰며 on 옵션과는 함께 사용하지 않아야 합니다.

- how: 지정한 열(key)을 기준으로 두 DataFrame 데이터끼리 병합 방법(merge_method)을 지정합니다. 표 5-7은 merge( ) 이용 시 how 옵션에 따라 달라지는 병합 방법을 설명합니다. how 옵션을 지정하지 않으면 기본적으로 'inner' 가 지정됩니다.

- suffixes: 지정한 열(key)외에 공통된 열 이름이 있을 경우에 DataFrame 데이터 DataFrame_left와 DataFrame_right의 공통 열 이름 다음에 들어갈 문자열(str_left과 str_right)을 튜플 형식으로 지정합니다. 문자열 str_left 과 str_right는 각각 DataFrame 데이터 DataFrame_left와 DataFrame_right의 공통 열 이름 다음에 추가됩니다. 지정한 열(key)외에 공통된 열 이름이 있는데 suffixes 옵션을 지정하지 않으면 기본적으로 ('_x','_y')가 지정 됩니다.

표 5-7 merge( )의 how 옵션에 따른 병합 방법

how 옵션	설명
left	왼쪽 데이터는 모두 선택하고 지정한 열(key)과 연관된 항목이 있는 오른쪽 데이터만 병합
right	오른쪽 데이터는 모두 선택하고 지정한 열(key)과 연관된 항목이 있는 왼쪽 데이터만 병합
outer	지정한 열(key)을 기준으로 왼쪽과 오른쪽 열 데이터를 모두 병합
inner	지정한 열(key)을 기준으로 왼쪽과 오른쪽에 연관된 항목이 모두 있는 데이터만 병합(기본)

이제 merge( )의 예를 살펴보기 위해 다음과 같이 DataFrame 데이터를 생성하겠습니다.

```
In:    df_left3 = pd.DataFrame({'key': ['k0', 'k1', 'k2', 'k3'],
                                 'A': ['a0', 'a1', 'a2', 'a3']})

       df_left3
```

```
Out:
          key   A
       0  k0    a0
       1  k1    a1
       2  k2    a2
       3  k3    a3
```

```
In:    df_right3 = pd.DataFrame({'key': ['k2', 'k3', 'k4', 'k5'],
                                  'B': ['b2', 'b3', 'b4', 'b5']})

       df_right3
```

	key	B
0	k2	b2
1	k3	b3
2	k4	b4
3	k5	b5

이제 앞에서 생성한 DataFrame 데이터 df_left3과 df_right3에 대해 merge() 수행 시 on='key' 옵션을 지정해 공통 열을 key 열로 지정하고 how 옵션에 따라서 병합 결과가 어떻게 달라지는지 살펴보겠습니다.

In: `df_left3.merge(df_right3, how='left', on='key')`

Out:

	key	A	B
0	k0	a0	NaN
1	k1	a1	NaN
2	k2	a2	b2
3	k3	a3	b3

In: `df_left3.merge(df_right3, how='right', on='key')`

Out:

	key	A	B
0	k2	a2	b2
1	k3	a3	b3
2	k4	NaN	b4
3	k5	NaN	b5

In: `df_left3.merge(df_right3, how='outer', on='key')`

Out:

	key	A	B
0	k0	a0	NaN
1	k1	a1	NaN
2	k2	a2	b2
3	k3	a3	b3
4	k4	NaN	b4
5	k5	NaN	b5

```
In:     df_left3.merge(df_right3, how='inner', on='key') # df_left3.merge(df_right3)와 동일
```

Out:

	key	A	B
0	k2	a2	b2
1	k3	a3	b3

위의 출력 결과를 보면 옵션 how에 따라서 병합된 결과가 달라지는 것을 볼 수 있습니다. how와 on 옵션을 지정하지 않으면 how에는 'inner'를 지정하고 on에는 공통의 열 이름을 찾아서 지정합니다. 이를 확인하기 위해 다음과 같이 옵션 없이 merge()를 수행하겠습니다.

```
In:     df_left3.merge(df_right3) # df_left3.merge(df_right3, how='inner', on='key')와 동일
```

Out:

	key	A	B
0	k2	a2	b2
1	k3	a3	b3

다음은 공통된 열 이름이 여러 개인 DataFrame 데이터를 생성하겠습니다.

```
In:     df_left4 = pd.DataFrame({'key': ['k0', 'k1', 'k2', 'k3'],
                                 'A': ['a0', 'a1', 'a2', 'a3'],
                                 'C': ['c0', 'c1', 'c2', 'c3']})

        df_left4
```

Out:

	key	A	C
0	k0	a0	c0
1	k1	a1	c1
2	k2	a2	c2
3	k3	a3	c3

```
In:     df_right4 = pd.DataFrame({'key': ['k0', 'k1', 'k2', 'k3'],
                                  'A': ['a0', 'a1', 'a4', 'a5'],
                                  'D': ['d0', 'd1', 'd2', 'd3']})

        df_right4
```

	key	A	D
0	k0	a0	d0
1	k1	a1	d1
2	k2	a4	d2
3	k3	a5	d3

위에서 DataFrame 데이터 df_left4과 df_right4는 열 이름이 같은 것이 key와 A 두 개가 있는 것을 볼 수 있습니다.

이제 앞에서 생성한 DataFrame 데이터 df_left4과 df_right4에 대해 merge() 수행 시 on 옵션에 따라서 병합 결과가 어떻게 달라지는지 살펴보겠습니다. 먼저 on 옵션을 지정하지 않으면 on에는 두 데이터에서 공통으로 이름이 있는 열을 모두 지정해 이 열이 통합을 위한 key가 됩니다. 다음은 how 옵션만 지정하고 on 옵션을 지정하지 않은 예입니다.

```
In:    df_left4.merge(df_right4, how='inner')
```

Out:

	key	A	C	D
0	k0	a0	c0	d0
1	k1	a1	c1	d1

위의 결과는 다음처럼 merge() 수행 시 on=['key', 'A'] 옵션을 지정한 결과와 같습니다.

```
In:    df_left4.merge(df_right4, how='inner', on=['key', 'A'])
```

Out:

	key	A	C	D
0	k0	a0	c0	d0
1	k1	a1	c1	d1

DataFrame 데이터 df_left4과 df_right4에는 두 개의 공통 열 이름이 있지만 다음처럼 merge() 수행 시 on='key'처럼 하나의 공통 열만 지정하면 같은 열 이름의 왼쪽에는 '_x'가 추가되고 오른쪽에는 '_y'가 추가됩니다.

```
In:    df_left4.merge(df_right4, how='outer', on='key')
```

Out:

	key	A_x	C	A_y	D
0	k0	a0	c0	a0	d0
1	k1	a1	c1	a1	d1
2	k2	a2	c2	a4	d2
3	k3	a3	c3	a5	d3

앞의 예에서 기본으로 설정된 문자열이 아니라 다른 문자열을 지정하려면 다음처럼 suffixes 옵션을 추가해 원하는 문자열 튜플을 입력하면 됩니다.

```
In:    df_left4.merge(df_right4, how='outer', on='key', suffixes=('_left', '_right'))
```

Out:

	key	A_left	C	A_right	D
0	k0	a0	c0	a0	d0
1	k1	a1	c1	a1	d1
2	k2	a2	c2	a4	d2
3	k3	a3	c3	a5	d3

다음은 두 DataFrame 데이터에서 각각 특정 열을 키로 지정해 병합하는 예를 살펴보겠습니다. 이를 위해 다음과 같이 두 개의 DataFrame 데이터를 생성하겠습니다.

```
In:    df_left5 = pd.DataFrame({'key_left': ['k0', 'k1', 'k2', 'k3'],
                                'A': ['a0', 'a1', 'a2', 'a3']})

       df_left5
```

Out:

	key_left	A
0	k0	a0
1	k1	a1
2	k2	a2
3	k3	a3

```
In:   df_right5 = pd.DataFrame({'key_right': ['k1', 'k2', 'k3'],
                                'A': ['a1', 'a4', 'a5']}, index=[2,3,4])

      df_right5
```

Out:

	key_right	A
2	k1	a1
3	k2	a4
4	k3	a5

이제 DataFrame 데이터 df_left5과 df_right5에 대해 merge() 수행 시 left_on와 right_on을 이용해 각각 특정 열을 키로 지정해 병합해 보겠습니다.

```
In:   # 두 개의 DataFrame 데이터를 통합
      df_left5.merge(df_right5, how='left', left_on='key_left', right_on='key_right')
```

Out:

	key_left	A_x	key_right	A_y
0	k0	a0	NaN	NaN
1	k1	a1	k1	a1
2	k2	a2	k2	a4
3	k3	a3	k3	a5

위 결과를 보면 left_on와 right_on에 키로 지정한 열은 모두 포함된 것을 볼 수 있습니다. 또한 공통 열 A의 왼쪽 열 이름에는 '_x'가 추가되고 오른쪽 열 이름에는 '_y'가 추가된 것을 볼 수 있습니다.

다음은 제품의 코드만 있는 판매 데이터와 제품의 코드를 설명한 참조 데이터를 병합하는 예를 살펴보겠습니다. 이를 위해 먼저 제품의 코드와 매장별 판매량이 있는 DataFrame 데이터(df_sales)와 제품의 코드와 제품 이름이 있는 DataFrame 데이터(df_ref)를 생성하겠습니다.

```
In:   code_list = ['LS05', 'SM10', 'BP70', 'LS10', 'BP70', 'SM10', 'LS05']
      sales_list = [29, 25, 30, 22, 19, 38, 45]
      store_list = ['강남','강남','강남','대학로','대학로','인천공항','인천공항']

      # 제품의 코드와 매장별 판매량이 있는 DataFrame 데이터 생성
      df_sales = pd.DataFrame({'code': code_list,
                               'sales': sales_list,
                               'store': store_list})

      df_sales
```

Out:

	code	sales	store
0	LS05	29	강남
1	SM10	25	강남
2	BP70	30	강남
3	LS10	22	대학로
4	BP70	19	대학로
5	SM10	38	인천공항
6	LS05	45	인천공항

In:
```python
# 제품의 코드와 제품 이름이 있는 DataFrame 데이터 생성
df_ref = pd.DataFrame({'code': ['LS05', 'SM10', 'BP70', 'LS10'],
                       'name': ['브리오슈', '베이글', '치아바타', '바게트']})
df_ref
```

Out:

	code	name
0	LS05	브리오슈
1	SM10	베이글
2	BP70	치아바타
3	LS10	바게트

이제 DataFrame 데이터 df_sales에 참조 데이터가 있는 df_ref를 병합해 보겠습니다.

In:
```python
df_sales.merge(df_ref, how='left', on='code') # 두 개의 DataFrame 데이터를 병합
```

Out:

	code	sales	store	name
0	LS05	29	강남	브리오슈
1	SM10	25	강남	베이글
2	BP70	30	강남	치아바타
3	LS10	22	대학로	바게트
4	BP70	19	대학로	치아바타
5	SM10	38	인천공항	베이글
6	LS05	45	인천공항	브리오슈

위의 출력 결과를 보면 두 데이터 병합 후에 code열에 있는 각 제품의 코드가 의미하는 제품의 이름을 name 열에서 바로 확인할 수 있게 됐습니다. 여기서 살펴본 merge()를 이용한 두 DataFrame 데이터끼리의 병합 방법은 엑셀의 VLOOKUP 함수의 기능을 파이썬으로 수행할 때 유용하게 사용할 수 있습니다. 이 예는 7장에서 좀 더 상세히 살펴보겠습니다.

03 정리

이번 장에서는 넘파이와 판다스에 대해서 살펴봤습니다. 넘파이에서는 배열을 생성하는 다양한 방법과 재구성하는 방법을 살펴봤습니다. 또한 배열의 연산을 수행하는 방법과 배열의 요소를 선택하는 방법(인덱싱과 슬라이싱)을 알아봤습니다. 판다스에서는 Series와 DataFrame 데이터의 구조를 살펴보고 표 형식의 데이터 파일(CSV 파일과 엑셀 파일)을 읽고 쓰는 방법을 살펴봤습니다. 또한 Series와 DataFrame 데이터의 기본 연산과 집계 및 통계를 위한 연산을 수행하는 방법도 알아봤고, 데이터의 특정 부분을 선택하고 삭제하는 방법을 알아봤습니다. 마지막으로 Series와 DataFrame 데이터의 통합 방법을 살펴봤습니다. 통합 방법에는 세로나 가로 방향으로 연결하는 concat(), 세로 방향으로 연결하는 append(), index 기준으로 가로 방향으로 연결하는 join(), 특정 열 기준으로 가로 방향으로 연결하는 merge()를 알아봤습니다. 이번 장에 살펴본 내용은 CSV 파일이나 엑셀과 같은 데이터 파일을 읽고 처리하고 저장하는 데 기본이 되는 내용이므로 잘 알아둬야 합니다.

엑셀 파일을 다루는
라이브러리

앞에서는 판다스의 to_excel()를 이용해 DataFrame 데이터를 엑셀 파일로 썼습니다. 그런데, to_excel()로는 엑셀의 셀 서식 지정(셀의 배경색 지정, 글꼴 색이나 크기 지정, 테두리 지정 등)을 할 수 없습니다. 이런 작업을 하려면 openpyxl, XlsxWriter, xlwings 등과 같이 엑셀을 전문적으로 다루는 라이브러리를 이용해야 합니다.

이러한 엑셀 파일 처리 라이브러리 중 openpyxl과 XlsxWriter는 엑셀 파일 자체의 파일 포맷을 분석해 읽고 쓰므로 윈도우, 맥 OS, 리눅스에서 모두 사용할 수 있으며 엑셀 프로그램이 없어도 엑셀 파일을 읽거나 쓸 수 있습니다. 하지만 이 라이브러리들은 보안 프로그램이 설치된 컴퓨터에서는 엑셀 파일을 읽지 못할 수 있으며, 엑셀과 상호 작용이 없습니다. 따라서 파이썬 코드 수행에 따른 변화를 실시간으로 확인할 수 없으며 코드 수행이 끝난 후에 엑셀 파일을 열어 봐야 작업이 제대로 이뤄졌는지 확인할 수 있습니다. 반면, xlwings는 엑셀 자체를 제어하는 방식으로 동작하기 때문에 윈도우(일부 기능은 제한적으로 맥 OS도 지원)에 엑셀 프로그램이 설치돼 있어야 사용할 수 있습니다. xlwings는 보안 프로그램이 설치된 컴퓨터에서도 엑셀 파일을 읽을 수 있으며 엑셀과 상호 작용을 하므로 코드로 수행한 내용을 엑셀에서 실시간으로 바로 확인할 수 있습니다. 또한 엑셀의 매크로 기능을 파이썬으로 대체할 수도 있습니다.

엑셀 전용 라이브러리마다 장단점이 있지만 여기서는 엑셀 프로그램이 없어도 되고 서식 지정 기능이 뛰어난 XlsxWriter와 엑셀 프로그램과 상호 작용이 가능한 xlwings의 사용법을 살펴보겠습니다.

엑셀 프로그램이 없어도 동작하는 대표적인 엑셀 파일 처리 라이브러리에는 openpyxl과 XlsxWriter 가 있습니다. 이 중 openpyxl은 엑셀 파일 읽기와 쓰기를 모두 할 수 있지만 XlsxWriter는 엑셀 파일 쓰기만 할 수 있습니다. 하지만 앞에서 살펴본 판다스의 read_excel()을 이용하면 엑셀 파일을 읽을 수 있으므로 이 책에서는 서식 지정을 좀 더 편리하게 할 수 있는 XlsxWriter를 사용해 엑셀 파일을 처리 하는 방법을 알아보겠습니다. 여기서는 XlsxWriter의 필수적인 내용만 살펴보므로 더 많은 정보가 필 요하면 XlsxWriter 홈페이지(https://xlsxwriter.readthedocs.io)를 참조하세요.

XlsxWriter 기본 사용법

엑셀 파일의 구조

XlsxWriter를 살펴보기 앞서 먼저 엑셀 파일의 구조와 용어를 살펴보겠습니다. XlsxWriter도 엑셀에 서 사용하는 파일 구조와 용어를 이용해 라이브러리를 작성했으므로 엑셀 파일의 구조와 용어를 이해 하는 것은 중요합니다. 그림 6-1과 그림 6-2는 엑셀 파일의 전체 구조를 보여줍니다. 엑셀 파일의 문 서 전체를 워크북(Workbook)이라고 합니다. 워크북은 하나 이상의 워크시트(Worksheet)로 구성돼 있으며 워크시트는 행과 열의 번호로 위치를 지정할 수 있는 2차원의 셀(Cell)로 구성돼 있습니다. 셀은 엑셀의 기본 단위로 셀에는 숫자, 문자, 기호, 날짜, 계산식(수식이나 함수) 등을 입력할 수 있습 니다.

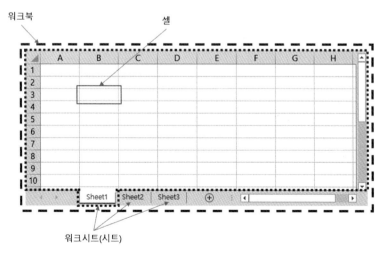

그림 6-1 엑셀 파일의 구성 요소(워크북, 워크시트, 셀)

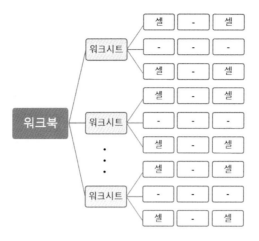

그림 6-2 엑셀 파일의 계층 구조(워크북, 워크시트, 셀의 계층)

하나의 엑셀 파일(워크북)에 워크시트는 컴퓨터의 메모리가 허용하는 만큼 만들 수 있지만, 하나의 워크시트에 만들 수 있는 셀의 범위(행은 1부터 1048576까지, 열은 A부터 XFD까지)는 정해져 있습니다.

XlsxWriter 시작하기

XlsxWriter도 파이썬 내장 모듈이 아니지만 아나콘다 배포판에 포함되어 있어서 별도로 설치할 필요가 없습니다. XlsxWriter를 사용하려면 import xlsxwriter로 xlsxwriter를 임포트해야 합니다. 먼저 XlsxWriter로 엑셀 파일 쓰기를 하는 가장 기본이 되는 코드의 구조를 살펴보겠습니다.

```python
import xlsxwriter

# 1) 생성할 엑셀 파일이름을 지정해 워크북 객체 생성
workbook = xlsxwriter.Workbook(excel_file)

# 2) 워크북 내에 사용할 워크시트 생성
worksheet = workbook.add_worksheet([worksheet_name])

# 3) 워크시트의 셀에 쓰기 작업 수행
worksheet.write(row, col, cell_data) # 셀 행과 열의 위치로 지정
                 혹은
worksheet.write(cell_address, cell_data) # 셀 주소로 지정

# 4) 워크북 객체를 닫고 엑셀 파일 생성
workbook.close()
```

위의 Workbook()에서 excel_file은 생성하고자 하는 엑셀 파일의 이름으로 디렉터리를 포함할 수 있습니다. 또한 add_worksheet()에서 worksheet_name은 생성할 워크시트의 이름으로, 생략하면 Sheet1부터 자동으로 생성됩니다. 하나의 워크북 객체에 add_worksheet()를 여러 번 수행하면 여러 개의 워크시트를 만들 수 있습니다. write()에서 row와 col은 각각 행과 열의 위치를 나타내는 행 번호와 열 번호(0부터 시작하는 정수)이며 cell_data은 셀에 들어갈 데이터로 숫자, 문자, 기호, 날짜, 계산식 등을 입력할 수 있습니다. write()에서 셀을 지정할 때 (0, 0)처럼 행과 열의 위치(row, col)로 지정할 수도 있고 'A1'처럼 엑셀의 셀 주소(cell_address)로 지정할 수도 있습니다. 그림 6-3은 엑셀의 셀 주소에 대응하는 행과 열의 위치(row, col)를 보여줍니다. 마지막으로 close()를 수행하면 워크북 객체를 닫고 엑셀 파일을 생성합니다.

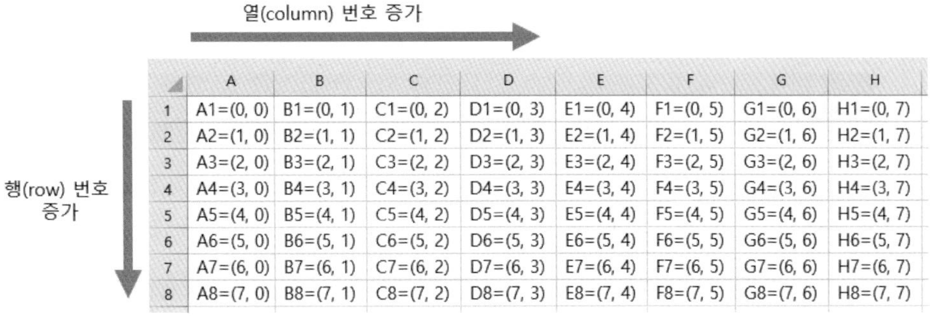

	A	B	C	D	E	F	G	H
1	A1=(0, 0)	B1=(0, 1)	C1=(0, 2)	D1=(0, 3)	E1=(0, 4)	F1=(0, 5)	G1=(0, 6)	H1=(0, 7)
2	A2=(1, 0)	B2=(1, 1)	C2=(1, 2)	D2=(1, 3)	E2=(1, 4)	F2=(1, 5)	G2=(1, 6)	H2=(1, 7)
3	A3=(2, 0)	B3=(2, 1)	C3=(2, 2)	D3=(2, 3)	E3=(2, 4)	F3=(2, 5)	G3=(2, 6)	H3=(2, 7)
4	A4=(3, 0)	B4=(3, 1)	C4=(3, 2)	D4=(3, 3)	E4=(3, 4)	F4=(3, 5)	G4=(3, 6)	H4=(3, 7)
5	A5=(4, 0)	B5=(4, 1)	C5=(4, 2)	D5=(4, 3)	E5=(4, 4)	F5=(4, 5)	G5=(4, 6)	H5=(4, 7)
6	A6=(5, 0)	B6=(5, 1)	C6=(5, 2)	D6=(5, 3)	E6=(5, 4)	F6=(5, 5)	G6=(5, 6)	H6=(5, 7)
7	A7=(6, 0)	B7=(6, 1)	C7=(6, 2)	D7=(6, 3)	E7=(6, 4)	F7=(6, 5)	G7=(6, 6)	H7=(6, 7)
8	A8=(7, 0)	B8=(7, 1)	C8=(7, 2)	D8=(7, 3)	E8=(7, 4)	F8=(7, 5)	G8=(7, 6)	H8=(7, 7)

그림 6-3 엑셀의 주소에 대응하는 행과 열의 위치(row, col)의 예

다음은 위의 코드 구조를 활용해 XlsxWriter로 워크시트의 셀에 데이터를 쓰고 엑셀 파일로 쓰는(저장하는) 예입니다. XlsxWriter로 엑셀 파일 쓰기를 수행할 때는 같은 이름의 엑셀 파일은 닫혀 있어야 합니다. 이번 장에서 사용할 데이터 디렉터리는 C:\myPyExcel\data\ch06입니다. 이 디렉터리에 데이터 파일을 생성하기도 읽어오기도 할 것입니다.

```
In:   import xlsxwriter

      # 엑셀 파일 경로
      folder = 'C:/myPyExcel/data/ch06/'
      excel_file = folder + 'XlsxWriter_start_01.xlsx'

      workbook = xlsxwriter.Workbook(excel_file)    # 워크북 객체 생성
      worksheet = workbook.add_worksheet()          # 워크시트 생성
```

```python
worksheet.write(0, 0, 100)          # 셀의 행과 열의 위치를 지정해 셀에 데이터 쓰기
# worksheet.write('A1', 100)        # 셀의 주소 지정 후 셀에 데이터 쓰기

workbook.close()                    # 워크북 객체를 닫고 엑셀 파일 생성

print("생성한 엑셀 파일:", excel_file)   # 생성한 파일 이름 출력
```

Out: 생성한 엑셀 파일: C:/myPyExcel/data/ch06/XlsxWriter_start_01.xlsx

위 코드에서 워크북 객체(workbook)를 생성한 후에 셀에 쓰기를 수행하고 workbook.close()까지 실행하면 엑셀 파일을 생성합니다. 해당 디렉터리(C:\myPyExcel\data\ch06)에는 지정한 엑셀 파일(XlsxWriter_start_01.xlsx)이 생성된 것을 볼 수 있습니다. 이 파일을 엑셀 프로그램으로 열어보면 그림 6-4와 같이 지정한 셀의 행과 열 위치((0,0), 셀 주소로는 A1)에 데이터(100)가 잘 써진 것을 볼 수 있습니다.

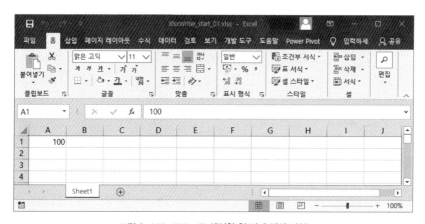

그림 6-4 XlsxWriter로 생성한 첫 번째 엑셀 파일

다음은 좀 더 많은 셀에 다양한 형식의 데이터를 써 보겠습니다. 앞에서와 같은 디렉터리에 생성할 파일 이름을 새롭게 지정했습니다.

In: ```python
import xlsxwriter

# 엑셀 파일 경로
folder = 'C:/myPyExcel/data/ch06/'
excel_file = folder + 'XlsxWriter_start_02.xlsx'

workbook = xlsxwriter.Workbook(excel_file)   # 워크북 객체 생성
worksheet = workbook.add_worksheet()   # 워크시트 생성
```
```

```
# 행과 열의 위치로 셀을 지정해 데이터 입력
worksheet.write(0, 0, 100)                          # 숫자(정수) 입력
worksheet.write(1, 0, 3.14)                         # 숫자(실수) 입력
worksheet.write(2, 0, '안녕')                        # 문자열 입력
worksheet.write(3, 0, '=COS(PI()/4)')               # 엑셀 함수를 입력
worksheet.write(4, 0, '')                           # 공백 입력
worksheet.write(5, 0, None)                         # 공백 입력

# 주소로 셀을 지정해 데이터 입력
worksheet.write('B1', '← 숫자(정수) 입력')           # 문자열 입력
worksheet.write('B2', '← 숫자(실수) 입력')           # 문자열 입력
worksheet.write('B3', '← 문자열 입력')               # 문자열 입력
worksheet.write('B4', '← 엑셀 함수 계산 결과')       # 문자열 입력
worksheet.write('B5', '← 빈 문자로 공백 입력')       # 문자열 입력
worksheet.write('B6', '← None으로 공백 입력')        # 문자열 입력

workbook.close()                                    # 워크북 객체를 닫고 엑셀 파일 생성

print("생성한 엑셀 파일:", excel_file)               # 생성한 파일 이름 출력
```

```
Out:  생성한 엑셀 파일: C:/myPyExcel/data/ch06/XlsxWriter_start_02.xlsx
```

위 코드를 실행해 생성한 엑셀 파일(XlsxWriter_start_02.xlsx) 열어보면 그림 6-5와 같이 지정한 셀에 데이터가 잘 써진 것을 볼 수 있습니다. 참고로 그림 6-5에서는 엑셀 파일을 연 후에 B열의 넓이를 입력한 문자열에 맞게 조절했습니다. 각 셀에는 숫자(정수, 실수), 문자열, 엑셀 함수, 빈 문자가 입력됐습니다. 엑셀 함수의 경우는 계산 결과를 보여줍니다. 엑셀의 특성상 셀에서 숫자는 오른쪽으로 정렬되고 문자는 왼쪽으로 정렬된 것을 볼 수 있습니다.

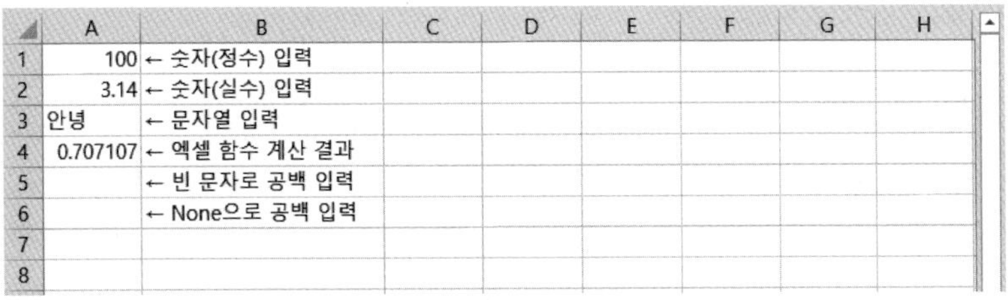

	A	B	C	D	E	F	G	H
1	100	← 숫자(정수) 입력						
2	3.14	← 숫자(실수) 입력						
3	안녕	← 문자열 입력						
4	0.707107	← 엑셀 함수 계산 결과						
5		← 빈 문자로 공백 입력						
6		← None으로 공백 입력						
7								
8								

그림 6-5 XlsxWriter로 여러 셀에 여러 형식의 데이터 입력

다음은 합계를 구하는 엑셀 함수(=SUM())와 평균을 구하는 엑셀 함수(=AVERAGE())로 지정한 셀 범위의 합계와 평균을 구하는 예를 살펴보겠습니다.

```
In:    import xlsxwriter

       # 엑셀 파일 경로
       folder = 'C:/myPyExcel/data/ch06/'
       excel_file = folder + 'XlsxWriter_start_03.xlsx'

       workbook = xlsxwriter.Workbook(excel_file)   # 워크북 객체 생성
       worksheet = workbook.add_worksheet()          # 워크시트 생성

       worksheet.write('A1', '지점1')                 # 문자열 입력
       worksheet.write('A2', '지점2')                 # 문자열 입력
       worksheet.write('A3', '지점3')                 # 문자열 입력
       worksheet.write('A4', '지점4')                 # 문자열 입력
       worksheet.write('A5', '합계')                  # 문자열 입력
       worksheet.write('A6', '평균')                  # 문자열 입력
       worksheet.write('B1', 10)                      # 숫자 입력
       worksheet.write('B2', 15)                      # 숫자 입력
       worksheet.write('B3', 12)                      # 숫자 입력
       worksheet.write('B4', 9)                       # 숫자 입력
       worksheet.write('B5', '=SUM(B1:B4)')           # 엑셀 함수(합계, SUM) 입력
       worksheet.write('B6', '=AVERAGE(B1:B4)')       # 엑셀 함수(평균, AVERAGE) 입력

       workbook.close()                               # 워크북 객체를 닫고 엑셀 파일 생성

       print("생성한 엑셀 파일:", excel_file)          # 생성한 파일 이름 출력
```

Out: 생성한 엑셀 파일: C:/myPyExcel/data/ch06/XlsxWriter_start_03.xlsx

생성한 엑셀 파일(XlsxWriter_start_03.xlsx)을 열어보면 그림 6-6처럼 지정한 셀 범위(B1:B4)에 대해 셀 B5와 B6에는 각각 합계 함수와 평균 함수의 계산 결과가 들어간 것을 볼 수 있습니다.

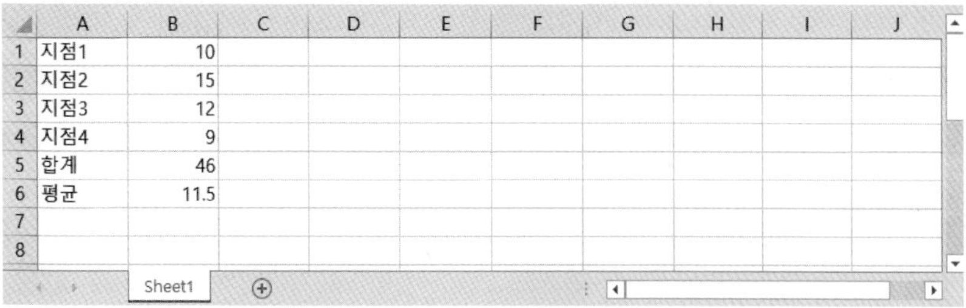

	A	B	C	D	E	F	G	H	I	J
1	지점1	10								
2	지점2	15								
3	지점3	12								
4	지점4	9								
5	합계	46								
6	평균	11.5								
7										
8										

그림 6-6 XlsxWriter로 여러 셀 데이터 입력 및 엑셀 함수로 합계와 평균 구하기

XlsxWriter로 다양한 자료형 데이터 쓰기

앞에서는 XlsxWriter로 엑셀의 각 셀에 숫자나 문자 등을 입력하는 방법을 살펴봤습니다. 이번에는 XlsxWriter를 사용해 리스트나 딕셔너리 데이터와 판다스의 DataFrame 데이터를 엑셀로 출력하는 방법을 살펴보겠습니다.

리스트와 딕셔너리 데이터 쓰기

XlsxWriter를 사용해 리스트나 딕셔너리 데이터를 엑셀의 셀에 쓰려면 `for` 문을 사용합니다. 다음은 리스트 데이터를 엑셀의 셀에 열 번호 증가 방향으로 쓰는 예입니다.

In:
```
import xlsxwriter

# 엑셀 파일 경로
folder = 'C:/myPyExcel/data/ch06/'
excel_file = folder + 'XlsxWriter_list_data_01.xlsx'

workbook = xlsxwriter.Workbook(excel_file)    # 워크북 객체 생성
worksheet = workbook.add_worksheet()          # 워크시트 생성
 list_num = [10, 20, 30, 40]
for col_num, value in enumerate(list_num):
    worksheet.write(0, col_num, value)        # 행 번호는 고정, 열 번호는 증가

workbook.close()                              # 워크북 객체를 닫고 엑셀 파일 생성

print("생성한 엑셀 파일:", excel_file)          # 생성한 파일 이름 출력
```

Out:
```
생성한 엑셀 파일: C:/myPyExcel/data/ch06/XlsxWriter_list_data_01.xlsx
```

생성한 엑셀 파일(XlsxWriter_list_data_01.xlsx)을 열어보면 그림 6-7처럼 파이썬의 리스트 데이터가 엑셀의 셀 위치 (0,0)(셀 주소로는 A1)에서 시작해 행 번호는 고정하고 열 번호는 증가하는 방향으로 써진 것을 볼 수 있습니다.

그림 6-7 XlsxWriter로 리스트 데이터를 열 번호 증가 방향으로 쓰기

다음은 리스트 데이터를 엑셀의 셀에 행 번호 증가 방향으로 쓰는 예입니다.

```
In:     # 엑셀 파일 경로
        folder = 'C:/myPyExcel/data/ch06/'
        excel_file = folder + 'XlsxWriter_list_data_02.xlsx'

        workbook = xlsxwriter.Workbook(excel_file)  # 워크북 객체 생성
        worksheet = workbook.add_worksheet()        # 워크시트 생성

        list_num2 = [50, 60, 70, 80]
        for row_num, value in enumerate(list_num2):
            worksheet.write(row_num, 0, value)      # 행 번호 증가, 열 번호는 고정

        workbook.close()                            # 워크북 객체를 닫고 엑셀 파일 생성

        print("생성한 엑셀 파일:", excel_file)       # 생성한 파일 이름 출력
```

Out: 생성한 엑셀 파일: C:/myPyExcel/data/ch06/XlsxWriter_list_data_02.xlsx

위 코드로 생성한 엑셀 파일(XlsxWriter_list_data_02.xlsx)은 그림 6-8처럼 리스트 데이터가 엑셀의 셀 위치 (0,0)(셀 주소로는 A1)에서 시작해 열 번호는 고정하고 행 번호는 증가하는 방향으로 써진 것을 볼 수 있습니다.

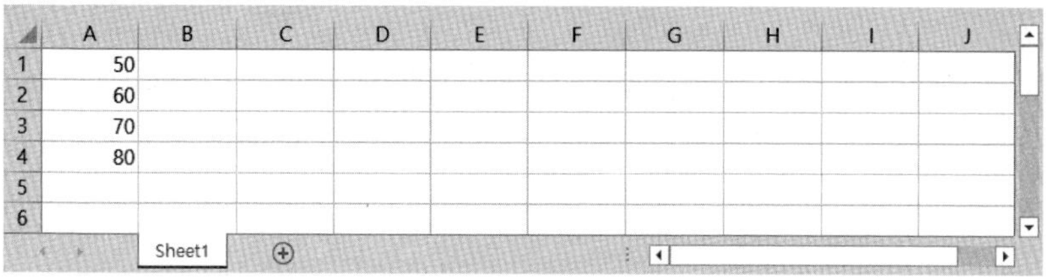

그림 6-8 XlsxWriter로 리스트 데이터를 행 번호 증가 방향으로 쓰기

앞에서는 리스트 데이터를 엑셀에 쓰기 위해 for 문을 사용했는데, 아래 방법으로 for 문 없이 리스트 데이터를 쓸 수 있습니다.

```
worksheet.write_row(row, col, list_data)     # 행 방향으로 리스트 데이터 쓰기
worksheet.write_column(row, col, list_data)  # 열 방향으로 리스트 데이터 쓰기
```

위의 write_row()와 write_column()은 (row, col) 위치의 셀에서 시작해 행 방향과 열 방향으로 리스트 데이터(list_data)를 씁니다.

다음은 write_row()와 write_column()으로 행 방향과 열 방향으로 리스트를 쓰는 예입니다.

```
In:    # 엑셀 파일 경로
       folder = 'C:/myPyExcel/data/ch06/'
       excel_file = folder + 'XlsxWriter_list_data_03.xlsx'


       workbook = xlsxwriter.Workbook(excel_file)  # 워크북 객체 생성
       worksheet = workbook.add_worksheet()        # 워크시트 생성


       list_num = [10, 20, 30, 40]
       list_num2 = [50, 60, 70, 80]
       worksheet.write_row(0, 1, list_num)        # 셀 B1에서 시작해 행 방향으로 쓰기
       worksheet.write_column(1, 0, list_num2)    # 셀 A2에서 시작해 열 방향으로 쓰기


       workbook.close()                           # 워크북 객체를 닫고 엑셀 파일 생성


       print("생성한 엑셀 파일:", excel_file)        # 생성한 파일 이름 출력
```

Out: 생성한 엑셀 파일: C:/myPyExcel/data/ch06/XlsxWriter_list_data_03.xlsx

그림 6-9는 write_row()와 write_column()로 리스트 데이터를 쓴 엑셀 파일(XlsxWriter_list_data_03.xlsx)입니다. B1 셀의 위치 (0,1)에서 시작해 행 방향으로, A2 셀의 위치 (1,0)에서 시작해 열 방향으로 리스트 데이터가 써진 것을 볼 수 있습니다.

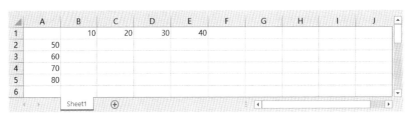

그림 6-9 XlsxWriter의 write_row()와 write_column()으로 리스트 데이터 쓰기

이번에는 딕셔너리 데이터를 엑셀의 셀에 쓰는 방법을 살펴보겠습니다. 이를 위해 우선 딕셔너리 데이터를 아래와 같이 생성하겠습니다.

```
In:    dict_data = { '제품ID': ['P1001', 'P1002', 'P1003', 'P1004'],
                     '판매가격': [5000, 7000, 8000, 10000],
                     '판매량': [50, 93, 70, 48] }

       dict_data
```

```
Out:   {'제품ID': ['P1001', 'P1002', 'P1003', 'P1004'],
        '판매가격': [5000, 7000, 8000, 10000],
        '판매량': [50, 93, 70, 48]}
```

다음은 위에서 생성한 딕셔너리 데이터(dict_data)를 엑셀의 셀에 쓰는 예를 살펴보겠습니다. 이때 딕셔너리 데이터의 키(key)는 엑셀의 첫 번째 행에 쓰고 값(value)은 그 아래에 쓰겠습니다.

```
In:    import xlsxwriter

       # 엑셀 파일 경로
       folder = 'C:/myPyExcel/data/ch06/'
       excel_file = folder + 'XlsxWriter_dict_data_01.xlsx'

       workbook = xlsxwriter.Workbook(excel_file)   # 워크북 객체 생성
       worksheet = workbook.add_worksheet()          # 워크시트 생성

       list_keys  = list(dict_data.keys())           # 딕셔너리 키를 추출해 리스트로 변환
```

```
list_values = list(dict_data.values()) # 딕셔너리 값을 추출해 리스트로 변환

worksheet.write_row(0, 0, list_keys)    # 첫 번째 행에 키를 행 방향으로 쓰기

# 두 번째 행에 리스트 데이터를 열 방향으로 쓰기
for col, list_value in enumerate(list_values):
    worksheet.write_column(1, col, list_value)
workbook.close()  # 워크북 객체를 닫고 엑셀 파일 생성

print("생성한 엑셀 파일:", excel_file)  # 생성한 파일 이름 출력
```

```
Out:  생성한 엑셀 파일: C:/myPyExcel/data/ch06/XlsxWriter_dict_data_01.xlsx
```

그림 6-10은 딕셔너리 데이터를 쓴 엑셀 파일(XlsxWriter_dict_data_01.xlsx)입니다. 첫 번째 행에는 딕셔너리 데이터의 키가 써졌고 그 아래에는 키에 대응하는 값이 써진 것을 확인할 수 있습니다.

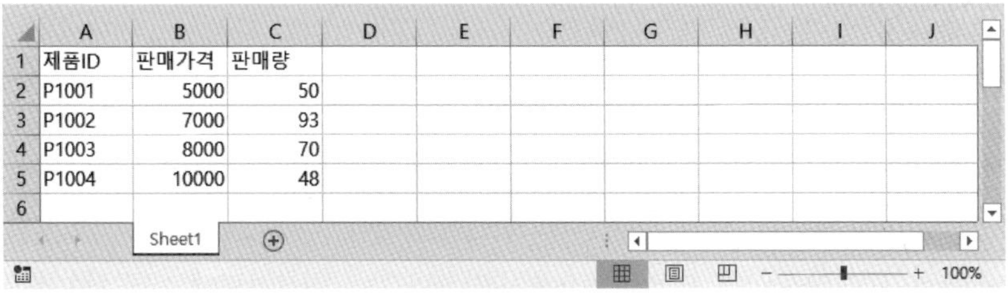

	A	B	C
1	제품ID	판매가격	판매량
2	P1001	5000	50
3	P1002	7000	93
4	P1003	8000	70
5	P1004	10000	48

그림 6-10 XlsxWriter로 딕셔너리 데이터 쓰기

판다스 DataFrame 데이터 쓰기

이번에는 XlsxWriter를 사용해 판다스 DataFrame을 엑셀에 쓰는 방법을 살펴보겠습니다. DataFrame 데이터(df)를 엑셀 파일로 쓰려면 아래와 같이 to_excel()을 사용합니다. to_excel()의 구체적인 사용법은 앞 장에서 이미 살펴봤습니다.

```
df.to_excel(excel_file
        [, index = True(기본) 혹은 False,
           header = True(기본) 혹은 False,
           sheet_name = 시트_이름(기본: 'Sheet1') 혹은 시트_번호(기본: 0),
           startrow = 숫자(기본: 0),
           startcol = 숫자(기본: 0) ] [,options])
```

여러 개의 DataFrame 데이터를 하나의 엑셀 파일에 쓰려고 하거나 서식 지정이나 그림 추가와 같은 작업을 진행하려면 다음과 같이 ExcelWriter로부터 객체(excel_writer)를 생성해 to_excel()을 사용합니다.

```
# 1) 쓰기 엔진을 xlsxwriter로 지정해 판다스의 ExcelWriter로부터 객체(excel_writer)를 생성
excel_writer = pd.ExcelWriter(excel_file, engine = 'xlsxwriter')

# 2) 생성한 객체(excel_writer)를 이용해 DataFrame 데이터(df)를 쓰기
df.to_excel(excel_writer
         [, index = True(기본) 혹은 False,
            header = True(기본) 혹은 False,
            sheet_name = 시트_이름(기본: 'Sheet1') 혹은 시트_번호(기본: 0),
            startrow = 숫자(기본: 0),
            startcol = 숫자(기본: 0) ])

# 3) 객체를 닫고 엑셀 파일로 저장
excel_writer.save()
```

여러 개의 DataFrame 데이터를 엑셀 파일에 쓸 때 위의 구조에서 to_excel()은 DataFrame 데이터별로 여러 번 수행할 수 있습니다. 만약 sheet_name 옵션에 지정하는 시트_이름이 다르면 각각 다른 워크시트에 DataFrame 데이터를 쓰게 되고 시트_이름이 같으면 같은 워크시트에 쓰게 되는데 이때는 옵션 startrow와 startcol를 사용해 각 DataFrame 데이터가 써질 셀의 시작 위치를 알맞게 지정합니다.

다음은 DataFrame 데이터를 엑셀 파일에 쓰는 예입니다. DataFrame 데이터 생성을 위해 C:\myPyExcel\data\ch06 디렉터리의 CSV 데이터 파일(korea_rain.csv)을 읽어오겠습니다.

```
In:    import pandas as pd

       # 엑셀 파일 경로
       folder = 'C:/myPyExcel/data/ch06/'
       csv_file = folder + 'korea_rain.csv'

       df = pd.read_csv(csv_file) # CSV 파일을 읽어와서 DataFrame 데이터 생성
       df
```

Out:

	연도	봄	여름	가을	겨울
0	2014	215.9	599.8	293.1	76.9
1	2015	223.2	387.1	247.7	109.1
2	2016	312.8	446.2	381.6	108.1
3	2017	118.6	609.7	172.5	75.6
4	2018	368.1	586.5	351.2	66.5

다음은 생성한 DataFrame 데이터(df)를 엑셀 파일에 쓰는 코드입니다.

In:
```
# 엑셀 파일 경로
folder = 'C:/myPyExcel/data/ch06/'
excel_file = folder + 'XlsxWriter_DataFrame_data_01.xlsx'

# 1) 쓰기 엔진과 엑셀 파일을 지정해 ExcelWriter 객체 생성(excel_writer)
excel_writer = pd.ExcelWriter(excel_file, engine='xlsxwriter')

# 2) 생성한 엑셀 객체에 DataFrame 데이터(df)를 쓰기(시트이름 지정)
df.to_excel(excel_writer, sheet_name='Sheet1')

# 3) 객체를 닫고 엑셀 파일로 저장
excel_writer.save()

print("생성한 엑셀 파일:", excel_file) # 생성한 파일 이름 출력
```

Out: 생성한 엑셀 파일: C:/myPyExcel/data/ch06/XlsxWriter_DataFrame_data_01.xlsx

위 코드를 수행하면 DataFrame를 셀 A1에서부터 쓴 엑셀 파일(XlsxWriter_DataFrame_data_01.xlsx)이 그림 6-11과 같이 생성됩니다. 엑셀 파일을 살펴보면 A 열에 DataFrame 데이터의 index가 들어간 것을 볼 수 있습니다.

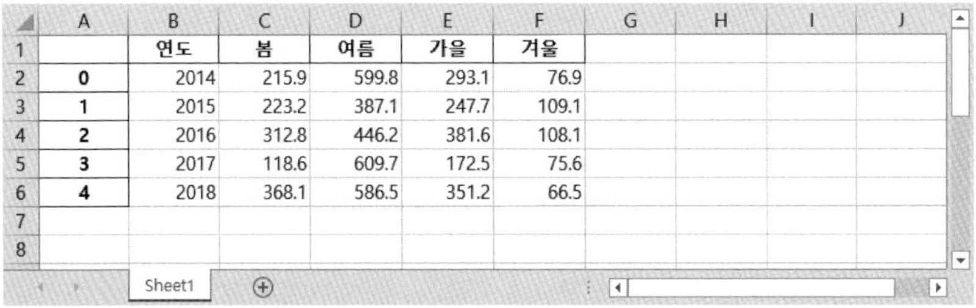

	A	B	C	D	E	F	G	H	I	J
1		연도	봄	여름	가을	겨울				
2	0	2014	215.9	599.8	293.1	76.9				
3	1	2015	223.2	387.1	247.7	109.1				
4	2	2016	312.8	446.2	381.6	108.1				
5	3	2017	118.6	609.7	172.5	75.6				
6	4	2018	368.1	586.5	351.2	66.5				
7										
8										

그림 6-11 ExcelWriter(엔진: XlsxWriter)로 DataFrame 데이터 쓰기

만약 DataFrame 데이터에서 엑셀 파일을 생성할 때 index를 빼고 생성하려면 다음과 같이 to_excel()
에 index=False 옵션을 지정합니다.

```
In:    # 엑셀 파일 경로
       folder = 'C:/myPyExcel/data/ch06/'
       excel_file = folder + 'XlsxWriter_DataFrame_data_02.xlsx'

       # 1) 쓰기 엔진과 엑셀 파일을 지정해 ExcelWriter 객체 생성(excel_writer)
       excel_writer = pd.ExcelWriter(excel_file, engine='xlsxwriter')

       # 2) DataFrame 데이터(df)를 생성한 엑셀 객체에 쓰기(시트이름과 index 옵션 지정)
       df.to_excel(excel_writer, sheet_name='Sheet1', index=False)

       # 3) 객체를 닫고 엑셀 파일로 저장
       excel_writer.save()

       print("생성한 엑셀 파일:", excel_file) # 생성한 파일 이름 출력
```

Out: 생성한 엑셀 파일: C:/myPyExcel/data/ch06/XlsxWriter_DataFrame_data_02.xlsx

그림 6-12는 index 없이 DataFrame 데이터(df) 쓰기를 수행해 생성한 엑셀 파일(XlsxWriter_
DataFrame_data_02.xlsx)을 보여줍니다. 여기서 엑셀의 셀 A1부터 DataFrame의 열 데이터가 써진 것을
볼 수 있습니다. 만약 DataFrame 데이터가 써질 셀의 시작 위치를 지정하려면 startrow와 startcol 옵
션을 사용하면 됩니다.

	A	B	C	D	E	F	G	H	I	J
1	연도	봄	여름	가을	겨울					
2	2014	215.9	599.8	293.1	76.9					
3	2015	223.2	387.1	247.7	109.1					
4	2016	312.8	446.2	381.6	108.1					
5	2017	118.6	609.7	172.5	75.6					
6	2018	368.1	586.5	351.2	66.5					
7										
8										

그림 6-12 ExcelWriter(엔진: XlsxWriter)로 index 없이 DataFrame 데이터 쓰기

XlsxWriter로 셀 서식 지정

엑셀은 데이터를 쓰고 계산하는 기능뿐만 아니라 다양한 방식으로 셀의 서식을 지정하는 기능도 제공합니다. 엑셀에서는 [셀 서식] 대화 상자를 통해 셀의 각종 서식을 지정할 수 있습니다. XlsxWriter로 엑셀 파일을 생성할 때도 셀 서식을 지정할 수 있습니다. 셀 서식을 지정하지 않으면 기본 서식으로 지정됩니다. 이번에는 XlsxWriter를 사용해 데이터를 쓸 때 셀 서식을 지정하는 방법을 살펴보겠습니다.

셀 서식을 지정하는 코드 구조

우선 XlsxWriter로 셀의 서식을 지정해 데이터를 셀에 쓰고 엑셀 파일을 생성하는 코드의 기본 구조를 살펴보겠습니다.

```
import xlsxwriter

# 1) 생성할 엑셀 파일이름을 지정해 워크북 객체 생성
workbook = xlsxwriter.Workbook(excel_file)

# 2) 워크북 내에 사용할 워크시트 생성
worksheet = workbook.add_worksheet([worksheet_name])

# 3) 셀 서식 지정을 위한 서식 객체 생성 및 서식 지정
cell_format = workbook.add_format([props]) # 속성을 지정
[cell_format.method()] # 메서드로 서식 추가 지정

# 4) 워크시트의 셀에 서식을 지정해 쓰기 작업 수행
worksheet.write(row, col, cell_data, cell_format) # 셀 행과 열의 위치로 지정
                    혹은
worksheet.write(cell_address, cell_data, cell_format) # 셀 주소로 지정

# 5) 워크북 객체를 닫고 엑셀 파일 생성
workbook.close()
```

위는 앞에서 살펴본 XlsxWriter을 사용한 엑셀 파일 생성 방법과 유사합니다. 여기서는 add_format()으로 셀 서식 지정을 위한 서식 객체를 생성해 write()를 수행할 때 사용한다는 차이가 있습니다. add_format()으로 서식 객체(cell_format)를 생성할 때 다양한 속성(props)을 지정할 수 있습니다. 또한 서식 객체의 다양한 메서드(cell_format.method())를 이용해 서식을 추가로 지정할 수도 있습니다.

엑셀의 셀 서식은 아주 다양하기 때문에 XlsxWriter의 서식 객체에서도 서식 지정을 위한 속성과 메서드가 아주 많습니다. 여기서는 그중 대표적인 몇 가지만 살펴보겠습니다.

글꼴 관련 속성과 메서드

먼저 XlsxWriter의 서식 객체 중에서 글꼴 관련 속성과 메서드를 살펴보겠습니다. 엑셀에서 셀의 글꼴(폰트) 관련 서식은 그림 6-13처럼 [셀 서식] 대화상자의 [글꼴] 탭에서 설정할 수 있습니다.

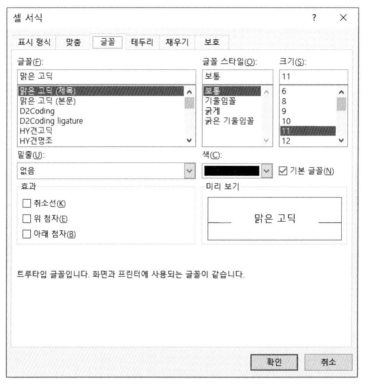

그림 6-13 엑셀의 [셀 서식] 대화상자의 [글꼴] 탭

XlsxWriter에서는 서식 객체를 통해 셀에 쓰려는 데이터의 글꼴을 설정할 수 있습니다. 표 6-1은 XlsxWriter의 서식 객체 중 글꼴 관련 속성과 메서드를 보여줍니다. 서식 객체에 속성을 지정할 때는 표 6-1의 사용 예처럼 딕셔너리 형식으로 지정하며 여러 속성을 같이 지정할 수 있습니다.

표 6-1 서식 객체에서 글꼴 관련 속성 및 메서드

설명	속성	메서드	사용 예
글꼴 이름	font_name	set_font_name()	{'font_name': '맑은 고딕'}, set_font_name('맑은 고딕')
글꼴 크기	font_size	set_font_size()	{'font_size': 20}, set_font_size(20)
글꼴 색	font_color	set_font_color()	{'font_color': 'blue'}, set_font_color('blue')
텍스트 굵게	bold	set_bold()	{'bold': True}, set_bold()
텍스트 기울임	italic	set_italic()	{'italic': True}, set_italic()
텍스트 밑줄	underline	set_underline()	{'underline': True}, set_underline()
텍스트 취소선	font_strikeout	set_font_strikeout()	{'font_strikeout': True}, set_font_strikeout()
위/아래 첨자	font_script	set_font_script()	{'font_script': 1}, set_font_script(1), (1: 위 첨자, 2: 아래 첨자)

표 6-1에서 글꼴 이름은 set_font_name('맑은 고딕'), set_font_name('바탕'), set_font_name('Calibri')처럼 시스템에 설치된 글꼴의 이름을 지정할 수 있습니다. 글꼴 색은 미리 정의된 색 이름을 지정할 수도 있고 HTML에서 사용하는 #RRGGBB 방식의 RGB 색상 코드를 넣어도 됩니다. 표 6-2는 미리 정의된 색 이름과 상응하는 RGB 색상 코드를 보여줍니다. RGB 색상 코드를 이용하면 다양한 색상을 마음대로 만들 수 있습니다. 색 이름과 RGB 색상 코드는 셀의 배경색을 지정할 때도 사용할 수 있습니다.

표 6-2 색 이름과 RGB 색상 코드

색	이름	RGB 색상 코드	색	이름	RGB 색상 코드
검은색	black	#000000	남색	navy	#000080
파란색	blue	#0000FF	주황색	orange	#FF6600
갈색	brown	#800000	분홍색	pink	#FF00FF
청록색	cyan	#00FFFF	보라색	purple	#800080
회색	gray	#808080	빨간색	red	#FF0000

색	이름	RGB 색상 코드	색	이름	RGB 색상 코드
녹색	green	#008000	은색	silver	#C0C0C0
라임색	lime	#00FF00	흰색	white	#FFFFFF
자홍색	magenta	#FF00FF	노란색	yellow	#FFFF00

다음은 표 6-1을 이용해 셀에 쓰는 문자열의 글꼴과 텍스트 서식을 지정하는 예입니다. 이를 위해 서식 클래스에서 속성을 지정해 서식 객체를 생성한 후 메서드를 적용해 서식을 추가하겠습니다.

```
In:    import xlsxwriter

       # 엑셀 파일 경로
       folder = 'C:/myPyExcel/data/ch06/'
       excel_file = folder + 'XlsxWriter_cell_format_01.xlsx'

       # 1) 생성할 엑셀 파일이름을 지정해 워크북 객체 생성
       workbook = xlsxwriter.Workbook(excel_file)

       # 2) 워크북 내에 사용할 워크시트 생성
       worksheet = workbook.add_worksheet()

       # 3) 셀 서식 지정을 위한 서식 객체 생성
       # 속성: 글꼴 이름은 바탕, 텍스트 굵게, 글꼴 색은 파란색으로 속성을 지정해 서식 객체 생성
       cell_format = workbook.add_format({'font_name': '바탕',
                                          'bold': True,
                                          'font_color': 'blue'})

       # 메서드를 이용해 서식 추가 지정(텍스트를 기울임꼴로 설정)
       cell_format.set_italic()

       # 메서드를 이용해 서식 추가 지정(글꼴 크기 지정)
       cell_format.set_font_size(20)

       # 4) 워크시트의 셀에 쓰기 작업 수행
       worksheet.write('A1', "셀 서식 미지정")                # 서식 미지정
       worksheet.write('A2', "셀 서식 지정", cell_format)    # 서식 지정
```

```
# 5) 워크북 객체를 닫고 엑셀 파일 생성
workbook.close()

print("생성한 엑셀 파일:", excel_file) # 생성한 파일 이름 출력
```

Out: 생성한 엑셀 파일: C:/myPyExcel/data/ch06/XlsxWriter_cell_format_01.xlsx

위 코드에서 add_format()로 서식 객체(cell_format)를 생성할 때 딕셔너리 형식({font_name':'바탕',
'bold': True, 'font_color': 'blue'})으로 속성을 지정했습니다. 또한 set_italic() 메서드로 텍스트를
기울임꼴(italic)로 지정했고 set_font_size(20)으로 폰트의 크기를 20으로 지정했습니다. 그림 6-14는
위 코드로 생성된 엑셀 파일(XlsxWriter_cell_format_01.xlsx)을 보여줍니다. 셀 A1과 A2는 각각 셀 서식
지정 없을 때와 있을 때의 쓰기 결과를 보여줍니다.

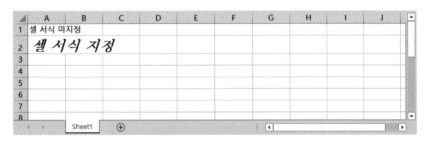

그림 6-14 글꼴과 텍스트 서식을 지정해 셀에 데이터 쓰기

채우기 관련 속성과 메서드

이번에는 셀 서식에서 채우기를 수행하는 방법을 살펴보겠습니다. 엑셀에서 셀의 채우기 관련 서식 설
정은 그림 6-15처럼 [셀 서식] 대화상자에서 [채우기] 탭에서 수행할 수 있습니다.

그림 6-15 엑셀의 [셀 서식] 대화상자에서 [채우기] 탭 화면

XlsxWriter에서 셀의 채우기(배경색, 무늬 스타일, 무늬 색 지정)를 수행하기 위한 서식 객체의 속성과 메서드는 표 6-3과 같습니다.

표 6-3 서식 객체에서 셀의 채우기 관련 속성 및 메서드

설명	속성	메서드	사용 예
배경색	bg_color	set_bg_color()	{'bg_color': 'green'}, set_bg_color('green')
무늬 스타일	pattern	set_pattern()	{'pattern': 1}, set_pattern(1)
무늬 색	fg_color	set_fg_color()	{'fg_color': 'red'}, set_fg_color('red')

표 6-3에서 bg_color 속성이나 set_bg_color() 메서드를 이용하면 셀을 지정한 색으로 채울 수 있습니다. 색상 지정은 앞에서 살펴본 색 이름이나 RGB 색상 코드를 이용합니다. 셀 채우기를 위한 무늬 스타일은 pattern 속성이나 set_pattern() 메서드로 지정할 수도 있는데 인덱스는 0에서 18 사이의 정수로 지정합니다. 가장 많이 이용하는 특별한 무늬없이 배경색으로 채우기는 1로 지정합니다. 무늬 스타일

을 지정했다면 fg_color 속성이나 set_fg_color() 메서드로 무늬 색도 지정할 수 있는데 역시 색 이름이나 RGB 색상 코드로 지정할 수 있습니다.

다음은 셀 서식에서 채우기를 지정하는 예를 살펴보겠습니다. 여러 셀에 배경색, 무늬 스타일, 무늬 색을 지정하기 위해 여러 개의 서식 객체를 생성하고 각 서식 객체마다 메서드를 이용해 채우기 서식을 지정했습니다.

In:
```python
import xlsxwriter

# 엑셀 파일 경로
folder = 'C:/myPyExcel/data/ch06/'
excel_file = folder + 'XlsxWriter_cell_format_02.xlsx'

# 1) 생성할 엑셀 파일이름을 지정해 워크북 객체 생성
workbook = xlsxwriter.Workbook(excel_file)

# 2) 워크북 내에 사용할 워크시트 생성
worksheet = workbook.add_worksheet()

# 3) 셀 서식 지정을 위한 서식 객체 생성
# 속성 지정 없이 서식 객체 생성(지정할 셀의 서식 만큼 생성)

cell_format1 = workbook.add_format()
cell_format2 = workbook.add_format()
cell_format3 = workbook.add_format()
cell_format4 = workbook.add_format()
cell_format5 = workbook.add_format()
cell_format6 = workbook.add_format()

# 메서드를 이용해 서식 지정(서식 객체 마다 지정)
cell_format1.set_bg_color('lime')      # 셀의 배경을 설정(색 이름 지정: 라임색)

cell_format2.set_bg_color('blue')      # 셀의 배경을 설정(색 이름 지정: 파란색)
cell_format2.set_font_color('white')   # 글꼴 색 설정(색 이름 지정, 흰색)

cell_format3.set_bg_color('red')       # 셀의 배경을 설정(색 이름 지정: 빨간색)
cell_format3.set_pattern(1)            # 셀의 무늬 스타일 지정(무늬 없이 배경색으로 채우기)
cell_format3.set_font_color('white')   # 글꼴 색 설정(색 이름 지정: 흰색)
```

```python
cell_format4.set_bg_color('red')          # 셀의 배경을 설정(색 이름 지정: 빨간색)
cell_format4.set_pattern(6)               # 셀의 무늬 스타일 지정
cell_format4.set_font_color('white')      # 글꼴 색 설정(색 이름 지정: 흰색)

cell_format5.set_bg_color('yellow')       # 셀의 배경을 설정(색 이름 지정: 노란색)
cell_format5.set_pattern(7)               # 셀의 무늬 스타일 지정
cell_format5.set_fg_color('brown')        # 셀의 무늬 색 지정

cell_format6.set_bg_color('#FF6600')      # 셀의 배경을 설정(RGB 색상 코드 지정: 주황색)
cell_format6.set_pattern(18)              # 셀의 무늬 스타일 지정
cell_format6.set_fg_color('brown')        # 셀의 무늬 색 지정

# 4) 워크시트의 셀에 쓰기 작업 수행
worksheet.write('B1', "안녕")                    # 셀 서식 지정 없이 쓰기 작업 수행
worksheet.write('B3', "안녕", cell_format1)      # 셀 서식을 지정해 쓰기 작업 수행
worksheet.write('B5', "안녕", cell_format2)      # 셀 서식을 지정해 쓰기 작업 수행
worksheet.write('B7', "안녕", cell_format3)      # 셀 서식을 지정해 쓰기 작업 수행
worksheet.write('D3', "안녕", cell_format4)      # 셀 서식을 지정해 쓰기 작업 수행
worksheet.write('D5', "안녕", cell_format5)      # 셀 서식을 지정해 쓰기 작업 수행
worksheet.write('D7', "안녕", cell_format6)      # 셀 서식을 지정해 쓰기 작업 수행

# 5) 워크북 객체를 닫고 엑셀 파일 생성
workbook.close()

print("생성한 엑셀 파일:", excel_file)           # 생성한 파일 이름 출력
```

Out: 생성한 엑셀 파일: C:/myPyExcel/data/ch06/XlsxWriter_cell_format_02.xlsx

위 코드에서는 add_format()로 여러 개의 서식 객체를 생성했는데, 이때 모두 속성 없이 객체를 생성했습니다. 그 이후에 서식 객체마다 메서드를 사용해 필요한 서식을 지정했습니다. 여기서는 채우기 관련 메서드인 set_bg_color(), set_pattern(), set_fg_color()와 앞에서 살펴본 글꼴 색을 지정하는 메서드인 set_font_color()를 이용했습니다. 그림 6-16은 위 코드로 생성된 엑셀 파일(XlsxWriter_cell_format_02.xlsx)을 보여줍니다.

그림 6-16 배경색, 무늬 스타일, 무늬 색을 지정해 셀에 데이터 쓰기

테두리 관련 속성과 메서드

다음은 셀의 테두리를 지정하는 방법을 살펴보겠습니다. 엑셀에서 셀의 테두리 관련 서식 설정은 그림 6-17처럼 [셀 서식] 대화상자에서 [테두리] 탭에서 수행할 수 있습니다.

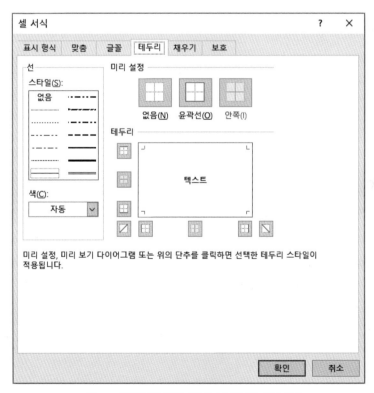

그림 6-17 엑셀의 [셀 서식] 대화상자에서 [테두리] 탭 화면

XlsxWriter에서 셀의 테두리를 설정하기 위한 서식 객체의 속성과 메서드는 표 6-4와 같습니다.

표 6-4 서식 객체에서 셀의 테두리 관련 속성 및 메서드

설명	속성	메서드	사용 예
모든 테두리	border	set_border()	{'border': 1}, set_border(1)
아래쪽 테두리	bottom	set_bottom()	{'bottom': 3}, set_bottom(3)
위쪽 테두리	top	set_top()	{'top': 6}, set_top(6)
왼쪽 테두리	left	set_left()	{'left': 9}, set_left(9)
오른쪽 테두리	right	set_right()	{'right': 13}, set_right(13)
모든 테두리 색	border_color	set_border_color()	{'border_color': 'blue'}, set_border_color('blue')
아래쪽 테두리 색	bottom_color	set_bottom_color()	{'bottom_color': 'green'}, set_bottom_color('green')
위쪽 테두리 색	top_color	set_top_color()	{'top_color': 'purple'}, set_top_color('purple')
왼쪽 테두리 색	lef_colort	set_left_color()	{'left_color': 'yellow'}, set_left_color('yellow')
오른쪽 테두리 색	right_color	set_right_color()	{'right_color': 'magenta'}, set_right_color('magenta')

엑셀에서 테두리를 지정할 때는 선의 스타일(모양)을 지정할 수 있듯이 XlsxWriter의 서식 객체에서도 선의 스타일을 지정할 수 있습니다. 선의 스타일은 인덱스(0~13의 정수)로 지정합니다. 각 인덱스가 의미하는 선의 스타일은 그림 6-18에 표시했습니다. 그림6-18에서 선 스타일의 순서는 엑셀의 [셀 서식] 대화상자에서 [테두리]탭을 클릭하면 나오는 선의 스타일 순서에 맞춰서 표시했습니다. 테두리 색은 앞에서 살펴본 미리 정의된 색 이름이나 RGB 색상 코드로 지정할 수 있습니다.

인덱스	선 스타일	인덱스	선 스타일
0	없음	12	·—·—·—·—·
7	··········	13	·—·—·—·—
4	········	10	·—·—·—·
11	—·—·—·	8	— — — — —
9	— · — · —	2	————————
3	·········	5	————————
1	————————	6	————————

그림 6-18 테두리 지정 시 각 인덱스가 의미하는 선 스타일

이번에는 셀의 테두리를 지정하는 예를 살펴보겠습니다. 다양한 테두리를 지정하는 예를 살펴보기 위해 여러 개의 서식 객체를 생성하고 각 서식 객체마다 메서드를 사용해 테두리 서식을 지정했습니다.

```
In:    import xlsxwriter

       # 엑셀 파일 경로
       folder = 'C:/myPyExcel/data/ch06/'
       excel_file = folder + 'XlsxWriter_cell_format_03.xlsx'

       # 1) 생성할 엑셀 파일이름을 지정해 워크북 객체 생성
       workbook = xlsxwriter.Workbook(excel_file)

       # 2) 워크북 내에 사용할 워크시트 생성
       worksheet = workbook.add_worksheet()

       # 3) 셀 서식 지정을 위한 서식 객체 생성
       # 속성 지정 없이 서식 객체 생성(지정할 셀의 서식 만큼 생성)
       cell_format1 = workbook.add_format()
       cell_format2 = workbook.add_format()
       cell_format3 = workbook.add_format()
       cell_format4 = workbook.add_format()
       cell_format5 = workbook.add_format()
       cell_format6 = workbook.add_format()
```

```python
# 메서드를 이용해 서식 지정(서식 객체마다 지정)
cell_format1.set_border(1)              # 셀의 모든 테두리 설정(1: 가는 실선)
cell_format2.set_border(2)              # 셀의 모든 테두리 설정(2: 중간 실선)
cell_format2.set_border_color('blue')   # 셀 테두리 색 설정(파란색)
cell_format3.set_bottom(8)              # 셀의 아래쪽 테두리 설정(8: 중간 파선)
cell_format4.set_left(2)                # 셀의 왼쪽 테두리 설정(2: 중간 실선)
cell_format5.set_right(5)               # 셀의 오른쪽 테두리 설정(5: 굵은 실선)
cell_format6.set_border(6)              # 셀의 모든 테두리 설정(6: 이중 실선)

# 4) 워크시트의 셀에 쓰기 작업 수행
worksheet.write('B1', "안녕")                    # 셀 서식 지정 없이 쓰기 작업 수행
worksheet.write('B3', "안녕", cell_format1)      # 셀 서식을 지정해 쓰기 작업 수행
worksheet.write('B5', "안녕", cell_format2)      # 셀 서식을 지정해 쓰기 작업 수행
worksheet.write('B7', "안녕", cell_format3)      # 셀 서식을 지정해 쓰기 작업 수행
worksheet.write('D3', "안녕", cell_format4)      # 셀 서식을 지정해 쓰기 작업 수행
worksheet.write('D5', "안녕", cell_format5)      # 셀 서식을 지정해 쓰기 작업 수행
worksheet.write('D7', "안녕", cell_format6)      # 셀 서식을 지정해 쓰기 작업 수행

# 5) 워크북 객체를 닫고 엑셀 파일 생성
workbook.close()

print("생성한 엑셀 파일:", excel_file) # 생성한 파일 이름 출력
```

Out: 생성한 엑셀 파일: C:/myPyExcel/data/ch06/XlsxWriter_cell_format_03.xlsx

위 코드에서는 add_format()로 여러 개의 서식 객체를 생성한 후 서식 객체마다 메서드를 사용해 테두리 서식을 지정했습니다. 그림 6-19는 위 코드로 생성된 엑셀 파일(XlsxWriter_cell_format_03.xlsx)을 보여줍니다. 지정한 테두리 서식에 따라서 셀의 테두리 모양이 바뀌는 것을 볼 수 있습니다.

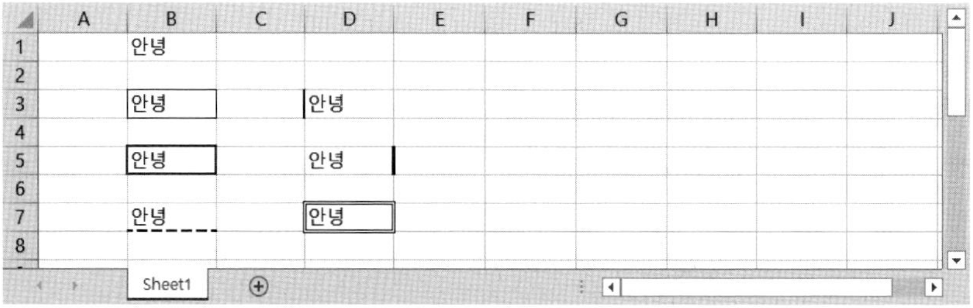

그림 6-19 테두리 셀 서식을 지정해 데이터 쓰기

숫자 형식 관련 속성과 메서드

엑셀에는 셀에 입력한 데이터(숫자, 날짜, 시간 등)에 출력 형식을 지정해 다양한 형식으로 표시할 수 있습니다. 미리 지정된 표시 형식을 이용할 수도 있고 그림 6-20처럼 사용자가 형식을 지정할 수도 있습니다.

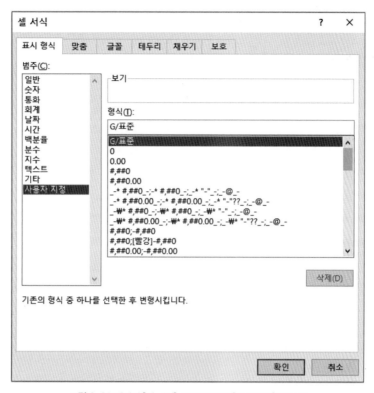

그림 6-20 엑셀의 [셀 서식] 대화상자에서 [표시 형식] 탭 화면

엑셀에서 셀 데이터의 표시 형식을 지정할 수 있듯이 XlsxWriter에서도 데이터의 출력 형식을 지정할 수 있습니다. 표 6-5는 서식 객체에서 데이터 출력 형식을 지정하는 속성과 메서드입니다.

표 6-5 서식 객체에서 셀의 출력 형식 지정 관련 속성 및 메서드

설명	속성	메서드	사용 예
출력 형식 지정	num_format	set_num_format()	{'num_format': 3}, {'num_format': '#,##0'}, set_num_format(3), set_num_format('#,##0')

출력 형식을 지정하기 위한 속성 num_format과 메서드 set_num_format()에는 엑셀에서 사용하는 사용자 지정 서식 문자열을 그대로 이용할 수 있습니다. 많이 사용하는 서식 지정 문자열은 인덱스로 지정할 수 있어 편리하게 출력 형식을 지정할 수 있습니다. 표 6-6은 숫자 표시를 위해 미리 정의해 놓은 인덱스와 서식 지정 문자열입니다.

표 6-6 숫자 표시 관련 서식 지정 인덱스와 문자열

인덱스	서식 지정 문자열	설명
0	General	입력한 대로 표시
1	0	정수로 표시. 소수점 이하는 반올림
2	0.00	소수점 둘째 자리까지 반올림해 표시
3	#,##0	1000단위마다 쉼표(,). 정수로 표시
4	#,##0.00	1000단위마다 쉼표(,). 소수점 둘째 자리까지 표시
5	($#,##0_);($#,##0)	통화 기호 표시. 인덱스 3과 동일. 양수. 0과 음수 따로 표시
6	($#,##0_);[Red]($#,##0)	인덱스 5와 동일. 음수는 빨간색으로 표시
7	($#,##0.00_);($#,##0.00)	통화 기호 표시. 인덱스 4와 동일. 양수. 0과 음수 따로 표시
8	($#,##0.00_);[Red]($#,##0.00)	인덱스 7과 동일. 음수는 빨간색으로 표시
9	0%	퍼센트로 변환해 % 기호와 함께 정수만 표시
10	0.00%	퍼센트로 변환해 % 기호와 함께 소수점 둘째 자리까지 표시
11	0.00E+00	소수점 둘째 자리에서 지수로 표시
12	# ?/?	소수점 이하를 분수로 표시. 분모와 분자를 한 자리 수로 표시
13	# ??/??	소수점 이하를 분수로 표시. 분모와 분자를 두 자리 수로 표시

표 6-6에서 통화 기호를 표시하기 위해 달러 기호($)를 입력했는데 출력되는 통화 기호는 시스템에 정의된 로케일에 따라 다르게 표시됩니다. 한글 로케일에서는 원화 기호(₩)로 표시합니다.

다음은 양의 실수와 음의 실수 데이터에 대해 서식 객체 생성 후에 set_num_format() 메서드로 출력 형식을 다르게 지정하면 출력 결과가 어떻게 달라지는지 알아보겠습니다. 서식 객체를 생성할 때는 앞에서와 다르게 리스트 컴프리헨션으로 서식 객체 리스트를 생성하겠습니다. 서식 객체 리스트를 생성한 후에는 서식 객체마다 표 6-6의 인덱스를 지정해 set_num_format() 메서드를 적용합니다. 아래의 코드에서는 표 6-6의 인덱스를 1에서 8까지 이용했습니다.

```
In:    import xlsxwriter

       # 엑셀 파일 경로
       folder = 'C:/myPyExcel/data/ch06/'
       excel_file = folder + 'XlsxWriter_cell_format_04.xlsx'

       # 1) 생성할 엑셀 파일이름을 지정해 워크북 객체 생성
       workbook = xlsxwriter.Workbook(excel_file)

       # 2) 워크북 내에 사용할 워크시트 생성
       worksheet = workbook.add_worksheet()

       # 3) 셀 서식 지정을 위한 서식 객체 생성(속성을 지정할 수 있음)
       # 지정할 셀의 서식 만큼 서식 객체 생성
       cell_format_border = workbook.add_format()
       cell_format_border.set_border(1) # 셀의 모든 테두리 설정(1: 가는 실선)

       # 리스트 컴프리헨션으로 서식 객체 리스트를 생성
       cell_formats = [workbook.add_format() for k in range(8)]

       # 메서드를 이용해 서식 지정
       for k in range(8):
           cell_formats[k].set_num_format(k+1) # 서식 객체마다 메서드로 출력 형식 지정

       # 4) 워크시트의 셀에 쓰기 작업 수행
       num_data1 = 1234.567
       num_data2 = -1234.567

       worksheet.write(0, 0, '입력', cell_format_border)       # 셀 서식을 지정해 쓰기
       worksheet.write(0, 1, num_data1, cell_format_border)   # 셀 서식을 지정해 쓰기
       worksheet.write(0, 2, num_data2, cell_format_border)   # 셀 서식을 지정해 쓰기

       worksheet.write(2, 0, "인덱스")                          # 셀 서식 지정 없이 쓰기
       worksheet.write(2, 1, "서식 지정 출력 결과")            # 셀 서식 지정 없이 쓰기
       worksheet.write(2, 2, "서식 지정 출력 결과")            # 셀 서식 지정 없이 쓰기

       for k in range(8):
           row = k + 3   # 행 위치 지정
           index = k + 1 # 인덱스 표시를 위한 지정
```

```
        worksheet.write(row, 0, index)      # 셀에 셀 서식 지정 없이 쓰기
        worksheet.write(row, 1, num_data1, cell_formats[k])  # 셀 서식을 지정해 쓰기
        worksheet.write(row, 2, num_data2, cell_formats[k])  # 셀 서식을 지정해 쓰기

    # 5) 워크북 객체를 닫고 엑셀 파일 생성
    workbook.close()

    print("생성한 엑셀 파일:", excel_file) # 생성한 파일 이름 출력
```

Out: 생성한 엑셀 파일: C:/myPyExcel/data/ch06/XlsxWriter_cell_format_04.xlsx

위의 코드의 수행 결과로 생성된 파일(XlsxWriter_cell_format_04.xlsx)을 연 후에 B 열과 C 열의 간격을
조정해 보면 그림 6-21처럼 양의 실수(num_data1)와 음의 실수(num_data2)에 대해 지정한 인덱스(출력
형식을 지정)에 따라 출력 결과가 어떻게 달라지는지 확인할 수 있습니다.

	A	B	C	D	E	F	G
1	입력	1234.567	-1234.567				
2							
3	인덱스	서식 지정 출력 결과	서식 지정 출력 결과				
4	1	1235	-1235				
5	2	1234.57	-1234.57				
6	3	1,235	-1,235				
7	4	1,234.57	-1,234.57				
8	5	₩1,235	-₩1,235				
9	6	₩1,235	-₩1,235				
10	7	₩1,234.57	-₩1,234.57				
11	8	₩1,234.57	-₩1,234.57				
12							

그림 6-21 인덱스로 숫자 출력 형식을 지정해 셀에 데이터 쓰기

다음은 숫자를 퍼센트, 지수, 분수로 출력 형식을 지정해 셀에 출력하는 예를 살펴보겠습니다. 여기서
도 서식 객체 리스트를 생성한 후에 set_num_format() 메서드를 적용하겠습니다. 이때 표 6-6의 인덱스
를 9에서 13까지 이용하겠습니다.

In: import xlsxwriter

       # 엑셀 파일 경로
       folder = 'C:/myPyExcel/data/ch06/'
       excel_file = folder + 'XlsxWriter_cell_format_05.xlsx'

```python
# 1) 생성할 엑셀 파일이름을 지정해 워크북 객체 생성
workbook = xlsxwriter.Workbook(excel_file)

# 2) 워크북 내에 사용할 워크시트 생성
worksheet = workbook.add_worksheet()

# 3) 셀 서식 지정을 위한 서식 객체 생성(속성을 지정할 수 있음)
# 지정할 셀의 서식 만큼 서식 객체 생성
cell_format_border = workbook.add_format()

# 리스트 컴프리헨션으로 서식 객체 리스트를 생성
cell_formats = [workbook.add_format() for k in range(5)]

# 메서드를 이용해 서식 지정
for k in range(5):
    cell_formats[k].set_num_format(k+9)  # 서식 객체마다 메서드로 출력 형식 지정

# 4) 워크시트의 셀에 쓰기 작업 수행
num_data  = [0.98765, 0.98765, 300000000, 18.25, 20.39]   # 쓰기에 이용할 리스트

worksheet.write(0, 0, "인덱스")              # 셀에 서식 지정 없이 쓰기
worksheet.write(0, 1, "입력한 숫자")          # 셀에 서식 지정 없이 쓰기
worksheet.write(0, 2, "서식 지정 출력 결과")   # 셀에 서식 지정 없이 쓰기

for k in range(5):
    index = k + 9 # 인덱스
    worksheet.write(k + 1, 0, index)              # 셀 서식 지정 없이 인덱스를 쓰기
    worksheet.write(k + 1, 1, num_data[k])        # 셀 서식 지정 없이 num_data를 쓰기
    worksheet.write(k + 1, 2, num_data[k], cell_formats[k]) # 셀 서식 지정해 num_data를 쓰기

# 5) 워크북 객체를 닫고 엑셀 파일 생성
workbook.close()

print("생성한 엑셀 파일:", excel_file)   # 생성한 파일 이름 출력
```

Out: 생성한 엑셀 파일: C:/myPyExcel/data/ch06/XlsxWriter_cell_format_05.xlsx

위의 코드 수행으로 생성된 파일(XlsxWriter_cell_format_05.xlsx)을 연 후에 B 열과 C 열의 간격을 보기 좋게 조정해 보면 그림 6-22와 같습니다. B 열에는 숫자를 서식 지정 없이 그대로 출력한 결과를 볼 수 있고 C 열에는 set_num_format() 메서드를 적용해 숫자의 출력 서식을 지정한 결과를 볼 수 있습니다.

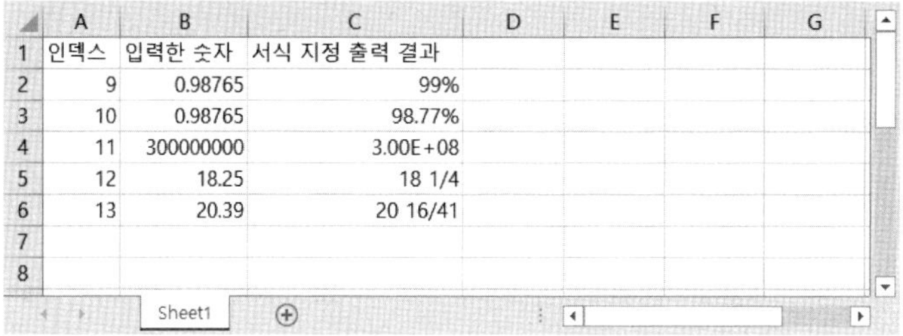

	A	B	C	D	E	F	G
1	인덱스	입력한 숫자	서식 지정 출력 결과				
2	9	0.98765	99%				
3	10	0.98765	98.77%				
4	11	300000000	3.00E+08				
5	12	18.25	18 1/4				
6	13	20.39	20 16/41				
7							
8							

그림 6-22 퍼센트, 지수, 분수 서식을 지정해 셀에 숫자 데이터 쓰기

앞에서 살펴본 숫자뿐만 아니라 날짜와 시각에 대해서도 형식을 지정해 출력할 수 있습니다. 표 6-7은 날짜와 시각 표시를 위해 미리 정의해 놓은 인덱스와 서식 지정 문자열입니다.

표 6-7 날짜와 시각 표시 관련 서식 지정 인덱스와 문자열

인덱스	서식 지정 문자열	설명
14	m/d/yy	월/일/연도(2 자리). 한글 로케일에서는 연도(4자리)-월(2자리)-일(2자리)
15	d-mmm-yy	일(1자리, 10 이상은 2자리)-월(영어 약자)-연도(2 자리)
16	d-mmm	일(1자리, 10 이상은 2자리)-월(영어 약자)
17	mmm-yy	월(영어 약자)-연도(2 자리)
18	h:mm AM/PM	시(1자리, 10 이상은 2자리):분(2 자리) AM/PM 표시
19	h:mm:ss AM/PM	시(1자리, 10 이상은 2자리):분(2 자리):초(2 자리) AM/PM 표시
20	h:mm	시(1자리, 10 이상은 2자리):분(2 자리)
21	h:mm:ss	시(1자리, 10 이상은 2자리):분(2 자리):초(2 자리)
22	m/d/yy h:mm	인덱스 14와 20의 조합

다음은 날짜와 시각의 서식을 지정하는 예를 살펴보겠습니다. 표 6-7에 있는 서식 지정 문자열을 이용해 출력하면 날짜 표현이 우리나라의 날짜 표현과 차이가 있어서 한글로 날짜를 표시하는 서식 지정 문자열을 추가했습니다.

```
In:    import xlsxwriter
       from datetime import datetime

       # 엑셀 파일 경로
       folder = 'C:/myPyExcel/data/ch06/'
       excel_file = folder + 'XlsxWriter_cell_format_06.xlsx'

       # 1) 생성할 엑셀 파일이름을 지정해 워크북 객체 생성
       workbook = xlsxwriter.Workbook(excel_file)

       # 2) 워크북 내에 사용할 워크시트 생성
       worksheet = workbook.add_worksheet()

       # 3) 셀 서식 지정을 위한 서식 객체 생성
       # 날짜와 시각 서식 지정을 위한 서식 지정 문자열 리스트 생성
       datetime_formats = ['m/d/yy',                          # 인덱스 14
                           'd-mmm-yyy',                       # 인덱스 15
                           'd-mmm',                           # 인덱스 16
                           'mmm-yy',                          # 인덱스 17
                           'h:mm AM/PM',                      # 인덱스 18
                           'h:mm:ss AM/PM',                   # 인덱스 19
                           'h:mm',                            # 인덱스 20
                           'h:mm:ss',                         # 인덱스 21
                           'm/d/yy h:mm',                     # 인덱스 22
                           'yyyy"년" mm"월" dd"일"',            # 한글 날짜 표시
                           'yyyy"년" mm"월" dd"일" hh:mm:ss',   # 한글 날짜와 시각 표시
                           'yy"년" m"월" d"일"',                # 한글 날짜 표시
                           'yy"년" m"월" d"일" hh:mm:ss'        # 한글 날짜와 시각 표시
                          ]

       # 리스트 컴프리헨션으로 서식 객체 리스트를 생성
       cell_formats = [workbook.add_format() for k in range(13)]

       # 메서드를 이용해 서식 지정
       for k in range(13):
           if (k < 9):
               # 메서드 이용 시 인덱스로 출력 형식 지정
               cell_formats[k].set_num_format(k + 14)
           else:
```

```python
                    # 메서드 이용 시 '사용자 지정 서식 문자열'로 출력 형식 지정
            cell_formats[k].set_num_format(datetime_formats[k])


    # 텍스트 굵게로 속성을 지정해 서식 객체 생성
    cell_format = workbook.add_format({'bold': True})


    # 4) 워크시트의 셀에 쓰기 작업 수행
    datetime_data = datetime(2021, 4, 8, 17, 38, 59)  # 날짜 및 시각 데이터 생성


    # 지정한 형식으로 셀에 쓰기 수행
    worksheet.write(0, 0, "인덱스", cell_format)
    worksheet.write(0, 1, "서식 지정 문자열", cell_format)
    worksheet.write(0, 2, "서식 지정 출력 결과", cell_format)


    # 셀에 쓰기
    for k in range(13):
        index = k + 14
        row = k + 1
        if(k < 9):
            worksheet.write(row, 0, index)          # 셀에 쓰기 작업 수행
        else:
            worksheet.write(row, 0, "한글로 날짜 서식 지정")
        # 셀 서식 지정 문자열 쓰기
        worksheet.write(row, 1, datetime_formats[k])
        # datetime_data에 대해 셀 서식을 지정해 쓰기 작업 수행
        worksheet.write(row, 2, datetime_data, cell_formats[k])


    # 5) 워크북 객체를 닫고 엑셀 파일 생성
    workbook.close()


    print("생성한 엑셀 파일:", excel_file)          # 생성한 파일 이름 출력
```

Out: 생성한 엑셀 파일: C:/myPyExcel/data/ch06/XlsxWriter_cell_format_06.xlsx

위 코드에 서식 객체를 생성한 후에 set_num_format() 메서드를 이용해 날짜와 시각의 출력 형식을 지
정했습니다. 엑셀에 날짜 및 시각을 형식에 맞춰 출력하려면 위 코드처럼 날짜와 시각 관련 라이브러
리를 이용해서 날짜 및 시각 데이터를 생성해야 합니다. 그림 6-23은 위 코드 수행으로 생성된 파일
(XlsxWriter_cell_format_06.xlsx)을 연 후에 A, B, C 열을 보기 좋게 정리한 것입니다. B 열에는 서식 지

정 문자열을 출력했고 C 열은 표 6-7의 인덱스(14~22)와 한글 날짜 서식 지정 문자열을 인수로 지정해 set_num_format()를 수행한 결과를 출력했습니다.

	A	B	C	D
1	인덱스	서식 지정 문자열	서식 지정 출력 결과	
2	14	m/d/yy	2021-04-08	
3	15	d-mmm-yyy	08-Apr-21	
4	16	d-mmm	08-Apr	
5	17	mmm-yy	Apr-21	
6	18	h:mm AM/PM	5:38 PM	
7	19	h:mm:ss AM/PM	5:38:59 PM	
8	20	h:mm	17:38	
9	21	h:mm:ss	17:38:59	
10	22	m/d/yy h:mm	2021-04-08 17:38	
11	한글로 날짜 서식 지정	yyyy"년" mm"월" dd"일"	2021년 04월 08일	
12	한글로 날짜 서식 지정	yyyy"년" mm"월" dd"일" hh:mm:ss	2021년 04월 08일 17:38:59	
13	한글로 날짜 서식 지정	yy"년" m"월" d"일"	21년 4월 8일	
14	한글로 날짜 서식 지정	yy"년" m"월" d"일" hh:mm:ss	21년 4월 8일 17:38:59	
15				

그림 6-23 출력 서식을 지정해 셀에 날짜와 시각 데이터 쓰기

맞춤 관련 속성과 메서드

엑셀에서 셀에 데이터를 쓰면 기본적으로 숫자는 셀의 오른쪽으로 정렬되고 문자는 셀의 왼쪽으로 정렬됩니다. XlsxWriter를 이용해 데이터 쓰기를 수행해도 마찬가지입니다. 이번에는 XlsxWriter를 이용해 셀 데이터를 원하는 대로 정렬하는 방법을 살펴보겠습니다. 엑셀에서 셀의 맞춤(정렬) 관련 서식 설정은 그림 6-24처럼 [셀 서식] 대화상자의 [맞춤] 탭에서 수행할 수 있습니다.

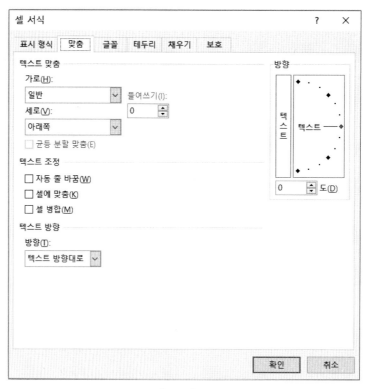

그림 6-24 엑셀의 [셀 서식] 대화상자의 [맞춤] 탭

XlsxWriter에서 셀의 맞춤 설정을 위한 서식 객체의 속성과 메서드는 표 6-8과 같습니다.

표 6-8 서식 객체에서 셀의 맞춤 관련 속성 및 메서드

설명	속성	메서드	사용 예
가로 맞춤	align	set_align()	{'align': 'center'}, set_align('center')
세로 맞춤	valign	set_align()	{'valign': 'vcenter'}, set_align('vcenter')
들여쓰기	indent	set_indent()	{'indent': 1}, set_indent(1) (숫자: 들여쓰기 단계)
텍스트 회전	rotation	set_rotation()	{'rotation': 30}, set_rotation(30) (숫자: 회전 각도)

설명	속성	메서드	사용 예
자동 줄 바꿈	text_wrap	set_text_wrap()	{'text_wrap': True}, set_text_wrap()
셀에 맞춤	shrink	set_shrink()	{'shrink': True}, set_shrink()
셀 병합	center_across	set_center_across()	{'center_across': True}, set_center_across()
텍스트 방향	reading_order	set_reading_order()	{'reading_order': 1}, set_reading_order(1) (1: 왼쪽에서 오른쪽, 2: 오른쪽에서 왼쪽)

표 6-8에서 가로 맞춤과 세로 맞춤의 속성과 메서드에 지정할 수 있는 맞춤의 종류와 이름은 표 6-9와 같습니다. 가로 맞춤과 세로 맞춤은 함께 지정할 수 있습니다.

표 6-9 가로/세로 맞춤 종류와 지정 이름

가로 맞춤 종류	가로 맞춤 이름	세로 맞춤 종류	세로 맞춤 이름
왼쪽	left	위쪽	top
가운데(가로)	center	가운데(세로)	vcenter
오른쪽	right	아래쪽	bottom
채우기	fill	–	–
양쪽 맞춤(가로)	justify	양쪽 맞춤(세로)	vjustify
선택 영역의 가운데로	center_across	–	–
균등 분할(가로)	distributed	균등 분할(세로)	vdistributed

다음은 표 6-8과 6-9를 활용해 셀 서식의 맞춤 관련 속성과 메서드를 이용하는 예를 살펴보겠습니다.

```
In:    import xlsxwriter

       # 엑셀 파일 경로
       folder = 'C:/myPyExcel/data/ch06/'
       excel_file = folder + 'XlsxWriter_cell_format_07.xlsx'

       # 1) 생성할 엑셀 파일이름을 지정해 워크북 객체 생성
       workbook = xlsxwriter.Workbook(excel_file)
```

```python
# 2) 워크북 내에 사용할 워크시트 생성
worksheet = workbook.add_worksheet()

# 3) 셀 서식 지정을 위한 서식 객체 생성
cell_format1 = workbook.add_format({'align': 'left'})      # 가로 맞춤: 왼쪽
cell_format2 = workbook.add_format({'align': 'center'})    # 가로 맞춤: 가운데
cell_format3 = workbook.add_format({'align': 'right'})     # 가로 맞춤: 오른쪽

cell_format4 = workbook.add_format({'valign': 'top'})      # 세로 맞춤: 위쪽
cell_format5 = workbook.add_format({'valign': 'vcenter'})  # 세로 맞춤: 가운데
cell_format6 = workbook.add_format({'valign': 'bottom'})   # 세로 맞춤: 아래쪽

# 동시 맞춤: (가로 맞춤: 가운데), (세로 맞춤: 가운데)
cell_format7 = workbook.add_format({'align': 'center', 'valign': 'vcenter'})

# 4) 워크시트의 셀에 쓰기 작업 수행
worksheet.write('A1', "텍스트 맞춤(서식 지정 없음)")
worksheet.write('A2', "텍스트 맞춤(가로 맞춤: 왼쪽)", cell_format1)
worksheet.write('A3', "텍스트 맞춤(가로 맞춤: 가운데)", cell_format2)
worksheet.write('A4', "텍스트 맞춤(가로 맞춤: 오른쪽)", cell_format3)
worksheet.write('A5', "텍스트 맞춤(세로 맞춤: 위쪽)", cell_format4)
worksheet.write('A6', "텍스트 맞춤(세로 맞춤: 가운데)", cell_format5)
worksheet.write('A7', "텍스트 맞춤(세로 맞춤: 아래쪽)", cell_format6)
worksheet.write('A8', "텍스트 맞춤(가로:가운데 + 세로:가운데)", cell_format7)

# 5) 워크북 객체를 닫고 엑셀 파일 생성
workbook.close()

print("생성한 엑셀 파일:", excel_file)  # 생성한 파일 이름 출력
```

Out: 생성한 엑셀 파일: C:/myPyExcel/data/ch06/XlsxWriter_cell_format_07.xlsx

위 코드에서는 서식 객체를 생성할 때 텍스트 맞춤을 위한 속성(가로 맞춤은 align, 세로 맞춤은 valign)을 지정했습니다. 맞춤 속성을 지정할 때 위 예제처럼 하나의 속성만 지정할 수도 있고 두 개 이상의 속성을 동시에 지정할 수도 있습니다. 그림 6-25는 위 코드를 수행해 생성한 파일(XlsxWriter_cell_format_07.xlsx)입니다. 그림 6-25는 셀의 맞춤을 지정한 결과를 잘 보여주기 위해 셀의 폭과 높이를 조절한 결과입니다.

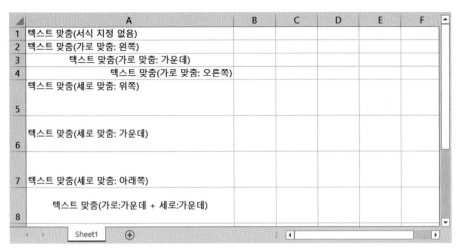

그림 6-25 맞춤을 지정해 셀에 데이터 쓰기

행과 열의 높이와 너비 지정

지금까지 XlsxWriter로 엑셀 파일을 생성할 때는 행과 열의 높이와 너비를 지정하지 않았습니다. 따라서 엑셀 파일을 열고 나서 필요할 때마다 기본값으로 설정된 높이와 너비를 조절했습니다. 이렇게 엑셀 파일을 연 후에 높이와 너비를 조절할 수도 있지만 원하는 값으로 미리 설정할 수 있다면 파일마다 일일이 행과 열의 높이와 너비를 조절하는 수고를 덜 수 있습니다. 이번에는 행과 열의 높이와 너비를 조절하고 서식을 지정할 수 있는 방법을 알아보겠습니다.

엑셀에서 특정 행의 높이를 지정하려면 다음과 같이 set_row()를 이용합니다.

```
worksheet.set_row(row, height[, cell_format])
```

여기서 row는 행 번호로 0부터 시작되는 정수이고 height는 행의 높이로 0보다 큰 실수입니다. 또한 앞에서 살펴본 셀의 서식을 옵션인 cell_format를 이용해 지정한 행의 서식을 지정할 수도 있습니다. 행의 높이를 지정하지 않으면 기본값은 16.5입니다.

다음은 열의 너비를 지정하는 방법을 알아보겠습니다. 엑셀에서 특정 열의 너비를 지정하려면 다음과 같이 set_column()을 이용합니다.

```
worksheet.set_column(first_col, last_col, width[, cell_format])
```

여기서 first_col과 last_col은 너비를 지정할 열의 시작과 끝 번호로 0부터 시작되는 정수이고 width는 열의 너비로 0보다 큰 실수입니다. 만약 하나의 열만 지정하려면 last_col을 first_col과 같은 수로 지정하면 됩니다. 역시 옵션인 cell_format를 이용해 지정한 범위의 열에 서식을 지정할 수도 있습니다. 열의 너비를 지정하지 않으면 기본값은 8.38입니다.

다음은 행과 열의 높이와 너비를 지정해 엑셀 파일을 생성하는 예입니다.

```
In:    import xlsxwriter

       # 엑셀 파일 경로
       folder = 'C:/myPyExcel/data/ch06/'
       excel_file = folder + 'XlsxWriter_cell_format_08.xlsx'

       # 1) 생성할 엑셀 파일이름을 지정해 워크북 객체 생성
       workbook = xlsxwriter.Workbook(excel_file)

       # 2) 워크북 내에 사용할 워크시트 생성
       worksheet = workbook.add_worksheet()

       # 3) 행과 열의 높이 지정
       # 행의 높이 지정
       worksheet.set_row(0, 20)    # 1행
       worksheet.set_row(1, 40)    # 2행
       worksheet.set_row(2, 60)    # 3행

       # 열의 너비를 지정
       worksheet.set_column(0, 0, 15)  # A열
       worksheet.set_column(1, 2, 20)  # B~C열
       worksheet.set_column(3, 3, 25)  # D열

       # 4) 워크시트의 셀에 쓰기 작업 수행
       worksheet.write('A1', "높이: 20, 너비: 15")
       worksheet.write('A2', "높이: 40, 너비: 15")
       worksheet.write('A3', "높이: 60, 너비: 15")

       worksheet.write('B1', "높이: 20, 너비: 20")
       worksheet.write('B2', "높이: 40, 너비: 20")
       worksheet.write('B3', "높이: 60, 너비: 20")
```

```
worksheet.write('C1', "높이: 20, 너비: 20")
worksheet.write('C2', "높이: 40, 너비: 20")
worksheet.write('C3', "높이: 60, 너비: 20")
worksheet.write('D1', "높이: 20, 너비: 25")
worksheet.write('D2', "높이: 40, 너비: 25")
worksheet.write('D3', "높이: 60, 너비: 25")

# 5) 워크북 객체를 닫고 엑셀 파일 생성
workbook.close()

print("생성한 엑셀 파일:", excel_file) # 생성한 파일 이름 출력
```

Out: 생성한 엑셀 파일: C:/myPyExcel/data/ch06/XlsxWriter_cell_format_08.xlsx

그림 6-26은 위 코드를 수행해 생성한 파일(XlsxWriter_cell_format_08.xlsx)입니다. 그림6-26을 보면
행(1, 2, 3)의 높이와 열(A, B, C, D)의 너비가 각각 지정한 대로 설정된 것을 볼 수 있습니다.

그림 6-26 행의 높이와 열의 너비를 지정해 셀에 데이터 쓰기

XlsxWriter로 그림과 텍스트 상자 삽입

엑셀의 셀에는 숫자나 문자열뿐만 아니라 그림(이미지)이나 텍스트 상자 등 다양한 형태의 데이터를 삽
입할 수 있습니다. XlsxWriter을 이용해서도 다양한 형식의 데이터를 삽입할 수 있는데 그중 이번에는
엑셀의 셀에 그림과 텍스트 상자를 삽입하는 방법을 살펴보겠습니다.

셀에 그림 삽입

엑셀의 특정 셀에 그림을 삽입하려면 다음과 같이 insert_image()를 이용합니다.

```
worksheet.insert_image(row, col, image_file[, options]) # 셀에 그림 삽입
                  혹은
worksheet.insert_image(cell_address, image_file[, options]) # 셀에 그림 삽입
```

여기서 그림을 삽입할 셀의 위치는 행 번호(row)와 열 번호(col)를 이용할 수도 있고 셀의 주소(cell_address)를 이용할 수도 있습니다. 또한 image_file은 삽입하고자 하는 그림 파일 이름으로 디렉터리를 포함할 수 있습니다. 옵션(options)을 지정하면 그림의 삽입 위치와 크기 등을 설정할 수 있습니다. 표 6-10은 그림 위치와 크기를 조절하기 위한 옵션의 선택변수를 보여줍니다. 선택변수 x_offset과 y_offset에는 각각 지정한 셀의 좌측 상단에서 그림의 좌측 상단까지의 가로와 세로 위치 차이인 오프셋(offset)을 지정합니다. 선택변수 x_scale과 y_scale은 각각 원본 그림 대비 가로와 세로 크기 배율(scale)을 지정합니다. 이 숫자가 1이면 원본 크기와 같고 1보다 크거나 작으면 그 값에 비례해 원본 크기보다 커지거나 작아집니다. 옵션의 선택변수는 여러 개를 함께 지정할 수 있습니다. 표 6-10의 선택변수는 그림을 삽입할 때뿐만 아니라 차트를 삽입할 때도 이용할 수 있습니다.

표 6-10 그림/차트 삽입을 위한 옵션의 선택변수

설명	선택변수	기본값	사용 예
가로 위치 오프셋	x_offset	0	{'x_offset': 5}
세로 위치 오프셋	y_offset	0	{'y_offset': 10}
가로 크기 배율	x_scale	1	{'x_scale': 0.9}
세로 크기 배율	y_scale	1	{'y_scale': 1.2}

다음은 그림 파일이 있는 디렉터리(C:\myPyExcel\figures)에서 그림 파일(book_image.png)을 가져와서 지정한 셀에 삽입하는 예입니다. 여기서 C:\myPyExcel\figures 디렉터리는 그림 관련 파일을 담는 곳으로 이미 생성됐고 필요한 파일은 복사됐다고 가정합니다. 앞으로도 그림 관련 파일은 이 디렉터리를 이용하겠습니다.

```
In:    import xlsxwriter

       # 엑셀 파일 경로
       folder = 'C:/myPyExcel/data/ch06/'
```

```python
excel_file = folder + 'XlsxWriter_insert_image_01.xlsx'

image_file = 'C:/myPyExcel/figures/book_image.png'    # 그림 파일

# 1) 생성할 엑셀 파일이름을 지정해 워크북 객체 생성
workbook = xlsxwriter.Workbook(excel_file)

# 2) 워크북 내에 사용할 워크시트 생성
worksheet = workbook.add_worksheet()

# 3) 필요 시 행과 열의 높이 지정
worksheet.set_column(0, 0, 35)    # 0열 (A열)의 너비 지정

# 4) 워크시트의 셀에 쓰기와 이미지 삽입 작업 수행
worksheet.write(1, 0, "그림 삽입(옵션 지정 없음):")
worksheet.insert_image(1, 1, image_file)

worksheet.write(8, 0, "그림 삽입(가로와 세로 위치 오프셋 조정):")
worksheet.write(9, 0, "{'x_offset': 25, 'y_offset': 10}")
worksheet.insert_image(8, 1, image_file, {'x_offset': 25, 'y_offset': 10})

worksheet.write(15, 0, "그림 삽입(크기 확대):")
worksheet.write(16, 0, "{'x_scale': 1.5, 'y_scale': 1.5}")
worksheet.insert_image(15, 1, image_file, {'x_scale': 1.5, 'y_scale': 1.5})

worksheet.write(25, 0, "그림 삽입(크기 축소):")
worksheet.write(26, 0, "{'x_scale': 0.75, 'y_scale': 0.7}")
worksheet.insert_image(25, 1, image_file, {'x_scale': 0.75, 'y_scale': 0.7})

# 5) 워크북 객체를 닫고 엑셀 파일 생성
workbook.close()

print("생성한 엑셀 파일:", excel_file)    # 생성한 파일 이름 출력
```

Out: 생성한 엑셀 파일: C:/myPyExcel/data/ch06/XlsxWriter_insert_image_01.xlsx

위 코드에서 insert_image()를 이용해 그림을 삽입할 때 셀의 위치를 행 번호와 열 번호를 이용했지만 셀 주소를 이용해도 됩니다. 그림 6-27은 위 코드를 수행해 생성한 파일(XlsxWriter_insert_image_01.

xlsx)입니다. 옵션이 없다면 지정한 셀의 좌측 상단과 그림의 좌측 상단이 일치하게 그림이 배치되며 그림의 크기도 원본과 같게 됩니다. 가로와 세로 위치 오프셋(x_offset과 y_offset) 옵션을 지정하면 삽입할 위치를 지정한 셀의 좌측 상단을 기준으로 그림의 좌측 상단 위치가 조정되는 것을 볼 수 있습니다. 또한 가로와 세로 크기 배율(x_scale과 y_scale) 옵션을 지정하면 원본 그림 크기가 확대되거나 축소된 것을 볼 수 있습니다.

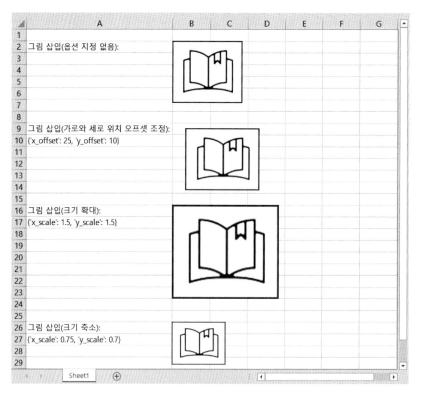

그림 6-27 다양한 옵션을 지정해 셀에 그림을 삽입

셀에 텍스트 상자 삽입

엑셀의 셀에 텍스트 상자를 삽입하려면 다음과 같이 insert_textbox()를 이용합니다.

```
worksheet.insert_textbox(row, col, text[, options]) # 셀에 텍스트 상자 삽입
                    혹은
worksheet.insert_textbox(cell_address, text[, options]) # 셀에 텍스트 상자 삽입
```

여기서 행 번호 row와 열 번호 col는 텍스트 상자를 삽입할 셀의 위치로 셀의 주소(cell_address)를 이용할 수도 있습니다. text은 삽입하고자 하는 텍스트의 내용입니다. 옵션 options을 지정하면 텍스트 상자의 삽입 위치 오프셋, 크기, 글꼴, 채우기, 테두리, 맞춤 속성 등을 설정할 수도 있습니다. 표 6-11은 텍스트 상자 삽입을 위한 옵션의 선택변수를 보여줍니다. 선택변수 x_offset, y_offset, x_scale, y_scale는 표 6-10에서 살펴본 내용과 같고 선택변수 width와 height는 각각 텍스트 상자의 너비와 높이입니다. 이 외에도 글꼴, 채우기, 테두리, 맞춤 속성을 지정할 수 있는 font, fill, border, align 선택변수가 있습니다. 이 선택변수는 속성을 지정하기 위한 하위 선택변수가 있습니다.

표 6-11 텍스트 상자 삽입을 위한 옵션의 선택변수

설명	선택변수	기본값	사용 예
가로 위치 오프셋	x_offset	0	{'x_offset': 5}
세로 위치 오프셋	y_offset	0	{'y_offset': 10}
가로 크기 배율	x_scale	1	{'x_scale': 0.9}
세로 크기 배율	y_scale	1	{'y_scale': 1.2}
가로 크기(너비)	width	열 3개의 너비	{'width': 250}
세로 크기(높이)	height	행 6개의 높이	{'height': 30}
글꼴 속성	font	기본 글꼴 속성	'font': {'bold': True, 'size': 15}
채우기 속성	fill	채우기 없음	'fill': {'color': 'blue'}
테두리 속성	border	테두리 없음	'border': {'color': 'black', 'width': 3}
맞춤 속성	align	기본 맞춤 속성	'align': {'vertical': 'middle', 'horizontal': 'center'}

글꼴 속성을 지정하는 font 선택변수의 하위 선택변수는 표 6-12와 같습니다. 앞에서 살펴본 셀의 글꼴 관련 속성을 지정하는 방법과 유사하므로 이를 참고하면 어렵지 않게 하위 선택변수를 지정할 수 있을 것입니다.

표 6-12 텍스트 상자 삽입의 글꼴 속성 옵션을 위한 하위 선택변수

설명	선택변수	기본값	사용 예
글꼴 이름	name	기본 글꼴	{'name': '맑은 고딕'}
글꼴 크기	size	기본 크기	{'size': 12}
텍스트 굵게	bold	False	{'bold': True}
텍스트 기울임	italic	False	{'italic': True}

설명	선택변수	기본값	사용 예
텍스트 밑줄	underline	False	{'underline': True}
글꼴 색	color	black	{'color': 'blue'}

채우기 속성을 지정하는 fill 선택변수는 하위 선택변수로 color가 있습니다. 하위 선택변수 color의 색상 지정은 앞에서 살펴본 색상 지정 방법을 이용하면 됩니다. 테두리 속성을 지정하는 border 선택변수의 하위 선택변수에는 color와 width가 있습니다. 테두리 선의 색을 지정하는 color는 앞에서 살펴본 방법을 이용하면 되고 선의 두께를 지정하는 width는 숫자로 지정하면 됩니다. 텍스트 박스 안에서 텍스트의 맞춤 속성을 지정하는 align 선택변수는 하위 선택변수로 가로 맞춤을 지정하는 horizontal과 세로 맞춤을 지정하는 vertical이 있습니다. 표 6-13은 맞춤 속성을 지정하는 align 선택변수의 하위 선택변수에서 가로 맞춤과 세로 맞춤에 사용할 수 있는 속성값을 보여줍니다.

표 6-13 텍스트 상자 삽입의 맞춤 속성 옵션을 위한 하위 선택변수

설명	선택변수	기본값	사용 예
가로 맞춤	horizontal	left	{'horizontal': 'left'}, {'horizontal': 'center'}
세로 맞춤	vertical	top	{'vertical': 'top'}, {'vertical': 'middle'}, {'vertical': 'bottom'}

다음은 앞에서 살펴본 텍스트 상자 삽입과 옵션 지정 방법을 이용해 다양한 방법으로 옵션을 지정하는 예제를 살펴보겠습니다.

```
In:    import xlsxwriter

       # 엑셀 파일 경로
       folder = 'C:/myPyExcel/data/ch06/'
       excel_file = folder + 'XlsxWriter_insert_textbox_01.xlsx'

       # 1) 생성할 엑셀 파일이름을 지정해 워크북 객체 생성
       workbook = xlsxwriter.Workbook(excel_file)

       # 2) 워크북 내에 사용할 워크시트 생성
       worksheet = workbook.add_worksheet()
```

```
# 3) 필요 시 행과 열의 높이 지정
worksheet.set_column(0, 0, 40) # 0열 (A열)의 너비 지정

# 4) 워크시트의 셀에 쓰기와 텍스트 상자 삽입 작업 수행
text = "텍스트 상자"

worksheet.write(1, 0, "텍스트 상자 삽입(옵션 지정 없음):")
worksheet.insert_textbox(1, 1, text)

# 텍스트 상자 삽입: 위치 오프셋과 크기 조정
worksheet.write(8, 0, "텍스트 상자 삽입(위치 오프셋과 크기 조정):")
worksheet.write(9, 0, "{'x_offset': 25, 'y_offset': 10,")
worksheet.write(10, 0, "'width': 240, 'height': 100}")

# # 텍스트 상자의 가로와 세로 오프셋과 크기 조정
options = {'x_offset': 25, 'y_offset': 10,
           'width': 240, 'height': 100}
worksheet.insert_textbox(8, 1, text, options)

# 텍스트 상자 삽입: 글꼴, 맞춤 속성 지정
worksheet.write(16, 0, "텍스트 상자 삽입(글꼴, 맞춤 속성 지정):")
worksheet.write(17, 0, "{'align': {'vertical': 'middle', 'horizontal': 'center'},")
worksheet.write(18, 0, "'font': {'bold': True, 'size': 15}}")

# 텍스트 상자의 맞춤 속성과 글꼴 속성 지정
options = {'align': {'vertical': 'middle', 'horizontal': 'center'},
           'font': {'bold': True, 'size': 15}}
worksheet.insert_textbox(16, 1, text, options)

# 텍스트 상자 삽입: 테두리, 채우기 속성 지정
worksheet.write(23, 0, "텍스트 상자 삽입(테두리, 채우기 속성 지정):")
worksheet.write(24, 0, "{'border': {'color': 'black', 'width': 2}},")
worksheet.write(25, 0, "'fill': {'color': 'yellow'}}")

# 텍스트 상자의 테두리 속성과 채우기 속성 지정
options = {'border': {'color': 'black', 'width': 2},
           'fill': {'color': 'yellow'}}
worksheet.insert_textbox(23, 1, text, options)
```

```
# 5) 워크북 객체를 닫고 엑셀 파일 생성
workbook.close()

print("생성한 엑셀 파일:", excel_file) # 생성한 파일 이름 출력
```

Out: 생성한 엑셀 파일: C:/myPyExcel/data/ch06/XlsxWriter_insert_textbox_01.xlsx

위 코드에서 insert_textbox()를 이용해 텍스트 상자를 셀에 삽입했습니다. 그림 6-28은 위 코드를 수행해 생성한 파일(XlsxWriter_insert_textbox_01.xlsx)입니다. 옵션 지정에 따라서 각 셀에 삽입된 텍스트 상자의 속성이 달라지는 것을 볼 수 있습니다.

그림 6-28 다양한 옵션을 지정해서 셀에 텍스트 상자를 삽입

02 파이썬으로 엑셀과 상호 작용할 수 있는 xlwings

파이썬에서 이용할 수 있는 또 다른 엑셀 라이브러리에는 xlwings가 있습니다. xlwings는 엑셀 프로그램이 설치돼 있어야 이용할 수 있지만 엑셀 파일이 열려 있는 상태에서 파이썬 코드를 작성해 바로 엑셀 파일에 반영되는 것을 확인할 수 있고 엑셀 파일의 내용도 읽을 수 있습니다. 또한 파이썬의 함수를 엑셀에서 부를 수도 있어서 엑셀의 매크로 기능을 대체할 수 있습니다. 이번에는 이렇게 엑셀과 상호 작용을 할 수 있는 xlwings를 이용해 파이썬에서 엑셀 파일을 읽고 쓰는 방법을 살펴보겠습니다. xlwings에는 무료 버전과 유료 버전이 있습니다. 유료 버전은 추가적인 기능과 지원을 제공하지만 대부분은 무료 버전의 기능만 이용해도 충분합니다. xlwings 역시 기능이 방대하므로 여기서는 필수적인 내용만 알아보겠습니다. 더 자세한 정보가 필요하면 xlwings 홈페이지(https://www.xlwings.org)를 참조하세요.

xlwings의 기본 사용법

xlwings도 파이썬 내장 모듈이 아니지만 아나콘다 배포판에 포함되어 있어 따로 설치하지 않아도 됩니다. xlwings를 사용하려면 xlwings를 임포트합니다. 보통 import xlwings as xw라고 임포트해 별명인 xw를 씁니다. 이제 xlwings의 기본 사용법을 살펴보겠습니다.

xlwings로 엑셀 파일을 처리 기본 구조

xlwings는 엑셀 프로그램과 유사하게 엑셀 파일을 다룹니다. 예를 들어, 엑셀에서 [새로 만들기]를 통해 새로운 엑셀 파일을 생성하듯이 xlwings를 통해서도 새로운 엑셀 파일을 생성할 수 있습니다. 또한 엑셀에서 기존의 엑셀 파일을 열 듯이 xlwings에서도 기존의 파일을 열 수 있습니다. 새로운 엑셀 파일을 만들거나 이미 있는 엑셀 파일을 연 후에는 워크시트의 셀에 데이터를 쓰거나 셀에 있는 데이터를 읽어올 수 있습니다. 그 후에 필요하면 엑셀 파일을 저장할 수 있습니다. 이제 xlwings로 엑셀 파일을 생성하거나 기존 엑셀 파일을 열고 워크시트를 지정해 셀에 데이터를 쓰거나 셀의 데이터를 읽고 엑셀 파일로 저장하는 방법을 하나씩 알아보겠습니다.

xlwings로 새로운 엑셀 파일(워크북)을 생성하려면 다음과 같이 Book()을 실행합니다.

```
import xlwings as xw

wb = xw.Book() # 새로운 워크북(엑셀 파일)을 생성
```

코드를 실행하면 새로운 워크북(엑셀 파일)이 생성되면서 열립니다. 생성된 워크북 객체는 변수 wb에 할당됩니다.

기존 엑셀 파일을 여는 방법은 다음과 같습니다.

```
wb = xw.Book(excel_file) # 기존에 있는 엑셀 파일(excel_file)을 열기
```

위에서 excel_file은 엑셀 파일 이름으로 디렉터리를 포함할 수 있습니다. 디렉터리 없이 엑셀 파일 이름만 입력하면 현재 작업 디렉터리에서 엑셀 파일을 엽니다. 지정한 엑셀 파일이 없다면 오류가 발생합니다.

엑셀 파일을 생성하거나 연 후에는 아래와 같이 워크북 객체 wb에서 sheets[sheet_name]으로 작업할 워크시트를 지정합니다. 여기서 sheet_name은 작업할 워크시트 이름입니다. 엑셀 파일을 생성할 때 기본 워크시트의 이름은 Sheet1입니다.

```
sht = wb.sheets[sheet_name] # 워크시트 지정
```

워크시트 객체 sht를 가지고 엑셀의 셀에 데이터를 쓰려면 다음과 같이 수행합니다.

```
sht.range((row, col)).value = cell_data    # 셀에 데이터 쓰기
              혹은
sht.range(cell_address).value = cell_data # 셀에 데이터 쓰기
```

여기서 (row, col)는 튜플 형식으로 지정하는 입력 셀의 위치로 row와 col은 각각 행과 열의 위치를 나타내는 행 번호와 열 번호(1부터 시작하는 정수)입니다. 또한 cell_data는 셀에 입력하려는 데이터로 숫자, 문자, 기호, 날짜, 계산식 등을 입력할 수 있습니다. 앞에서 살펴본 XlsxWriter는 행 번호와 열 번호가 0부터 시작하지만 xlwings는 행 번호와 열 번호가 1부터 시작한다는 차이가 있습니다. range()에서 셀을 지정할 때 (1, 1)처럼 행과 열의 위치(row, col)로 지정할 수도 있고 'A1'처럼 엑셀의 셀 주소(cell_address)로 지정할 수도 있습니다.

셀에 있는 데이터를 읽으려면 다음과 같이 수행합니다.

```
cell_data = sht.range((row, col)).value     # 셀에서 데이터 읽기
              혹은
cell_data = sht.range(cell_address).value  # 셀에서 데이터 읽기
```

엑셀 파일을 처리하는 과정이 모두 끝났으면 아래와 같이 save(excel_file)로 엑셀 파일을 저장할 수 있습니다.

```
wb.save(excel_file) # 엑셀 파일 저장
```

위의 코드에서 excel_file는 엑셀 파일 이름으로 디렉터리를 포함할 수 있습니다. 만약 디렉터리 없이 엑셀 파일 이름만 입력하면 현재 작업 디렉터리에서 엑셀 파일을 저장합니다. 만약 기존에 같은 이름의 파일이 있더라도 그냥 덮어쓰기를 수행하니 주의해야 합니다.

작업 중인 워크북 객체를 닫으려면 아래와 같이 close()를 수행합니다.

```
wb.close()
```

엑셀 파일이 하나라도 열려 있는 상태에서 wb = xw.Book()으로 워크북 객체 wb를 생성하고 나서 wb.close()를 수행하면 xw.Book()으로 연 워크북 객체 wb를 닫습니다. 이때 저장 없이 바로 닫기 때문에 저장이 필요한 파일은 반드시 wb.save(excel_file)로 저장한 후 wb.close()를 수행해야 합니다. 엑셀 파일이 하나도 열려 있지 않은 상태에서 wb = xw.Book()으로 워크북 객체 wb를 생성하고 나서 wb.close()를 실행하면 워크북은 닫히지만 엑셀 프로그램은 종료되지 않는 경우가 발생합니다. 이때는 wb.close() 대신 wb.app.quit()를 이용하면 되는데, 열려 있는 모든 엑셀 파일을 저장 없이 닫고 엑셀 프로그램을 종료하므로 주의해야 합니다.

xlwings로 엑셀 파일을 생성해 데이터 쓰고 저장하기

이제 앞에서 살펴본 방법으로 새로운 엑셀 파일을 생성한 후에 지정한 시트의 셀에 데이터를 쓰고 저장하는 예를 살펴보겠습니다. 먼저 다음 코드를 실행해 xlwings로 새로운 엑셀 파일을 생성하겠습니다.

```
In:    import xlwings as xw

       wb = xw.Book()  # 새로운 엑셀 파일(워크북)을 생성
```

위의 코드를 수행하면 그림 6-29처럼 엑셀 프로그램이 수행되면서 새로운 엑셀 파일이 생성됩니다. 기본 설정을 바꾸지 않았다면 워크시트는 Sheet1이라는 이름으로 한 개가 생성됩니다.

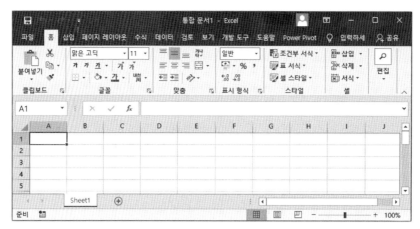

그림 6-29 새로운 엑셀 파일(워크북) 생성

이제 생성된 워크북(wb)으로부터 워크시트 이름(Sheet1)을 지정해 워크시트 객체(sht)를 생성한 후 셀 주소를 지정해 각 셀에 숫자 데이터, 문자 데이터, 엑셀 함수 쓰기를 수행하겠습니다.

```
In:   sht = wb.sheets['Sheet1']            # 워크시트 지정

      # 행과 열 번호를 지정해 셀에 데이터 쓰기
      sht.range((1,1)).value = 100       # 셀 주소 A1에 정수 쓰기
      sht.range((2,1)).value = 3.14      # 셀 주소 A2에 실수 쓰기
      sht.range((3,1)).value = "안녕"    # 셀 주소 A3에 문자열 쓰기

      # 셀 주소를 지정해 셀에 데이터 쓰기
      sht.range('C1').value = '데이터 1'
      sht.range('C2').value = '데이터 2'
      sht.range('C3').value = '데이터 3'
      sht.range('C4').value = '합계'       # 합계 함수 지정

      sht.range('D1').value = 10           # 정수
      sht.range('D2').value = 20
      sht.range('D3').value = 30
      sht.range('D4').value = '=sum(D1:D3)'  # 합계 함수 지정
```

위의 코드를 수행하면 그림 6-30처럼 지정한 셀에 데이터가 써집니다. 셀에 엑셀 함수를 쓰면 함수를 실행한 결과가 표시되는 것을 볼 수 있습니다.

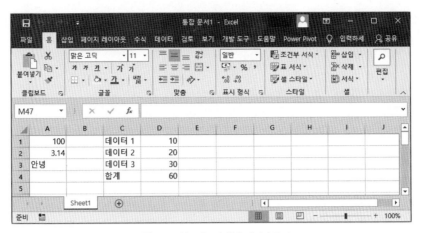

그림 6-30 워크시트의 셀에 데이터 쓰기

각 셀에 써진 데이터는 다음과 같이 sht.range((row, col)).value나 sht.range(cell_address).value를 이용해 읽어올 수 있습니다.

```
In:     print(sht.range('A1').value)
        print(sht.range('A2').value)
        print(sht.range('A3').value)
```

```
Out:    100.0
        3.14
        안녕
```

```
In:     print(sht.range((1,4)).value)
        print(sht.range((2,4)).value)
        print(sht.range((3,4)).value)
```

```
Out:    10.0
        20.0
        30.0
```

위 출력 결과를 보면 셀에 정수를 입력했지만 엑셀의 셀에 쓰기를 수행한 후에 읽은 결과는 실수로 변경된 것을 볼 수 있습니다.

모든 작업을 마친 후에는 다음과 같이 워크북을 wb.save(excel_file)을 이용해 엑셀 파일로 저장합니다. 엑셀 파일로 저장할 때 엑셀 이름에는 디렉터리를 포함할 수 있습니다.

```
In:    # 엑셀 파일 경로
       folder = 'C:/myPyExcel/data/ch06/'
       excel_file = folder + 'xlwings_test_01.xlsx'


       wb.save(excel_file)    # 엑셀 파일 저장


       print("생성한 엑셀 파일:", excel_file)  # 저장한 엑셀 파일 이름 출력
```

Out: 생성한 엑셀 파일: C:/myPyExcel/data/ch06/xlwings_test_01.xlsx

위의 코드를 실행하면 그림 6-31처럼 지정한 엑셀 파일 이름(xlwings_test_01.xlsx)으로 워크북의 내용을 저장합니다.

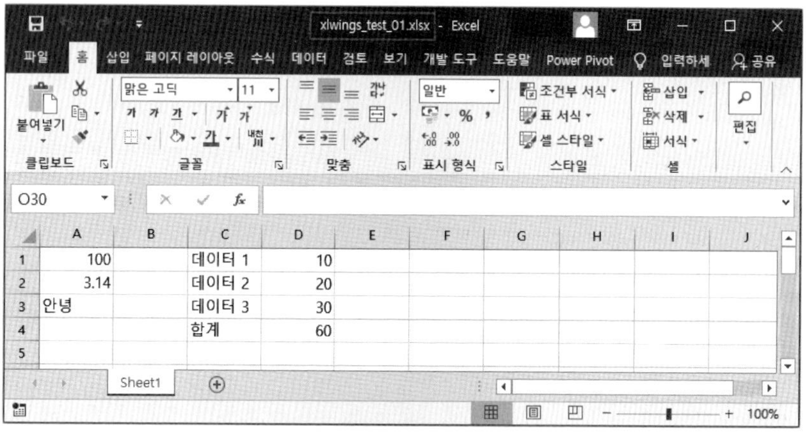

그림 6-31 워크북을 지정한 엑셀 파일로 저장

현재 열려 있는 엑셀 파일(워크북) 객체(wb)를 닫으려면 다음과 같이 close()를 수행합니다.

In: wb.close()

지금까지 xlwings로 새로운 엑셀 파일을 생성해서 열고, 데이터를 쓰고, 파일 이름을 지정해 저장하고, 엑셀 파일을 닫는 모든 과정을 살펴봤습니다. xlwings를 이용하면 파이썬 코드를 단계별로 실행할 때마다 엑셀 프로그램과 연동해 엑셀 파일을 처리하는 과정을 하나씩 살펴볼 수 있습니다.

xlwings로 다양한 자료형 데이터 쓰고 읽기

앞에서는 xlwings로 엑셀의 셀 하나에 데이터를 쓰고 읽는 방법을 알아봤습니다. 이번에는 파이썬의 리스트 데이터, 넘파이 배열 데이터, 판다스의 Series나 DataFrame 데이터를 엑셀의 셀에 쓰는 방법과 반대로 엑셀 파일에 있는 셀 데이터를 파이썬의 리스트 데이터, 넘파이 배열 데이터, 판다스의 Series나 DataFrame 데이터로 읽는 방법을 살펴보겠습니다.

파이썬의 데이터를 엑셀 워크시트에 쓰기

xlwings를 사용해 리스트 데이터, 넘파이 배열 데이터, 판다스의 Series나 DataFrame 데이터를 워크시트에 표 형식으로 쓰는 방법은 앞에서 살펴본 하나의 데이터를 셀에 쓰는 방법과 같습니다.

```
sht.range((row, col)).value = table_data    # 셀에 데이터 쓰기
                혹은
sht.range(cell_address).value = table_data    # 셀에 데이터 쓰기
```

여기서 table_data는 리스트 데이터, 넘파이 배열 데이터, 판다스의 Series나 DataFrame 데이터 중 하나이며, (row, col)는 데이터를 쓸 좌측 상단의 셀 위치이고 cell_address는 셀 주소입니다. 데이터의 크기와 상관없이 좌측 상단의 셀 위치나 셀 주소를 지정하면 데이터의 형태에 맞춰 표 형식으로 데이터가 각 셀에 써집니다.

다음은 리스트 데이터, 넘파이 배열 데이터, 판다스의 Series나 DataFrame 데이터를 워크시트에 표 형식으로 쓰는 예입니다.

```
In:    import xlwings as xw
       import numpy as np
       import pandas as pd


       wb = xw.Book()              # 새로운 엑셀 파일(워크북)을 생성
       sht = wb.sheets['Sheet1']   # 워크시트 지정

       # 리스트 데이터 쓰기
       sht.range('A1').value = "리스트 데이터 쓰기"
       list_data_2d = [[10, 20, 30], [40, 50, 60], [70, 80, 90]]  # 2차원 리스트 생성
       sht.range((2,1)).value = list_data_2d              # 셀 주소: A2
```

```python
# 넘파이 배열 데이터 쓰기
sht.range('A6').value = "넘파이 배열 데이터 쓰기"
list_data_1d = [10, 20, 30, 40, 50]    # 1차원 리스트 생성
numpy_data = np.array(list_data_1d)    # 1차원 배열 생성
sht.range((7,1)).value = numpy_data    # 셀 주소: A7

# 판다스 Series 데이터 쓰기
sht.range('A9').value = "판다스 Series 데이터 쓰기"
series_data = pd.Series(list_data_1d)  # 리스트로 Series 데이터 생성
sht.range('A10').value = series_data

# 판다스 DataFrame 데이터 쓰기
sht.range('A16').value = "판다스 DataFrame 데이터 쓰기"
df_data = pd.DataFrame(list_data_2d, columns=['A', 'B', 'C'])
sht.range('A17').value = df_data

# 엑셀 파일 경로
folder = 'C:/myPyExcel/data/ch06/'
excel_file = folder + 'xlwings_test_02.xlsx'

wb.save(excel_file)  # 엑셀 파일 저장

print("생성한 엑셀 파일:", excel_file)  # 저장한 엑셀 파일 이름 출력
```

Out: 생성한 엑셀 파일: C:/myPyExcel/data/ch06/xlwings_test_02.xlsx

위 코드에서 xlwings로 새로운 엑셀 파일을 생성하고 다양한 형식의 데이터 쓰기를 수행한 후 엑셀 파일(xlwings_test_02.xlsx)로 저장했습니다. 그림 6-32는 위의 코드를 실행한 결과입니다. 먼저 워크시트의 셀에 2차원 형식의 리스트 데이터 쓰기를 수행했습니다. 리스트의 각 요소가 셀에 써진 것을 볼수 있습니다. 넘파이 1차원 배열도 각 요소가 셀에 써졌습니다. 판다스의 Series는 index와 values가 각 셀에 잘 써졌으며, 판다스 DataFrame은 index, columns, values가 각 셀에 써진 것을 볼 수 있습니다.

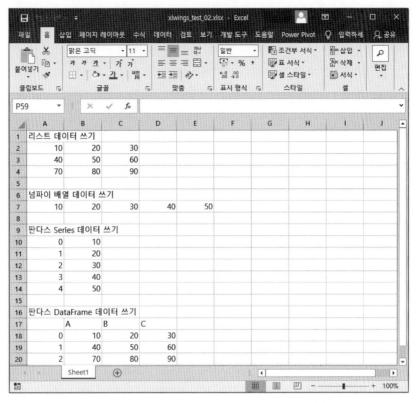

그림 6-32 xlwings로 다양한 자료형의 데이터를 워크시트의 셀에 쓰기

엑셀 워크시트의 데이터를 파이썬에서 읽기

이제 xlwings를 통해 엑셀 워크시트에 있는 표 데이터를 파이썬의 리스트 데이터, 넘파이 배열 데이터, 판다스의 Series나 DataFrame 데이터로 읽는 방법을 살펴보겠습니다.

엑셀 워크시트의 표 데이터를 파이썬의 리스트 데이터, 넘파이 배열 데이터, 판다스의 Series나 DataFrame 데이터로 읽으려면 하나의 셀 데이터를 읽던 방식에 options(expand='table')을 추가합니다. 원하는 자료형에 따라 options()에 추가로 필요한 인수는 달라집니다. 리스트 데이터는 추가 인수가 없어도 되지만 넘파이 배열 데이터, 판다스의 Series 데이터와 DataFrame 데이터는 각각 데이터 형식을 지정하는 np.array, pd.Series, pd.DataFrame를 추가 인수로 지정합니다. 넘파이 배열 데이터로 읽으려면 import numpy as np로 넘파이를 임포트해야 하고, 판다스의 Series나 DataFrame 데이터로 읽으려면 import pandas as pd로 판다스를 임포트해야 합니다.

다음은 워크시트에 있는 표 데이터를 파이썬의 리스트 데이터, 넘파이 배열 데이터, 판다스의 Series나 DataFrame 데이터로 읽는 방법을 정리한 것입니다.

```python
import numpy as np
import pandas as pd

# 워크시트에 있는 표 데이터를 리스트 데이터로 읽기
list_data = sht.range(cell_address).options(expand='table').value

# 워크시트에 있는 표 데이터를 넘파이 배열 데이터로 읽기
array_data = sht.range(cell_address).options(np.array, expand='table').value

# 워크시트에 있는 표 데이터를 판다스의 Series 데이터로 읽기
series_data = sht.range(cell_address).options(pd.Series, expand='table').value

# 워크시트에 있는 표 데이터를 판다스의 DataFrame 데이터로 읽기
df_data = sht.range(cell_address).options(pd.DataFrame, expand='table').value
```

여기서 cell_address는 워크시트에 있는 표 데이터의 좌측 상단의 셀 주소입니다. 셀 주소를 지정하는 방식 대신 셀 위치 (row, col)를 지정할 수도 있습니다. 실행하면 셀 주소(cell_address)에서 시작해 오른쪽 빈 셀과 아래쪽 빈 셀을 만날 때까지 워크시트의 표 데이터를 읽어 options()에 지정한 데이터 타입으로 반환합니다. 판다스의 Series나 DataFrame 데이터로 읽을 때는 options()에 header와 index 옵션을 추가할 수 있습니다. 워크시트 표 데이터에 제목이 없다면 header=False를 지정합니다. 엑셀 워크시트의 표 데이터에서 index를 가져오지 않고 자체적으로 생성하려면 index에 해당하는 열 데이터를 범위에서 제외하고 options()에 index=False를 추가합니다.

앞에서 저장한 엑셀 파일(xlwings_test_02.xlsx)을 열어서 워크시트의 표 데이터를 다양한 자료형으로 읽는 예를 살펴보겠습니다. 먼저 리스트 데이터로 읽는 예입니다.

```
In:   import xlwings as xw
      import numpy as np
      import pandas as pd

      # 엑셀 파일 경로
      folder = 'C:/myPyExcel/data/ch06/'
```

```
excel_file = folder + 'xlwings_test_02.xlsx'

wb = xw.Book(excel_file)     # 기존에 있는 엑셀 파일(excel_file)을 열기

sht = wb.sheets['Sheet1']    # 워크시트 지정

# 워크시트에 있는 표 데이터를 리스트 데이터로 읽기
list_data1 = sht.range('A2').options(expand='table').value
list_data1
```

Out: [[10.0, 20.0, 30.0], [40.0, 50.0, 60.0], [70.0, 80.0, 90.0]]

위 코드의 출력 결과를 보면 엑셀의 셀 A2에서 시작하는 2차원 표 데이터를 리스트로 가져온 것을 볼 수 있습니다. 결과를 보면 정수인 값이 실수로 변환된 것을 볼 수 있습니다.

다음은 셀 A7에서 시작하는 표 데이터를 넘파이 배열로 읽는 예입니다.

In: # 워크시트에 있는 표 데이터를 넘파이 배열 데이터로 읽기
        array_data1 = sht.range('A7').options(np.array, expand='table').value
        array_data1

Out: array([10., 20., 30., 40., 50.])

이번에는 셀 A10에서 시작하는 표 데이터를 판다스 Series 데이터로 읽는 예입니다.

In: # 워크시트에 있는 표 데이터를 판다스의 Series 데이터로 읽어 오기
        series_data1 = sht.range('A10').options(pd.Series, expand='table', header=False).value
        series_data1

Out: 0.0   10.0
        1.0   20.0
        2.0   30.0
        3.0   40.0
        4.0   50.0
        dtype: float64

위의 예는 셀 A10에서 시작하는 표 데이터에 표 제목(열 이름)이 없어 header=False 옵션을 지정했습니다. 출력 결과를 살펴보면 워크시트 표 데이터의 첫 번째 열이 Series 데이터의 index로 지정됐습니

다. 그런데 이 index는 정수가 아니라 실수입니다. 실수 index를 이용할 수도 있지만 워크시트로부터 읽을 표 데이터 범위에서 index를 제외하고 options()에 index=False 옵션을 추가하면 자동으로 정수 index가 생성됩니다. 다음은 워크시트에서 표 데이터의 시작 셀을 B10으로 지정하고 options()에 index=False 옵션을 추가해 워크시트의 표 데이터를 판다스 Series 데이터로 읽는 예입니다.

```
In:    # 워크시트에 있는 표 데이터를 판다스의 Series 데이터로 읽기
       series_data2 = sht.range('B10').options(pd.Series, expand='table',
                                               header=False, index=False).value
       series_data2
```

```
Out:   0     10.0
       1     20.0
       2     30.0
       3     40.0
       4     50.0
       dtype: float64
```

출력 결과를 보면 이제 Series 데이터의 index가 정수로 생성된 것을 확인할 수 있습니다.

마지막으로 셀 A17에서 시작하는 표 데이터를 판다스 DataFrame 데이터로 읽는 예를 살펴보겠습니다.

```
In:    # 워크시트에 있는 표 데이터를 판다스의 DataFrame 데이터로 읽기
       df_data1 = sht.range('A17').options(pd.DataFrame, expand='table').value
       df_data1
```

Out:

	A	B	C
0.0	10.0	20.0	30.0
1.0	40.0	50.0	60.0
2.0	70.0	80.0	90.0

위 코드의 결과를 보면 지정된 범위의 워크시트 표 데이터에서 첫 번째 열은 DataFrame 데이터의 index로 지정됐고 첫 번째 행은 DataFrame의 columns로 지정된 것을 볼 수 있습니다. 마찬가지로 DataFrame 데이터의 index가 실수입니다. 정수 index로 지정하려면 엑셀의 워크시트로부터 읽을 데이터 범위에서 index 부분을 제외하고 options()에 index=False 옵션을 추가합니다. 다음은 이를 반영한 코드입니다.

```
In:   # 워크시트에 있는 표 데이터를 판다스의 DataFrame 데이터로 읽기
      df_data2 = sht.range('B17').options(pd.DataFrame, expand='table', index=False).value
      df_data2
```

Out:

	A	B	C
0	10.0	20.0	30.0
1	40.0	50.0	60.0
2	70.0	80.0	90.0

출력 결과를 살펴보면 DataFrame 데이터의 index가 정수로 생성된 것을 확인할 수 있습니다.

이번에는 열별로 다른 형식의 데이터가 있는 엑셀 워크시트 표 데이터를 판다스의 DataFrame 데이터로 읽을 때 각 열이 어떤 자료형이 되는지 살펴보겠습니다. 이를 위해 표 데이터가 있는 엑셀 파일(xlwings_test_03.xlsx)을 그림 6-33 과 같이 미리 생성했습니다.

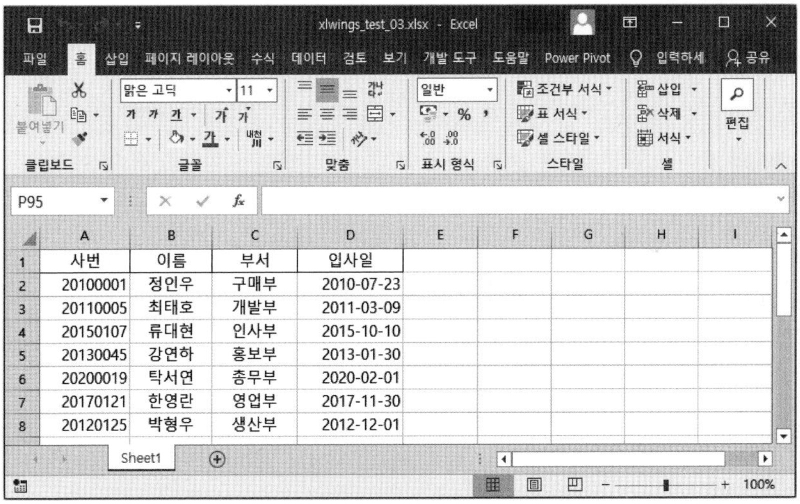

그림 6-33 워크시트에 표 데이터가 있는 엑셀 파일

다음은 앞에서 살펴본 방법을 이용해 엑셀 워크시트의 표 데이터를 판다스 DataFrame 데이터로 읽는 코드입니다.

```
In:   # 엑셀 파일 경로
      folder = 'C:/myPyExcel/data/ch06/'
      excel_file = folder + 'xlwings_test_03.xlsx'
```

```
wb = xw.Book(excel_file)    # 기존에 있는 엑셀 파일(excel_file)을 열기

sht = wb.sheets['Sheet1']   # 워크시트 지정

# 워크시트에 있는 표 데이터를 판다스의 DataFrame 데이터로 읽기
df_data3 = sht.range((1,1)).options(pd.DataFrame, expand='table', index=False).value
df_data3
```

Out:

	사번	이름	부서	입사일
0	20100001.0	정인우	구매부	2010−07−23
1	20110005.0	최태호	개발부	2011−03−09
2	20150107.0	류대현	인사부	2015−10−10
3	20130045.0	강연하	홍보부	2013−01−30
4	20200019.0	탁서연	총무부	2020−02−01
5	20170121.0	한영란	영업부	2017−11−30
6	20120125.0	박형우	생산부	2012−12−01

출력 결과를 보면 사번 열의 데이터 타입이 실수인 것을 알 수 있습니다. 이렇게 출력 결과로 확인할 수도 있지만 아래와 같이 dtype으로도 DataFrame 열의 데이터 타입을 확인할 수 있습니다.

In: df_data3['사번'].dtype

Out: dtype('float64')

In: df_data3['이름'].dtype

Out: dtype('O')

In: df_data3['입사일'].dtype

Out: dtype('<M8[ns]')

위의 데이터 타입 출력 결과에서 float64는 데이터 타입이 실수임을 의미하고, O는 데이터 타입이 파이썬 객체임을 의미하며, <M8[ns]는 데이터 타입이 날짜임을 의미합니다. 이렇게 데이터에 따라서 자동으로 데이터 타입이 설정되는 것을 볼 수 있습니다.

앞에서 DataFrame 데이터(df_data3) 사번 열의 데이터 타입은 실수입니다. 엑셀 워크시트에는 정수로 입력돼 있지만 DataFrame 데이터로 읽어오면서 실수형으로 변환됐습니다. 하지만 사번은 연산에 사용하지 않는 고유한 값이고 실수형으로 표시하면 보기도 좋지 않아 정수형으로 바꾸겠습니다. 이를 위해 판다스의 Series나 DataFrame 데이터에 적용할 수 있는 astype(dtype)를 이용합니다. 아래 코드에서는 DataFrame 데이터(df_data3)의 사번 열 데이터 타입을 astype(int)를 이용해 정수형로 변환한 후에 결과를 DataFrame 데이터(df_data3)의 사번 열에 다시 할당했습니다.

```
In:  df_data3['사번'] = df_data3['사번'].astype(int) # 열 데이터의 자료형을 정수로 변환
     df_data3
```

Out:

	사번	이름	부서	입사일
0	20100001	정인우	구매부	2010-07-23
1	20110005	최태호	개발부	2011-03-09
2	20150107	류대현	인사부	2015-10-10
3	20130045	강연하	홍보부	2013-01-30
4	20200019	탁서연	총무부	2020-02-01
5	20170121	한영란	영업부	2017-11-30
6	20120125	박형우	생산부	2012-12-01

위의 DataFrame 데이터(df_data3) 출력 결과를 보면 사번 열의 값이 모두 정수로 바뀐 것을 볼 수 있습니다. 실제로 잘 바뀌었는지 확인해 보기 위해 다음과 같이 df_data3['사번'].dtype를 다시 한번 수행해 보겠습니다.

```
In:  df_data3['사번'].dtype
```

```
Out:  dtype('int32')
```

위의 데이터 타입 출력 결과에서 int32는 데이터 타입이 정수임을 의미합니다. 따라서 DataFrame 데이터(df_data3) 사번 열의 데이터 타입이 정수로 변환된 것을 알 수 있습니다.

xlwings로 엑셀 파일 출력하기

엑셀 파일을 그 자체로 사용하기도 하지만 때때로 프린터로 출력하거나 PDF 파일로 출력하기도 합니다. 이번에는 xlwings를 이용해 엑셀 파일을 프린터나 PDF 파일로 출력하는 방법을 살펴보겠습니다.

엑셀 파일을 프린터로 출력하기

지금까지 살펴본 xlwings는 윈도우에서 이용하는 파이썬 라이브러리인 pywin32의 사용을 편리하게 만든 것입니다. 파이썬 라이브러리 pywin32는 윈도우의 COM(Component Object Model)을 통해 Win32 API(Application Programming Interface)의 기능을 파이썬에서 사용할 수 있게 해주는 라이브러리입니다. 윈도우에서 프로그램을 작성할 때 Win32 API를 사용하면 엑셀의 여러 기능을 제어할 수 있습니다. 이러한 관계를 도식화하면 그림 6-34와 같습니다. 그림 6-34에서 보는 것처럼 xlwings는 pywin32를 통해 엑셀의 기능을 제어할 수 있습니다.

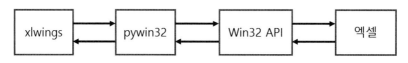

그림 6-34 xlwings로 엑셀을 제어하는 단계

이제 xlwings로 pywin32의 API를 이용해 엑셀의 내용을 프린터로 출력하는 방법을 알아보겠습니다. xlwings로 작업 중인 워크북(wb)의 워크시트 내용을 프린터로 출력하려면 다음과 같이 PrintOut()을 이용합니다.

```
wb.sheets[sheet_name].api.PrintOut()
```

위의 코드를 실행하면 현재 작업 중인 워크북(wb)의 워크시트(sheet_name)를 기본 프린터로 출력합니다. 워크북(wb)의 모든 워크시트를 프린터로 출력하려면 다음을 이용합니다.

```
wb.api.PrintOut()
```

다음은 엑셀 워크시트의 내용을 기본 프린터로 출력하는 코드입니다. 프린터로 출력한 다음 wb.close()로 작업 중인 워크북(엑셀 파일)을 닫았습니다. 아래의 코드는 실제로 엑셀 워크시트의 내용이 프린터로 출력되므로 주의가 필요합니다. 특히 반복문으로 워크시트의 내용을 프린터로 출력할 때는 의도대로 동작하는지 미리 확인해야 합니다. 그렇지 않으면 쓸데없이 종이와 잉크를 낭비할 수 있습니다. 아래 코드에서도 원하지 않는 프린터 출력을 막기 위해 프린터로 출력하는 코드 부분은 주석으로 처리했습니다. 프린터로 출력하는 코드를 테스트하려면 아래에서 프린터로 출력하는 코드 부분의 주석을 제거한 후에 코드를 수행하세요.

```
In:    import xlwings as xw
       import numpy as np
       import pandas as pd

       # 엑셀 파일 경로
       folder = 'C:/myPyExcel/data/ch06/'
       excel_file = folder + 'xlwings_test_02.xlsx'

       wb = xw.Book(excel_file)    # 기존에 있는 엑셀 파일(excel_file)을 열기

       # wb.sheets['Sheet1'].api.PrintOut()    # 기본 프린터로 워크시트 내용 출력
       # wb.api.PrintOut() # 이 코드도 동작

       wb.close() # 열려 있는 엑셀 파일(워크북) 객체를 닫기
```

엑셀 파일을 PDF 파일로 출력하기

현재 작업 중인 워크북(wb)에서 워크시트의 내용을 PDF 파일로 출력하려면(내보내려면) 다음과 같이 ExportAsFixedFormat()을 이용합니다.

```
wb.sheets[sheet_name].api.ExportAsFixedFormat(0, pdf_file)
```

위의 코드를 실행하면 현재 작업 중인 워크북(wb)의 워크시트(sheet_name)를 PDF 파일(pdf_file)로 출력합니다. PDF 파일(pdf_file)은 디렉터리를 포함할 수 있습니다. 워크북(wb)의 모든 워크시트를 PDF 파일로 출력하려면 다음을 이용합니다.

```
wb.api.ExportAsFixedFormat(0, pdf_file)
```

참고로 ExportAsFixedFormat()의 첫 번째 인수가 0이면 PDF 문서 파일을 출력하고 1이면 XPS 문서 파일을 출력합니다.

다음은 앞에서 저장한 엑셀 파일(xlwings_test_02.xlsx)을 연 후에 PDF 파일(xlwings_test_02.pdf)로 출력하는(내보내는) 예입니다. 엑셀 파일을 PDF 파일로 출력한 후에는 wb.close()로 작업 중인 워크북(엑셀 파일)을 닫았습니다.

```
In:   import xlwings as xw
      from pathlib import Path

      # 엑셀 파일 경로
      folder = 'C:/myPyExcel/data/ch06/'
      excel_file = folder + 'xlwings_test_02.xlsx'

      # 출력할 PDF 파일 경로
      pdf_file = folder + 'xlwings_test_02.pdf'

      wb = xw.Book(excel_file)    # 기존에 있는 엑셀 파일(excel_file)을 열기

      wb.sheets['Sheet1'].api.ExportAsFixedFormat(0, pdf_file)  # PDF 파일 생성
      # wb.api.ExportAsFixedFormat(0, pdf_file) # 이 코드도 동작

      wb.close()      # 열려 있는 엑셀 파일(워크북) 객체를 닫기

      print("생성한 PDF 파일:", pdf_file)  # 저장한 PDF 파일 이름 출력
```

Out: 생성한 PDF 파일: C:/myPyExcel/data/ch06/xlwings_test_02.pdf

위의 코드를 수행하면 해당 디렉터리(C:\myPyExcel\data\ch06)에 PDF 파일(xlwings_test_02.pdf)이 생성됩니다. 이 파일을 PDF 파일 리더(예, 아크로뱃 리더)로 열면 그림 6-35와 같이 생성된 PDF 파일의 내용을 볼 수 있습니다.

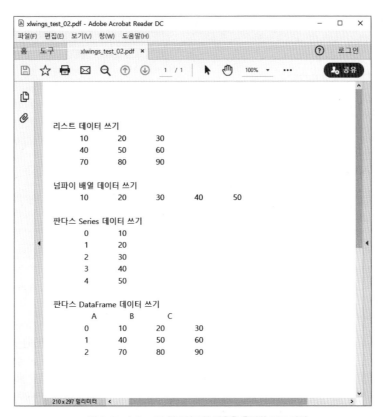

그림 6-35 xlwings로 워크시트의 내용을 출력한 PDF 파일

위의 코드를 이용해 엑셀 파일의 워크북을 PDF로 출력하면 처음에는 오류 없이 잘 수행되지만 코드를 다시 수행하면 오류가 발생합니다. 이것은 이미 같은 이름의 PDF 파일이 있기 때문입니다. 이 오류를 없애려면 아래의 코드처럼 pathlib 모듈의 Path 클래스를 이용해 같은 이름의 PDF 파일이 있는지 검사하고 이미 있다면 삭제한 후에 PDF 파일을 생성하면 됩니다.

```
In:    import xlwings as xw
       from pathlib import Path

       # 엑셀 파일 경로
       folder = 'C:/myPyExcel/data/ch06/'
       excel_file = folder + 'xlwings_test_02.xlsx'

       # 출력할 PDF 파일 경로
       pdf_file = folder + 'xlwings_test_02.pdf'
```

```python
wb = xw.Book(excel_file)          # 기존에 있는 엑셀 파일(excel_file)을 열기

file_path = Path(pdf_file)        # Path 클래스로부터 객체 생성

if(file_path.exists() == True):   # 객체를 이용해 파일이 있는지 검사
    file_path.unlink()            # 파일이 있다면 제거

wb.sheets['Sheet1'].api.ExportAsFixedFormat(0, pdf_file)  # PDF 파일 생성
# wb.api.ExportAsFixedFormat(0, pdf_file) # 이 코드도 동작

wb.close() # 열려 있는 엑셀 파일(워크북) 객체를 닫기

print("생성한 PDF 파일:", pdf_file)  # 저장한 PDF 파일 이름 출력
```

Out:　생성한 PDF 파일: C:/myPyExcel/data/ch06/xlwings_test_02.pdf

위 코드는 생성하려는 PDF 파일이 있으면 삭제하므로 오류 없이 PDF 파일을 생성할 수 있습니다. 단, 위 코드를 수행하기 전에 출력할 PDF 파일은 PDF 파일 리더에서 열려 있지 않아야 합니다.

03 정리

이번 장에서는 엑셀을 전문적으로 다루는 라이브러리인 XlsxWriter와 xlwings를 이용해 다양한 자료형의 데이터를 엑셀의 워크시트에 쓰고 읽는 방법을 살펴봤습니다. 먼저, XlsxWriter로 다양한 셀 서식을 지정해 데이터를 쓰는 방법과 셀에 그림과 텍스트 상자를 삽입하는 방법을 알아봤습니다. 그 다음, 상호 작용을 할 수 있는 xlwings로 엑셀 파일을 읽고 쓰는 방법과 엑셀 파일을 프린터나 PDF 파일로 출력하는 방법을 살펴봤습니다. 이번 장에서 살펴본 엑셀 파일을 다루는 방법은 엑셀 워크시트의 데이터를 파이썬에서 다룰 수 있는 데이터로 읽거나, 파이썬에서 수행한 데이터 처리나 분석의 결과를 엑셀 워크시트에 쓸 때 유용합니다.

엑셀 파일과
데이터 다루기

정보 통신 기술과 인공 지능 기술의 발달로 많은 부분이 자동화되고 있습니다. 따라서 예전에 사람이 하던 일들을 점점 컴퓨터나 자동화된 기계로 대체하는 추세입니다. 하지만, 사무실에서 엑셀을 사용해 데이터를 다루는 많은 직장인들은 여전히 수작업으로 데이터를 수집하고 처리하고 정리하느라 많은 시간을 소비하고 있습니다. 이번 장에는 앞에서 살펴본 내용을 바탕으로 파이썬을 활용해 엑셀 파일의 데이터를 효율적으로 다루는 방법을 살펴보겠습니다.

01 파이썬을 이용한 엑셀 파일 처리 과정

엑셀을 사용해서 데이터를 다룰 때, 대부분 엑셀 워크시트에 데이터를 입력하고 다양한 엑셀 함수를 이용해 데이터 처리와 분석을 합니다. 하지만, 이렇게 하면 원본 데이터가 손상될 수도 있고 데이터가 많을 때는 효율적으로 처리하지 못하는 경우가 허다합니다. 이를 파이썬을 이용해 효율화하는 방법은 먼저 작성된 데이터 파일을 파이썬으로 읽고, 파이썬에서 데이터를 처리하고 분석한 후에 원하는 형식으로 출력하는 것입니다. 그림 7-1은 파이썬에서 데이터를 읽고 처리하고 출력하는 전체적인 과정을 보여줍니다.

그림 7-1 파이썬에서 데이터를 읽고 처리하고 출력하는 과정

앞에서 살펴본 파이썬 기본 문법, 내부 모듈, 넘파이와 판다스, 엑셀 관련 라이브러리를 상황에 맞게 잘 이용하면 엑셀 프로그램에서 수행하던 일을 자동화할 수 있습니다. 예를 들어, 여러 CSV 파일을 통합해 하나의 엑셀 파일로 만들어야 한다면 판다스 DataFrame 데이터로 CSV 파일을 읽어온 후에 각 데이터를 통합하고 이를 엑셀 파일로 출력할 수 있습니다. 또한 여러 엑셀 파일의 내용 읽어서 데이터 처리 과정을 거친 후에 서식이 있는 엑셀 파일 자료를 만들어야 한다면 판다스 DataFrame 데이터로 엑셀 파일을 읽고 데이터 처리를 수행한 후에 XlsxWriter를 이용해 서식을 지정한 엑셀 파일로 출력할 수도 있습니다. 이번 장에는 그림 7-1의 처리 과정을 바탕으로 실무에서 많이 이용하는 엑셀 작업을 파이썬으로 어떻게 수행하는지 알아보겠습니다. 데이터를 분석할 때 그래프를 이용해 시각화할 수도 있는데 이것은 다음 장에서 살펴보겠습니다.

02 엑셀 파일 통합

데이터를 다루다 보면 여러 개의 데이터 파일을 하나로 통합해야 할 때가 있습니다. 예를 들어, 제품 판매 담당자별로 정리된 연간 제품 판매량 엑셀 파일을 하나의 엑셀 파일로 통합해야 한다고 가정해 봅시다. 이럴 때 보통 엑셀의 양식이 같더라도 여러 개의 엑셀 파일을 하나씩 열어서 필요한 부분을 선택 후 복사해 통합 엑셀 파일에 붙이는 작업(select, copy & paste)을 반복적으로 수행합니다. 그런데 이러한 작업은 너무도 지루하고 시간도 많이 걸립니다. 통합할 엑셀 파일이 10개 미만이라면 이러한 작업도 할 만하겠지만 50개, 혹은 100개, 200개 이상이라면 이러한 작업은 너무도 힘든 일이 될 것입니다. 게다가 매일 혹은 일주일에 몇 번씩 이러한 작업을 한다면 반복되는 작업으로 인해 실수가 발생해 데이터를 중복하거나 누락할 수도 있습니다. 이제 이렇게 단순한 엑셀 파일 통합 작업을 파이썬을 이용하면 얼마나 편리하게 수행할 수 있는지 알아보겠습니다.

효율적인 데이터 처리를 위한 엑셀 데이터 구조

엑셀은 표 데이터를 처리하는 기능이 뛰어나지만 정해진 입력 양식이 없어 작성하는 사람이 그때그때 상황에 따라서 데이터를 입력할 때가 많습니다. 또한 사람이 보기 좋게 꾸미기도 합니다. 하지만 이러한 경우 컴퓨터 프로그램을 이용해 데이터를 처리하는 것은 오히려 어렵습니다. 엑셀 데이터를 한 번 작성한 후에 사용하지 않을 거라면 데이터 구조는 신경쓰지 않아도 되지만 추후에 다양하게 활용할 데이터라면 효율적인 처리를 위해 엑셀에서 데이터를 생성할 때부터 데이터 구조에 신경써야 합니다. 효율적인 데이터 처리를 위해 엑셀에서 데이터를 생성할 때 주의할 점은 다음과 같습니다.

01. 열의 머리글(header)은 한 줄로만 만들고 데이터는 그 아래에 입력한다.

02. 열 머리글이나 데이터 입력 부분에 셀 병합 기능은 이용하지 않는다.

03. 데이터를 입력할 때 하나의 셀에 숫자와 단위를 같이 쓰지 않는다.

04. 하나의 열에 입력한 값의 데이터 형식은 모두 일치해야 한다. 즉, 하나의 열에 문자열, 숫자, 날짜 등을 섞어 쓰지 않는다.

05. 데이터를 시기별(연도, 분기, 월, 주 등), 업체별, 제품별 등의 시트로 나누지 않는다. 즉, 가능하면 모든 데이터를 하나의 시트에 다 넣는다.

데이터를 생성할 때부터 데이터 구조에 신경쓰면 파이썬과 같은 프로그래밍 언어에서 데이터를 처리하기가 편해집니다. 데이터 생성을 위해서는 앞에서 설명한 방법대로 데이터를 만들고 이 원본 데이터를 정리해 발표나 보고에 사용할 엑셀 파일을 만들면 됩니다.

그림 7-2는 효율적인 데이터 처리를 고려하지 않고 사람이 보기 좋게 꾸민 엑셀 데이터 파일의 예이고 그림 7-3은 데이터를 생성할 때 주의점을 고려해 만든 엑셀 파일의 예입니다. 데이터를 효율적으로 처리하려면 그림 7-3처럼 엑셀 데이터를 생성하는 것이 좋습니다.

	A	B	C	D	E	F	G	H	I
1				제품/담당자/지역별 월별 매출 현황					
2	제품명	담당자	지역	1월	2월	3월	4월	5월	6월
3	스마트폰			118 대	101 대	104 대	116 대	100 대	105 대
4	TV	이재정	가	62 대	61 대	60 대	66 대	61 대	66 대
5	냉장고			45 대	42 대	41 대	45 대	41 대	41 대
6	스마트폰			110 set	104 set	110 set	106 set	106 set	106 set
7	TV	김민영	나	60 set	65 set	62 set	68 set	66 set	60 set
8	냉장고			44 set	40 set	47 set	46 set	47 set	41 set
9	스마트폰			107 ea	100 ea	109 ea	117 ea	107 ea	112 ea
10	TV	박준서	다	65 ea	65 ea	60 ea	69 ea	65 ea	66 ea
11	냉장고			47 ea	43 ea	47 ea	45 ea	40 ea	49 ea

그림 7-2 효율적인 데이터 처리를 고려하지 않고 만든 엑셀 데이터 파일의 예

	A	B	C	D	E	F	G	H	I
1	제품명	담당자	지역	1월	2월	3월	4월	5월	6월
2	스마트폰	이재정	가	118	101	104	116	100	105
3	TV	이재정	가	62	61	60	66	61	66
4	냉장고	이재정	가	45	42	41	45	41	41
5	스마트폰	김민영	나	110	104	110	106	106	106
6	TV	김민영	나	60	65	62	68	66	60
7	냉장고	김민영	나	44	40	47	46	47	41
8	스마트폰	박준서	다	107	100	109	117	107	112
9	TV	박준서	다	65	65	60	69	65	66
10	냉장고	박준서	다	47	43	47	45	40	49

그림 7-3 효율적인 데이터 처리를 고려한 엑셀 데이터 파일의 예

여러 엑셀 파일을 하나로 통합하기

여러 엑셀 파일을 하나로 통합하는 작업은 어려운 작업은 아니지만 시간이 많이 걸리고 지루한 작업입니다. 하지만 파이썬을 이용하면 이러한 통합 작업을 손쉽게 할 수 있습니다. 이번에는 여러 지역 담당자가 나눠서 관리하던 제품별 상반기 매출 현황 엑셀 데이터 파일을 하나의 엑셀 파일로 통합하는 예를 통해 파이썬으로 엑셀 파일을 통합하는 일이 얼마나 간편하게 수행되는지 살펴보겠습니다.

보통 여러 사람이 작성한 엑셀 파일을 하나로 합치는 작업을 수행할 때는 통합 담당자가 양식을 미리 배포한 후에 작성자가 보낸 파일을 하나로 통합합니다. 여기서도 그림 7-4와 같은 엑셀 양식 파일을 미리 배포하고 담당자가 보낸 파일을 받아서 하나의 파일로 통합한다고 가정합니다.

	A	B	C	D	E	F	G	H	I
1	제품명	담당자	지역	1월	2월	3월	4월	5월	6월
2	스마트폰								
3	TV								
4	냉장고								

그림 7-4 상반기 제품 판매량 조사를 위한 엑셀 양식 파일

여기서는 엑셀 양식 파일(그림 7-4)을 받은 지역별 담당자가 제품별 판매 현황을 작성해 보내왔고 이 엑셀 파일은 별도 디렉터리(C:\myPyExcel\data\ch07\sales_data\input)에 저장한다고 가정하겠습니다. 어떠한 가공이나 처리도 하지 않은 데이터를 원본 데이터(raw data)라고 하는데 원본 데이터는 별도 디렉터리에 모아서 관리면 편리합니다.

그림 7-5~그림 7-7은 지역 담당자가 보내온 엑셀 파일의 데이터를 보여줍니다.

	A	B	C	D	E	F	G	H	I
1	제품명	담당자	지역	1월	2월	3월	4월	5월	6월
2	스마트폰	이재정	가	118	101	104	116	100	105
3	TV	이재정	가	62	61	60	66	61	66
4	냉장고	이재정	가	45	42	41	45	41	41

그림 7-5 이재정님의 상반기 제품 판매량(상반기_제품_판매량_이재정.xlsx)

	A	B	C	D	E	F	G	H	I
1	제품명	담당자	지역	1월	2월	3월	4월	5월	6월
2	스마트폰	김민영	나	110	104	110	106	106	106
3	TV	김민영	나	60	65	62	68	66	60
4	냉장고	김민영	나	44	40	47	46	47	41

그림 7-6 김민영님의 상반기 제품 판매량(상반기_제품_판매량_김민영.xlsx)

	A	B	C	D	E	F	G	H	I
1	제품명	담당자	지역	1월	2월	3월	4월	5월	6월
2	스마트폰	박준서	다	107	100	109	117	107	112
3	TV	박준서	다	65	65	60	69	65	66
4	냉장고	박준서	다	47	43	47	45	40	49

그림 7-7 박준서님의 상반기 제품 판매량(상반기_제품_판매량_박준서.xlsx)

이제 여러 개의 원본 데이터를 하나의 데이터로 통합하는 코드를 작성하겠습니다. 먼저 엑셀 파일의 이름을 가져와야 되는데 이것은 앞에서 살펴본 pathlib 내장 모듈을 이용하면 됩니다. 다음은 pathlib 내장 모듈에 있는 Path 클래스의 glob() 메서드를 이용해 원본 엑셀 파일을 모아둔 디렉터리(C:\myPyExcel\data\ch07\sales_data\input)에서 파일 이름을 가져오는 코드입니다.

```
In:  from pathlib import Path

     input_folder = 'C:/myPyExcel/data/ch07/sales_data/input'  # 원본 데이터 폴더
     raw_data_dir = Path(input_folder)
     excel_files = raw_data_dir.glob('상반기_제품_판매량_*')  # 폴더 내 데이터 파일 이름

     for excel_file in excel_files:
         print(excel_file) # 원본 데이터 파일 경로 출력
```

```
Out:  C:\myPyExcel\data\ch07\sales_data\input\상반기_제품_판매량_김민영.xlsx
      C:\myPyExcel\data\ch07\sales_data\input\상반기_제품_판매량_박준서.xlsx
      C:\myPyExcel\data\ch07\sales_data\input\상반기_제품_판매량_이재정.xlsx
```

위의 출력 결과를 보면 엑셀 파일을 모아둔 디렉터리에서 상반기_제품_판매량_으로 시작하는 원본 엑셀 파일의 이름을 가져온 것을 볼 수 있습니다. 이제 앞에서 살펴본 판다스를 이용해 각 엑셀 파일의 데이터를 DataFrame으로 가져온 후에 하나의 DataFrame으로 통합하겠습니다. 이를 위한 코드는 다음과 같습니다.

```
In:     import pandas as pd
        from pathlib import Path

        input_folder = 'C:/myPyExcel/data/ch07/sales_data/input'  # 원본 데이터 폴더
        raw_data_dir = Path(input_folder)
        excel_files = raw_data_dir.glob('상반기_제품_판매량_*')     # 폴더 내 데이터 파일 이름

        total_df = pd.DataFrame() # 빈 DataFrame 생성

        for excel_file in excel_files:
            # 각 엑셀 파일의 데이터 가져오기
            df = pd.read_excel(excel_file)
            # 세로 방향으로 연결하기. 순차적으로 index 증가
            total_df = total_df.append(df, ignore_index= True)

        total_df # 통합한 DataFrame 데이터 출력
```

Out:

	제품명	담당자	지역	1월	2월	3월	4월	5월	6월
0	스마트폰	김민영	나	110	104	110	106	106	106
1	TV	김민영	나	60	65	62	68	66	60
2	냉장고	김민영	나	44	40	47	46	47	41
3	스마트폰	박준서	다	107	100	109	117	107	112
4	TV	박준서	다	65	65	60	69	65	66
5	냉장고	박준서	다	47	43	47	45	40	49
6	스마트폰	이재정	가	118	101	104	116	100	105
7	TV	이재정	가	62	61	60	66	61	66
8	냉장고	이재정	가	45	42	41	45	41	41

위의 출력 결과를 보면 세 개의 원본 데이터 엑셀 파일에서 데이터를 순차적으로 DataFrame 데이터로 가져와서 하나로 통합된 것을 볼 수 있습니다.

이제 통합된 DataFrame 데이터를 이용해 엑셀 파일을 생성하면 세 개의 원본 데이터를 하나의 엑셀 파일로 통합하는 작업이 완성됩니다. 통합한 결과는 지정한 디렉터리(C:\myPyExcel\data\ch07\sales_data)에 엑셀 파일로 출력하겠습니다. 이를 위한 코드는 다음과 같습니다.

```
In:   # 생성할 통합 엑셀 파일 경로 지정
      folder = 'C:/myPyExcel/data/ch07/sales_data/'
      merged_excel_file = folder + '상반기_제품_판매량_통합.xlsx'

      # DataFrame 데이터(total_df)를 생성한 엑셀 객체에 쓰기(옵션 지정)
      total_df.to_excel(merged_excel_file, # 엑셀 파일 이름
                        sheet_name='상반기_제품_판매량_통합', # 시트 이름 지정
                        index=False)       # DataFrame 데이터 index는 출력 안함

      print("생성 파일:", merged_excel_file) # 생성한 엑셀 파일 경로
```

Out: 생성 파일: C:/myPyExcel/data/ch07/sales_data/상반기_제품_판매량_통합.xlsx

생성한 엑셀 파일(상반기_제품_판매량_통합.xlsx)을 열면 그림 7-8과 같이 여러 엑셀 파일의 데이터가 하나의 엑셀 파일에 통합된 것을 볼 수 있습니다. 예에서는 통합을 위해 지정 폴더에 세 개의 원본 엑셀 파일을 이용했지만 더 많은 원본 엑셀 파일이 있더라도 코드의 수정 없이 통합할 수 있습니다.

	A	B	C	D	E	F	G	H	I	J	K
1	제품명	담당자	지역	1월	2월	3월	4월	5월	6월		
2	스마트폰	김민영	나	110	104	110	106	106	106		
3	TV	김민영	나	60	65	62	68	66	60		
4	냉장고	김민영	나	44	40	47	46	47	41		
5	스마트폰	박준서	다	107	100	109	117	107	112		
6	TV	박준서	다	65	65	60	69	65	66		
7	냉장고	박준서	다	47	43	47	45	40	49		
8	스마트폰	이재정	가	118	101	104	116	100	105		
9	TV	이재정	가	62	61	60	66	61	66		
10	냉장고	이재정	가	45	42	41	45	41	41		
11											

상반기_제품_판매량_통합

그림 7-8 세 개의 엑셀 파일을 하나로 통합한 엑셀 파일

회사에서 엑셀을 사용할 때 보안 프로그램 때문에 판다스의 read_excel()로 엑셀 파일을 열지 못할 수 있습니다. 그때는 아무 엑셀 파일을 하나 열거나, 엑셀 프로그램을 실행해 [새로 만들기]의 [새 통합 문서]를 클릭해 새로운 워크북을 하나 생성합니다. 그 후 아래 코드처럼 xlwings를 이용해 엑셀 파일을 판다스의 DataFrame 데이터로 읽으면 됩니다.

```
In:    import pandas as pd
       import numpy as np
       from pathlib import Path
       import xlwings as xw

       input_folder = 'C:/myPyExcel/data/ch07/sales_data/input'
       raw_data_dir = Path(input_folder)
       excel_files = raw_data_dir.glob('상반기_제품_판매량_*')

       total_df2 = pd.DataFrame()     # 빈 DataFrame 생성

       for excel_file in excel_files:
           # 각 엑셀 파일의 데이터 가져오기
           wb = xw.Book(excel_file) # 기존에 있는 엑셀 파일(excel_file) 열기
           sht = wb.sheets['Sheet1'] # 워크시트 지정

           # 셀 주소 'A1'부터 표 데이터를 판다스 DataFrame 데이터로 읽기
           df = sht.range('A1').options(pd.DataFrame,
                                        expand='table',
                                        index=False).value
           wb.close() # 워크북 객체 닫기

           # 세로 방향으로 연결하기. 순차적으로 index 증가
           total_df2 = total_df2.append(df, ignore_index=True)

       total_df2 # 통합한 DataFrame 데이터 출력
```

Out:

	제품명	담당자	지역	1월	2월	3월	4월	5월	6월
0	스마트폰	김민영	나	110.0	104.0	110.0	106.0	106.0	106.0
1	TV	김민영	나	60.0	65.0	62.0	68.0	66.0	60.0
2	냉장고	김민영	나	44.0	40.0	47.0	46.0	47.0	41.0
3	스마트폰	박준서	다	107.0	100.0	109.0	117.0	107.0	112.0
4	TV	박준서	다	65.0	65.0	60.0	69.0	65.0	66.0
5	냉장고	박준서	다	47.0	43.0	47.0	45.0	40.0	49.0
6	스마트폰	이재정	가	118.0	101.0	104.0	116.0	100.0	105.0
7	TV	이재정	가	62.0	61.0	60.0	66.0	61.0	66.0
8	냉장고	이재정	가	45.0	42.0	41.0	45.0	41.0	41.0

위의 코드로 생성한 DataFrame 데이터(total_df2)를 보면 월별 제품 판매량이 엑셀에서는 정수인데 모두 실수형으로 변환해 가져온 것을 볼 수 있습니다. 숫자 데이터는 데이터가 실수여도 상관없지만 만약 정수로 변환하려면 아래와 같이 수행하면 됩니다.

```
In:   month = ['1월','2월','3월','4월','5월','6월']          # DataFrame 데이터의 열 이름 지정
      total_df2[month] = total_df2[month].astype(np.int)    # 열 데이터를 정수로 변환
      total_df2
```

Out:

	제품명	담당자	지역	1월	2월	3월	4월	5월	6월
0	스마트폰	김민영	나	110	104	110	106	106	106
1	TV	김민영	나	60	65	62	68	66	60
2	냉장고	김민영	나	44	40	47	46	47	41
3	스마트폰	박준서	다	107	100	109	117	107	112
4	TV	박준서	다	65	65	60	69	65	66
5	냉장고	박준서	다	47	43	47	45	40	49
6	스마트폰	이재정	가	118	101	104	116	100	105
7	TV	이재정	가	62	61	60	66	61	66
8	냉장고	이재정	가	45	42	41	45	41	41

위 코드 결과를 보면 실수 형식이던 제품 판매량이 정수로 변환된 것을 볼 수 있습니다. 위와 같이 엑셀 파일을 읽어서 DataFrame 데이터로 가져왔으니 이제 파이썬에서 다양한 작업을 수행할 수 있습니다.

03 엑셀 데이터 필터링과 계산

엑셀은 표 데이터의 처리를 위한 다양한 기능이 있습니다. 엑셀의 이러한 기능 대부분은 파이썬으로도 수행할 수 있습니다. 이번에는 엑셀에서 수행하던 필터링과 계산 함수의 기능을 파이썬으로 어떻게 처리하는지 알아보고 여러 엑셀 파일에 적용하는 방법도 살펴보겠습니다.

데이터 필터링

엑셀로 작성된 표 데이터에서 열을 기준으로 특정 항목만 선별해 보고 싶을 때 필터 기능을 이용합니다. 필터 기능을 이용해 특정 항목만 선택한 후에는 선택한 항목을 기준으로 열 데이터를 계산할 수도

있습니다. 이번에는 엑셀에서 수행하던 필터 기능을 파이썬으로 어떻게 수행하는지를 앞에서 생성한 엑셀 파일(상반기_제품_판매량_통합.xlsx)을 가지고 살펴보겠습니다.

엑셀의 필터 기능으로 워크시트의 제품명 열에서 스마트폰의 판매량만 표시하려면 아래와 같이 수행합니다.

01. '제품명' 셀을 마우스로 클릭(①)해 지정한 후 [데이터] 탭에서 [필터] 아이콘을 클릭(②)합니다(그림 7-9).

02. 각 열의 머리글에 화살표가 나타나는데 '제품명' 셀에 있는 화살표를 클릭(③)합니다(그림 7-10).

03. '제품명'에 있는 여러 항목 중 '스마트폰'을 선택(④)합니다(그림 7-11).

04. [확인]을 클릭하면 '스마트폰' 제품에 대한 데이터만 보입니다(그림 7-12).

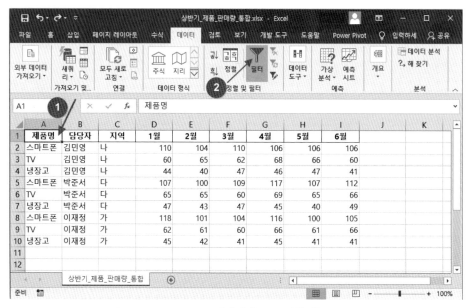

그림 7-9 엑셀에서 셀 지정 후 [데이터] 탭에서 [필터] 아이콘 클릭

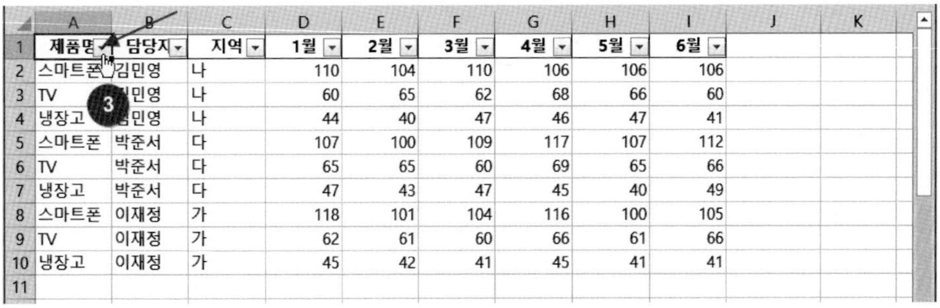

그림 7-10 엑셀에서 '제품명' 셀의 화살표 클릭

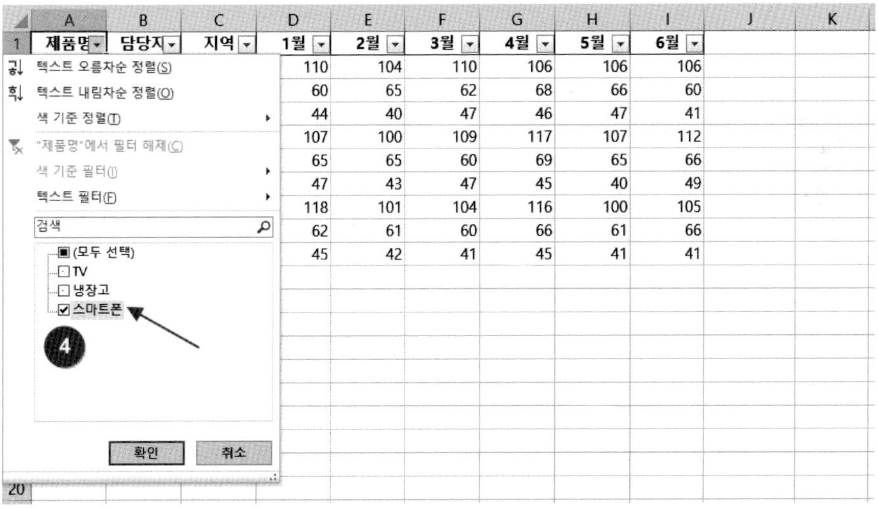

그림 7-11 여러 개의 항목 중 '스마트폰'을 선택

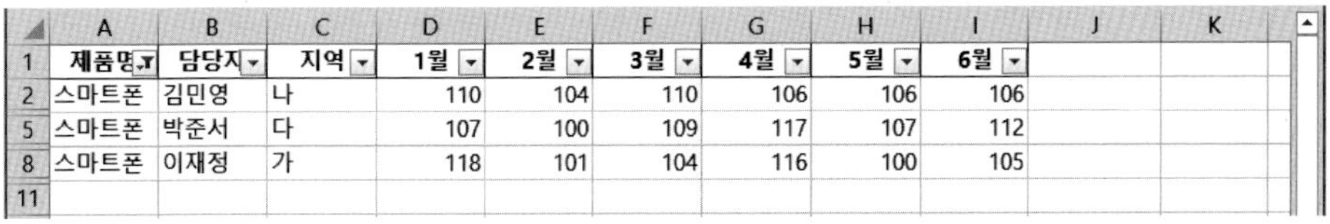

	A	B	C	D	E	F	G	H	I	J	K
1	제품명	담당자	지역	1월	2월	3월	4월	5월	6월		
2	스마트폰	김민영	나	110	104	110	106	106	106		
5	스마트폰	박준서	다	107	100	109	117	107	112		
8	스마트폰	이재정	가	118	101	104	116	100	105		
11											

그림 7-12 엑셀에서 필터 기능으로 특정 항목만 선택한 결과

앞에서 엑셀의 필터 기능으로 스마트폰 제품에 대한 판매 데이터를 선택했습니다. 모든 과정을 수작업으로 하다 보니 시간도 많이 걸리고 작업도 쉽지 않습니다. 다음은 파이썬을 이용해 엑셀의 필터 기능을 수행하는 방법을 알아보겠습니다.

먼저 다음과 같이 앞에서 생성한 엑셀 파일(상반기_제품_판매량_통합.xlsx)을 판다스의 DataFrame 데이터로 읽어옵니다.

```
In:    import pandas as pd

       # 엑셀 파일 경로 지정
       folder = 'C:/myPyExcel/data/ch07/sales_data/'
       excel_file = folder + '상반기_제품_판매량_통합.xlsx'

       df = pd.read_excel(excel_file)
       df
```

Out:

	제품명	담당자	지역	1월	2월	3월	4월	5월	6월
0	스마트폰	김민영	나	110	104	110	106	106	106
1	TV	김민영	나	60	65	62	68	66	60
2	냉장고	김민영	나	44	40	47	46	47	41
3	스마트폰	박준서	다	107	100	109	117	107	112
4	TV	박준서	다	65	65	60	69	65	66
5	냉장고	박준서	다	47	43	47	45	40	49
6	스마트폰	이재정	가	118	101	104	116	100	105
7	TV	이재정	가	62	61	60	66	61	66
8	냉장고	이재정	가	45	42	41	45	41	41

위의 DataFrame 데이터(df)에서 제품명 열에 있는 제품 중 스마트폰이 있는 행만 선택하려면 다음과 같이 DataFrame 데이터(df)에 조건을 지정해 행 데이터를 선택하는 불 인덱싱을 적용하면 됩니다.

```
In:    df[df['제품명'] == '스마트폰']
```

Out:

	제품명	담당자	지역	1월	2월	3월	4월	5월	6월
0	스마트폰	김민영	나	110	104	110	106	106	106
3	스마트폰	박준서	다	107	100	109	117	107	112
6	스마트폰	이재정	가	118	101	104	116	100	105

위 코드의 수행 결과를 보면 제품명열에서 스마트폰이 있는 행만 잘 가져온 것을 볼 수 있습니다.

만약 제품명 열에서 스마트폰이나 TV가 있는 행을 선택하려면 다음과 같이 | 기호로 불 인덱싱을 수행해 두 조건을 모두 만족하는 행 데이터를 선택하면 됩니다.

In: `df[ (df['제품명'] == '스마트폰') | (df['제품명'] == 'TV') ]`

Out:

	제품명	담당자	지역	1월	2월	3월	4월	5월	6월
0	스마트폰	김민영	나	110	104	110	106	106	106
1	TV	김민영	나	60	65	62	68	66	60
3	스마트폰	박준서	다	107	100	109	117	107	112
4	TV	박준서	다	65	65	60	69	65	66
6	스마트폰	이재정	가	118	101	104	116	100	105
7	TV	이재정	가	62	61	60	66	61	66

Series의 isin() 메서드를 이용해서도 DataFrame 데이터에 특정 요소가 포함된 행을 선택할 수 있습니다. 다음은 isin()을 이용해 제품명 열에 스마트폰이 있는 행만 선택하는 코드를 보여줍니다.

In: `df[df['제품명'].isin(['스마트폰'])]`

Out:

	제품명	담당자	지역	1월	2월	3월	4월	5월	6월
0	스마트폰	김민영	나	110	104	110	106	106	106
3	스마트폰	박준서	다	107	100	109	117	107	112
6	스마트폰	이재정	가	118	101	104	116	100	105

DataFrame 데이터(df)의 제품명 열에서 여러 항목을 선택하려면 다음과 같이 isin()안에 원하는 항목을 리스트로 지정하면 됩니다.

In: `df[df['제품명'].isin(['스마트폰', 'TV'])]`

Out:

	제품명	담당자	지역	1월	2월	3월	4월	5월	6월
0	스마트폰	김민영	나	110	104	110	106	106	106
1	TV	김민영	나	60	65	62	68	66	60
3	스마트폰	박준서	다	107	100	109	117	107	112
4	TV	박준서	다	65	65	60	69	65	66
6	스마트폰	이재정	가	118	101	104	116	100	105
7	TV	이재정	가	62	61	60	66	61	66

데이터 계산

엑셀에서 수행하는 다양한 계산 함수를 파이썬으로 수행할 수 있지만 이번에는 엑셀 워크시트의 데이터에서 행과 열의 합계를 파이썬으로 구하는 방법을 알아보겠습니다.

행별 합계 구하기

엑셀에서 데이터를 계산하는 예를 살펴보기 위해 앞에서 생성한 엑셀 파일(상반기_제품_판매량_통합.xlsx)에서 행 데이터의 합계를 구하면 그림 7-13과 같습니다.

	A	B	C	D	E	F	G	H	I	J	K
1	제품명	담당자	지역	1월	2월	3월	4월	5월	6월	상반기합계	
2	스마트폰	김민영	나	110	104	110	106	106	106	642	
3	TV	김민영	나	60	65	62	68	66	60	381	
4	냉장고	김민영	나	44	40	47	46	47	41	265	
5	스마트폰	박준서	다	107	100	109	117	107	112	652	
6	TV	박준서	다	65	65	60	69	65	66	390	
7	냉장고	박준서	다	47	43	47	45	40	49	271	
8	스마트폰	이재정	가	118	101	104	116	100	105	644	
9	TV	이재정	가	62	61	60	66	61	66	376	
10	냉장고	이재정	가	45	42	41	45	41	41	255	
11											
12											

그림 7-13 엑셀 파일에서 행 데이터 합계 구하기

이제 엑셀에서 수행한 행 데이터 합계 구하기를 파이썬으로 수행해 보겠습니다. 이를 위해 먼저 다음과 같이 엑셀 파일(상반기_제품_판매량_통합.xlsx)을 판다스의 DataFrame 데이터로 읽어오겠습니다.

```
In:    import pandas as pd

       # 엑셀 파일 경로 지정
       folder = 'C:/myPyExcel/data/ch07/sales_data/'
       excel_file = folder + '상반기_제품_판매량_통합.xlsx'

       df = pd.read_excel(excel_file)
       df
```

	제품명	담당자	지역	1월	2월	3월	4월	5월	6월
0	스마트폰	김민영	나	110	104	110	106	106	106
1	TV	김민영	나	60	65	62	68	66	60
2	냉장고	김민영	나	44	40	47	46	47	41
3	스마트폰	박준서	다	107	100	109	117	107	112
4	TV	박준서	다	65	65	60	69	65	66
5	냉장고	박준서	다	47	43	47	45	40	49
6	스마트폰	이재정	가	118	101	104	116	100	105
7	TV	이재정	가	62	61	60	66	61	66
8	냉장고	이재정	가	45	42	41	45	41	41

판다스의 DataFrame은 다음과 같이 sum()을 이용해 데이터의 축별 합계를 구할 수 있습니다.

```
DataFrame_data.sum([axis = 0(기본) 혹은 1])
```

위에서 axis=0을 지정하면 index 방향(세로 방향)으로 합계가 구해지고, axis=1을 지정하면 columns 방향(가로 방향)으로 합계가 구해집니다. 만약 axis를 지정하지 않으면 기본적으로 axis=0이 됩니다.

앞의 DataFrame 데이터(df)에 대해 columns 방향으로 행별 합계를 구하고자 하면 다음과 같이 sum() 의 인수로 axis=1을 입력합니다.

```
In:     df_sum = df.sum(axis=1)
        df_sum
```

```
Out:    0     642
        1     381
        2     265
        3     652
        4     390
        5     271
        6     644
        7     376
        8     255
        dtype: int64
```

위의 결과를 보면 DataFrame 데이터(df)의 행 데이터를 보면 문자열과 숫자가 섞여 있는데 숫자 형식의 데이터만 합계를 구한 것을 볼 수 있습니다. 데이터에 위의 합계 결과(df_sum)를 DataFrame 데이터(df)에 추가하려면 다음과 같이 수행합니다.

In:
```
df['상반기합계'] = df_sum
df
```

Out:

	제품명	담당자	지역	1월	2월	3월	4월	5월	6월	상반기합계
0	스마트폰	김민영	나	110	104	110	106	106	106	642
1	TV	김민영	나	60	65	62	68	66	60	381
2	냉장고	김민영	나	44	40	47	46	47	41	265
3	스마트폰	박준서	다	107	100	109	117	107	112	652
4	TV	박준서	다	65	65	60	69	65	66	390
5	냉장고	박준서	다	47	43	47	45	40	49	271
6	스마트폰	이재정	가	118	101	104	116	100	105	644
7	TV	이재정	가	62	61	60	66	61	66	376
8	냉장고	이재정	가	45	42	41	45	41	41	255

위의 출력 결과를 보면 원본 DataFrame 데이터의 행별 합계가 상반기합계 열에 추가된 것을 볼 수 있습니다.

열별 합계 구하기

이번에는 엑셀 파일(상반기_제품_판매량_통합.xlsx)를 이용해 구한 행별 합계(그림 7-13)에서 엑셀의 필터 기능을 이용해 여러 제품명 중 스마트폰 판매 데이터를 선택한 후 열별 합계를 계산해 보겠습니다. 엑셀에서 열별 합계를 수행한 결과는 그림 7-14와 같습니다.

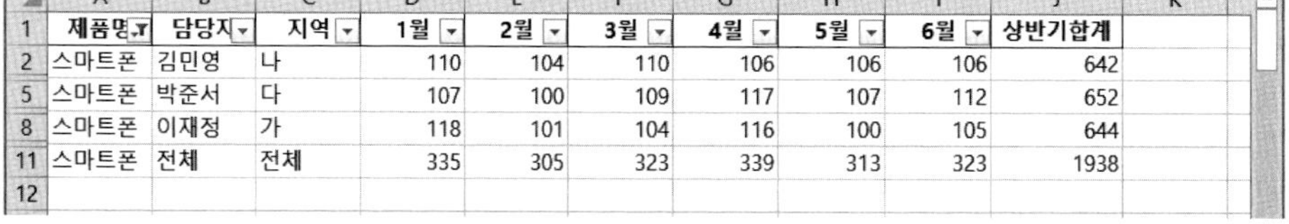

	A	B	C	D	E	F	G	H	I	J	K
1	제품명	담당자	지역	1월	2월	3월	4월	5월	6월	상반기합계	
2	스마트폰	김민영	나	110	104	110	106	106	106	642	
5	스마트폰	박준서	다	107	100	109	117	107	112	652	
8	스마트폰	이재정	가	118	101	104	116	100	105	644	
11	스마트폰	전체	전체	335	305	323	339	313	323	1938	
12											

그림 7-14 엑셀 파일에서 필터 기능으로 특정 항목 선택 후 열별 합계 구하기

앞에서 구한 DataFrame 데이터(df)에 대해 제품명 열에서 스마트폰이 있는 행만 선택하려면 다음과 같이 수행합니다.

In:
```
df_filter = df[df['제품명'] == '스마트폰']
df_filter
```

Out:

	제품명	담당자	지역	1월	2월	3월	4월	5월	6월	상반기합계
0	스마트폰	김민영	나	110	104	110	106	106	106	642
3	스마트폰	박준서	다	107	100	109	117	107	112	652
6	스마트폰	이재정	가	118	101	104	116	100	105	644

이제 선택한 스마트폰 데이터에 대해서만 index 방향으로 열별 합계를 구해보겠습니다. 앞에서 살펴본 sum()을 이용하면 되는데 합계를 구할 방향은 index 방향이므로 axis=0으로 지정하거나 생략합니다.

In:
```
df_filter_sum = df_filter.sum() # df_filter.sum(axis=0) 도 동일
df_filter_sum
```

Out:
```
제품명        스마트폰스마트폰스마트폰
담당자        김민영박준서이재정
지역              나다가
1월              335
2월              305
3월              323
4월              339
5월              313
6월              323
상반기합계           1938
dtype: object
```

위의 출력 결과를 보면 열별 합계의 결과로 제품명, 담당자, 지역에는 각 데이터의 문자열이 모두 표시되는데 이를 다음과 같이 필요한 문자열을 지정해서 변경합니다.

In:
```
df_filter_sum['제품명'] = '스마트폰'
df_filter_sum['담당자'] = '전체'
df_filter_sum['지역'] = '전체'
df_filter_sum
```

```
Out:   제품명        스마트폰
       담당자          전체
       지역            전체
       1월          335
       2월          305
       3월          323
       4월          339
       5월          313
       6월          323
       상반기합계      1938
       dtype: object
```

이제 스마트폰을 선택한 데이터의 열별 합계 결과를 다음과 같이 append()를 이용해 DataFrame 데이터 df_filter의 마지막 행에 추가합니다.

```
In:    df_filter_sum_total = df_filter.append(df_filter_sum, ignore_index=True)
       df_filter_sum_total
```

Out:

	제품명	담당자	지역	1월	2월	3월	4월	5월	6월	상반기합계
0	스마트폰	김민영	나	110	104	110	106	106	106	642
1	스마트폰	박준서	다	107	100	109	117	107	112	652
2	스마트폰	이재정	가	118	101	104	116	100	105	644
3	스마트폰	전체	전체	335	305	323	339	313	323	1938

제품명이 스마트폰인 데이터의 행과 열의 합계가 잘 구해진 것을 볼 수 있습니다. 지금까지 엑셀에서 읽어온 DataFrame 데이터의 행 방향 데이터의 합계를 구하고, 제품명 중 스마트폰의 데이터만 선택해 열 방향 합계를 구했습니다. 다른 제품에 대해서도 합계를 구할 수 있게 앞에서 만든 코드를 정리해 다음과 같이 product_sum() 함수로 만들었습니다.

```
In:    import pandas as pd

       def product_sum(df_prod, product_name):

           # 행별 합계 구하고 열에 추가
           df_prod['상반기합계'] = df_prod.sum(axis=1)
```

```python
    # 제품명이 지정한 이름과 같은 행만 필터링(선택)
    df_prod_filter = df_prod[df_prod['제품명'] == product_name]

    # 필터링된 행에 대해 열별 합계 구하기
    df_prod_filter_sum = df_prod_filter.sum()

    # df_prod_filter_sum의 제품명 지정
    df_prod_filter_sum['제품명'] = product_name
    # df_prod_filter_sum의 담당자 지정
    df_prod_filter_sum['담당자'] = '전체'
    # df_prod_filter_sum의 지역 지정
    df_prod_filter_sum['지역'] = '전체'

    # df_prod_filter 마지막 행에 df_prod_filter_sum 추가 후 새 DataFrame 데이터 생성
    df_prod_filter_sum_total = df_prod_filter.append(df_prod_filter_sum,
                                                ignore_index=True)

    return df_prod_filter_sum_total  # 결과를 반환
```

앞의 product_sum( ) 함수를 이용해 엑셀 파일에서 읽어온 DataFrame 데이터를 제품별로 선택한 후 합계를 구하면 다음과 같습니다.

In:
```python
import pandas as pd

# 엑셀 파일 경로 지정
folder = 'C:/myPyExcel/data/ch07/sales_data/'
excel_file = folder + '상반기_제품_판매량_통합.xlsx'

df_prod = pd.read_excel(excel_file)

product_names = ["스마트폰", "TV", "냉장고"]

for product_name in product_names:
    df_prod_sum = product_sum(df_prod, product_name)
    print(df_prod_sum)
```

Out:
```
    제품명  담당자 지역   1월   2월   3월   4월   5월   6월  상반기합계
0  스마트폰  김민영  나  110  104  110  106  106  106    642
1  스마트폰  박준서  다  107  100  109  117  107  112    652
```

	제품명	담당자	지역	1월	2월	3월	4월	5월	6월	상반기합계
2	스마트폰	이재정	가	118	101	104	116	100	105	644
3	스마트폰	전체	전체	335	305	323	339	313	323	1938

	제품명	담당자	지역	1월	2월	3월	4월	5월	6월	상반기합계
0	TV	김민영	나	60	65	62	68	66	60	762
1	TV	박준서	다	65	65	60	69	65	66	780
2	TV	이재정	가	62	61	60	66	61	66	752
3	TV	전체	전체	187	191	182	203	192	192	2294

	제품명	담당자	지역	1월	2월	3월	4월	5월	6월	상반기합계
0	냉장고	김민영	나	44	40	47	46	47	41	795
1	냉장고	박준서	다	47	43	47	45	40	49	813
2	냉장고	이재정	가	45	42	41	45	41	41	765
3	냉장고	전체	전체	136	125	135	136	128	131	2373

다음은 앞에서 제품별로 선택한 데이터의 합계를 구한 DataFrame 데이터를 엑셀 파일로 출력하겠습니다. 이때 제품별로 워크시크를 만들겠습니다. 또한 앞 장에서 살펴본 XlsxWriter의 쓰기 방법과 셀 서식 지정 방법을 이용해 각 워크시트에 제목도 추가하겠습니다. 이를 위한 코드는 다음과 같습니다. 지금까지 살펴본 코드에 비해 약간 복잡하지만 주석을 참고해 하나씩 살펴보면 이해할 수 있을 것입니다.

```
In:    import pandas as pd

       # 엑셀 파일 읽기
       folder = 'C:/myPyExcel/data/ch07/sales_data/'           # 데이터 폴더 지정
       excel_file_in = folder + '상반기_제품_판매량_통합.xlsx'   # 읽어올 엑셀 파일

       df_prod = pd.read_excel(excel_file_in) # 엑셀 파일 DataFrame 데이터로 읽기

       # 엑셀 파일 쓰기
       excel_file_out = folder + '상반기_제품별_판매량_합계.xlsx' #쓰기할 엑셀 파일

       # 1) ExcelWriter 객체 생성
       excel_writer = pd.ExcelWriter(excel_file_out, engine='xlsxwriter')

       # 2) 워크북 생성
       workbook = excel_writer.book

       # 3) 서식 객체 생성
```

```python
    title_format = workbook.add_format({          # 각 워크시트 제목의 셀 서식 지정
                            'bold': True,          # 텍스트 굵게
                            'font_size': 20,       # 글꼴 크기 20으로
                            'align': 'center',     # 가로 맞춤 가운데
                            'valign': 'vcenter'})  # 세로 맞춤 가운데

    product_names = ["스마트폰", "TV", "냉장고"]    # 제품명 중 선택할 제품 지정

    # 4) 각 제품별로 product_sum() 함수를 부르고 결과를 개별 워크시트에 쓰기 수행
    for product_name in product_names:

        # 행 방향과 열 방향 합계 구하기
        df_prod_sum = product_sum(df_prod, product_name)

        # DataFrame 데이터를 엑셀 워크 시트로 출력
        df_prod_sum.to_excel(excel_writer,
                        sheet_name=product_name, # 시트 이름을 지정
                        index=False,             # index는 출력 안함
                        startrow=2)              # 시작 행 번호 지정

        # 엑셀 워크 시트의 셀에 제목 출력
        worksheet = excel_writer.sheets[product_name] # 쓰기를 수행할 워크 시트 지정
        title_string = "상반기 판매량 합계: {}".format(product_name) # 제목 문자열
        worksheet.write('E1', title_string, title_format) # 셀 'E1'에 서식 지정 쓰기

    # 5) ExcelWriter 객체를 닫고 엑셀 파일로 저장
    excel_writer.save()

    print("출력 엑셀 파일:", excel_file_out)
```

Out: 출력 엑셀 파일: C:/myPyExcel/data/ch07/sales_data/상반기_제품별_판매량_합계.xlsx

위의 코드를 수행해 생성된 엑셀 파일(상반기_제품별_판매량_합계.xlsx)의 각 워크시트는 그림 7-15~그
림 7-17과 같습니다.

상반기 판매량 합계: 스마트폰

제품명	담당자	지역	1월	2월	3월	4월	5월	6월	상반기합계
스마트폰	김민영	나	110	104	110	106	106	106	642
스마트폰	박준서	다	107	100	109	117	107	112	652
스마트폰	이재정	가	118	101	104	116	100	105	644
스마트폰	전체	전체	335	305	323	339	313	323	1938

그림 7-15 스마트폰 데이터 및 합계를 출력한 워크시트

상반기 판매량 합계: TV

제품명	담당자	지역	1월	2월	3월	4월	5월	6월	상반기합계
TV	김민영	나	60	65	62	68	66	60	762
TV	박준서	다	65	65	60	69	65	66	780
TV	이재정	가	62	61	60	66	61	66	752
TV	전체	전체	187	191	182	203	192	192	2294

그림 7-16 TV 데이터 및 합계를 출력한 워크시트

상반기 판매량 합계: 냉장고

제품명	담당자	지역	1월	2월	3월	4월	5월	6월	상반기합계
냉장고	김민영	나	44	40	47	46	47	41	795
냉장고	박준서	다	47	43	47	45	40	49	813
냉장고	이재정	가	45	42	41	45	41	41	765
냉장고	전체	전체	136	125	135	136	128	131	2373

그림 7-17 냉장고 데이터 및 합계를 출력한 워크시트

여러 엑셀 파일에 적용하기

앞에서 살펴본 필터링과 계산 등과 같은 작업을 하나의 엑셀 파일에만 적용한다면 엑셀의 기능을 이용하는 것과 파이썬을 이용하는 것에 큰 차이는 없을 것입니다. 오히려 파이썬을 이용하는 것이 더 귀찮게 느껴질 수도 있습니다. 하지만 여러 파일에서 같은 작업을 반복적으로 수행할 경우 파이썬을 이용하면 엑셀에서 작업을 수행하는 것보다 훨씬 편리하고 빠릅니다. 이번에는 앞에서 살펴본 내용을 여러 엑셀 파일에 적용하는 예를 살펴보겠습니다.

이를 위해 앞에서 살펴본 엑셀 파일(상반기_제품_판매량_담당자_이재정.xlsx, 상반기_제품_판매량_담당자_김민영.xlsx, 상반기_제품_판매량_담당자_박준서.xlsx)을 다시 한번 이용하겠습니다. 처음에는 하나의 엑셀 파일에 대해 제품별 상반기 합계를 구해 엑셀 파일로 출력하는 방법을 알아보고 이것을 여러 엑셀 파일에 적용하겠습니다.

먼저 하나의 엑셀 파일(상반기_제품_판매량_담당자_이재정.xlsx)에서 데이터를 읽고 제품별로 월별 판매량 합계를 구하는 코드는 다음과 같습니다.

```
In:   import pandas as pd

      # 엑셀 파일 읽기
      folder = 'C:/myPyExcel/data/ch07/sales_data/input/'    # 입력 데이터 폴더 지정
      excel_file = folder + '상반기_제품_판매량_이재정.xlsx' # 읽어올 엑셀 파일

      df = pd.read_excel(excel_file)
      df
```

Out:

	제품명	담당자	지역	1월	2월	3월	4월	5월	6월
0	스마트폰	이재정	가	118	101	104	116	100	105
1	TV	이재정	가	62	61	60	66	61	66
2	냉장고	이재정	가	45	42	41	45	41	41

위의 DataFrame 데이터(df)에서 제품별로 월별 판매량 합계를 구해 합계 열에 추가합니다.

```
In:   df['합계'] = df.sum(axis=1)
      df
```

Out:

	제품명	담당자	지역	1월	2월	3월	4월	5월	6월	합계
0	스마트폰	이재정	가	118	101	104	116	100	105	644
1	TV	이재정	가	62	61	60	66	61	66	376
2	냉장고	이재정	가	45	42	41	45	41	41	255

이제 합계 열을 추가한 DataFrame 데이터를 to_excel()를 이용해 지정한 디렉터리(C:\myPyExcel\data\ch07\sales_data)에 새로운 엑셀 파일로 출력합니다. 이때 DataFrame 데이터의 index는 포함하지 않기 위해 index=False 옵션을 지정하겠습니다.

```
In:     # 엑셀 파일 쓰기
        folder = 'C:/myPyExcel/data/ch07/sales_data/'          # 출력 폴더 지정
        excel_file = folder + '상반기_판매량_이재정_합계.xlsx'   # 출력할 엑셀 파일

        df.to_excel(excel_file, index=False)

        print("생성 파일:", excel_file) # 생성한 파일 이름 출력
```

Out: 생성 파일: C:/myPyExcel/data/ch07/sales_data/상반기_판매량_이재정_합계.xlsx

지정한 디렉터리에 생성한 엑셀 파일(상반기_판매량_이재정_합계.xlsx)은 그림 7-18과 같습니다. 합계 열이 추가된 것을 볼 수 있습니다.

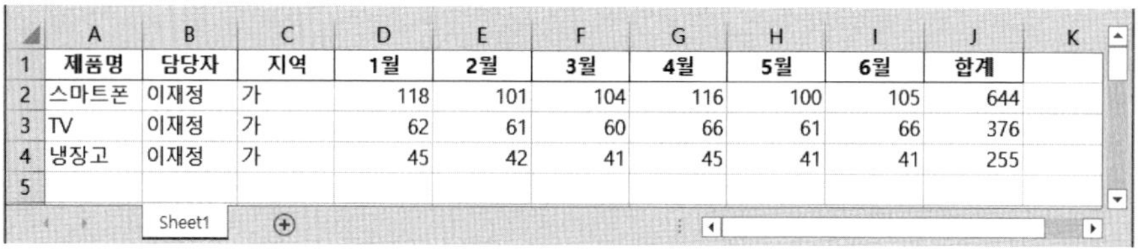

	A	B	C	D	E	F	G	H	I	J	K
1	제품명	담당자	지역	1월	2월	3월	4월	5월	6월	합계	
2	스마트폰	이재정	가	118	101	104	116	100	105	644	
3	TV	이재정	가	62	61	60	66	61	66	376	
4	냉장고	이재정	가	45	42	41	45	41	41	255	
5											

그림 7-18 합계 열을 추가한 엑셀 파일

다음은 앞에서 작성한 코드에 엑셀의 워크 시트에 제목을 추가하는 코드를 추가해 add_sum() 함수를 작성하겠습니다. 제목을 추가하는 코드는 이미 앞에서 살펴봤으므로 여기서는 앞에서 작성한 코드를 활용하겠습니다. 아래의 함수 add_sum()는 판매량 데이터가 있는 엑셀 파일을 입력하면 행별 합계를 구한 후에 출력 디렉터리에 처리 결과를 새로운 엑셀 파일로 출력합니다.

```
In:     import pandas as pd
        from pathlib import Path

        # 함수명: add_sum
        # 역할: 엑셀 파일을 입력하면 처리 후 지정한 출력 디렉터리에 엑셀 파일로 출력
        # 입력인자: excel_file (엑셀 파일, 경로 포함), output_dir (출력 디렉터리)

        def add_sum(excel_file, output_dir):
            df = pd.read_excel(excel_file) # DataFrame으로 읽기
            df['합계'] = df.sum(axis=1)      # '합계'열 추가

            # 새로운 파일이름 생성
```

```
new_file_name = excel_file.stem + "_합계_제목_추가" + ".xlsx"
output_excel_file = Path(output_dir + new_file_name) # 생성할 엑셀 파일 경로

# ExcelWriter 객체 생성
excel_writer = pd.ExcelWriter(output_excel_file, engine='xlsxwriter')
# ExcelWriter로부터 객체(excel_writer)에서 워크북 생성
workbook  = excel_writer.book

# 서식 지정
title_format = workbook.add_format({        # 각 워크시트 제목의 셀 서식 지정
                    'bold': True,           # 텍스트 굵게
                    'font_size': 20,        # 글꼴 크기 20으로
                    'align': 'center',      # 가로 맞춤 가운데
                    'valign': 'vcenter'})   # 세로 맞춤 가운데

# DataFrame 데이터를 엑셀 워크 시트로 출력
df.to_excel(excel_writer, sheet_name='Sheet1', index=False, startrow=2)

# 엑셀 워크 시트의 셀에 제목 출력(서식 지정)
worksheet = excel_writer.sheets['Sheet1'] # 쓰기를 수행할 워크 시트 지정
title_string = "판매량 합계: {}".format(df['담당자'][0]) # 제목 문자열 생성
worksheet.write('E1', title_string, title_format)        # 지정한 셀(E1)에 쓰기

# ExcelWriter 객체를 닫고 엑셀 파일로 저장
excel_writer.save()

return output_excel_file
```

이제 원본 디렉터리(C:\myPyExcel\data\ch07\sales_data\input)의 모든 엑셀 파일에 앞에서 정의한 add_sum() 함수를 적용하는 코드를 작성합니다. 이때 합계를 구한 엑셀 파일은 지정한 디렉터리(C:\myPyExcel\data\ch07\sales_data\output)에 출력합니다. 원본 디렉터리에서 엑셀 파일 이름의 목록을 가져오기 위해 앞에서 살펴본 pathlib 내장 모듈에 있는 Path 클래스의 glob() 메서드를 이용합니다.

In:
```
import pandas as pd
from pathlib import Path

input_dir = Path('C:/myPyExcel/data/ch07/sales_data/input')  # 원본 디렉터리
excel_files = input_dir.glob('상반기_제품_판매량_*')             # 원본 엑셀 파일 경로
```

```
output_dir = 'C:/myPyExcel/data/ch07/sales_data/output/' # 엑셀 파일 출력 디렉터리

print("[출력 디렉터리]", output_dir)
for excel_file in excel_files:
    output_excel_file = add_sum(excel_file, output_dir)
    print("[출력 파일]", output_excel_file.name)        # 엑셀 파일 이름 출력
```

Out:　[출력 디렉터리] C:/myPyExcel/data/ch07/sales_data/output/
　　　[출력 파일] 상반기_제품_판매량_김민영_합계_제목_추가.xlsx
　　　[출력 파일] 상반기_제품_판매량_박준서_합계_제목_추가.xlsx
　　　[출력 파일] 상반기_제품_판매량_이재정_합계_제목_추가.xlsx

위의 코드를 수행해 지정한 디렉터리에 생성된 엑셀 파일(상반기_제품_판매량_김민영_합계_제목_추가.xlsx, 상반기_제품_판매량_박준서_합계_제목_추가.xlsx, 상반기_제품_판매량_이재정_합계_제목_추가.xlsx)의 각 워크시트는 그림 7-19~그림 7-21과 같습니다.

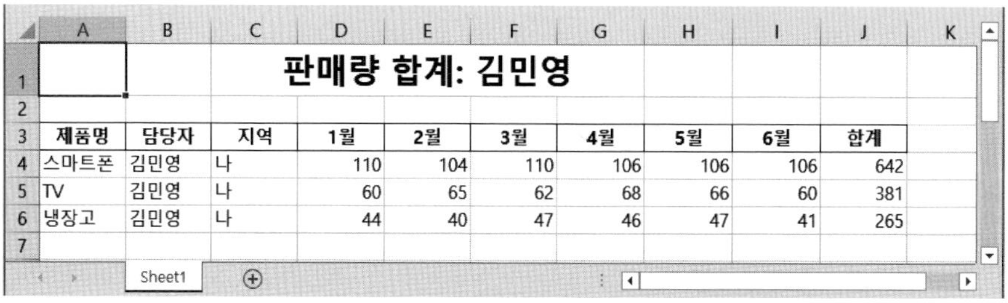

그림 7-19 상반기 합계와 제목을 추가한 엑셀 파일(김민영)

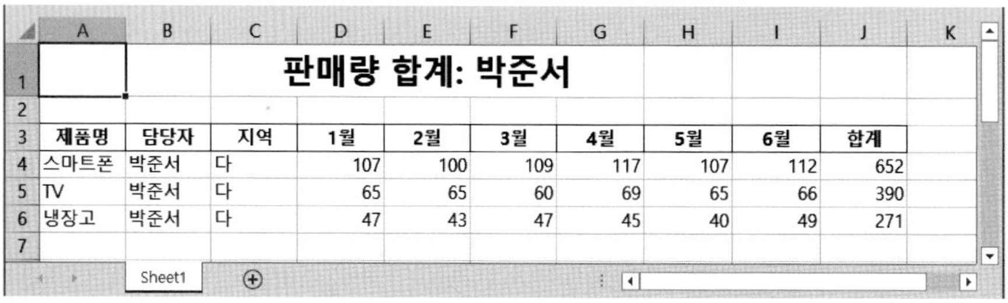

그림 7-20 상반기 합계와 제목을 추가한 엑셀 파일(박준서)

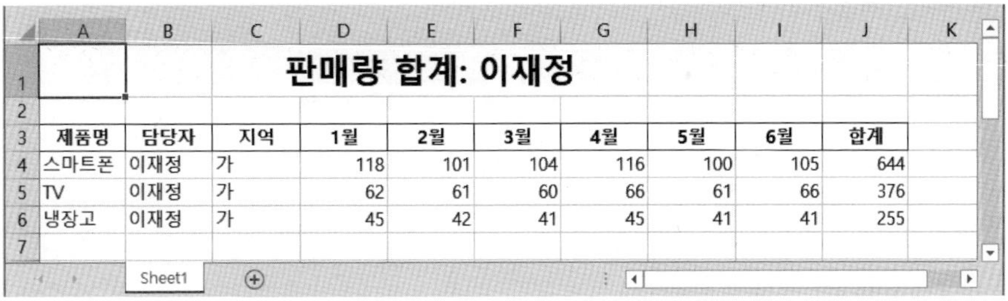

	A	B	C	D	E	F	G	H	I	J	K
1		판매량 합계: 이재정									
2											
3	제품명	담당자	지역	1월	2월	3월	4월	5월	6월	합계	
4	스마트폰	이재정	가	118	101	104	116	100	105	644	
5	TV	이재정	가	62	61	60	66	61	66	376	
6	냉장고	이재정	가	45	42	41	45	41	41	255	
7											

그림 7-21 상반기 합계와 제목을 추가한 엑셀 파일(이재정)

앞에서는 상반기 판매량 데이터가 저장된 여러 개의 엑셀 파일에 대해 파이썬으로 합계를 구한 후 새로운 엑셀 파일로 출력하는 예를 살펴봤습니다. 위의 코드는 같은 형식이라면 원본 데이터가 저장된 엑셀 파일이 아무리 많이 늘어나도 코드 수정 없이 판매량 합계를 구할 수 있습니다. 또한 원본 엑셀 파일에 제품명을 추가해 행 데이터가 늘거나 월 판매량을 12월까지 추가해도 위 코드는 수정 없이 작동합니다.

04 알아두면 유용한 엑셀 함수를 파이썬으로 처리하기

엑셀에는 잘 사용하면 시간을 절약할 수 있는 유용한 함수가 많이 있습니다. 하지만 어떤 함수는 사용 방법이 복잡해서 고급 사용자만 사용합니다. 이번에는 이러한 엑셀의 유용한 함수의 기능을 파이썬으로 쉽게 처리하는 몇 가지 예를 살펴보겠습니다.

지정한 범위에서 데이터 찾아서 가져오기

엑셀에서 데이터를 입력할 때 참조할 데이터 범위와 VLOOKUP 함수를 이용하면 데이터를 편리하게 입력할 수 있습니다. 예를 들어 그림 7-22와 같이 주문 내역을 정리한 엑셀 파일(주문내역_샘플.xlsx)과 그림 7-23처럼 제품명, 제품코드, 제품가격이 있는 참조 데이터 표가 있는 엑셀 파일(주문내역_참조데이터.xlsx)이 있다고 가정합니다. 이때 참조 데이터 표를 이용해 주문 내역을 정리한 엑셀 파일에 제품코드와 제품가격을 넣어서 일일이 복사 후 붙여넣기 하는 것보다 엑셀의 VLOOKUP 함수를 이용하면 좀 더 편리하고 정확하게 데이터를 입력할 수 있습니다.

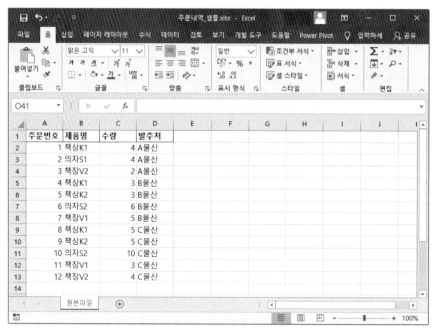

그림 7-22 주문 내역 원본 엑셀 파일

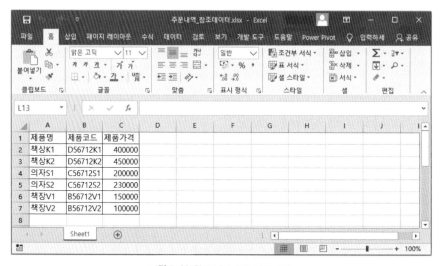

그림 7-23 참조 데이터 표 엑셀 파일

그림 7-24는 그림 7-23의 엑셀 파일의 참조 데이터 표를 그림 7-22의 워크시트로 복사한 후에 VLOOKUP 함수를 적용한 엑셀 파일(주문내역_샘플_VLOOKUP_적용.xlsx)입니다.

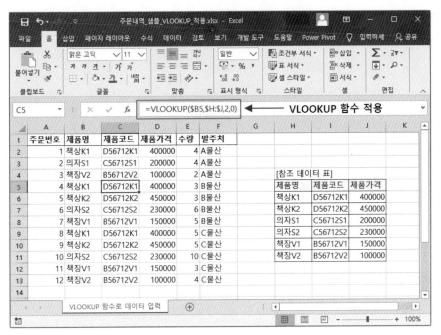

그림 7-24 참조 데이터 표와 VLOOKUP을 이용해 데이터를 입력한 엑셀 파일

엑셀에서 VLOOKUP 함수의 기능은 파이썬에서도 수행할 수 있습니다. 다음은 참조 데이터 표가 있는
엑셀 파일(주문내역_참조데이터.xlsx)을 이용해 주문 내역이 있는 원본 엑셀 파일(주문내역_샘플.xlsx)에
제품코드 열과 제품가격 열을 자동으로 채우는 과정을 살펴보겠습니다. 만약 참조 데이터 표가 원본 엑셀
파일에 같이 있다면 참조 데이터 표는 별도의 엑셀 파일로 분리하는 것이 관리와 처리 측면에서 편리합
니다.

이를 위해 먼저 다음과 같이 주문 내역이 있는 원본 엑셀 파일(주문내역_샘플.xlsx)을 DataFrame 데
이터로 읽어옵니다. 여기서 필요한 엑셀 파일(주문내역_참조데이터.xlsx와 주문내역_샘플.xlsx)은 모두
C:\myPyExcel\data\ch07\func_data 디렉터리에 있습니다.

```
In:    import pandas as pd

       # 엑셀 파일 읽기
       folder = 'C:/myPyExcel/data/ch07/func_data/' # 폴더 지정
       excel_file = folder + '주문내역_샘플.xlsx'    # 읽어올 엑셀 파일

       # 엑셀 파일 데이터를 DataFrame 데이터로 읽어 오기
       df = pd.read_excel(excel_file)
       df
```

	주문번호	제품명	수량	발주처
0	1	책상K1	4	A물산
1	2	의자S1	4	A물산
2	3	책장V2	2	A물산
3	4	책상K1	3	B물산
4	5	책상K2	3	B물산
5	6	의자S2	6	B물산
6	7	책장V1	5	B물산
7	8	책상K1	5	C물산
8	9	책상K2	5	C물산
9	10	의자S2	10	C물산
10	11	책장V1	3	C물산
11	12	책장V2	4	C물산

다음은 참조 데이터가 있는 엑셀 파일(주문내역_참조데이터.xlsx)을 DataFrame 데이터로 읽어옵니다.

In:
```
# 엑셀 파일 읽기
excel_file = folder + '주문내역_참조데이터.xlsx' # 읽어올 엑셀 파일
df_ref = pd.read_excel(excel_file) # 엑셀 파일을 DataFrame 데이터로 읽기
df_ref
```

	제품명	제품코드	제품가격
0	책상K1	D56712K1	400000
1	책상K2	D56712K2	450000
2	의자S1	C56712S1	200000
3	의자S2	C56712S2	230000
4	책장V1	B56712V1	150000
5	책장V2	B56712V2	100000

이제 특정 열을 기준으로 두 개의 DataFrame 데이터를 가로 방향으로 병합하는 merge()를 이용해 DataFrame 데이터 df에 df_ref를 병합해 보겠습니다. 이를 위해 다음처럼 merger()의 how와 on 옵션에는 각각 'left'와 '제품명'을 지정합니다.

```
In:  df_new = df.merge(df_ref, how='left', on='제품명') # 두 개의 DataFrame 병합
     df_new
```

Out:

	주문번호	제품명	수량	발주처	제품코드	제품가격
0	1	책상K1	4	A물산	D56712K1	400000
1	2	의자S1	4	A물산	C56712S1	200000
2	3	책장V2	2	A물산	B56712V2	100000
3	4	책상K1	3	B물산	D56712K1	400000
4	5	책상K2	3	B물산	D56712K2	450000
5	6	의자S2	6	B물산	C56712S2	230000
6	7	책장V1	5	B물산	B56712V1	150000
7	8	책상K1	5	C물산	D56712K1	400000
8	9	책상K2	5	C물산	D56712K2	450000
9	10	의자S2	10	C물산	C56712S2	230000
10	11	책장V1	3	C물산	B56712V1	150000
11	12	책장V2	4	C물산	B56712V2	100000

위의 출력 결과를 보면 DataFrame 데이터 df에는 없었던 제품코드 열과 제품가격 열이 추가된 것을 볼 수 있습니다. 제품코드 열과 제품가격 열의 데이터는 DataFrame 데이터 df_ref를 참조해 제품명의 각 항목에 맞게 잘 채워진 것을 볼 수 있습니다.

DataFrame 데이터 df_new에서 열의 순서를 변경하고 싶으면 다음과 같이 수행하면 됩니다.

```
In:  df_new = df_new[['주문번호','제품명','제품코드','제품가격','수량','발주처']]
     df_new
```

	주문번호	제품명	제품코드	제품가격	수량	발주처
0	1	책상K1	D56712K1	400000	4	A물산
1	2	의자S1	C56712S1	200000	4	A물산
2	3	책장V2	B56712V2	100000	2	A물산
3	4	책상K1	D56712K1	400000	3	B물산
4	5	책상K2	D56712K2	450000	3	B물산
5	6	의자S2	C56712S2	230000	6	B물산
6	7	책장V1	B56712V1	150000	5	B물산
7	8	책상K1	D56712K1	400000	5	C물산
8	9	책상K2	D56712K2	450000	5	C물산
9	10	의자S2	C56712S2	230000	10	C물산
10	11	책장V1	B56712V1	150000	3	C물산
11	12	책장V2	B56712V2	100000	4	C물산

앞에서 작성한 코드를 정리해 DataFrame 데이터 df_new를 엑셀 파일(주문내역_샘플_new.xlsx)로 쓰기 위한 코드는 다음과 같습니다.

```python
In:    import pandas as pd

       # 엑셀 파일 경로 지정
       folder = 'C:/myPyExcel/data/ch07/func_data/' # 폴더 지정
       excel_file = folder + '주문내역_샘플.xlsx'    # 원본 엑셀 파일
       excel_file_ref = folder +'주문내역_참조데이터.xlsx' # 참조 데이터 표 엑셀 파일
       excel_file_new = folder + '주문내역_샘플_new.xlsx' # 데이터를 추가한 엑셀 파일

       # excel_file을 DataFrame 데이터(df)로 읽어 오기
       df = pd.read_excel(excel_file)
       # excel_file_ref를 DataFrame 데이터(df_ref)로 읽어 오기
       df_ref = pd.read_excel(excel_file_ref)

       # 두 개의 DataFrame 데이터를 통합
       df_new = df.merge(df_ref, how='left', on='제품명')
       # DataFrame 데이터에서 열의 순서 변경
       df_new = df_new[['주문번호','제품명','제품코드','제품가격','수량','발주처']]
```

```
# DataFrame 데이터를 엑셀 파일로 쓰기. 워크시트 이름 지정, index 불포함
sheet_name1 = '참조 데이터 표 엑셀 파일 이용해서 데이터 입력'
df_new.to_excel(excel_file_new, sheet_name=sheet_name1, index=False)

print("생성한 엑셀 파일:", excel_file_new) # 생성한 파일 이름 출력
```

Out: 생성한 엑셀 파일: C:/myPyExcel/data/ch07/func_data/주문내역_샘플_new.xlsx

위 코드로 생성된 엑셀 파일(주문내역_샘플_new.xlsx)은 그림 7-25와 같습니다. 기존 원본 파일에 제품코드 열과 제품가격 열이 추가돼 엑셀에서 VLOOKUP 함수를 적용한 엑셀 파일(그림 7-24)과 결과가 같은 것을 볼 수 있습니다.

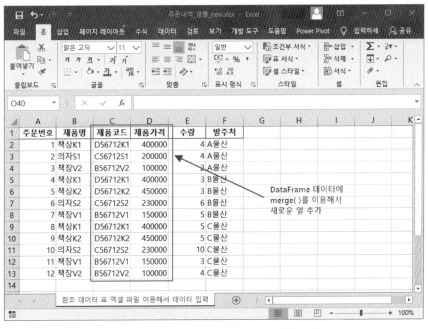

그림 7-25 새로운 열을 추가한 DataFrame 데이터를 엑셀 파일로 쓴 결과

조건에 따라 결과 입력하기

다음은 데이터의 조건에 따라서 결과를 자동으로 셀에 입력하는 예를 살펴보겠습니다. 이를 위해 그림 7-26과 같이 시험 성적 데이터가 입력된 엑셀 파일(시험성적.xlsx)을 이용하겠습니다. 이 엑셀 파일을 이용해 중간고사와 기말고사의 평균을 구하고 평균을 이용해 학점을 구한다고 할 때 엑셀에서는 그림 7-27 처럼 평균을 위해서는 AVERAGE 함수를 이용하고 학점을 위해서는 IF 함수를 이용할 수 있습니다.

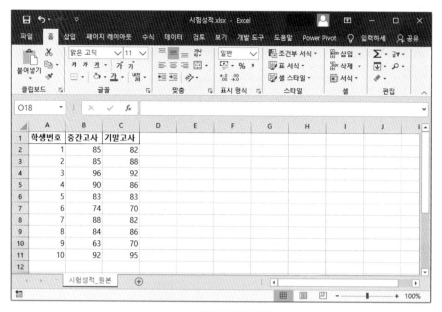

그림 7-26 시험 성적 원본 엑셀 파일

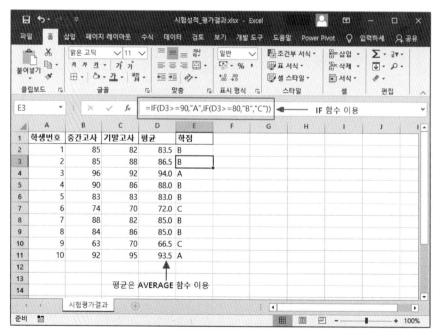

그림 7-27 AVERAGE와 IF 함수로 시험 성적을 평가한 엑셀 파일

앞에서는 엑셀 함수로 평균과 학점을 구했는데, 이번에는 파이썬으로 평균과 학점을 구해 보겠습니다. 이를 위해 중간고사와 기말고사 점수가 있는 엑셀 파일(시험성적.xlsx)을 다음과 같이 DataFrame 데이터로 읽어오겠습니다. 이 엑셀 파일은 지정 디렉터리(C:\myPyExcel\data\ch07\condition_data)에 있습니다.

```
In:    import pandas as pd

       folder = 'C:/myPyExcel/data/ch07/condition_data/' # 폴더 지정
       excel_file = folder + '시험성적.xlsx' # 원본 엑셀 파일

       df = pd.read_excel(excel_file)          # DataFrame 데이터(df)로 읽어 오기
       df
```

Out:

	학생번호	중간고사	기말고사
0	1	85	82
1	2	85	88
2	3	96	92
3	4	90	86
4	5	83	83
5	6	74	70
6	7	88	82
7	8	84	86
8	9	63	70
9	10	92	95

먼저 위의 DataFrame 데이터 df에서 학생별로 중간고사와 기말고사의 평균을 구하면 다음과 같습니다. 이를 위해 판다스 DataFrame의 평균을 구하는 mean() 메서드를 사용합니다.

```
In:    # 중간고사와 기말고사의 평균 구하기
       df_mean = df[['중간고사', '기말고사']].mean(axis=1)
       df_mean
```

Out: 0   83.5
        1   86.5
        2   94.0

```
3    88.0
4    83.0
5    72.0
6    85.0
7    85.0
8    66.5
9    93.5
dtype: float64
```

앞에서 구한 평균을 DataFrame 데이터 df에 추가하면 다음과 같습니다.

In:
```
df['평균'] = df_mean
df
```

Out:

	학생번호	중간고사	기말고사	평균
0	1	85	82	83.5
1	2	85	88	86.5
2	3	96	92	94.0
3	4	90	86	88.0
4	5	83	83	83.0
5	6	74	70	72.0
6	7	88	82	85.0
7	8	84	86	85.0
8	9	63	70	66.5
9	10	92	95	93.5

이제 DataFrame 데이터 df의 평균 열의 데이터를 이용해 조건에 맞게 학점을 지정하겠습니다. 이를 위해 DataFrame에 loc에 조건을 지정하고 학점 열을 새로 추가해 학점을 지정하겠습니다. 학점을 지정하는 조건은 평균이 90점 이상이면 A, 80점 이상 90점 미만이면 B, 80점 미만이면 C입니다. 이를 위한 코드는 다음과 같습니다.

In:
```
df.loc[df['평균'] >= 90, '학점'] = 'A'
df.loc[(df['평균'] >= 80) & (df['평균'] < 90), '학점'] = 'B'
df.loc[df['평균'] < 80, '학점'] = 'C'
df
```

Out:

	학생번호	중간고사	기말고사	평균	학점
0	1	85	82	83.5	B
1	2	85	88	86.5	B
2	3	96	92	94.0	A
3	4	90	86	88.0	B
4	5	83	83	83.0	B
5	6	74	70	72.0	C
6	7	88	82	85.0	B
7	8	84	86	85.0	B
8	9	63	70	66.5	C
9	10	92	95	93.5	A

위의 결과를 보면 평균 열에 적용한 학점의 조건에 따라서 학점 열의 항목이 잘 들어간 것을 볼 수 있습니다. 지금까지 수행한 코드를 정리하고 결과를 엑셀 파일로 쓰기를 수행하면 다음과 같습니다.

In:
```
import pandas as pd

folder = 'C:/myPyExcel/data/ch07/condition_data/' # 폴더 지정
excel_file = folder + '시험성적.xlsx'              # 원본 엑셀 파일
excel_file_new = folder + '시험성적_new.xlsx'      # 생성할 엑셀 파일

# excel_file을 DataFrame 데이터(df)로 읽어 오기
df = pd.read_excel(excel_file)
# 중간고사와 기말고사의 평균 구하고 '평균'열에 추가하기
df['평균']= df[['중간고사', '기말고사']].mean(axis = 1)

# 평균에 따라서 학점 구분해 학점 열에 입력
df.loc[df_mean >= 90, '학점'] = 'A'
df.loc[(df_mean >= 80) & (df_mean < 90), '학점'] = 'B'
df.loc[df_mean < 80, '학점'] = 'C'

# DataFrame 데이터를 엑셀 파일로 쓰기. 워크시트 이름 지정, index 불포함
sheet_name1 = "시험 성적 및 평가 결과"
df.to_excel(excel_file_new, sheet_name=sheet_name1, index=False)

print("생성한 엑셀 파일:", excel_file_new) # 생성한 파일 이름 출력
```

Out: 생성한 엑셀 파일: C:/myPyExcel/data/ch07/condition_data/시험성적_new.xlsx

위의 코드로 생성한 엑셀 파일(시험성적_new.xlsx)은 그림 7-28과 같습니다. 기존 엑셀 파일(시험성적.xlsx)과 비교해 보면 평균과 학점 열이 추가된 것을 볼 수 있습니다.

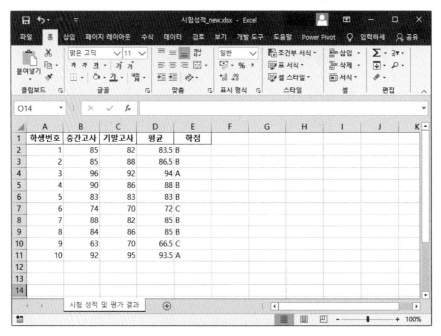

그림 7-28 DataFrame 데이터(시험 성적 평가 결과)를 엑셀 파일로 출력

조건에 따라 다른 서식 적용하기

엑셀에서는 [홈] → [조건부 서식]에 [새 규칙] 적용으로 워크시트의 셀이 특정 조건을 만족하는지를 검사해 셀 서식을 다르게 지정할 수 있습니다. 예를 들어, 앞에서 생성한 엑셀 파일(시험성적_new.xlsx)에서 평균이 90 이상이면 그림 7-29처럼 셀의 배경색을 변경하면 조건에 맞는 데이터를 더 잘 드러낼 수 있습니다.

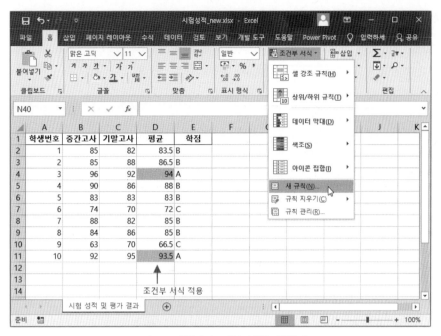

그림 7-29 엑셀에서 조건부 서식을 적용한 예

파이썬으로 엑셀의 조건부 서식과 같은 결과를 만들려면 XlsxWriter의 쓰기 방법과 셀 서식 지정 방법을 이용합니다. 이를 위해 먼저 다음과 같이 앞에서 생성한 엑셀 파일(시험성적_new.xlsx)을 DataFrame 데이터로 읽어오겠습니다.

```
In:    import pandas as pd

       folder = 'C:/myPyExcel/data/ch07/condition_data/' # 폴더 지정
       excel_file = folder + '시험성적_new.xlsx'           # 원본 엑셀 파일

       df = pd.read_excel(excel_file) # DataFrame 데이터(df)로 읽어 오기
       df
```

	학생번호	중간고사	기말고사	평균	학점
0	1	85	82	83.5	B
1	2	85	88	86.5	B
2	3	96	92	94.0	A
3	4	90	86	88.0	B
4	5	83	83	83.0	B
5	6	74	70	72.0	C
6	7	88	82	85.0	B
7	8	84	86	85.0	B
8	9	63	70	66.5	C
9	10	92	95	93.5	A

다음은 XlsxWriter를 이용해 DataFrame 데이터를 엑셀 파일로 쓰고 셀 서식 지정 방법을 적용해 평균이 90점 이상인 경우 셀의 배경색을 지정하는 코드입니다.

In:
```
# (1) ExcelWriter 객체 생성 (엔진은 xlsxwriter)
folder = 'C:/myPyExcel/data/ch07/condition_data/' # 폴더 지정
excel_file_new2 = folder + '시험성적_new2.xlsx'   # 원본 엑셀 파일

# ExcelWriter 객체 생성
excel_writer = pd.ExcelWriter(excel_file_new2, engine='xlsxwriter')

# (2) DataFrame 데이터를 지정된 엑셀 워크시트에 쓰기
# 워크시트 이름 지정. index는 불포함
sheet_name1 = '조건부_서식'
df.to_excel(excel_writer, sheet_name=sheet_name1, index=False)

# (3) ExcelWriter 객체에서 워크북(workbook)과 워크시트(worksheet) 객체 생성
workbook  = excel_writer.book # 워크북 객체 생성
worksheet = excel_writer.sheets[sheet_name1] # 워크시트 객체 생성

# (4) 셀 서식 지정을 위한 객체 생성
cell_format = workbook.add_format() # 서식 형식 객체 생성

# (5) 셀 서식 지정
```

```
cell_format.set_bg_color('yellow') # 셀의 배경을 노란색으로 설정


# (6) 조건부 서식 지정
# 행 번호와 열 번호를 이용한 범위 지정 방식을 이용
worksheet.conditional_format(1, 3, 10, 3, # 시작_행_번호, 시작_열_번호, 끝_행_번호, 끝_열_번호
                            {'type': 'cell',      # 지정된 범위의 셀이
                             'criteria': '>=',    # value 이상 이면
                             'value': 90,
                             'format': cell_format}) # cell_format 서식 적용


# 셀 주소를 이용한 범위 지정 방식을 이용
# worksheet.conditional_format('D2:D11',  # 시작_셀_주소:끝_셀_주소
#                             {'type': 'cell',      # 지정된 범위의 셀이
#                              'criteria': '>=',  # value 이상 이면
#                              'value': 90,
#                              'format': cell_format}) # cell_format 서식 적용


# (7) # ExcelWriter 객체를 닫고 엑셀 파일로 저장
excel_writer.save()


print("생성한 엑셀 파일:", excel_file_new2) # 생성한 파일 이름 출력
```

Out: 생성한 엑셀 파일: C:/myPyExcel/data/ch07/condition_data/시험성적_new2.xlsx

위 코드에서 conditional_format()로 조건부 서식을 지정할 때 행 번호와 열 번호를 이용한 범위 지정 방식(시작_행_번호, 시작_열_번호, 끝_행_번호, 끝_열_번호)을 사용할 수도 있고, 셀 주소를 이용한 범위 지정 방식(시작_셀_주소:끝_셀_주소)을 사용할 수도 있습니다. 위 코드로 생성한 파일(시험성적_new2.xlsx)은 그림 7-30과 같습니다. 평균 열의 데이터 값이 90 이상인 셀은 배경색이 노란색으로 설정된 것을 볼 수 있습니다.

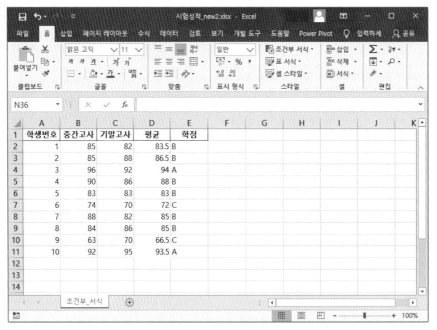

그림 7-30 XlsxWriter로 조건부 서식을 적용해 생성한 엑셀 파일

05 엑셀 데이터 정제

앞에서 효율적인 데이터 처리를 위한 엑셀 데이터 구조를 살펴봤습니다. 데이터를 생성할 때부터 이러한 구조로 데이터가 잘 생성되면 좋겠지만 실제 상황에서는 워크시트 셀의 데이터 값이 누락되거나 잘못 들어가기도 하고 임의의 구조로 작성된 데이터 파일도 많습니다. 누락된 데이터나 잘못 들어간 데이터가 있으면 데이터를 수정하거나 제거해야 데이터 분석이 편해집니다. 또한 원본 데이터에서 원하는 데이터 값만 추출한 후 데이터를 정리해 사용해야만 할 때도 있습니다. 때에 따라 원본 데이터 구조나 파일 형식을 변경하기도 합니다. 이렇게 원본 데이터를 가공해 데이터 분석에 편리한 데이터로 만드는 과정을 데이터 정제(Data cleaning) 혹은 데이터 타이딩(Data tidying)이라고 합니다.

이번에는 엑셀 파일 워크시트 데이터에서 누락 데이터를 찾고 처리하는 방법과 데이터에서 원하는 데이터 값만 추출해 정리하는 방법을 살펴보겠습니다.

누락 데이터 확인과 처리

데이터 파일에는 다양한 이유로 인해 누락된 데이터 값(결측치, Missing data)이 있을 수 있습니다. 이렇게 데이터 파일에 결측치가 있다면 데이터 분석 작업을 수행하기기 어렵고 왜곡된 결과가 나올 수 있습니다. 따라서 주어진 데이터 파일의 결측치를 찾아서 상황에 맞게 처리해야 합니다. 특히 엑셀은 자유롭게 데이터를 입력할 수 있어 엑셀 파일을 DataFrame으로 읽었을 때 누락 데이터 값이 많이 나올 수 있으므로 누락 데이터를 확인해 처리하는 것은 중요합니다.

누락 데이터 확인

누락 데이터를 확인하는 방법을 살펴보기 위해 결측치가 있는 엑셀 파일(`자동차판매현황.xlsx`)을 이용하겠습니다. 이 파일은 누락 데이터 파일 처리를 위한 디렉터리(`C:\myPyExcel\data\ch07\missing_data`)에 있습니다. 그림 7-31은 이 엑셀 파일의 내용을 보여주는데 데이터가 입력되지 않은 셀이 있는 것을 확인할 수 있습니다.

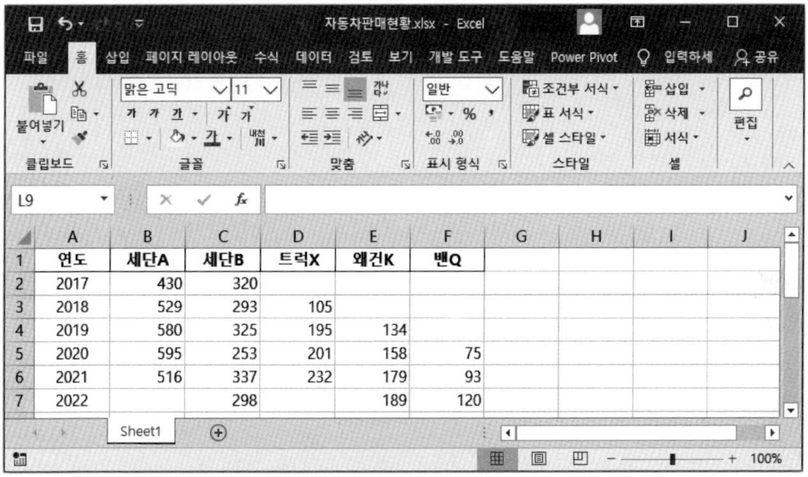

연도	세단A	세단B	트럭X	왜건K	밴Q
2017	430	320			
2018	529	293	105		
2019	580	325	195	134	
2020	595	253	201	158	75
2021	516	337	232	179	93
2022		298		189	120

그림 7-31 결측치가 있는 엑셀 파일

이제 다음 코드와 같이 엑셀 파일(`자동차판매현황.xlsx`)을 DataFrame 데이터로 읽어오겠습니다. 이때 엑셀 파일에서 머리글이 연도인 열을 DataFrame 데이터의 index로 지정합니다.

In:
```
import pandas as pd

folder = 'C:/myPyExcel/data/ch07/missing_data/' # 폴더 지정
```

```
excel_file = folder + '자동차판매현황.xlsx' # 원본 엑셀 파일

# 엑셀 파일을 DataFrame으로 읽기(index로 사용할 열 이름을 지정)
df = pd.read_excel(excel_file, index_col='연도')
df
```

Out:

연도	세단A	세단B	트럭X	왜건K	밴Q
2017	430.0	320	NaN	NaN	NaN
2018	529.0	293	105.0	NaN	NaN
2019	580.0	325	195.0	134.0	NaN
2020	595.0	253	201.0	158.0	75.0
2021	516.0	337	232.0	179.0	93.0
2022	NaN	298	NaN	189.0	120.0

위의 결과를 보면 엑셀 파일에서 데이터 값이 없는 빈 셀(결측치)은 DataFrame에서 NaN으로 표시되는 것을 볼 수 있습니다. 다음과 같이 info()로 DataFrame의 전체 구조를 살펴 결측치를 확인할 수 있습니다.

```
DataFrame_data.info()
```

이 함수를 실행하면 DataFrame 데이터(DataFrame_data)의 index와 columns의 범위, 데이터의 타입, 결측치가 아닌 값의 개수와 메모리 사용량 정보 등을 요약해 보여줍니다.

다음은 앞의 코드에서 DataFrame 데이터(df)에 info()를 적용한 코드입니다.

In: df.info()

Out: <class 'pandas.core.frame.DataFrame'>
       Int64Index: 6 entries, 2017 to 2022
       Data columns (total 5 columns):
        #   Column Non-Null Count Dtype
       --- ------ -------------- -----
        0   세단A   5 non-null   float64
        1   세단B   6 non-null   int64
        2   트럭X   4 non-null   float64

```
3    왜건K        4 non-null      float64
4    밴Q          3 non-null      float64
dtypes: float64(4), int64(1)
memory usage: 288.0 bytes
```

위의 출력 결과는 DataFrame 데이터(df)의 정보를 보여줍니다. 이 정보로부터 DataFrame 데이터(df)의 index(Int64Index)의 개수는 6개이고 데이터가 있는 열(Data columns)은 총 5개임을 알 수 있습니다. 제품 종류 오른쪽 옆에는 숫자가 있는데 이것은 결측치가 아닌 데이터(non-null, 비결측치)의 개수입니다. 데이터 타입에서 int64는 정수, float64는 실수를 의미합니다. 이 DataFrame 데이터의 메모리 사용량(memory usage)은 288바이트입니다.

위의 결과를 바탕으로 유추해 보면 index의 개수는 6개인데 세단A, 트럭X, 왜건K, 밴Q 열에서 결측치가 아닌 데이터의 수는 6보다 작으므로 세단A, 트럭X, 왜건K, 밴Q 열에는 결측치가 있는 것을 알 수 있습니다.

앞에서 살펴본 info()를 이용해 결측치를 확인할 수도 있지만 다음과 같이 isnull()이나 notnull()을 이용하면 좀 더 구체적으로 결측치를 확인할 수 있습니다.

```
DataFrame_data.isnull()
```

DataFrame 데이터(DataFrame_data)의 각 데이터 값(values)이 결측치(null)이면 해당 데이터 값의 위치에 True를 반환하고 결측치가 아니면 False를 반환합니다.

```
DataFrame_data.notnull()
```

DataFrame 데이터(DataFrame_data)의 각 데이터 값(values)이 비결측치(non-null)이면 해당 데이터 값의 위치에 True를 반환하고 아니면 False를 반환합니다.

isnull()이나 notnull()에 sum()을 적용하면 True를 1로 False를 0으로 간주해 각 열에서 결측치나 비결측치의 개수를 계산할 수 있습니다.

다음은 앞의 DataFrame 데이터(df)에 isnull()을 적용한 결과입니다.

In: `df.isnull() # DataFrame 데이터에서 결측치이면 True`

Out:

연도	세단A	세단B	트럭X	왜건K	밴Q
2017	False	False	True	True	True
2018	False	False	False	True	True
2019	False	False	False	False	True
2020	False	False	False	False	False
2021	False	False	False	False	False
2022	True	False	True	False	False

위의 출력 결과를 보면 결측치가 있는 위치에는 True를 반환된 것을 볼 수 있습니다. 만약 각 열의 결측 치의 개수를 알고 싶다면 다음과 같이 sum()을 적용하면 됩니다.

In: `df.isnull().sum() # DataFrame 각 열에서 결측치 개수 계산`

Out:
```
세단A    1
세단B    0
트럭X    2
왜건K    2
밴Q     3
dtype: int64
```

다음은 앞의 DataFrame 데이터(df)에 notnull()을 적용한 결과입니다.

In: `df.notnull() # DataFrame 데이터에서 비결측치이면 True`

Out:

연도	세단A	세단B	트럭X	왜건K	밴Q
2017	True	True	False	False	False
2018	True	True	True	False	False
2019	True	True	True	True	False
2020	True	True	True	True	True
2021	True	True	True	True	True
2022	False	True	False	True	True

위의 출력 결과에서 비결측치 위치에 True가 반환된 것을 볼 수 있습니다. 만약 각 열의 비결측치 개수를 알고 싶다면 다음과 같이 sum()을 적용하면 됩니다.

```
In:    df.notnull().sum() # DataFrame 각 열에서 비결측치 개수 계산
```

```
Out:    세단A     5
        세단B     6
        트럭X     4
        왜건K     4
        밴Q      3
        dtype: int64
```

누락 데이터 처리

앞에서는 DataFrame 데이터에 결측치가 있는지 여부와 개수를 확인하는 방법을 알아봤습니다. 이번에는 결측치를 처리하는 방법을 살펴보겠습니다. 결측치 처리하는 방법은 크게 두 가지가 있습니다. 하나는 결측치가 있는 행이나 열을 모두 없애는 방법이고 다른 하나는 결측치를 지정한 값으로 채우는 방법입니다.

결측치가 있는 DataFrame 데이터에서 다음과 같이 dropna()를 이용하면 결측치가 있는 행이나 열을 없앨 수 있습니다.

```
DataFrame_data.dropna([ axis = 0(기본) 혹은 1,
                        how = 'any'(기본) 혹은 'all',
                        thresh = 정수,
                        subset = 라벨 ])
```

여기서 axis에는 제거하고자 하는 데이터의 축을 지정합니다. axis=0이나 axis='index'이면 index 방향으로 각 행의 결측치를 확인해 제거하고, axis=1이나 axis='columns'이면 columns 방향으로 각 열의 결측치를 확인해 제거합니다. axis를 지정하지 않으면 기본적으로 axis=0이 지정됩니다. how에는 행 혹은 열의 제거 방법을 지정합니다. 만약 how='any'로 지정하면 행 혹은 열에 하나라도 결측치가 있으면 행 혹은 열을 제거하고, how='all'로 지정하면 행 혹은 열의 모든 데이터가 결측치인 경우 행 혹은 열을 제거합니다. how를 지정하지 않으면 기본적으로 how='any'이 지정됩니다. thresh=정수를 지정하면 비결측치의 개수가 해당 정수 미만일 때만 행이나 열을 제거합니다. 또한 subset에는 제거하고자 하는 행 혹은

열과 다른 축의 라벨을 지정해 결측치를 확인할 기준을 설정할 수 있습니다. 라벨에는 index 라벨이나 열 이름을 리스트로 지정합니다.

다음은 dropna()의 활용 예를 살펴보기 위해 앞에서 이용했던 엑셀 파일(자동차판매현황.xlsx)을 읽어온 DataFrame 데이터를 다시 출력해 보겠습니다.

In: df

Out:

연도	세단A	세단B	트럭X	왜건K	밴Q
2017	430.0	320	NaN	NaN	NaN
2018	529.0	293	105.0	NaN	NaN
2019	580.0	325	195.0	134.0	NaN
2020	595.0	253	201.0	158.0	75.0
2021	516.0	337	232.0	179.0	93.0
2022	NaN	298	NaN	189.0	120.0

다음은 DataFrame 데이터(df)에서 index 방향으로 각 행의 결측치를 확인해서 결측치가 하나라도 있는 행은 모두 제거하는 예입니다.

In: df.dropna(axis=0) # df.dropna()과 동일

Out:

연도	세단A	세단B	트럭X	왜건K	밴Q
2020	595.0	253	201.0	158.0	75.0
2021	516.0	337	232.0	179.0	93.0

만약 DataFrame 데이터(df)의 행 데이터 중에서 비결측치가 4개 미만인 행을 삭제하려면 다음과 같이 수행합니다.

```
In:   df.dropna(axis=0, thresh=4)
```

Out:

	세단A	세단B	트럭X	왜건K	밴Q
연도					
2019	580.0	325	195.0	134.0	NaN
2020	595.0	253	201.0	158.0	75.0
2021	516.0	337	232.0	179.0	93.0

DataFrame 데이터(df)에서 columns 방향으로 각 열의 결측치를 확인해서 결측치가 하나라도 있는 열을 모두 제거하려면 다음과 같이 수행합니다.

```
In:   df.dropna(axis=1)
```

Out:

	세단B
연도	
2017	320
2018	293
2019	325
2020	253
2021	337
2022	298

DataFrame 데이터(df)에서 index 라벨이 2018 혹은 2019인 행을 기준으로 결측치가 있는 열을 제거하고 싶다면 다음과 같이 axis=1로 지정하고 subset에는 index 라벨을 리스트로 지정합니다.

```
In:   df.dropna(axis=1, subset=[2018, 2019])
```

Out:

	세단A	세단B	트럭X
연도			
2017	430.0	320	NaN
2018	529.0	293	105.0
2019	580.0	325	195.0
2020	595.0	253	201.0
2021	516.0	337	232.0
2022	NaN	298	NaN

앞에서는 결측치를 제거하는 방법을 살펴봤는데 이번에는 결측치에 특정 값을 채우는 방법을 살펴보겠습니다. DataFrame 데이터의 결측치를 채울 때는 다음과 같이 fillna()를 사용합니다.

```
DataFrame_data.fillna(value = None, method = None, axis = None)
```

여기서 value에는 결측치에 채울 값을 지정합니다. value에 넣을 수 있는 데이터의 형식은 하나의 수치나 문자열, 딕셔너리, 판다스의 Series나 DataFrame입니다. 결측치에 채울 값을 지정하는 대신, method를 이용하면 주변의 값으로 결측치를 채웁니다. method='bfill'이면 현재 위치의 결측치에 다음 위치의 비결측치를 채우고, method='ffill'이면 현재 위치의 결측치에 이전 위치의 비결측치를 채웁니다. axis는 method를 수행할 방향을 지정하는데 axis=0이면 index 방향이고 axis=1이면 columns 방향입니다. method를 지정할 때 axis를 지정하지 않으면 기본적으로 axis=0입니다.

먼저 DataFrame 데이터(df)에서 모든 결측치를 0으로 채우려면 다음과 같이 수행합니다.

In: df.fillna(0) # df.fillna(value=0)과 동일

Out:

연도	세단A	세단B	트럭X	왜건K	밴Q
2017	430.0	320	0.0	0.0	0.0
2018	529.0	293	105.0	0.0	0.0
2019	580.0	325	195.0	134.0	0.0
2020	595.0	253	201.0	158.0	75.0
2021	516.0	337	232.0	179.0	93.0
2022	0.0	298	0.0	189.0	120.0

숫자뿐만 아니라 다음과 같이 결측치를 문자열로 채울 수도 있습니다.

```
In:    df.fillna("누락")  # df.fillna(value="누락")과 동일
```

Out:

	세단A	세단B	트럭X	왜건K	밴Q
연도					
2017	430	320	누락	누락	누락
2018	529	293	105	누락	누락
2019	580	325	195	134	누락
2020	595	253	201	158	75
2021	516	337	232	179	93
2022	누락	298	누락	189	120

DataFrame 데이터 열의 결측치를 다음 index의 비결측치로 채우고 싶으면 method='bfill'을 인수로 입력합니다. 만약 다음 index의 값도 결측치라면 비결측치가 나올 때까지 계속해서 그 다음 값을 찾아 결측치를 채웁니다. 마지막 행까지 도달했는데도 그 값이 결측치라면 해당 결측치를 채우지 않습니다. 또한 마지막 행의 결측치는 채우지 않습니다.

```
In:    df.fillna(method='bfill')  # df.fillna(method='bfill', axis=0)과 동일
```

Out:

	세단A	세단B	트럭X	왜건K	밴Q
연도					
2017	430.0	320	105.0	134.0	75.0
2018	529.0	293	105.0	134.0	75.0
2019	580.0	325	195.0	134.0	75.0
2020	595.0	253	201.0	158.0	75.0
2021	516.0	337	232.0	179.0	93.0
2022	NaN	298	NaN	189.0	120.0

DataFrame 데이터 열의 결측치를 이전 index의 비결측치로 채우고 싶으면 method='ffill'를 인수로 입력합니다. 만약 이전 index의 값도 결측치라면 비결측치가 나올 때까지 계속해서 그 이전 값을 찾아 결측치를 채웁니다. 첫 번째 행까지 도달했는데도 그 값이 결측치라면 해당 결측치를 채우지 않습니다. 또한 첫 번째 행의 결측치는 채우지 않습니다.

`df.fillna(method='ffill')` *# df.fillna(method='ffill', axis=0)과 동일*

Out:

연도	세단A	세단B	트럭X	왜건K	밴Q
2017	430.0	320	NaN	NaN	NaN
2018	529.0	293	105.0	NaN	NaN
2019	580.0	325	195.0	134.0	NaN
2020	595.0	253	201.0	158.0	75.0
2021	516.0	337	232.0	179.0	93.0
2022	516.0	298	232.0	189.0	120.0

DataFrame 데이터의 열별로 다른 값을 채우고 싶다면 다음과 같이 딕셔너리 형식으로 열 이름과 채울 값을 지정할 수도 있습니다.

In:
```
# 딕셔너리를 이용해 열별로 채울 값을 지정
values = {"세단A": 500, "트럭X":200, "왜건K": 0, "밴Q": 0 }

df.fillna(values) # df.fillna(value=values)와 동일
```

Out:

연도	세단A	세단B	트럭X	왜건K	밴Q
2017	430.0	320	200.0	0.0	0.0
2018	529.0	293	105.0	0.0	0.0
2019	580.0	325	195.0	134.0	0.0
2020	595.0	253	201.0	158.0	75.0
2021	516.0	337	232.0	179.0	93.0
2022	500.0	298	200.0	189.0	120.0

출력된 결과를 보면 세단A, 트럭X, 왜건K, 밴Q 열에 있는 결측치는 각각 500, 200, 0, 0으로 채워진 것을 볼 수 있습니다.

데이터 추출과 정리

데이터 정제 중 이번에는 임의의 데이터 구조를 갖는 엑셀 파일에서 원하는 데이터를 추출해 원본 데이터와는 다른 구조로 데이터를 정리하는 과정을 살펴보겠습니다.

엑셀 데이터 정제의 예를 살펴보기 위해 유통 회사에서 많이 이용하는 거래명세서 엑셀 파일에서 데이터를 추출하는 방법을 알아보겠습니다. 이를 위해 임의로 만든 거래명세서 양식은 그림 7-32와 같습니다.

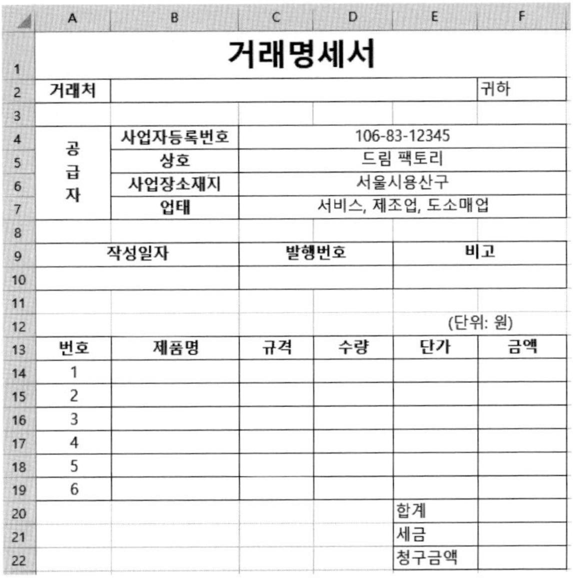

	A	B	C	D	E	F
1	거래명세서					
2	거래처					귀하
3						
4	공급자	사업자등록번호	106-83-12345			
5		상호	드림 팩토리			
6		사업장소재지	서울시용산구			
7		업태	서비스, 제조업, 도소매업			
8						
9	작성일자		발행번호		비고	
10						
11						
12					(단위: 원)	
13	번호	제품명	규격	수량	단가	금액
14	1					
15	2					
16	3					
17	4					
18	5					
19	6					
20					합계	
21					세금	
22					청구금액	

그림 7-32 거래명세서 양식 엑셀 파일

그림 7-32의 거래명세서 양식을 이용해 만든 거래명세서 엑셀 파일(`거래명세서_No_1258115.xlsx`)은 그림 7-33과 같습니다. 거래명세서 엑셀 파일은 별도 디렉터리(`C:\myPyExcel\data\ch07\transaction\raw`)에 저장돼 있습니다.

그림 7-33 거래명세서 엑셀 파일(발행번호:1258115)

이제 거래명세서의 데이터 중 그림 7-33의 박스 친 부분(거래처, 작성일자, 발행번호 및 거래 내역)의 데이터를 추출한 후에 그림 7-34와 같이 정리하겠습니다. 그림 7-34에서 거래내역 앞에 작성일자, 발행번호, 거래처가 모두 표시된 것을 볼 수 있습니다. 작성일자, 발행번호, 거래처가 계속 반복적으로 들어간 것처럼 보일 수 있지만 이런 형식으로 데이터를 정리해야 데이터 처리가 편리합니다.

그림 7-34 추출한 데이터를 정리하는 형식

엑셀로 만든 거래명세서 파일(거래명세서_No_1258115.xlsx)에서 원하는 데이터만 추출하기 위해 먼저 판다스의 DataFrame 데이터로 거래명세서 파일을 읽어오겠습니다. 이를 위한 코드는 다음과 같습니다.

```
In:    import pandas as pd

       folder = 'C:/myPyExcel/data/ch07/transaction/raw/'  # 폴더 지정
       excel_file = folder + '거래명세서_No_1258115.xlsx'  # 원본 엑셀 파일
```

```
df = pd.read_excel(excel_file)
df
```

Out:

	거래명세서	Unnamed: 1	Unnamed: 2	Unnamed: 3	Unnamed: 4	Unnamed: 5
0	거래처	도레미 컴퓨터	NaN	NaN	NaN	귀하
1	NaN	NaN	NaN	NaN	NaN	NaN
2	공₩n급₩n자	사업자등록번호	106-83-12345	NaN	NaN	NaN
3	NaN	상호	드림 팩토리	NaN	NaN	NaN
4	NaN	사업장소재지	서울시용산구	NaN	NaN	NaN
5	NaN	업태	서비스, 제조업, 도소매업	NaN	NaN	NaN
6	NaN	NaN	NaN	NaN	NaN	NaN
7	작성일자	NaN	발행번호	NaN	비고	NaN
8	2020-09-01 00:00:00	NaN	1258115	NaN	NaN	NaN
9	NaN	NaN	NaN	NaN	NaN	NaN
10	NaN	NaN	NaN	NaN	(단위: 원)	NaN
11	번호	제품명	규격	수량	단가	금액
12	1	컴퓨터본체	CQA120	2	700000	1400000
13	2	모니터	MX54B	2	300000	600000
14	3	프린터	PRT0923	3	200000	600000
15	4	키보드	KYD83A	8	22000	176000
16	5	NaN	NaN	NaN	NaN	NaN
17	6	NaN	NaN	NaN	NaN	NaN
18	NaN	NaN	NaN	NaN	합계	2776000
19	NaN	NaN	NaN	NaN	세금	277600
20	NaN	NaN	NaN	NaN	청구금액	3053600

위의 출력 결과를 보면 엑셀의 워크시트 전체를 판다스 DataFrame으로 가져온 것을 볼 수 있습니다. 여기서 엑셀 워크시트의 빈 셀은 NaN으로 처리되고 엑셀에서 입력한 날짜 2020-09-01는 판다스 DataFrame으로 가져올 때 날짜로 인식해 2020-09-01 00:00:00로 처리한 것을 볼 수 있습니다.

앞으로 하려는 내용을 먼저 정리하면 그림 7-33의 박스 친 부분에 해당하는 데이터(거래처, 작성일자, 발행번호 및 거래 내역)를 추출해 그림 7-34와 같이 정리한 후 새로운 엑셀 파일에 저장하는 것입니다. 이를 위해 먼저 그림 7-34에 나와 있는 데이터 구조와 열 이름이 같은 새로운 DataFrame 데이터(df_new)를 만들겠습니다. df_new의 열 이름은 직접 문자열로 지정할 수 있지만 여기서는 다음과 같이 DataFrame 데이터 변수df의 특정 위치에서 값을 가져와서 지정하겠습니다. 이렇게 해야 거래명세서 엑셀 파일의 셀 내용이 변하더라도 코드를 수정하지 않고 새로운 DataFrame 데이터(df_new)를 만들 수 있습니다.

다음은 DataFrame 데이터 df_new의 열 이름에 사용할 문자열을 추출하는 코드입니다.

```
In:     # 특정 위치의 값 추출 후 리스트 생성
        column_names0 = [df.iloc[7][0], df.iloc[7][2], df.iloc[0][0]]
        # 특정 범위의 값 추출 후 리스트 생성
        column_names1 = list(df.iloc[11,1:6].values)

        column_names = column_names0 + column_names1 # 두 리스트의 결합
        column_names
```

```
Out:    ['작성일자', '발행번호', '거래처', '제품명', '규격', '수량', '단가', '금액']
```

위의 코드에서 변수 column_names0에는 DataFrame 데이터(df)의 특정 위치에 있는 값을 추출한 후 리스트로 만들어 할당하고 변수 column_names1에는 DataFrame 데이터(df)의 특정 범위에 있는 값을 추출한 후 리스트로 만들어 할당했습니다. 이렇게 만들어진 리스트 column_names0와 column_names1을 결합해 DataFrame 데이터 df_new의 열 이름에 사용할 문자열 리스트 column_names를 만들었습니다. 리스트 column_names를 열 이름으로 이용해 DataFrame 데이터 df_new를 생성하면 다음과 같습니다.

```
In:     df_new = pd.DataFrame(columns = column_names)
        df_new
```

Out:

작성일자	발행번호	거래처	제품명	규격	수량	단가	금액

이제 DataFrame 데이터 df를 이용해 df_new의 각 열을 채웁니다. 우선 작성일자, 발행번호, 거래처를 위한 데이터는 다음과 같이 DataFrame df의 특정 위치에서 가져올 수 있습니다.

```
In:     date = df.iloc[8][0]          # 작성 일차 추출
        issue_num = df.iloc[8][2]     # 발행 번호 추출
```

```
company = df.iloc[0][1]       # 거래처 추출

[date, issue_num, company]
```

Out: `[datetime.datetime(2020, 9, 1, 0, 0), 1258115, '도레미 컴퓨터']`

위 코드의 출력 결과를 보면 작성일자, 발행번호, 거래처를 잘 가져온 것을 볼 수 있습니다. 단, 날짜의 데이터 타입이 datetime인 것을 볼 수 있습니다. 여기서 날짜만 추출하려면 다음과 같이 strftime() 메서드를 이용하면 됩니다.

In:
```
date_new = date.strftime("%Y-%m-%d") # datetime 형식의 데이터에서 날짜만 추출
date_new
```

Out: `'2020-09-01'`

이제 변수 date_new, issue_num, company를 이용해 DataFrame df_new의 열 중 작성일자, 발행번호, 거래처 열을 채웁니다. 거래명세서(그림 7-33)의 거래 내역은 최대 6개이므로 여기서 DataFrame df_new의 행은 우선 6개로 가정합니다. 이를 위한 코드는 다음과 같습니다.

In:
```
row_num = 6 # 추출한 DataFrame의 열 개수

df_new[column_names[0]] = [date_new] * row_num    # 작성일자로 열 데이터 생성
df_new[column_names[1]] = [issue_num] * row_num   # 발행번호로 열 데이터 생성
df_new[column_names[2]] = [company] * row_num     # 거래처로 열 데이터 생성
df_new
```

Out:

	작성일자	발행번호	거래처	제품명	규격	수량	단가	금액
0	2020-09-01	1258115	도레미 컴퓨터	NaN	NaN	NaN	NaN	NaN
1	2020-09-01	1258115	도레미 컴퓨터	NaN	NaN	NaN	NaN	NaN
2	2020-09-01	1258115	도레미 컴퓨터	NaN	NaN	NaN	NaN	NaN
3	2020-09-01	1258115	도레미 컴퓨터	NaN	NaN	NaN	NaN	NaN
4	2020-09-01	1258115	도레미 컴퓨터	NaN	NaN	NaN	NaN	NaN
5	2020-09-01	1258115	도레미 컴퓨터	NaN	NaN	NaN	NaN	NaN

하나의 거래명세서에 있는 작성일자, 발행번호, 거래처는 같으므로 위의 코드에서 보듯이 df_new의 작성일자, 발행번호, 거래처 각 열의 데이터는 같게 만들었습니다.

다음은 거래내역을 채웁니다. 먼저 제품명 열을 채워보겠습니다. 제품명 열을 위한 데이터는 다음과 같이 DataFrame 데이터 df에서 특정 범위를 지정해 가져올 수 있습니다.

```
In:    df_new[column_names[3]] = df.iloc[12:12+row_num, 1].values
       df_new
```

Out:

	작성일자	발행번호	거래처	제품명	규격	수량	단가	금액
0	2020-09-01	1258115	도레미 컴퓨터	컴퓨터본체	NaN	NaN	NaN	NaN
1	2020-09-01	1258115	도레미 컴퓨터	모니터	NaN	NaN	NaN	NaN
2	2020-09-01	1258115	도레미 컴퓨터	프린터	NaN	NaN	NaN	NaN
3	2020-09-01	1258115	도레미 컴퓨터	키보드	NaN	NaN	NaN	NaN
4	2020-09-01	1258115	도레미 컴퓨터	NaN	NaN	NaN	NaN	NaN
5	2020-09-01	1258115	도레미 컴퓨터	NaN	NaN	NaN	NaN	NaN

이제 다음과 같이 for 문을 이용해 제품명 열뿐만 아니라 모든 거래내역의 열을 채웁니다.

```
In:    for k in range(5):
           df_new[column_names[3+k]] = df.iloc[12:12+row_num, 1+k].values

       df_new
```

Out:

	작성일자	발행번호	거래처	제품명	규격	수량	단가	금액
0	2020-09-01	1258115	도레미 컴퓨터	컴퓨터본체	CQA120	2	700000	1400000
1	2020-09-01	1258115	도레미 컴퓨터	모니터	MX54B	2	300000	600000
2	2020-09-01	1258115	도레미 컴퓨터	프린터	PRT0923	3	200000	600000
3	2020-09-01	1258115	도레미 컴퓨터	키보드	KYD83A	8	22000	176000
4	2020-09-01	1258115	도레미 컴퓨터	NaN	NaN	NaN	NaN	NaN
5	2020-09-01	1258115	도레미 컴퓨터	NaN	NaN	NaN	NaN	NaN

위의 출력된 결과를 보면 NaN이 들어간 데이터가 보이는데 NaN이 포함된 행은 필요가 없으므로 다음과 같이 dropna()를 이용해 제거합니다.

```
In:    df_new = df_new.dropna() # NaN이 들어간 데이터 제거
       df_new
```

	작성일자	발행번호	거래처	제품명	규격	수량	단가	금액
0	2020-09-01	1258115	도레미 컴퓨터	컴퓨터본체	CQA120	2	700000	1400000
1	2020-09-01	1258115	도레미 컴퓨터	모니터	MX54B	2	300000	600000
2	2020-09-01	1258115	도레미 컴퓨터	프린터	PRT0923	3	200000	600000
3	2020-09-01	1258115	도레미 컴퓨터	키보드	KYD83A	8	22000	176000

이제 드디어 원본 데이터 엑셀 파일에서 데이터를 추출해 원하는 데이터 구조로 DataFrame 데이터 df_new가 완성됐습니다. 앞에서는 코드를 설명하기 위해 내용이 길어졌지만 실제 코드는 그렇게 복잡하지 않습니다. 다음은 앞에서 설명한 코드를 하나의 함수 excel_data_extractor()로 만든 코드입니다.

In:
```python
# 함수 설명: 거래명세서 파일에서 필요 내용 추출해 DataFrame 데이터로 반환
# 입력: excel_file(엑셀 파일), row_num(거래내역 최대 개수)
# 출력: 새로운 구조의 DataFrame 데이터

import pandas as pd

def excel_data_extractor(excel_file, row_num):

    df = pd.read_excel(excel_file)

    # 특정 위치의 값 추출 후 리스트 생성
    column_name0 = [ df.iloc[7][0], df.iloc[7][2], df.iloc[0][0] ]
    # 특정 범위의 값 추출 후 리스트 생성
    column_name1 = list(df.iloc[11,1:6].values)

    column_names = column_name0 + column_name1 # 두 리스트를 결합

    df_new = pd.DataFrame(columns=column_names)

    date = df.iloc[8][0]       # 작성 일차 추출
    issue_num = df.iloc[8][2] # 발행 번호 추출
    company = df.iloc[0][1]    # 거래처 추출

    date_new = date.strftime("%Y-%m-%d") # datetime 형식의 데이터에서 날짜만 추출

    df_new[column_names[0]] = [date_new] * row_num # 작성일자로 열 데이터 생성
    df_new[column_names[1]] = [issue_num] * row_num # 발행번호로 열 데이터 생성
```

```
        df_new[column_names[2]] = [company] * row_num # 거래처로 열 데이터 생성

        for k in range(5):
            df_new[column_names[3+k]] = df.iloc[12:12+row_num, 1+k].values

        df_new = df_new.dropna() # NaN이 들어간 행 제거

        return df_new
```

위 함수 excel_data_extractor()를 이용해 엑셀 파일로부터 원하는 데이터를 추출하면 다음과 같습니다.

```
In:     folder = 'C:/myPyExcel/data/ch07/transaction/raw/' # 폴더 지정
        excel_file = folder + '거래명세서_No_1258115.xlsx' # 원본 엑셀 파일

        df1 = excel_data_extractor(excel_file, 6)
        df1
```

Out:

	작성일자	발행번호	거래처	제품명	규격	수량	단가	금액
0	2020-09-01	1258115	도레미 컴퓨터	컴퓨터본체	CQA120	2	700000	1400000
1	2020-09-01	1258115	도레미 컴퓨터	모니터	MX54B	2	300000	600000
2	2020-09-01	1258115	도레미 컴퓨터	프린터	PRT0923	3	200000	600000
3	2020-09-01	1258115	도레미 컴퓨터	키보드	KYD83A	8	22000	176000

이번에는 여러 개의 거래명세서에 있는 데이터를 추출해 하나의 DataFrame 데이터로 통합하는 예를 살펴보겠습니다. 앞에서 살펴본 거래명세서 파일(거래명세서_No_1258115.xlsx)이 있는 디렉터리 (C:\myPyExcel\data\ch07\transaction\raw)에는 다른 거래명세서 파일(거래명세서_No_1258120.xlsx, 거래명세서_No_1258130.xlsx)도 있습니다. 그림 7-35와 그림 7-36은 이 거래명세서 파일의 내용을 보여줍니다.

	A	B	C	D	E	F
1			**거래명세서**			
2	거래처		ABC 컴퓨터			귀하
3						
4	공급자	사업자등록번호		106-83-12345		
5		상호		드림 팩토리		
6		사업장소재지		서울시용산구		
7		업태		서비스, 제조업, 도소매업		
8						
9		작성일자		발행번호		비고
10		2020-09-02		1258120		
11						
12					(단위: 원)	
13	번호	제품명	규격	수량	단가	금액
14	1	프린터	PRT0923	5	200,000	1,000,000
15	2	키보드	KYD83A	6	22,000	132,000
16	3					
17	4					
18	5					
19	6					
20					합계	1,132,000
21					세금	113,200
22					청구금액	1,245,200

그림 7-35 거래명세서 엑셀 파일(발행번호:1258120)

	A	B	C	D	E	F
1			**거래명세서**			
2	거래처		가나다 컴퓨터			귀하
3						
4	공급자	사업자등록번호		106-83-12345		
5		상호		드림 팩토리		
6		사업장소재지		서울시용산구		
7		업태		서비스, 제조업, 도소매업		
8						
9		작성일자		발행번호		비고
10		2020-09-04		1258130		
11						
12					(단위: 원)	
13	번호	제품명	규격	수량	단가	금액
14	1	컴퓨터본체	CQA120	1	700,000	700,000
15	2	모니터	MX54B	3	300,000	900,000
16	3	키보드	KYD83A	5	22,000	110,000
17	4	마우스	ZP1054	10	15,000	150,000
18	5					
19	6					
20					합계	1,860,000
21					세금	186,000
22					청구금액	2,046,000

그림 7-36 거래명세서 엑셀 파일(발행번호:1258130)

그림 7-35와 그림 7-36의 거래명세서는 앞에서 살펴본 거래명세서와 거래처, 작성일자, 발행번호 및 거래 내역은 다르지만 양식은 같으므로 앞에서 작성한 함수 excel_data_extractor()를 이용해 데이터를 추출할 수 있습니다.

다음은 디렉터리('C:\myPyExcel\data\ch07\transaction\raw')에 있는 거래명세서 엑셀 파일의 이름을 모두 가져온 후에 함수 excel_data_extractor()로 각 엑셀 파일에서 원하는 데이터를 추출해 DataFrame 데이터(df)에 할당한 후 최종적으로 DataFrame 데이터(total_df)로 통합하는 코드입니다.

```
In:    import pandas as pd
       from pathlib import Path

       folder = 'C:/myPyExcel/data/ch07/transaction/raw' # 폴더 지정
       raw_data_dir = Path(folder) # glob을 위한 디렉터리 설정

       # '거래명세서_No'으로 시작하는 엑셀 파일 모두 가져오기
       excel_files = raw_data_dir.glob('거래명세서_No*.xlsx')

       total_df = pd.DataFrame() # 빈 DataFrame 생성

       for excel_file in excel_files:
           # 각 엑셀 파일에서 원하는 데이터 추출
           df = excel_data_extractor(excel_file, 6)
           # 세로 방향으로 DataFrame 데이터 통합하기, 순차적으로 index 증가
           total_df = total_df.append(df, ignore_index=True)

       total_df # 통합한 DataFrame 데이터 출력
```

Out:

	작성일자	발행번호	거래처	제품명	규격	수량	단가	금액
0	2020-09-01	1258115	도레미 컴퓨터	컴퓨터본체	CQA120	2	700000	1400000
1	2020-09-01	1258115	도레미 컴퓨터	모니터	MX54B	2	300000	600000
2	2020-09-01	1258115	도레미 컴퓨터	프린터	PRT0923	3	200000	600000
3	2020-09-01	1258115	도레미 컴퓨터	키보드	KYD83A	8	22000	176000
4	2020-09-02	1258120	ABC 컴퓨터	프린터	PRT0923	5	200000	1000000
5	2020-09-02	1258120	ABC 컴퓨터	키보드	KYD83A	6	22000	132000
6	2020-09-04	1258130	가나다 컴퓨터	컴퓨터본체	CQA120	1	700000	700000
7	2020-09-04	1258130	가나다 컴퓨터	모니터	MX54B	3	300000	900000
8	2020-09-04	1258130	가나다 컴퓨터	키보드	KYD83A	5	22000	110000
9	2020-09-04	1258130	가나다 컴퓨터	마우스	ZP1054	10	15000	150000

마지막으로 다음 코드를 실행해, 여러 엑셀 파일에서 추출한 데이터를 통합한 DataFrame 데이터 (total_df)를 엑셀 파일로 저장하겠습니다.

```
In:    import pandas as pd

       # 엑셀 경로
       folder = 'C:/myPyExcel/data/ch07/transaction/'      # 폴더 지정
       merged_excel_file = folder + '거래명세서_데이터_추출_후_통합.xlsx' # 원본 엑셀 파일

       total_df.to_excel(merged_excel_file, index=False) # index 없이 쓰기 수행

       print("생성 파일:", merged_excel_file) # 생성한 파일 이름 출력
```

```
Out:   생성 파일: C:/myPyExcel/data/ch07/transaction/거래명세서_데이터_추출_후_통합.xlsx
```

이제 DataFrame 데이터(total_df)는 엑셀 파일(거래명세서_데이터_추출_후_통합.xlsx)로 저장됐습니다. 그림 7-37은 이 엑셀 파일의 내용을 보여줍니다.

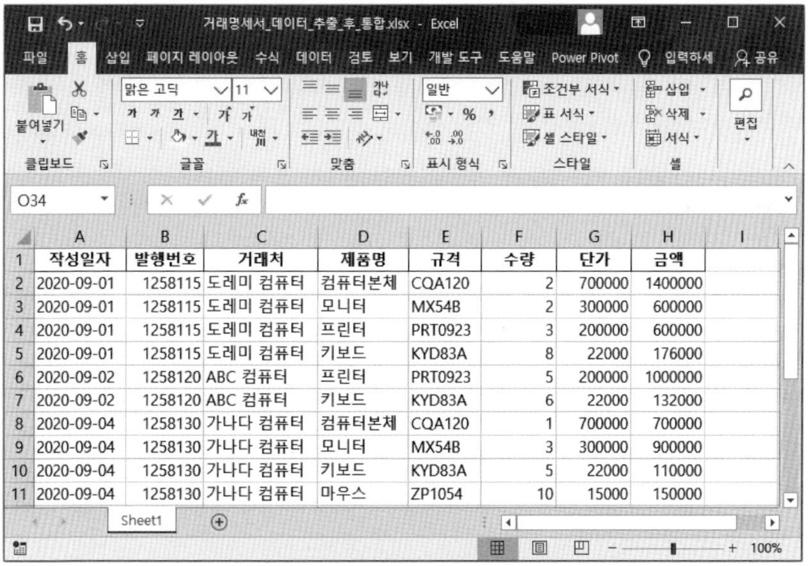

그림 7-37 거래명세서에서 추출한 데이터를 통합 후 저장한 엑셀 파일

엑셀의 피벗 테이블은 워크시트의 데이터를 요약, 분석, 탐색하고 부분합을 계산하는 데 유용합니다. 혹자는 엑셀의 피벗 테이블을 엑셀의 기능 중 최고로 꼽기도 합니다. 엑셀의 피벗 테이블 기능은 원본 데이터를 다양한 형태로 요약할 수 있지만 마우스로 일일이 원하는 작업을 지정해야 하는 단점이 있습니다.

파이썬의 판다스에는 엑셀의 피벗 테이블과 기능이 유사한 함수가 있으므로 이를 이용하면 엑셀 데이터를 편리하게 요약할 수 있습니다. 특히, 데이터 구조가 같은 다수의 데이터 파일에서 피벗 테이블을 만들어야 할 때 엑셀에서 수행한다면 마우스로 일일이 같은 작업을 반복해야 하지만, 파이썬에서 코드를 작성해 수행한다면 이러한 반복 작업을 없앨 수 있습니다. 이번에는 엑셀의 피벗 테이블 기능을 파이썬으로 구현하는 방법을 알아보겠습니다. 엑셀의 기본적인 피벗 기능을 파이썬으로 구현하는 방법을 먼저 살펴보고 심화 단계에서 좀 더 복잡한 피벗 기능을 구현하는 방법을 알아보겠습니다.

피벗 테이블 만들기 기본

피벗 테이블을 만들기 위해서는 데이터가 필요합니다. 여기서는 어느 커피 전문점의 커피 판매 현황을 주문한 순서대로 주문번호, 메뉴, 주문개수를 정리한 엑셀 파일(피벗_테이블_기본_데이터.xlsx)을 이용하겠습니다. 이 엑셀 파일은 피벗 테이블을 위한 데이터가 있는 디렉터리(C:\myPyExcel\data\ch07\pivot_data)에 저장돼 있습니다. 그림 7-38은 이 엑셀 파일의 내용을 보여줍니다.

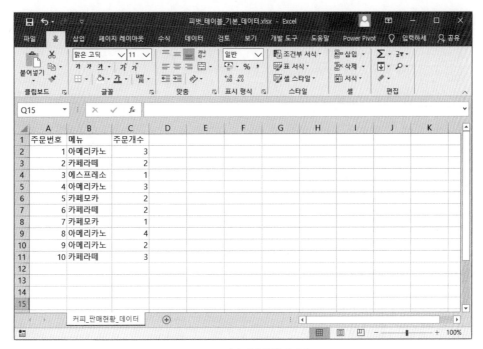

그림 7-38 커피 판매 현황 데이터

엑셀에서는 [삽입] → [피벗 테이블]을 통해 피벗 테이블을 만들 수 있습니다. 엑셀에서 피벗 테이블을
만들고 활용하는 방법은 이 책에서 다루지 않습니다. 여기서는 파이썬과 엑셀의 피벗 기능을 비교하기
위해 엑셀의 피벗 테이블의 결과만 살펴보겠습니다. 앞의 엑셀 파일(피벗_테이블_기본_데이터.xlsx)의 데
이터를 이용해 메뉴별로 주문한 개수와 그 합을 알아볼 수 있게 엑셀에서 피벗 테이블을 구성하면 그림
7-39와 같습니다.

그림 7-39 커피 판매 현황 데이터로 만든 엑셀의 피벗 테이블

이제 파이썬에서 엑셀 파일 워크시트의 데이터를 읽어서 피벗 테이블을 만드는 과정을 살펴보겠습니다. 이를 위해 먼저 판다스의 read_excel()를 이용해 엑셀 파일의 워크시트 데이터를 읽어오겠습니다. 다음은 이를 위한 코드입니다.

```
In:    import pandas as pd

       # 엑셀 경로
       folder = 'C:/myPyExcel/data/ch07/pivot_data/'        # 폴더 지정
       excel_file = folder + '피벗_테이블_기본_데이터.xlsx' # 원본 엑셀 파일

       # 엑셀 데이터를 DataFrame으로 읽기
       df_coffee = pd.read_excel(excel_file, sheet_name='커피_판매현황_데이터')
       df_coffee
```

	주문번호	메뉴	주문개수
0	1	아메리카노	3
1	2	카페라떼	2
2	3	에스프레소	1
3	4	아메리카노	3
4	5	카페모카	2
5	6	카페라떼	2
6	7	카페모카	1
7	8	아메리카노	4
8	9	아메리카노	2
9	10	카페라떼	3

엑셀에서는 피벗 테이블을 이용해 데이터를 요약하는데 파이썬의 판다스에서는 pivot_table()을 이용합니다. pivot_table()은 DataFrame 데이터에서 특정 열에 있는 값이 나온 횟수나 평균 등을 구할 수 있어서 데이터를 요약하고 집계하는 데 주로 이용합니다. 다음은 pivot_table()의 사용 방법입니다.

```
pd.pivot_table(DataFrame_data, values = None, index = None, columns = None,
               aggfunc = 'mean', margins = False)
                        혹은
DataFrame_data.pivot_table(values = None, index = None, columns = None,
                           aggfunc = 'mean', margins = False)
```

여기서 DataFrame_data는 DataFrame 데이터입니다. values에는 집계할 데이터의 열 이름을 지정하며, index과 columns는 각각 피벗 테이블의 index와 columns에 들어갈 DataFrame 데이터의 열 이름을 지정합니다. aggfunc는 요약할 데이터의 함수를 지정하는데 값의 개수를 구하려면 count, 합계는 sum, 최댓값은 max, 최솟값은 min, 평균은 mean, 표준편차는 std, 분산을 구하려면 var를 지정합니다. aggfunc을 지정하지 않으면 mean이 기본으로 지정됩니다. 또한 여러 함수를 리스트로 지정할 수도 있으며 함수를 만들어서 지정할 수도 있습니다. margins에 True를 지정하면 피벗 테이블의 집계 결과에서 행과 열의 합계를 구합니다.

앞에서 생성한 커피 판매 현황 DataFrame 데이터(df_coffee)를 가지고 pivot_table()의 사용법을 살펴보겠습니다. 메뉴별 주문개수의 합계를 알고 싶다면 index=["메뉴"], values =["주문개수"], aggfunc='sum'으로 지정합니다.

```
In:    df_coffee.pivot_table(index=["메뉴"], values=["주문개수"], aggfunc='sum')
```

Out:

메뉴	주문개수
아메리카노	12
에스프레소	1
카페라떼	7
카페모카	3

만약 주문개수 전체의 합계를 알고 싶다면 다음과 같이 margins=True 옵션을 추가합니다.

```
In:    df_coffee.pivot_table(index=["메뉴"], values=["주문개수"],
                             aggfunc='sum', margins=True)
```

Out:

메뉴	주문개수
아메리카노	12
에스프레소	1
카페라떼	7
카페모카	3
All	23

주문개수 전체의 합계 대신 메뉴별 주문이 일어난 횟수를 알고 싶다면 aggfunc='count'를 지정하면 됩니다. 앞에서 구한 메뉴별로 주문개수의 합계와 주문이 일어난 횟수를 함께 표시하고 싶으면 아래와 같이 aggfunc=['sum', 'count']을 지정합니다.

```
In:    df_pivot = df_coffee.pivot_table(index=["메뉴"], values=["주문개수"],
                                        aggfunc=['sum', 'count'], margins=True)
       df_pivot
```

	sum	count
	주문개수	주문개수
메뉴		
아메리카노	12	4
에스프레소	1	1
카페라떼	7	3
카페모카	3	2
All	23	10

이제 마지막으로 파이썬으로 만든 피벗 테이블을 엑셀 파일로 저장해 보겠습니다.

In:
```
# 엑셀 경로
folder = 'C:/myPyExcel/data/ch07/pivot_data/' # 폴더 지정
excel_file = folder + '피벗_테이블_기본_데이터_집계_결과.xlsx' # 출력 엑셀 파일

# DataFrame 데이터를 엑셀로 쓰기
df_pivot.to_excel(excel_file, sheet_name='pivot_table')

print("생성 파일:", excel_file) # 생성한 파일 이름 출력
```

Out: 생성 파일: C:/myPyExcel/data/ch07/pivot_data/피벗_테이블_기본_데이터_집계_결과.xlsx

위 코드로 생성된 엑셀 파일(피벗_테이블_기본_데이터_집계_결과.xlsx)을 열면 그림 7-40과 같이 파이썬에서 생성한 피벗 테이블이 엑셀 파일로 잘 써진 것을 확인할 수 있습니다.

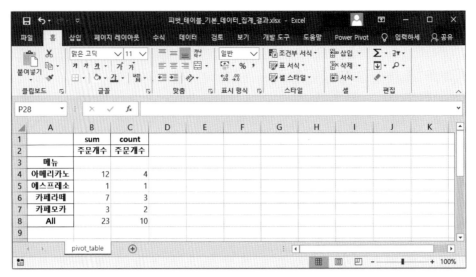

그림 7-40 커피 판매 현황 피벗 테이블을 저장한 엑셀 파일

피벗 테이블 만들기 심화

앞에서는 간단한 엑셀 파일 데이터에 대하여 엑셀의 피벗 기능을 파이썬으로 구현하는 방법을 살펴봤습니다. 이제 열의 개수와 항목이 좀 더 많은 데이터가 있는 엑셀 파일을 가지고 다양한 방법으로 피벗 테이블 구성하는 방법을 살펴보겠습니다. 이번에 사용할 데이터는 농수산물 도매 판매점의 판매현황 데이터를 정리한 엑셀 파일(피벗_테이블_심화_데이터.xlsx)입니다. 이 엑셀 파일도 피벗 테이블을 위한 디렉터리(C:\myPyExcel\data\ch07\pivot_data)에 저장돼 있습니다. 이 엑셀 파일의 데이터는 그림 7-41 과 같습니다.

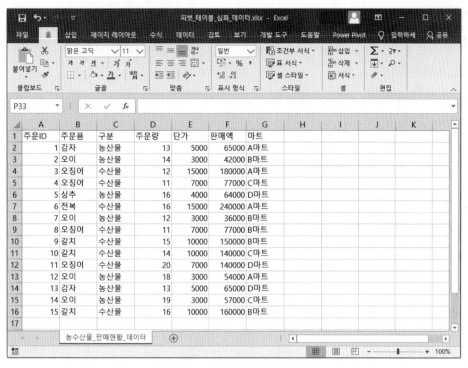

그림 7-41 농수산물 판매현황 데이터

엑셀에서 이 엑셀 파일(피벗_테이블_심화_데이터.xlsx)을 이용해 마트별로 각 항목의 주문량과 그 합을 알아볼 수 있게 피벗 테이블을 구성하면 그림 7-42와 같습니다. 엑셀 피벗 테이블에서 행의 영역을 두개의 필드(구분, 주문품)로 선택해 피벗 테이블을 구성했습니다.

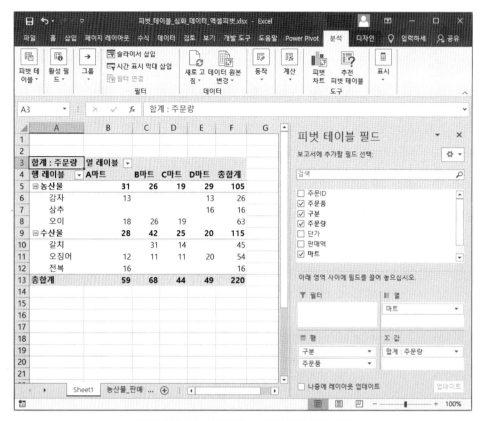

그림 7-42 농수산물 판매현황 데이터로 만든 피벗 테이블

이제 파이썬으로 엑셀 파일 워크시트의 데이터를 읽어서 피벗 테이블을 만들어보겠습니다. 먼저 아래의 코드와 같이 워크시트 이름을 지정해 엑셀 파일(피벗_테이블_심화_데이터.xlsx)을 DataFrame 데이터로 읽어오겠습니다.

```
In:    import pandas as pd

       # 엑셀 경로
       folder = 'C:/myPyExcel/data/ch07/pivot_data/'          # 폴더 지정
       excel_file = folder + '피벗_테이블_심화_데이터.xlsx' # 원본 엑셀 파일

       # 엑셀 데이터를 DataFrame으로 읽기
       df_product = pd.read_excel(excel_file, sheet_name='농수산물_판매현황_데이터')
       df_product
```

	주문ID	주문품	구분	주문량	단가	판매액	마트
0	1	감자	농산물	13	5000	65000	A마트
1	2	오이	농산물	14	3000	42000	B마트
2	3	오징어	수산물	12	15000	180000	A마트
3	4	오징어	수산물	11	7000	77000	C마트
4	5	상추	농산물	16	4000	64000	D마트
5	6	전복	수산물	16	15000	240000	A마트
6	7	오이	농산물	12	3000	36000	B마트
7	8	오징어	수산물	11	7000	77000	B마트
8	9	갈치	수산물	15	10000	150000	B마트
9	10	갈치	수산물	14	10000	140000	C마트
10	11	오징어	수산물	20	7000	140000	D마트
11	12	오이	농산물	18	3000	54000	A마트
12	13	감자	농산물	13	5000	65000	D마트
13	14	오이	농산물	19	3000	57000	C마트
14	15	갈치	수산물	16	10000	160000	B마트

위의 코드의 DataFrame 데이터(df_product)에 pivot_table()을 적용해 피벗 테이블을 생성하겠습니다. 위의 DataFrame 데이터(df_product)에는 주문ID, 주문품, 구분, 주문량, 단가, 판매액, 마트 열이 있습니다. 이 DataFrame 데이터를 구분 열을 기준으로 농산물과 수산물로 그룹을 만들어서 각 그룹별로 주문량의 합을 알고 싶다면 다음과 같이 코드를 작성하면 됩니다.

```
In:   df_product.pivot_table(index=["구분"], values=["주문량"],
                             aggfunc='sum', margins=True)
```

Out:

구분	주문량
농산물	105
수산물	115
All	220

만약 이 DataFrame 데이터를 구분 열과 주문품 열을 기준으로 그룹을 만들어서 각 그룹별로 주문량의 합을 알고 싶다면 다음과 같이 코드를 작성합니다.

```
In:    df_product.pivot_table(index=["구분", "주문품"], values=["주문량"],
                              aggfunc='sum', margins=True)
```

Out:

구분	주문품	주문량
	감자	26
농산물	상추	16
	오이	63
	갈치	45
수산물	오징어	54
	전복	16
All		220

한 걸음 더 나아가 각 마트별로 주문품에 대한 주문량의 합을 알고 싶다면 다음과 같이 코드를 작성합니다.

```
In:    df_product.pivot_table(index=["구분", "주문품"], values=["주문량"],
                              columns=["마트"], aggfunc='sum', margins=True)
```

Out:

		주문량				
구분	주문품	A마트	B마트	C마트	D마트	All
	감자	13.0	NaN	NaN	13.0	26
농산물	상추	NaN	NaN	NaN	16.0	16
	오이	18.0	26.0	19.0	NaN	63
	갈치	NaN	31.0	14.0	NaN	45
수산물	오징어	12.0	11.0	11.0	20.0	54
	전복	16.0	NaN	NaN	NaN	16
All		59.0	68.0	44.0	49.0	220

위의 결과에서 데이터가 없는 항목에는 NaN이라고 표시된 것을 볼 수 있습니다. 만약 이것을 NaN이 아니라 다른 값으로 대치하고 싶다면 'fill_value=값'을 이용하면 됩니다. 여기서는 아래와 같이 NaN을 숫자 0으로 채우겠습니다.

In:
```
df_pivot2 = df_product.pivot_table(index=["구분", "주문품"], values=["주문량"],
                                   columns=["마트"], aggfunc='sum', margins=True,
                                   fill_value=0)
df_pivot2
```

Out:

		주문량				
	마트	A마트	B마트	C마트	D마트	All
구분	주문품					
	감자	13	0	0	13	26
농산물	상추	0	0	0	16	16
	오이	18	26	19	0	63
	갈치	0	31	14	0	45
수산물	오징어	12	11	11	20	54
	전복	16	0	0	0	16
All		59	68	44	49	220

위의 결과는 앞에서 살펴본 엑셀의 피벗 테이블(그림 7-42)의 내용과 거의 같아졌습니다.

다음은 파이썬으로 만든 피벗 테이블(df_pivot2)을 엑셀 파일로 저장해 보겠습니다. 이를 위한 코드는 다음과 같습니다.

In:
```
# 엑셀 경로
folder = 'C:/myPyExcel/data/ch07/pivot_data/' # 폴더 지정
excel_file = folder + '피벗_테이블_심화_데이터_집계_결과.xlsx' # 출력 엑셀 파일 이름

df_pivot2.to_excel(excel_file, sheet_name='pivot_table')      # DataFrame 데이터를 엑셀로 쓰기
```

그림 7-43은 위 코드로 생성된 엑셀 파일(피벗_테이블_심화_데이터_집계_결과.xlsx)의 내용입니다.

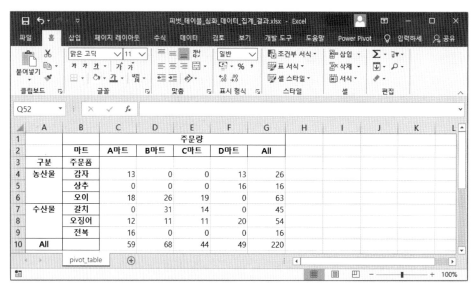

그림 7-43 농수산물 판매현황 데이터로 만든 피벗 테이블을 저장한 엑셀 파일

pivot_table()을 이용할 때 index, values, columns에 DataFrame의 어떤 열을 넣느냐에 따라서 피벗 테이블은 달라집니다. 이미 원하는 결과를 만들었지만 몇 가지 예를 더 살펴보겠습니다. 만약 주문품의 마트별 주문량뿐만 아니라 판매액도 알고 싶다면 다음과 같이 values에 판매액을 추가합니다.

In: df_product.pivot_table(index=["구분", "주문품"], values=["주문량", "판매액"],
                          columns =["마트"], aggfunc='sum', margins=True,
                          fill_value=0)

Out:

		주문량					판매액				
	마트	A마트	B마트	C마트	D마트	All	A마트	B마트	C마트	D마트	All
구분	주문품										
	감자	13	0	0	13	26	65000	0	0	65000	130000
농산물	상추	0	0	0	16	16	0	0	0	64000	64000
	오이	18	26	19	0	63	54000	78000	57000	0	189000
	갈치	0	31	14	0	45	0	310000	140000	0	450000
수산물	오징어	12	11	11	20	54	180000	77000	77000	140000	474000
	전복	16	0	0	0	16	240000	0	0	0	240000
All		59	68	44	49	220	539000	465000	274000	269000	1547000

또한 마트별로 농산물과 수산물을 구분하고 주문품의 주문량과 판매액을 구하고 싶다면 다음과 같이 코드를 작성합니다.

```
In:   df_product.pivot_table(index=["마트", "구분", "주문품"], values=["주문량", "판매액"],
                             aggfunc='sum', margins=True)
```

Out:

마트	구분	주문품	주문량	판매액
A마트	농산물	감자	13	65000
		오이	18	54000
	수산물	오징어	12	180000
		전복	16	240000
B마트	농산물	오이	26	78000
	수산물	갈치	31	310000
		오징어	11	77000
C마트	농산물	오이	19	57000
	수산물	갈치	14	140000
		오징어	11	77000
D마트	농산물	감자	13	65000
		상추	16	64000
	수산물	오징어	20	140000
All			220	1547000

만약 마트별로 주문량과 판매액을 구분 열에 있는 농산물과 수산물로 구분하고 주문품 열의 항목으로 세분해서 구하고 싶다면 다음과 같이 코드를 작성합니다.

```
In:   df_product.pivot_table(index=["마트"], values=["주문량", "판매액"],
                             columns=['구분', '주문품'], aggfunc='sum',
                             margins=True, fill_value=0)
```

Out:

	주문량							판매액						
구분	농산물			수산물			All	농산물			수산물			All
주문품	감자	상추	오이	갈치	오징어	전복		감자	상추	오이	갈치	오징어	전복	
마트														
A마트	13	0	18	0	12	16	59	65000	0	54000	0	180000	240000	539000
B마트	0	0	26	31	11	0	68	0	0	78000	310000	77000	0	465000
C마트	0	0	19	14	11	0	44	0	0	57000	140000	77000	0	274000
D마트	13	16	0	0	20	0	49	65000	64000	0	0	140000	0	269000
All	26	16	63	45	54	16	220	130000	64000	189000	450000	474000	240000	1547000

그림 7-49 벅스에서 선택한 주의 뮤직 차트 보기

그림 7-49의 브라우저 주소창에는 웹 사이트 주소로 https://music.bugs.co.kr/chart/track/week/total?chartdate=20191104를 볼 수 있습니다. 여기서 chartdate=20191104에는 선택한 날짜의 연도, 월, 일이 들어간 것을 확인할 수 있습니다. 따라서 chartdate에 원하는 연도, 월, 일을 입력하면 웹 브라우저에서 마우스로 달력의 날짜를 선택하지 않고도 바로 해당 기간의 뮤직 차트를 볼 수 있습니다. 또한 실시간 뮤직 차트를 보고 싶으면 https://music.bugs.co.kr/chart/track/realtime/total을 입력하고, 일간 뮤직 차트를 보고 싶다면 https://music.bugs.co.kr/chart/track/day/total을 웹 브라우저 주소창에 입력하면 됩니다.

이제 벅스에서 원하는 날짜(여기서는 2019년 11월 4일)를 지정해 그 날짜가 포함된 주의 주간 뮤직 차트를 가져오는 방법을 살펴보겠습니다. 웹 사이트 주소의 chartdate에 날짜를 지정할 때 연도는 네 자리로 지정하고 월과 일은 각각 두 자리로 지정해야 합니다. 따라서 원하는 날짜가 2019년 11월 4일이 라면 웹 사이트 주소는 https://music.bugs.co.kr/chart/track/week/total?chartdate=20191104와 같이 됩니다. 이 웹 사이트 주소에 있는 표 데이터를 가져오기 위해 앞에서 살펴본 read_html()을 이용하겠습니다. 다음은 이를 위한 코드입니다. 여기서는 웹 사이트에서 가져온 표 데이터 중 앞의 일부만 출력합니다.

In:
```python
import pandas as pd

base_url = 'https://music.bugs.co.kr/chart/track/week/total?'
url = base_url + 'chartdate=20191104' # 2019년 11월 4일로 날짜를 지정

# 웹 사이트의 표 데이터를 DataFrame 데이터 리스트로 반환
dfs = pd.read_html(url)

dfs[0].head(5) # 첫 번째 DataFrame 데이터(dfs[0])에 뮤직 차트가 있음
```

Out:

	Unnamed: 0	순위	Unnamed: 2	Unnamed: 3	곡	아티스트	앨범	듣기	재생목록	내앨범	다운	영상	기타
0	NaN	1 1 계단 상승	NaN	곡정보	Love poem	아이유(IU)	Love poem	듣기	재생목록 에 추가	내 앨범에 담기	flac 다운 로드	영상 재생 불가	기타 기능
1	NaN	2 6 계단 상승	NaN	곡정보	LION	(여자)아이 들	퀸덤 〈FINAL 컴 백 싱글〉	듣기	재생목록 에 추가	내 앨범에 담기	flac 다운 로드	영상 재생 불가	기타 기능
2	NaN	3 2 계단 하 락	NaN	곡정보	불티 (Spark)	태연 (TAEYEON)	Purpose – The 2nd Album	듣기	재생목록 에 추가	내 앨범에 담기	flac 다운 로드	영상 재생	기타 기능
3	NaN	4 HOT	NaN	곡정보	5월의 밤	Zion.T	5월의 밤	듣기	재생목록 에 추가	내 앨범에 담기	flac 다운 로드	영상 재생	기타 기능
4	NaN	5 HOT	NaN	곡정보	늦은 밤 너의 집 앞 골목 길에서	노을	늦은 밤 너 의 집 앞 골목길에서	듣기	재생목록 에 추가	내 앨범에 담기	flac 다운 로드	영상 재생	기타 기능

위의 DataFrame 데이터(dfs[0])의 출력 결과를 보면 지정한 주의 뮤직 차트를 잘 가져온 것을 볼 수 있습니다. 여기서 불필요한 데이터는 제외하고 순위, 곡, 아티스트만 선택하면 다음과 같습니다. 순위의

경우에는 등락도 함께 표시돼 보기가 불편하므로 우선 순위에 1부터 100까지 숫자만 표시하도록 코드를 작성하겠습니다. 이를 위해 앞에서 살펴본 내장 함수 range()를 이용합니다.

```
In:    # 내장 함수 range()를 이용해 순위 열에 1에서 100까지 할당
       dfs[0]['순위'] = range(1,101)

       # 웹 사이트 표 데이터 중 원하는 열만 선택해 다른 변수에 지정
       df_top100 = dfs[0][['순위', '곡', '아티스트']]
       df_top100.head(5) # 처음 일부 데이터만 출력
```

Out:

	순위	곡	아티스트
0	1	Love poem	아이유(IU)
1	2	LION	(여자)아이들
2	3	불티 (Spark)	태연 (TAEYEON)
3	4	5월의 밤	Zion.T
4	5	늦은 밤 너의 집 앞 골목길에서	노을

위의 출력 결과를 보면 순위, 곡, 아티스트 열만 선택돼 보기 좋게 정리된 것을 볼 수 있습니다.

다음은 앞에서 작성한 코드를 이용해 연도, 월, 일을 인자로 하는 함수로 만들겠습니다. 이 함수는 연도, 월, 일을 인자로 받아 지정한 날짜를 기준으로 가져온 주간 뮤직 차트를 DataFrame 데이터로 반환합니다. 이 함수에서 연도(year)는 네 자리로 입력한다고 가정하고, 월(month)과 일(day)은 항상 두 자리로 만들어 chartdate에 날짜를 지정합니다.

```
In:    import pandas as pd

       # 벅스차트에서 연도, 월, 일을 지정해 주간 뮤직 차트(Top100)를 추출하는 함수
       # 반환 결과: DataFrame 데이터
       def bugs_chart_week_top100(year, month, day):

           # 월과 일의 경우는 항상 두 자리로 맞춤
           month = "{0:02d}".format(month)
           day = "{0:02d}".format(day)

           base_url = 'https://music.bugs.co.kr/chart/track/week/total?'
           url = base_url + 'chartdate={0}{1}{2}'.format(year, month, day)
```

```python
# 웹 사이트의 표 데이터를 DataFrame 데이터 리스트로 반환
dfs = pd.read_html(url)

# 내장 함수 range()를 이용해 순위 열에 1에서 100까지 할당
dfs[0]['순위'] = range(1,101)

# 웹 사이트 표 데이터 중 원하는 열만 선택해 다른 변수에 지정
df_top100 = dfs[0][['순위', '곡', '아티스트']]

return df_top100
```

다음은 특정 날짜를 지정해 bugs_chart_week_top100() 함수를 호출하는 코드입니다.

In:
```python
df = bugs_chart_week_top100(2020, 4, 8) # bugs_chart_week_top100() 함수를 호출
df.head(10) # 처음 일부 데이터만 출력
```

Out:

	순위	곡	아티스트
0	1	Oh my god	(여자)아이들
1	2	아로하	조정석
2	3	좋은 사람 있으면 소개시켜줘	조이 (JOY)
3	4	시작	가호(Gaho)
4	5	WANNABE	ITZY (있지)
5	6	처음처럼	엠씨더맥스 (M.C the MAX)
6	7	흔들리는 꽃들 속에서 네 샴푸향이 느껴진거야	장범준
7	8	돌덩이	하현우(국카스텐)
8	9	그대 고운 내사랑	어반자카파
9	10	화려하지 않은 고백	규현 (KYUHYUN)

앞에서 특정 날짜를 지정해 가져온 DataFrame 데이터(df)를 엑셀 파일로 저장하는 코드는 다음과 같습니다.

In:
```python
folder = 'C:/myPyExcel/data/ch07/webpage_data/'
excel_file = folder + "벅스_차트_주간_Top100.xlsx" # 저장할 엑셀 파일

df.to_excel(excel_file, index=False) # DataFrame의 index 없이 엑셀 파일로 저장

print("생성 파일:", excel_file) # 엑셀 파일 이름 출력
```

Out:　생성 파일: C:/myPyExcel/data/ch07/webpage_data/벅스_차트_주간_Top100.xlsx

위 코드는 벅스에서 지정한 날짜를 기준으로 주간 뮤직 차트(1~100위)를 추출한 후 데이터를 엑셀 파일(벅스_차트_주간_Top100.xlsx)에 저장합니다. 그림 7-50은 엑셀 파일의 워크시트에 있는 100개 순위중 처음 일부를 보여줍니다.

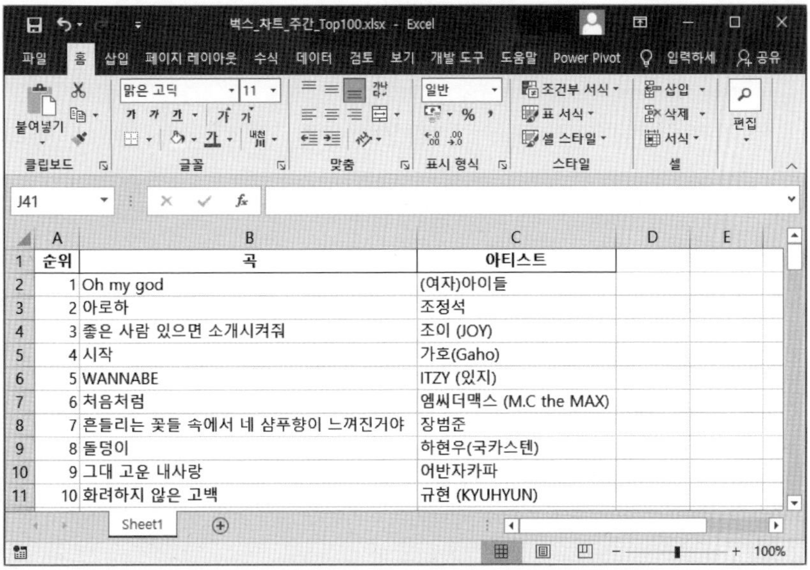

그림 7-50 벅스의 주간 뮤직 차트 데이터로 생성한 엑셀 파일

앞의 코드에서는 하나의 특정일을 기준으로 주간 뮤직 차트 데이터를 추출해 엑셀 파일에 저장했지만, 앞의 코드를 조금만 변경하면 다음과 같이 여러 주에 대해 뮤직 차트를 지정해 주차별로 엑셀의 워크시트를 지정해 데이터를 저장할 수 있습니다. 다음은 특정 달(여기서는 2020년 11월)의 모든 주에 대해 뮤직 차트를 추출해 엑셀 파일로 저장하는 코드입니다. 여기서 각 주의 뮤직 차트 데이터는 주의 이름으로 생성한 워크시트에 저장합니다.

```
In:    folder = 'C:/myPyExcel/data/ch07/webpage_data/'
       excel_file = folder + "벅스_차트_주간_Top100_2020년_11월.xlsx"   # 저장할 엑셀 파일

       year = 2020                    # 연도 지정
       month = 11                     # 월 지정
       days = [1, 8, 15, 22, 29]      # 일 지정(일 주일 간격)
```

```
with pd.ExcelWriter(excel_file, engine='xlsxwriter') as excel_writer:
    for day in days:
        # 지정한 주의 top100 뮤직 차트 데이터 가져오기
        df = bugs_chart_week_top100(year, month, day)

        # DataFrame 데이터를 엑셀 파일로 저장
        week = day//7 + 1 # 날짜를 주로 변환
        week_name = '{0}주'.format(week)  # 시트 이름 지정

        # index 없이 시트 이름을 지정해 엑셀로 쓰기
        df.to_excel(excel_writer, sheet_name=week_name, index=False)

print("생성 파일:", excel_file) # 엑셀 파일 이름 출력
```

Out: 생성 파일: C:/myPyExcel/data/ch07/webpage_data/벅스_차트_주간_Top100_2020년_11월.xlsx

위 코드를 실행해 생성되는 엑셀 파일(벅스_차트_주간_Top100_2020년_11월.xlsx)의 각 워크시트에 1주에서 5주까지 뮤직 차트 데이터를 추출한 데이터가 저장돼 있습니다. 그림 7-51은 이 엑셀 파일에서 2주 워크시트에 있는 100개의 데이터 중 처음 일부를 보여줍니다.

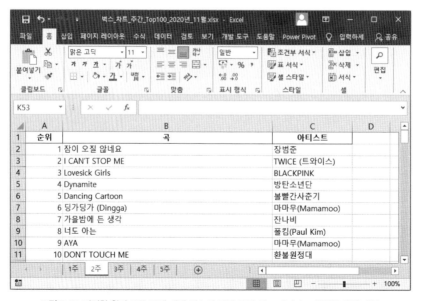

그림 7-51 지정한 월의 모든 주에 대해 벅스의 주간 뮤직 차트 데이터로 생성한 엑셀 파일

이번 장에서는 파이썬을 활용해 엑셀 파일과 데이터를 처리하는 다양한 방법을 살펴봤습니다. 먼저 여러 엑셀 파일을 하나로 통합하는 방법, 엑셀 데이터를 필터링하고 계산하는 방법을 알아봤습니다. 그다음, 엑셀에서 유용하게 사용하는 함수를 파이썬으로 처리하는 방법, 엑셀 데이터에서 누락된 데이터를 확인하고 처리하는 방법, 엑셀 파일에서 원하는 데이터를 추출해서 정리하는 방법을 알아봤습니다. 또한 엑셀의 피벗 테이블 기능을 파이썬으로 구현하는 방법을 알아보고 웹 페이지에 있는 표 데이터를 파이썬으로 가져와서 정리하는 방법을 살펴봤습니다. 이번 장에서 살펴본 내용을 자신의 상황에 맞게 응용하면 수동으로 처리하던 반복적인 작업을 자동화할 수 있어서 데이터 처리 관련 업무를 효율화할 수 있습니다.

엑셀 데이터 시각화

7장에서는 파이썬을 활용해 엑셀 데이터를 다루는 방법을 살펴봤습니다. 엑셀의 데이터 중 숫자 데이터는 표 형식으로 표시하는 것보다 데이터에 맞는 그래프로 시각화하면 데이터의 특징을 파악하기가 훨씬 쉽습니다. 엑셀은 숫자 데이터를 시각화하는 다양한 기능을 제공합니다. 엑셀 데이터의 시각화 기능에는 익히 알고 있는 차트와 셀 안에 삽입되는 미니 차트인 스파크라인이 있습니다. 엑셀 데이터가 있는 워크시트에 차트를 추가하려면 마우스와 키보드로 데이터의 범위와 차트의 종류를 일일이 지정해야 합니다. 엑셀 파일이나 워크시트의 수가 적을 때는 이러한 방식도 괜찮겠지만 그 수가 많아지면 수작업으로는 시간도 많이 걸리고 실수가 일어나기 쉽습니다. 이번 장에서는 이런 반복적인 작업을 파이썬을 이용해 손쉽고 빠르게 수행하는 방법을 알아보겠습니다.

01 엑셀 차트

엑셀은 숫자 데이터를 그래프로 보기 쉽게 표시하는 차트 기능을 제공합니다. 파이썬에서 엑셀 라이브러리를 이용하면 엑셀의 차트를 생성할 수 있습니다. 이번에는 파이썬에서 판다스와 XlsxWriter를 이용해 엑셀의 차트 기능을 수행하는 방법을 살펴보겠습니다.

엑셀 차트를 생성하는 코드의 기본 구조

파이썬에서 판다스와 XlsxWriter를 이용해 엑셀의 차트 기능을 수행하는 가장 기본적인 코드 구조는 다음과 같습니다. 여기서 임포트하는 라이브러리는 판다스 밖에 없지만 판다스로 ExcelWriter 객체를 생성할 때 엔진을 xlsxwriter로 설정해 XlsxWriter 라이브러리의 기능을 활용할 수 있습니다.

```
import pandas as pd

# (1) 판다스 ExcelWriter 객체 생성(엔진은 xlsxwriter로 선택)
excel_writer = pd.ExcelWriter(excel_file, engine = 'xlsxwriter')

# (2) DataFrame 데이터를 지정된 워크시트(sheet_name=시트_이름)에 쓰기
df.to_excel(excel_writer, sheet_name = 시트_이름[, options])

# (3) ExcelWriter 객체에서 워크북(workbook)과 워크시트(worksheet) 객체 생성
workbook  = excel_writer.book
worksheet = excel_writer.sheets[시트_이름]

# (4) 차트 객체 생성(원하는 차트의 종류 지정)
chart = workbook.add_chart({'type': 차트_타입})
            혹은
chart = workbook.add_chart({'type': 차트_타입, 'subtype': 부가_타입})

# (5) 차트를 생성하기 위한 데이터 값의 범위 지정
chart.add_series({'values': values_range[, options]})

# (6) 워크시트에 차트가 들어갈 위치 지정해 차트 넣기
worksheet.insert_chart(row, col, chart[, options])
            혹은
worksheet.insert_chart(cell_address, chart[, options])

# (7) ExcelWriter 객체를 닫고 엑셀 파일을 출력
excel_writer.save()
```

위에서 (1), (2), (7)번의 내용은 6장의 「판다스 DataFrame 데이터 쓰기」에서 살펴본 내용과 같습니다. (3)의 워크시트를 생성할 때 (2)에서 sheet_name에 지정한 시트_이름을 그대로 사용해야 합니다. (4)에서 add_chart()의 인자로 {'type': 차트_타입}을 지정해 차트의 종류를 선택합니다. 부가 차트를 지원하는 차트는 {'type': 차트_타입, 'subtype': 부가_타입}으로 부가 차트의 종류를 지정할 수도 있습니다. 표 8-1은 지정할 수 있는 엑셀 차트와 부가 차트의 종류입니다.

표 8-1 지정할 수 있는 엑셀 차트의 종류

차트 타입	엑셀 차트 종류	부가 타입
area	영역형	stacked, percent_stacked
bar	가로 막대형	stacked, percent_stacked
column	세로 막대형	stacked, percent_stacked
line	꺾은선형	–
pie	원형	–
doughnut	도넛형	–
scatter	분산형	straight_with_markers, straight, smooth_with_markers, smooth
stock	주식형	–
radar	방사형	with_markers, filled

또한 (5)에서 add_series()의 인자로 {'values': values_range}를 지정해 데이터 값 범위를 지정합니다. values_range는 두 가지 방법으로 지정할 수 있는데 첫 번째 방법은 엑셀의 셀 주소를 지정 방식으로 '=시트_이름!시작_셀_주소:끝_셀_주소'를 이용하는 것이고, 두 번째 방법은 행 번호와 열 번호를 지정하는 방식으로 [시트_이름, 시작_행_번호, 시작_열_번호, 끝_행_번호, 끝_열_번호]를 이용하는 것입니다. 하나의 그래프에 여러 데이터의 값을 차트로 그리려면 데이터 값의 범위를 다르게 해서 (5)의 add_series()를 여러 번 수행합니다. (6)에서 차트가 들어갈 위치를 insert_chart()에 지정합니다. 위치는 행 번호(row)와 열 번호(col)로 지정할 수도 있고 셀 주소(cell_address)로 지정할 수도 있습니다. insert_chart()의 옵션으로는 insert_image()를 설명할 때 살펴본 위치 차이인 오프셋(offset)을 지정하는 x_offset, y_offset과 크기 배율(scale)을 지정하는 x_scale, y_scale을 이용할 수 있습니다. 각 함수별로 옵션을 지정하는 options가 있는데 이것은 예제를 통해 구체적으로 살펴보겠습니다.

위의 방법이 다소 복잡해 보일 수 있으나, 정형화된 방법이니 한 번만 코드를 작성해 놓으면 상황에 따라 코드 중 일부만 수정해 사용할 수 있습니다.

이제 다양한 엑셀 차트를 파이썬을 이용해 엑셀 워크시트에 삽입하는 예를 살펴보겠습니다. 여러 가지 엑셀 차트가 있지만 이 중 많이 사용하는 차트를 중심으로 알아보겠습니다.

막대형 차트

막대형 차트는 데이터의 값을 막대의 높이로 나타내는 그래프입니다. 따라서 막대의 높이에 따라서 여러 항목의 수량의 많고 적음을 한 번에 표시할 수 있습니다. 엑셀에는 세로 막대형 차트와 가로 막대형 차트가 있습니다. 그림 8-1은 엑셀 파일(영업팀별_판매현황.xlsx)의 워크시트에 데이터를 이용해 세로 막대형 차트를 추가한 예입니다.

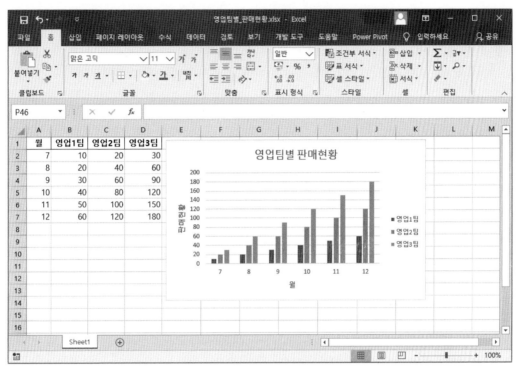

그림 8-1 엑셀의 세로 막대형 차트

이번에는 파이썬으로 엑셀의 세로 막대형 차트를 삽입하는 방법을 살펴보겠습니다. 이를 위해 엑셀 파일(영업팀별_판매현황.xlsx)을 읽어와서 DataFrame 데이터로 가져오겠습니다. 이번 장에 사용할 데이터 파일은 모두 C:\myPyExcel\data\ch08 디렉터리에 있습니다. 원본 파일뿐만 아니라 출력할 데이터 파일도 이 디렉터리를 이용하겠습니다.

```
In:    import pandas as pd

       folder = 'C:/myPyExcel/data/ch08/' # 데이터 디렉터리(폴더)
       excel_file = folder + '영업팀별_판매현황.xlsx' # 원본 엑셀 파일
```

```
df = pd.read_excel(excel_file) # 엑셀 파일을 DataFrame 데이터(df)로 읽어 오기
df
```

Out:

	월	영업1팀	영업2팀	영업3팀
0	7	10	20	30
1	8	20	40	60
2	9	30	60	90
3	10	40	80	120
4	11	50	100	150
5	12	60	120	180

다음은 앞에서 살펴본 파이썬으로 엑셀의 차트 기능을 수행하는 방법을 이용해 세로 막대형 차트를 엑셀 파일에 삽입해 보겠습니다.

In:
```
# (1) 판다스 ExcelWriter 객체 생성
folder = 'C:/myPyExcel/data/ch08/' # 엑셀 파일이 있는 디렉터리(폴더)
excel_file_chart = folder + '영업팀별_판매현황_세로막대형차트.xlsx' # 생성할 파일

excel_writer = pd.ExcelWriter(excel_file_chart, engine='xlsxwriter')

# (2) DataFrame 데이터를 지정된 워크시트(sheet_name=시트_이름)에 쓰기
df.to_excel(excel_writer, sheet_name='Sheet1', index=False)

# (3) ExcelWriter 객체에서 워크북(workbook)과 워크시트(worksheet) 객체 생성
workbook  = excel_writer.book
worksheet = excel_writer.sheets['Sheet1']

# (4) 차트 객체 생성(원하는 차트의 종류 지정)
chart = workbook.add_chart({'type': 'column'}) # 세로 막대형 차트

# (5) 차트를 생성하기 위한 데이터 값의 범위 지정
chart.add_series({'values': '=Sheet1!B2:B7'}) # 막대형 차트 데이터 범위 지정
chart.add_series({'values': '=Sheet1!C2:C7'}) # 막대형 차트 데이터 범위 지정
chart.add_series({'values': '=Sheet1!D2:D7'}) # 막대형 차트 데이터 범위 지정

# (6) 워크시트에 차트가 들어갈 위치 지정해 차트 넣기
worksheet.insert_chart('E2', chart, {'x_offset': 25, 'y_offset': 10})
```

```
# (7) ExcelWriter 객체를 닫고 엑셀 파일을 출력
excel_writer.save()

print("생성 파일:", excel_file_chart) # 생성한 파일 이름 출력
```

Out: 생성 파일: C:/myPyExcel/data/ch08/영업팀별_판매현황_세로막대형차트.xlsx

위 코드의 (4)에서 세로 막대형 차트를 삽입하려고 add_chart()에서 차트 타입(type)은 column으로 선택했습니다. 또한 (5)에서 데이터 값의 범위는 엑셀의 셀 주소 지정 방식으로 지정했습니다. 세 개의 열에 대한 그래프를 그리기 위해 데이터 값의 범위를 다르게 지정해 add_series()를 세 번 수행했습니다. (6)에서는 셀 주소 지정 방식으로 차트가 들어갈 위치(E2)를 지정했습니다. 위 코드를 수행한 결과로 생성된 엑셀 파일(영업팀별_판매현황_세로막대형차트.xlsx)은 그림 8-2와 같습니다.

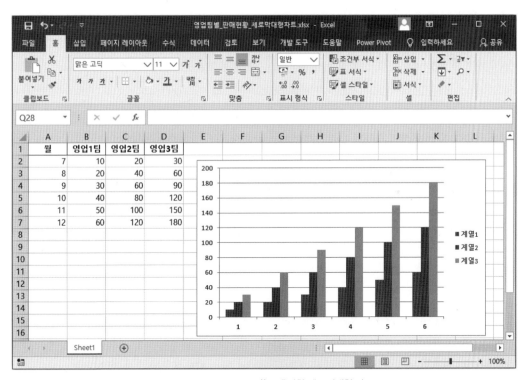

그림 8-2 insert_chart()로 추가한 세로 막대형 차트

그림 8-2의 엑셀 차트를 보면 세로 막대형 그래프는 잘 표시됐으나 x축의 값은 워크시트 월 열에 있는 데이터가 아니라 1부터 증가하는 숫자로 돼 있고, 범례도 임의로 표시됐습니다. 차트에서 x축의 값을 원하는 열로 지정하고 범례를 제대로 표시하려면 다음처럼 add_series()에 values뿐만 아니라

categories와 name을 추가하고 데이터 값의 범위를 지정해야 합니다. 데이터 값의 범위를 지정할 때 엑셀의 셀 주소 방식으로 지정할 수도 있고 행과 열의 번호를 이용해 지정할 수도 있습니다. 데이터 값의 범위를 지정할 때 행과 열의 번호를 이용하면 DataFrame 데이터의 행과 열에 연동하도록 코드를 작성할 수 있습니다. 따라서 여기서는 다음과 같이 add_series()에 values, categories, name의 데이터 값의 범위를 지정할 때 행과 열의 번호를 사용합니다.

```
chart.add_series({
    'values': [worksheet_name, start_row, start_col, end_row, end_col],
    'categories': [worksheet_name, start_row, start_col, end_row, end_col],
    'name': [worksheet_name, row, col],
    'overlap': overlap_num })
```

values에는 그래프를 표시하기 위한 데이터 값의 범위를 지정하고 categories에는 축 값에 사용할 데이터 범위 지정합니다. values와 categories의 범위는 [시트_이름(worksheet_name), 시작_행_번호(start_row), 시작_열_번호(start_col), 끝_행_번호(end_row), 끝_열_번호(end_col)]로 지정합니다. name에는 범례의 이름으로 사용할 데이터를 [시트_이름(worksheet_name), 행_번호(row), 열_번호(col)]로 지정합니다. overlap에는 그래프 사이의 간격을 위한 값(-100~100 사이의 정수)을 지정합니다. overlap의 기본값은 0인데 음수가 되면 그래프 사이의 간격이 벌어지고 양수가 되면 겹쳐지게 됩니다.

엑셀 차트에 차트 제목, x축 제목, y축 제목을 추가하려면 다음과 같이 차트 객체에 set_title(), set_x_axis(), set_y_axis()를 적용합니다.

```
chart.set_title({'name': title_string})    # 차트 제목을 지정
chart.set_x_axis({'name': x_axis_string})  # x축 제목을 지정
chart.set_y_axis({'name': y_axis_string})  # y축 제목을 지정
```

지금까지 설명한 내용을 모두 반영하고 반복되는 add_series() 부분은 DataFrame 데이터의 행과 열의 위치를 이용해 for 문을 적용한 코드는 다음과 같습니다. 아래와 같이 코드를 작성하면 엑셀에서 행과 열의 데이터 개수가 변경되더라도 코드 변경 없이 차트를 엑셀 시트에 추가할 수 있습니다.

```
In:    import pandas as pd

       folder = 'C:/myPyExcel/data/ch08/'           # 엑셀 파일이 있는 디렉터리(폴더)
       excel_file = folder + '영업팀별_판매현황.xlsx' # 원본 엑셀 파일
```

```python
df = pd.read_excel(excel_file) # 엑셀 파일을 DataFrame 데이터(df)로 읽어 오기

# (1) 판다스 ExcelWriter 객체 생성
folder = 'C:/myPyExcel/data/ch08/' # 엑셀 파일이 있는 디렉터리(폴더)
excel_file_chart = folder + '영업팀별_판매현황_세로막대형차트2.xlsx' # 생성할 파일
excel_writer = pd.ExcelWriter(excel_file_chart, engine = 'xlsxwriter')

# (2) DataFrame 데이터를 지정된 워크시트(sheet_name=시트_이름)에 쓰기
worksheet_name = 'Sheet1' # 워크 시트 이름을 변수에 할당
df.to_excel(excel_writer, sheet_name=worksheet_name, index=False)

# (3) ExcelWriter 객체에서 워크북(workbook)과 워크시트(worksheet) 객체 생성
workbook  = excel_writer.book
worksheet = excel_writer.sheets[worksheet_name]

# (4) 차트 객체 생성(원하는 차트의 종류 지정)
chart = workbook.add_chart({'type': 'column'}) # 세로 막대형 차트

# (5) 차트를 생성하기 위한 데이터 값의 범위 지정
columns_len = len(df.columns) # df.shape[1]도 가능

for k in range(columns_len - 1):
    start_row = 1              # 범위의 시작 행 번호
    start_column = k + 1       # 범위의 시작 열 번호
    end_row = len(df.index)    # 범위의 끝 행 번호(df.shape[0]도 가능)
    end_column = k + 1         # 범위의 끝 열 번호

    # 그래프 및 축 값을 위한 데이터 범위, 범례 이름, 그래프 사이 간격 지정
    chart.add_series({
        'values': [worksheet_name, start_row, start_column,
                    end_row, end_column],    # 막대형 차트를 위한 데이터 범위 지정
        'categories': [worksheet_name, start_row, 0,
                    end_row, 0],             # 축 값에 사용할 데이터 범위 지정
        'name': [worksheet_name, 0, k + 1], # 범례 이름으로 사용할 데이터 지정
        'overlap': -15 }) # 그래프 사이의 간격 지정

# (5-1) 엑셀 차트에 차트 제목과 x, y축 제목 추가
chart.set_title({'name': '영업팀별 하반기 판매현황'}) # 차트 제목을 지정
chart.set_x_axis({'name': '월'})                      # x축 제목을 지정
```

```python
chart.set_y_axis({'name': '판매현황'})          # y축 제목을 지정

# (6) 워크시트에 차트가 들어갈 위치 지정해 차트 넣기
worksheet.insert_chart(1, columns_len, chart, {'x_offset': 25, 'y_offset': 10})

# (7) ExcelWriter 객체를 닫고 엑셀 파일을 출력
excel_writer.save()

print("생성한 엑셀 파일:", excel_file_chart)   # 생성한 파일 이름 출력
```

Out: 생성한 엑셀 파일: C:/myPyExcel/data/ch08/영업팀별_판매현황_세로막대형차트2.xlsx

위의 코드를 적용해 생성한 엑셀 파일(영업팀별_판매현황_세로막대형차트2.xlsx)은 그림 8-3과 같습니다. 생성한 엑셀 차트의 x축은 categories에 지정한 데이터 값이 표시되고 범례에는 name에 지정한 데이터 값이 표시된 것을 볼 수 있습니다. 막대 그래프 사이의 간격에는 음수 값(-15)을 지정해 그래프 사이의 간격은 벌어졌습니다. 또한 엑셀 차트에 차트 제목과 x, y축 제목이 추가된 것을 볼 수 있습니다.

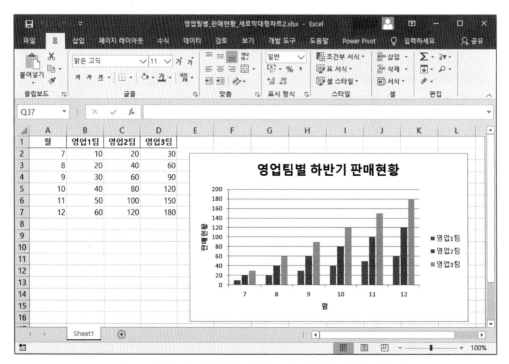

그림 8-3 엑셀 차트에 x축과 범례를 지정하고 차트 제목과 x, y축 제목을 추가

세로 막대형 차트가 아닌 가로 막대형 차트를 그리려면 위의 코드에서 add_chart()의 type을 bar로 변경하고, set_x_axis()와 set_y_axis()에 들어가는 내용을 바꾸면 됩니다. 단, 여기서는 y축의 방향을 반대로 지정하려고 set_y_axis()에 {'reverse': True}를 추가했습니다.

```
In:    import pandas as pd

       folder = 'C:/myPyExcel/data/ch08/' # 엑셀 파일이 있는 디렉터리(폴더)
       excel_file = folder + '영업팀별_판매현황.xlsx' # 원본 엑셀 파일
       df = pd.read_excel(excel_file) # 엑셀 파일을 DataFrame 데이터(df)로 읽어 오기

       # (1) 판다스 ExcelWriter 객체 생성
       folder = 'C:/myPyExcel/data/ch08/' # 엑셀 파일이 있는 디렉터리(폴더)
       excel_file_chart = folder + '영업팀별_판매현황_가로막대형차트.xlsx' # 생성할 파일
       excel_writer = pd.ExcelWriter(excel_file_chart, engine='xlsxwriter')

       # (2) DataFrame 데이터를 지정된 워크시트(sheet_name=시트_이름)에 쓰기
       worksheet_name = 'Sheet1' # 워크 시트 이름을 변수에 할당
       df.to_excel(excel_writer, sheet_name=worksheet_name, index=False)

       # (3) ExcelWriter 객체에서 워크북(workbook)과 워크시트(worksheet) 객체 생성
       workbook  = excel_writer.book
       worksheet = excel_writer.sheets[worksheet_name]

       # (4) 차트 객체 생성(원하는 차트의 종류 지정)
       chart = workbook.add_chart({'type': 'bar'}) # 가로 막대형 차트

       # (5) 차트를 생성하기 위한 데이터 값의 범위 지정
       columns_len = len(df.columns) # df.shape[1]도 가능

       for k in range(columns_len - 1):
           start_row = 1            # 범위의 시작 행 번호
           start_column = k + 1     # 범위의 시작 열 번호
           end_row = len(df.index)  # 범위의 끝 행 번호(df.shape[0]도 가능)
           end_column = k + 1       # 범위의 끝 열 번호

           # 그래프 및 축 값을 위한 데이터 범위, 범례 이름, 그래프 사이 간격 지정
           chart.add_series({
               'values': [worksheet_name, start_row, start_column, end_row, end_column],
```

```
                'categories': [worksheet_name, start_row, 0, end_row, 0],
                'name': [worksheet_name, 0, k + 1],
                'overlap': -15
                })
```

```python
# (5-1) 엑셀 차트에 차트 제목과 x, y축 제목 추가
chart.set_title({'name': '영업팀별 판매현황'})     # 차트 제목을 지정
chart.set_x_axis({'name': '판매현황'})             # x축 제목을 지정
chart.set_y_axis({'name': '월',                    # y축 제목을 지정
                  'reverse': True})                # y축 방향을 반대로 지정
```

```python
# (6) 워크시트에 차트가 들어갈 위치 지정해 차트 넣기
worksheet.insert_chart(1, columns_len, chart, {'x_offset': 25, 'y_offset': 10})
```

```python
# (7) ExcelWriter 객체를 닫고 엑셀 파일을 출력
excel_writer.save()

print("생성 파일:", excel_file_chart) # 생성한 파일 이름 출력
```

Out: 생성 파일: C:/myPyExcel/data/ch08/영업팀별_판매현황_가로막대형차트.xlsx

위의 코드 수행으로 생성된 엑셀 파일(영업팀별_판매현황_가로막대형차트.xlsx)은 그림 8-4와 같습니다.
가로 막대형 차트가 삽입된 것을 볼 수 있습니다.

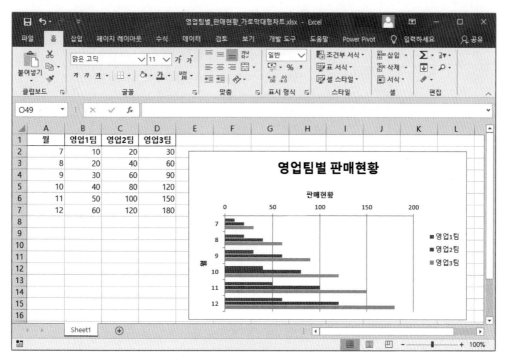

그림 8-4 가로 막대형 차트가 삽입된 엑셀 파일

꺾은선형 차트

꺾은선형 차트는 시간적으로 순서가 있는 숫자 데이터의 시간에 따른 추이를 확인하는 데 많이 사용하는 그래프입니다. 그림 8-5는 엑셀 파일(공장별_생산현황.xlsx)의 워크시트에 데이터를 이용해 엑셀에서 꺾은선형 차트를 추가한 예입니다.

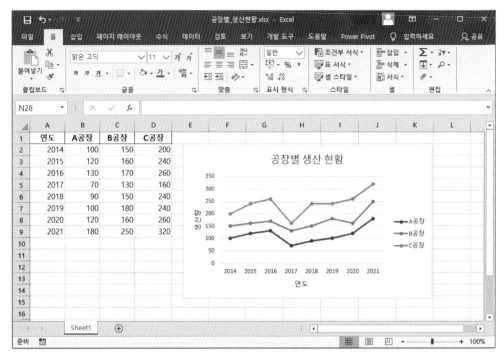

그림 8-5 엑셀의 꺾은선형 차트

이제 파이썬으로 엑셀의 꺾은선형 차트를 삽입하는 방법을 살펴보겠습니다. 이를 위해 공장별 생산 현황 데이터가 있는 엑셀 파일(공장별_생산현황.xlsx)을 읽어서 DataFrame 데이터로 가져오겠습니다.

```
In:     import pandas as pd

        folder = 'C:/myPyExcel/data/ch08/' # 엑셀 파일이 있는 디렉터리(폴더)
        excel_file = folder + '공장별_생산현황.xlsx' # 원본 엑셀 파일

        df = pd.read_excel(excel_file)      # 엑셀 파일을 DataFrame 데이터(df)로 읽어 오기
        df
```

	연도	A공장	B공장	C공장
0	2014	100	150	200
1	2015	120	160	240
2	2016	130	170	260
3	2017	70	130	160
4	2018	90	150	240
5	2019	100	180	240
6	2020	120	160	260
7	2021	180	250	320

파이썬으로 엑셀의 꺾은선형 차트를 삽입하는 코드는 앞에서 살펴본 막대형 차트를 삽입하는 코드와 몇 군데만 제외하고는 거의 같습니다. 꺾은선형 차트를 그리려면 add_chart()의 type을 line으로 지정합니다. add_series()의 values, categories, name에는 사용할 셀의 위치를 지정하고, 꺾은선에 원모양의 마커를 추가하려고 'marker': {'type': 'circle'}로 옵션을 지정했습니다. 또한 차트 제목과 x, y축 제목을 표시하려고 set_title(), set_x_axis()와 set_y_axis()의 각 name에 차트 제목, x축 제목, y축 제목을 지정했습니다. 이를 적용한 코드는 다음과 같습니다.

In:
```
# (1) 판다스 ExcelWriter 객체 생성
folder = 'C:/myPyExcel/data/ch08/' # 엑셀 파일이 있는 디렉터리(폴더)
excel_file_chart = folder + '공장별_생산현황_꺾은선형차트.xlsx' # 생성할 엑셀 파일
excel_writer = pd.ExcelWriter(excel_file_chart, engine='xlsxwriter')

# (2) DataFrame 데이터를 지정된 워크시트(sheet_name=시트_이름)에 쓰기
worksheet_name = 'Sheet1' # 워크 시트 이름을 변수에 할당
df.to_excel(excel_writer, sheet_name=worksheet_name, index=False)

# (3) ExcelWriter 객체에서 워크북(workbook)과 워크시트(worksheet) 객체 생성
workbook  = excel_writer.book
worksheet = excel_writer.sheets[worksheet_name]

# (4) 차트 객체 생성(원하는 차트의 종류 지정)
chart = workbook.add_chart({'type': 'line'}) # 꺾은선형 차트

# (5) 차트를 생성하기 위한 데이터 값의 범위 지정
columns_len = len(df.columns) # df.shape[1]도 가능
```

```python
    for k in range(columns_len - 1):
        start_row = 1                  # 범위의 시작 행 번호
        start_column = k + 1           # 범위의 시작 열 번호
        end_row = len(df.index)        # 범위의 끝 행 번호(df.shape[0]도 가능)
        end_column = k + 1             # 범위의 끝 열 번호

        # 그래프 및 축 값을 위한 데이터 범위, 범례 이름, 마커 지정
        chart.add_series({
            'values': [worksheet_name, start_row, start_column,
                       end_row, end_column],   # 꺾은선형 차트를 위한 데이터 범위 지정
            'categories': [worksheet_name, start_row, 0,
                           end_row, 0],         # x 축 값에 사용할 데이터 범위 지정
            'name': [worksheet_name, 0, k + 1],  # 범례 이름에 사용할 데이터 지정
            'marker': {'type': 'circle'}         # 마커 추가: 원모양(circle)으로 지정
            })

    # (5-1) 엑셀 차트에 차트 제목과 x, y축 제목 추가
    chart.set_title({'name': '공장별 생산 현황'}) # 차트 제목을 지정
    chart.set_x_axis({'name': '연도'})           # x축 제목을 지정
    chart.set_y_axis({'name': '생산량'})         # y축 제목을 지정

    # (6) 워크시트에 차트가 들어갈 위치 지정해 차트 넣기
    worksheet.insert_chart(1, columns_len, chart, {'x_offset': 25, 'y_offset': 10})

    # (7) ExcelWriter 객체를 닫고 엑셀 파일을 출력
    excel_writer.save()

    print("생성 파일:", excel_file_chart)      # 생성한 파일 이름 출력
```

Out: 생성 파일: C:/myPyExcel/data/ch08/공장별_생산현황_꺾은선형차트.xlsx

위의 코드를 실행해 생성된 엑셀 파일(공장별_생산현황_꺾은선형차트.xlsx)은 그림 8-6과 같습니다. 선 그래프에 원 모양 마커가 함께 표시된 꺾은선형 차트가 삽입된 것을 볼 수 있습니다.

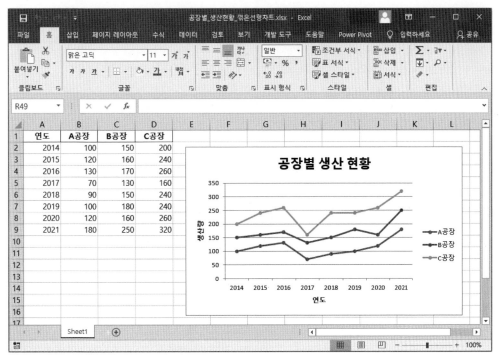

그림 8-6 꺾은선형 차트가 삽입된 엑셀 파일

영역형 차트

영역형 차트는 꺾은선형 차트에서 그래프와 x축 사이를 색으로 채운 그래프입니다. 여러 계열의 데이터를 영역형 차트로 그릴 때 일반 영역형 차트는 한 계열 데이터가 다른 계열 데이터를 가릴 수 있어서 주로 누적 영역형 차트를 많이 이용합니다. 누적 영역형 차트는 시간이나 항목에 따라 값을 누적해 보여주므로 각 계열 데이터의 변화와 함께 전체 합계의 추세를 보여줍니다.

그림 8-7은 엑셀 파일(공장별_생산현황2.xlsx)의 워크시트에 있는 공장별 생산현황 데이터를 이용해 엑셀에서 누적 영역형 차트를 추가한 예입니다. 이 엑셀 파일(공장별_생산현황2.xlsx)의 데이터는 앞에서 사용한 엑셀 파일(공장별_생산현황.xlsx)과 같습니다.

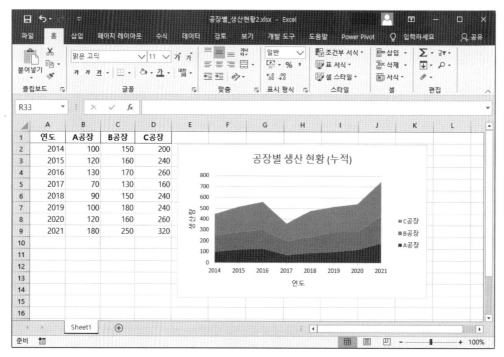

그림 8-7 엑셀의 누적 영역형 차트

이제 파이썬으로 엑셀의 누적 영역 차트를 삽입하는 방법을 살펴보겠습니다. 먼저 이를 위한 데이터가 있는 엑셀 파일(공장별_생산현황2.xlsx)을 읽어서 DataFrame 데이터로 가져오겠습니다.

In:
```
import pandas as pd

folder = 'C:/myPyExcel/data/ch08/' # 엑셀 파일이 있는 디렉터리(폴더)
excel_file = folder +  '공장별_생산현황2.xlsx' # 원본 엑셀 파일

df = pd.read_excel(excel_file) # 엑셀 파일을 DataFrame 데이터(df)로 읽어 오기
df
```

	연도	A공장	B공장	C공장
0	2014	100	150	200
1	2015	120	160	240
2	2016	130	170	260
3	2017	70	130	160
4	2018	90	150	240
5	2019	100	180	240
6	2020	120	160	260
7	2021	180	250	320

누적 영역형 차트를 생성하기 위한 코드는 앞의 꺾은선형 차트와 거의 같습니다. 누적 영역형 차트를 그리기 위해 add_chart()의 type을 area로 지정하고 subtype를 stacked로 지정했습니다. add_series()의 values, categories, name에는 사용할 셀의 위치를 지정했습니다. 또한 앞에서와 마찬가지로 set_title(), set_x_axis()와 set_y_axis()의 각 name에 차트 제목, x축 제목, y축 제목을 지정했습니다. 이를 적용한 코드는 다음과 같습니다.

In:
```
# (1) 판다스 ExcelWriter 객체 생성
folder = 'C:/myPyExcel/data/ch08/' # 엑셀 파일이 있는 디렉터리(폴더)
excel_file_chart = folder + '공장별_생산현황2_누적영역형차트.xlsx' # 생성 파일

excel_writer = pd.ExcelWriter(excel_file_chart, engine='xlsxwriter')

# (2) DataFrame 데이터를 지정된 워크시트(sheet_name=시트_이름)에 쓰기
worksheet_name = 'Sheet1' # 워크 시트 이름을 변수에 할당
df.to_excel(excel_writer, sheet_name=worksheet_name, index=False)

# (3) ExcelWriter 객체에서 워크북(workbook)과 워크시트(worksheet) 객체 생성
workbook  = excel_writer.book
worksheet = excel_writer.sheets[worksheet_name]

# (4) 차트 객체 생성(원하는 차트의 종류 지정)
chart = workbook.add_chart({'type': 'area',          # 차트 종류: 영역형(area)
                            'subtype': 'stacked'}) # 누적(stacked)

# (5) 차트를 생성하기 위한 데이터 값의 범위 지정
```

```
        columns_len = len(df.columns) # df.shape[1]도 가능

        for k in range(columns_len - 1):
            start_row = 1              # 범위의 시작 행 번호
            start_column = k + 1       # 범위의 시작 열 번호
            end_row = len(df.index)    # 범위의 끝 행 번호(df.shape[0]도 가능)
            end_column = k + 1         # 범위의 끝 열 번호

            # 그래프 및 축 값을 위한 데이터 범위, 범례 이름 지정
            chart.add_series({
                'values': [worksheet_name, start_row, start_column,
                        end_row, end_column],   # 영역형 차트를 위한 데이터 범위 지정
                'categories': [worksheet_name, start_row, 0,
                        end_row, 0],            # x 축 값에 사용할 데이터 범위 지정
                'name': [worksheet_name, 0, k + 1] # 범례 이름에 사용할 데이터 지정
                })

        # (5-1) 엑셀 차트에 차트 제목과 x, y축 제목 추가
        chart.set_title({'name': '공장별 생산 현황(누적)'}) # 차트 제목을 지정
        chart.set_x_axis({'name': '연도'})                # x축 제목을 지정
        chart.set_y_axis({'name': '생산량'})              # y축 제목을 지정

        # (6) 워크시트에 차트가 들어갈 위치 지정해 차트 넣기
        worksheet.insert_chart(1, columns_len, chart, {'x_offset': 25, 'y_offset': 10})

        # (7) ExcelWriter 객체를 닫고 엑셀 파일을 출력
        excel_writer.save()

        print("생성 파일:", excel_file_chart)        # 생성한 파일 이름 출력
```

Out: 생성 파일: C:/myPyExcel/data/ch08/공장별_생산현황2_누적영역형차트.xlsx

위의 코드 수행으로 생성된 엑셀 파일(공장별_생산현황2_누적영역형차트.xlsx)은 그림 8-8과 같습니다. 누적 영역형 차트가 삽입된 것을 볼 수 있습니다.

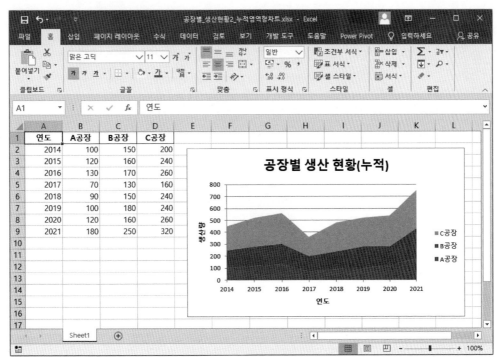

그림 8-8 누적영역형 차트가 삽입된 엑셀 파일

원형 차트

원형 차트는 전체 데이터에서 각 항목이 차지하는 비율을 원 안의 부채꼴의 크기로 표시한 그래프입니다. 각 부채꼴의 모양이 파이 조각 같아서 파이(pie) 차트라고도 합니다. 그림 8-9는 엑셀 파일(가장_좋아하는_운동.xlsx)의 워크시트에 데이터를 이용해 엑셀에서 원형 차트를 추가한 예입니다.

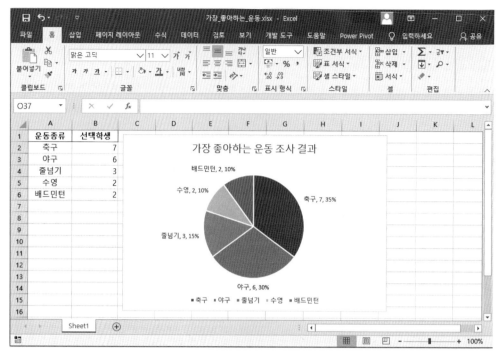

그림 8-9 엑셀의 원형 차트

파이썬으로 엑셀의 원형 차트를 삽입하는 방법을 살펴보기 위해 가장 좋아하는 운동을 조사한 데이터가 있는 엑셀 파일(가장_좋아하는_운동.xlsx)을 읽어서 DataFrame 데이터로 가져오겠습니다.

```
In:    import pandas as pd

       folder = 'C:/myPyExcel/data/ch08/' # 엑셀 파일이 있는 디렉터리(폴더)
       excel_file = folder + '가장_좋아하는_운동.xlsx' # 원본 엑셀 파일

       df = pd.read_excel(excel_file)        # 엑셀 파일을 DataFrame 데이터(df)로 읽어 오기
       df
```

Out:

	운동종류	선택학생
0	축구	7
1	야구	6
2	줄넘기	3
3	수영	2
4	배드민턴	2

원형 차트 역시 몇 가지 설정 외에 다른 부분은 앞에서 살펴본 다른 차트를 삽입하는 코드와 유사합니다. 원형 차트를 그리기 위해 add_chart()의 type을 pie로 지정했습니다. add_series()에는 data_labels 옵션을 추가해 원형 차트에 데이터 값, 퍼센트 비율, 항목 이름을 표시합니다. 그리고 표시할 데이터 라벨(data_labels)의 위치를 지정했습니다. 또한 차트 제목을 표시하려고 set_title()의 name에 차트 제목을 지정했고 set_legend({'position':'위치'})로 범례의 위치를 지정했습니다. 범례의 위치는 top, bottom, left, right, overlay_left, overlay_right, none을 지정할 수 있으며 position 옵션을 지정하지 않으면 기본은 right입니다. 마지막으로 set_style(숫자)로 원형 차트의 스타일을 지정했습니다. 숫자에 따라서 스타일이 지정됩니다. set_style(숫자)을 지정하지 않으면 기본인 2번 스타일이 지정됩니다. 이를 적용한 코드는 다음과 같습니다.

In:
```
# (1) 판다스 ExcelWriter 객체 생성
folder = 'C:/myPyExcel/data/ch08/' # 엑셀 파일이 있는 디렉터리(폴더)
excel_file_chart = folder + '가장_좋아하는_운동_원형차트.xlsx' # 생성 파일

excel_writer = pd.ExcelWriter(excel_file_chart, engine='xlsxwriter')

# (2) DataFrame 데이터를 지정된 워크시트(sheet_name=시트_이름)에 쓰기
worksheet_name = 'Sheet1' # 워크 시트 이름을 변수에 할당
df.to_excel(excel_writer, sheet_name=worksheet_name, index=False)

# (3) ExcelWriter 객체에서 워크북(workbook)과 워크시트(worksheet) 객체 생성
workbook  = excel_writer.book
worksheet = excel_writer.sheets[worksheet_name]

# (4) 차트 객체 생성(원하는 차트의 종류 지정)
chart = workbook.add_chart({'type': 'pie'}) # 원형 차트

# (5) 차트를 생성하기 위한 데이터 값의 범위 지정
columns_len = len(df.columns) # df.shape[1]도 가능

for k in range(columns_len - 1):
    start_row = 1           # 범위의 시작 행 번호
    start_column = k + 1    # 범위의 시작 열 번호
    end_row = len(df.index) # 범위의 끝 행 번호(df.shape[0]도 가능)
    end_column = k + 1      # 범위의 끝 열 번호
```

```
# 그래프 및 축 값을 위한 데이터 범위, 범례 이름, 데이터 라벨 지정
chart.add_series({
    'values': [worksheet_name, start_row, start_column,
                end_row, end_column],    # 원형 차트를 위한 데이터 범위 지정
    'categories': [worksheet_name, start_row, 0,
                end_row, 0],             # 원형 차트의 항목 이름에 사용할 데이터 범위 지정
    'name': [worksheet_name, 0, k + 1],  # 범례 이름에 사용할 데이터 지정
    'data_labels': {'value': True,       # 차트에 데이터 값 표시
                    'percentage': True,  # 차트에 퍼센트 비율 표시
                    'category': True,    # 항목 이름 표시
                    'position': 'outside_end'}  # 위치 지정
})

# (5-1) 엑셀 차트에 차트 제목, 범례 위치, 스타일 지정
chart.set_title({'name': '가장 좋아하는 운동 조사 결과'})  # 차트 제목을 지정
chart.set_legend({'position': 'bottom'})  # 범례의 위치를 아래로 지정
chart.set_style(10)  # 차트 스타일 지정(원형 차트의 경우 흰색 외곽선과 그림자 추가)

# (6) 워크시트에 차트가 들어갈 위치 지정해 차트 넣기
worksheet.insert_chart(1, columns_len, chart, {'x_offset': 25, 'y_offset': 10})

# (7) ExcelWriter 객체를 닫고 엑셀 파일을 출력
excel_writer.save()

print("생성 파일:", excel_file_chart)    # 생성한 파일 이름 출력
```

Out: 생성 파일: C:/myPyExcel/data/ch08/가장_좋아하는_운동_원형차트.xlsx

위의 코드 수행으로 생성된 엑셀 파일(가장_좋아하는_운동_원형차트.xlsx)은 그림 8-10과 같습니다. 지정한 스타일의 원형 차트가 데이터 라벨과 함께 삽입된 것을 볼 수 있습니다.

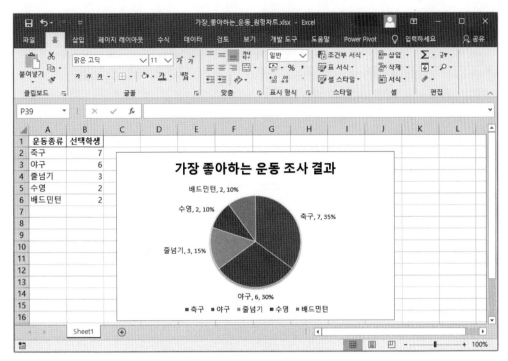

그림 8-10 원형 차트가 삽입된 엑셀 파일

분산형 차트

분산형 차트는 두 개의 요소로 이뤄진 데이터 집합에서 둘 사이의 관계를 알아보는 데 유용한 그래프입니다. 그림 8-11은 엑셀 파일(키와_몸무게.xlsx)의 워크시트에 데이터를 이용해 엑셀에서 분산형 차트를 추가한 예입니다. 그림에서 보듯이 분산형 차트는 두 개의 요소 쌍을 2차원 좌표계 위에 점으로 표시합니다.

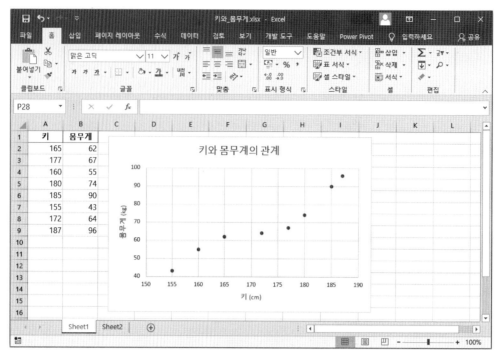

그림 8-11 엑셀의 분산형 차트

분산형 차트를 파이썬으로 그리기 위해 키와 몸무게 데이터가 있는 엑셀 파일(키와_몸무게.xlsx)을 읽어서 DataFrame 데이터로 가져오겠습니다.

```
In:    import pandas as pd

       folder = 'C:/myPyExcel/data/ch08/'         # 엑셀 파일이 있는 디렉터리(폴더)
       excel_file = folder + '키와_몸무게.xlsx'  # 원본 엑셀 파일

       df = pd.read_excel(excel_file)             # 엑셀 파일을 DataFrame 데이터(df)로 읽어 오기
       df
```

Out:

	키	몸무게
0	165	62
1	177	67
2	160	55
3	180	74
4	185	90
5	155	43
6	172	64
7	187	96

분산형 차트를 그리는 코드도 앞에서 살펴본 다른 차트를 삽입하는 코드와 유사합니다. 분산형 차트를 그리기 위해 add_chart()의 type을 scatter로 지정했습니다. 분산형 차트에서 두 개의 요소 쌍을 2차원 좌표에 표시할 때 마커(marker)의 종류(type)는 원 모양, 크기(size)는 10으로 지정하려고 add_series()에 'marker': {'type': 'circle', 'size': 10}로 옵션을 지정했습니다. size를 지정하지 않으면 기본 크기로 지정됩니다. 또한 set_x_axis()와 set_y_axis()에 각각 최솟값(min)과 최댓값(max)를 지정해 x축과 y축의 범위를 설정했습니다. 세로 방향으로 격자를 표시하려고 set_x_axis()에 'major_gridlines': {'visible': True}도 추가했습니다. 범례는 표시할 필요가 없으므로 set_legend()에는 {'position': 'none'}를 지정했습니다. 이를 적용한 코드는 다음과 같습니다.

In:
```
# (1) 판다스 ExcelWriter 객체 생성
folder = 'C:/myPyExcel/data/ch08/' # 엑셀 파일이 있는 디렉터리(폴더)
excel_file_chart = folder + '키와_몸무게_분산형차트.xlsx' # 생성할 파일

excel_writer = pd.ExcelWriter(excel_file_chart, engine='xlsxwriter')

# (2) DataFrame 데이터를 지정된 워크시트(sheet_name=시트_이름)에 쓰기
worksheet_name = 'Sheet1' # 워크 시트 이름을 변수에 할당
df.to_excel(excel_writer, sheet_name=worksheet_name, index=False)

# (3) ExcelWriter 객체에서 워크북(workbook)과 워크시트(worksheet) 객체 생성
workbook  = excel_writer.book
worksheet = excel_writer.sheets[worksheet_name]

# (4) 차트 객체 생성(원하는 차트의 종류 지정)
```

```python
chart = workbook.add_chart({'type': 'scatter'}) # 분산형 차트

# (5) 차트를 생성하기 위한 데이터 값의 범위 지정
columns_len = len(df.columns) # df.shape[1]도 가능

start_row = 1      # 범위의 시작 행 번호
start_column = 1   # 범위의 시작 열 번호
end_row = len(df.index) # 범위의 끝 행 번호(df.shape[0]도 가능)
end_column = 1     # 범위의 끝 열 번호

# 그래프 및 축 값을 위한 데이터 범위, 마커 지정
chart.add_series({
    'values': [worksheet_name, start_row, start_column,
               end_row, end_column], # y축 값에 사용할 데이터 범위 지정
    'categories': [worksheet_name, start_row, 0,
                   end_row, 0],      # x축 값에 사용할 데이터 범위 지정
    'marker': {'type': 'circle',     # 마커 모양: 원(circle)으로 지정
               'size': 10}           # 마커 크기: 10으로 지정
    })

# (5-1) 엑셀 차트에 차트 제목과 x, y축 제목, 범례를 위한 설정
chart.set_title({'name': '키와 몸무게의 관계'}) # 차트 제목을 지정
chart.set_x_axis({'name': '키 (cm)',           # x축 제목을 지정
                  'min': 150, 'max': 190,      # x축의 최솟값 및 최댓값 지정
                  'major_gridlines': {'visible': True} # x축 격자가 보이게 설정
                  })
chart.set_y_axis({'name': '몸무게 (kg)',  # y축 제목 을지정
                  'min': 40, 'max': 100}) # y축의 최솟값 및 최댓값 지정
chart.set_legend({'position': 'none'})    # 범례를 표시하지 않음

# (6) 워크시트에 차트가 들어갈 위치 지정해 차트 넣기
worksheet.insert_chart(1, columns_len, chart, {'x_offset': 25, 'y_offset': 10})

# (7) ExcelWriter 객체를 닫고 엑셀 파일을 출력
excel_writer.save()

print("생성 파일:", excel_file_chart)    # 생성한 파일 이름 출력
```

Out: 생성 파일: C:/myPyExcel/data/ch08/키와_몸무게_분산형차트.xlsx

위의 코드 수행으로 생성된 엑셀 파일(키와_몸무게_분산형차트.xlsx)은 그림 8-12와 같습니다.

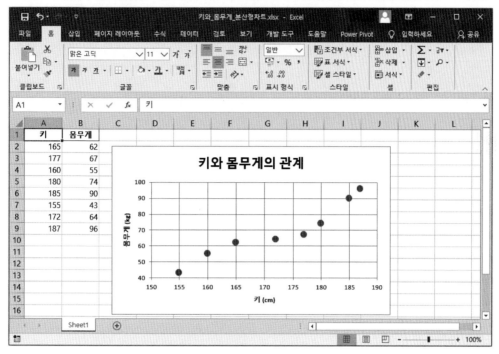

그림 8-12 분산형 차트가 삽입된 엑셀 파일

이번에는 분산형 차트의 확장인 거품형 차트(버블 차트, Bubble chart)를 알아보겠습니다. 분산형 차트가 두 개의 요소로 이뤄진 데이터 집합에서 둘 사이의 관계를 표시했다면 거품형 차트는 세 개의 요소로 이뤄진 데이터 집합에서 서로의 관계를 표시합니다. 이때 두 개의 요소는 각각 거품의 x축과 y축의 위치를 결정하고 나머지 하나의 요소는 거품의 크기로 데이터의 크기를 표시합니다. 그림 8-13은 엑셀 파일(제품별_시장점유율.xlsx)의 워크시트에 데이터를 이용해 엑셀에서 거품형 차트를 추가한 예입니다. 그림에서 보듯이 거품형 차트는 세 개의 요소 중 두 개의 요소는 거품의 위치를 결정하고 나머지 하나의 요소는 거품의 크기를 결정해 2차원 좌표계 위에 표시합니다.

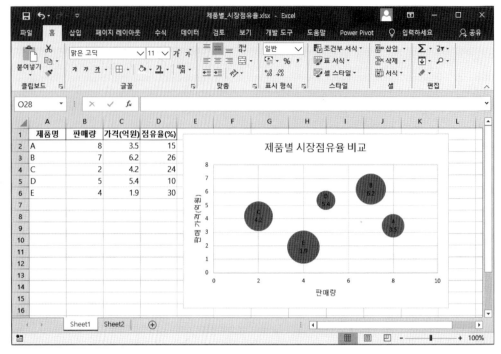

그림 8-13 엑셀의 거품형 차트

거품형 차트를 파이썬으로 그리기 위해 제품별로 판매량, 가격, 시장 점유율 데이터가 있는 엑셀 파일
(제품별_시장점유율.xlsx)을 읽어 DataFrame 데이터로 가져오겠습니다.

In: import pandas as pd

        folder = 'C:/myPyExcel/data/ch08/' # 엑셀 파일이 있는 디렉터리(폴더)
        excel_file = folder + '제품별_시장점유율.xlsx' # 원본 엑셀 파일

        df = pd.read_excel(excel_file)   # 엑셀 파일을 DataFrame 데이터(df)로 읽어 오기
        df

Out:

	제품명	판매량	가격(억원)	점유율(%)
0	A	8	3.5	15
1	B	7	6.2	26
2	C	2	4.2	24
3	D	5	5.4	10
4	E	4	1.9	30

지금까지 살펴본 XlsxWriter는 기본적으로 거품형 차트를 제공하지 않습니다. 하지만 앞에서 살펴본 분산형 차트를 응용하면 거품형 차트를 그릴 수 있습니다. 즉, 분산형 차트에서 마커의 모양을 원으로 지정하고 데이터의 크기에 따라서 원의 크기를 연동하면 거품형 차트를 그릴 수 있습니다.

앞에서 엑셀 파일(제품별_시장점유율.xlsx)을 읽어서 가져온 DataFrame 데이터(df)에서 판매량, 가격(억원), 점유율(%) 열의 각 항목에 대해 for 문으로 add_series()에 들어갈 내용을 정의하면 각 제품별로 원 마커의 크기를 달리해서 차트에 표시할 수 있습니다. 여기서, 판매량과 가격(억원) 열의 각 항목은 분산형 차트의 x 축과 y축 데이터로 지정하고 점유율(%) 열의 각 항목은 원 마커의 크기와 연동하도록 add_series()에 들어갈 내용을 지정했습니다. 다음은 이것을 구현한 코드입니다.

```
In:    # (1) 판다스 ExcelWriter 객체 생성
       folder = 'C:/myPyExcel/data/ch08/' # 엑셀 파일이 있는 디렉터리(폴더)
       excel_file_chart = folder + '제품별_시장점유율_거품형차트.xlsx' # 생성할 파일

       excel_writer = pd.ExcelWriter(excel_file_chart, engine='xlsxwriter')

       # (2) DataFrame 데이터를 지정된 워크시트(sheet_name=시트_이름)에 쓰기
       worksheet_name = 'Sheet1' # 워크 시트 이름을 변수에 할당
       df.to_excel(excel_writer, sheet_name=worksheet_name, index=False)

       # (3) ExcelWriter 객체에서 워크북(workbook)과 워크시트(worksheet) 객체 생성
       workbook  = excel_writer.book
       worksheet = excel_writer.sheets[worksheet_name]

       # (4) 차트 객체 생성(원하는 차트의 종류 지정)
       chart = workbook.add_chart({'type': 'scatter'}) # 분산형 차트

       # (5) 차트를 생성하기 위한 데이터 값의 범위 지정
       columns_len = len(df.columns) # df.shape[1]도 가능

       for k in range(len(df.index)):  # 각 행별로 add_series()를 이용해 내용을 지정
           start_row = k + 1           # 범위의 시작 행 번호
           end_row = start_row         # 끝 행 번호는 시작 행 번호와 같게 지정

           market_share = df.iloc[k, 3] # 점유율(%) 데이터
           circle_size = int(15 + market_share * 1.1) # 원 크기를 점유율(%) 데이터와 연동
           if(circle_size > 72): # 최대 지정 가능 크기: 72
```

```
        circle_size = 72
        print("원의 크기를 줄이세요")

    # 그래프 및 축 값을 위한 데이터 범위, 범례 이름, 마커, 데이터 라벨 지정
    chart.add_series({
        'values': [worksheet_name, start_row, 2,
                   end_row, 2],        # y축의 값에 사용할 데이터 범위 지정
        'categories': [worksheet_name, start_row, 1,
                       end_row, 1], # x축의 값에 사용할 데이터 범위 지정
        'name': [worksheet_name, start_row, 0], # 범례의 이름으로 사용할 데이터 지정
        'marker': {'type': 'circle',          # 마커 모양: 원(circle)
                   'size': circle_size},      # 마커 크기: circle_size
        'data_labels': {'value': True,        # values에 지정한 값을 차트에 표시
                        'position': 'center'}  # 위치: 중앙
        })

    # (5-1) 엑셀 차트에 차트 제목과 x, y축 제목, 범례를 위한 설정
    chart.set_title({'name': '제품별 시장점유율 비교'})    # 차트 제목을 지정
    chart.set_x_axis({'name': '판매량',                   # x축 제목을 지정
                      'min': 0, 'max': 10,                # x축의 최솟값 및 최댓값 지정
                      'major_gridlines': {'visible': True} # x축 격자가 보이게 설정
                      })
    chart.set_y_axis({'name': '판매 가격(억원)',           # y축 제목을 지정
                      'min': 0, 'max': 8})                # y축의 최솟값 및 최댓값 지정

    # (6) 워크시트에 차트가 들어갈 위치 지정해 차트 넣기
    worksheet.insert_chart(1, columns_len, chart, {'x_offset': 25, 'y_offset': 10})

    # (7) ExcelWriter 객체를 닫고 엑셀 파일을 출력
    excel_writer.save()

    print("생성한 엑셀 파일:", excel_file_chart)        # 생성한 파일 이름 출력
```

Out: 생성한 엑셀 파일: C:/myPyExcel/data/ch08/제품별_시장점유율_거품형차트.xlsx

위 코드에서 마커의 크기는 DataFrame 데이터(df)에 점유율(%)의 데이터 값과 연동하게 했습니다. 엑
셀에서 마커의 크기는 최대 72까지 지정할 수 있어 코드에서도 원 모양 마커 크기를 72로 제한했습니
다. 위의 코드로 생성한 엑셀 파일(제품별_시장점유율_거품형차트.xlsx)은 그림 8-14와 같습니다.

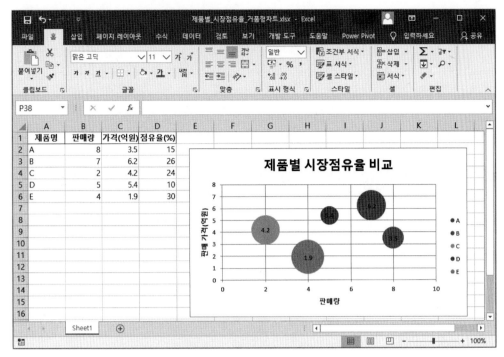

그림 8-14 거품형 차트가 삽입된 엑셀 파일

02 엑셀 스파크라인

엑셀의 스파크라인은 워크시트의 숫자 데이터를 하나의 셀 안에 표시하는 작은 차트입니다. 엑셀의 스파크라인은 엑셀의 초기 버전부터 있던 기능은 아니고 엑셀 2010 버전부터 들어간 기능입니다. 스파크라인은 하나의 행 데이터나 열 데이터를 그래프로 간편하게 시각화할 수 있어 데이터의 추세를 간단하게 살펴보는 데 유용하게 사용할 수 있습니다. 이번에는 파이썬에서 판다스와 XlsxWriter를 이용해 엑셀의 셀에 스파크라인을 삽입하는 방법을 살펴보겠습니다.

스파크라인의 종류와 활용 예

스파크라인의 종류에는 꺾은선형, 열, 승패가 있습니다. 꺾은선형은 각 데이터의 값을 꺾은선으로 연결한 그래프로 표시하고, 열은 각 데이터의 값을 막대 그래프로 표시하며 승패는 각 데이터가 양수인지 음수이지를 막대 그래프로 표시합니다.

스파크라인을 활용하는 예를 살펴보기 위해 그림 8-15처럼 엑셀 파일(월별_영업이익.xlsx)의 워크시트 데이터를 가지고 셀에 스파크라인을 삽입했습니다. 엑셀에서 스파크라인을 삽입하려면 셀을 선택한 후에 세 개의 스파크라인 중 하나를 선택하고 데이터 범위를 지정하면 됩니다. 그림 8-15의 엑셀 파일(월별_영업이익.xlsx)에서 셀에 스파크라인을 추가할 때 엑셀의 워크시트에서 판매가격, 판매수량, 영업이익 데이터에 대해 각각 스파크라인을 꺾은선형, 열, 승패로 선택했습니다. 꺾은선형 스파크라인은 표식(마커)을 지정했으며 각 스파크라인의 스타일은 임의로 선택했습니다.

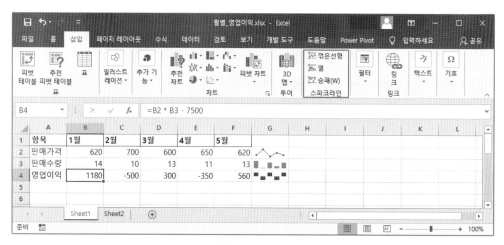

그림 8-15 엑셀의 셀에 스파크라인을 삽입

스파크라인을 생성하는 코드의 기본 구조

이번에는 파이썬에서 판다스와 XlsxWriter를 이용해 엑셀의 특정 셀에 스파크라인을 삽입하는 방법을 살펴보겠습니다. 이 방법은 앞에서 살펴본 엑셀 차트를 삽입하는 방법과 유사하지만 좀 더 간단합니다. 엑셀 차트를 생성할 때는 add_chart(), add_series(), insert_chart()가 필요했지만 스파크라인은 add_sparkline()만 있으면 됩니다. 스파크라인을 생성하는 코드의 기본 구조는 다음과 같습니다.

```
import pandas as pd
from xlsxwriter.utility import xl_range

# (1) 판다스 ExcelWriter 객체 생성(엔진은 xlsxwriter로 선택)
excel_writer = pd.ExcelWriter(excel_file, engine = 'xlsxwriter')
```

```
# (2) DataFrame 데이터를 지정된 워크시트(sheet_name=시트_이름)에 쓰기
df.to_excel(excel_writer, sheet_name = 시트_이름[, options])

# (3) ExcelWriter 객체에서 워크북(workbook)과 워크시트(worksheet) 객체 생성
workbook  = excel_writer.book
worksheet = excel_writer.sheets['시트이름']

# (4) 셀에 스파크라인 넣기(스파크라인 종류, 범위 및 기타 옵션 지정)
worksheet.add_sparkline(row, col, {'range': values_range,
                                   'type': 스파크라인_타입[, options]})
            혹은
worksheet.add_sparkline(cell_address, {'range': values_range,
                                       'type': 스파크라인_타입[, options]})

# (5) ExcelWriter 객체를 닫고 엑셀 파일을 출력
excel_writer.save()
```

위에서 (1), (2), (3), (5)번의 내용은 앞에서 살펴본 엑셀 차트를 생성하는 코드의 기본 구조와 같으므로 다른 부분만 살펴보겠습니다. (4)에서 add_sparkline()에서 스파크라인이 들어갈 셀의 위치를 지정할 때 행 번호(row)와 열 번호(col)로 지정할 수도 있고 셀 주소(cell_address)로 지정할 수도 있습니다. 데이터 범위(range)에 지정하는 값(values_range)도 두 가지 방법으로 지정할 수 있습니다. 첫 번째 방법은 엑셀의 셀 주소 지정 방식인 '=시트이름!시작_셀_주소:끝_셀_주소'를 이용하는 것이고 두 번째 방법은 행과 열의 번호를 지정하는 방식으로 xl_range(시작_행_번호, 시작_열_번호, 끝_행_번호, 끝_열_번호)를 이용하는 것입니다. add_sparkline()의 데이터 범위 지정은 셀 주소 지정 방식으로만 할 수 있으므로, 데이터 범위를 행과 열의 위치로 지정하려면 xlsxwriter.utility에서 임포트한 xl_range() 함수를 이용합니다.

add_sparkline()가 지원하는 스파크라인의 종류는 8-2과 같습니다. 스파크라인의 종류('type')를 지정하지 않으면 기본적으로 line이 지정돼 꺾은선형이 됩니다. 부가 기능(options)은 필요시에만 지정하는데 스파크라인 종류에 따라서 사용할 수 있는 부가 기능이 다릅니다. 부가 기능 중 'style': 숫자를 이용하면 스파크라인의 스타일을 지정할 수 있습니다. 여기서 숫자는 1~36사이의 양수를 지정해 36개의 스타일 중 하나를 선택할 수 있습니다.

표 8-2 add_sparkline()이 지원하는 스파크라인 종류

스파크라인 타입	엑셀 스파크라인 종류	부가 기능(options)
line	꺾은선형	'markers':True 지정 시 선과 함께 마커 표시
column	열	−
win_loss	승패	'negative_points':True 지정 시 음수 그래프를 다른 색으로 표시

여러 개의 데이터에 대해 각각 스파크라인을 추가하려면 add_sparkline()에 필요한 내용을 변경해 여러 번 수행합니다.

이번에는 파이썬으로 엑셀의 스파크라인을 셀에 넣는 방법을 살펴보겠습니다. 이를 위해 앞에서 예로 든 엑셀 파일(월별_영업이익.xlsx)을 읽어 DataFrame 데이터로 가져오겠습니다.

```
In:    import pandas as pd

       folder = 'C:/myPyExcel/data/ch08/' # 엑셀 파일이 있는 디렉터리(폴더)
       excel_file = folder +  '월별_영업이익.xlsx' # 원본 엑셀 파일

       df = pd.read_excel(excel_file)      # 엑셀 파일을 DataFrame 데이터(df)로 읽어 오기
       df
```

```
Out:
```

	항목	1월	2월	3월	4월	5월
0	판매가격	620	700	600	650	620
1	판매수량	14	10	13	11	13
2	영업이익	1180	−500	300	−350	560

다음은 앞에서 살펴본 스파크라인 생성을 위한 기본 코드를 활용해 실제로 엑셀 워크시트의 셀에 스파크라인을 추가하는 코드입니다. 이 코드는 앞에서 엑셀 차트를 생성할 때의 코드와 (1), (2), (3), (5)번 단계는 같습니다. (4)번 단계에서 add_sparkline()를 설정하는 부분만 차이가 있습니다. 아래 코드는 (4)번 단계에서 판매가격, 판매수량, 영업이익 데이터에 대해 각각 꺾은선형 스파크라인, 열 스파크라인, 승패 스파크라인을 지정한 셀에 추가하기 위해 add_sparkline()를 설정하는 방법을 보여줍니다.

```
In:    from xlsxwriter.utility import xl_range

       # (1) 판다스 ExcelWriter 객체 생성
       folder = 'C:/myPyExcel/data/ch08/' # 엑셀 파일이 있는 디렉터리(폴더)
```

```python
excel_file_chart = folder + '월별_영업이익_스파크라인.xlsx' # 생성할 엑셀 파일

excel_writer = pd.ExcelWriter(excel_file_chart, engine='xlsxwriter')

# (2) DataFrame 데이터를 지정된 워크시트(sheet_name=시트_이름)에 쓰기
worksheet_name = 'Sheet1' # 워크 시트 이름을 변수에 할당
df.to_excel(excel_writer, sheet_name=worksheet_name, index=False)

# (3) ExcelWriter 객체에서 워크북(workbook)과 워크시트(worksheet) 객체 생성
workbook  = excel_writer.book
worksheet = excel_writer.sheets[worksheet_name]

# (4) 셀에 스파크라인 추가
# 꺾은선형 스파크 라인(마커 포함)
worksheet.add_sparkline('G2', # 스파크라인이 들어갈 셀의 주소 지정
                        {'range': 'Sheet1!B2:F2', # 데이터 범위 지정(주소 형식)
                         'type': 'line',          # 꺾은선형 스파크라인
                         'markers': True})        # 마커 표시

# 열 스파크 라인(스타일 지정)
worksheet.add_sparkline('G3', # 스파크라인이 들어갈 셀의 주소 지정
                        {'range': 'Sheet1!B3:F3', # 데이터 범위 지정(주소 형식)
                         'type': 'column',        # 열 스파크라인
                         'style': 12})            # 스타일 지정

# 승패 스파크 라인(음수 그래프를 표시)
worksheet.add_sparkline('G4', # 스파크라인이 들어갈 셀의 주소 지정
                        {'range': 'Sheet1!B4:F4', # 데이터 범위 지정(주소 형식)
                         'type': 'win_loss',      # 승패 스파크라인
                         'negative_points': True}) # 음수 그래프를 표시 여부 설정
                                                   # (True이면 음수 그래프 표시)

# (5) ExcelWriter 객체를 닫고 엑셀 파일을 출력
excel_writer.save()

print("생성 파일:", excel_file_chart) # 생성한 파일 이름 출력
```

Out: 생성 파일: C:/myPyExcel/data/ch08/월별_영업이익_스파크라인.xlsx

위의 코드 수행으로 생성된 엑셀 파일(월별_영업이익_스파크라인.xlsx)은 그림 8-16과 같습니다. 워크시트에 있는 각 열의 데이터를 활용해 지정한 셀에 꺾은선형, 열, 승패 스파크라인이 잘 들어간 것을 볼 수 있습니다.

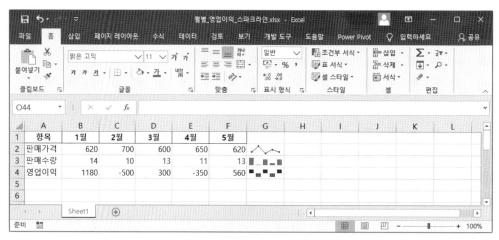

그림 8-16 셀에 꺾은선형, 열, 승패 스파크라인을 삽입한 엑셀 파일

앞의 (4) 단계에서 add_sparkline()에 스파크라인이 들어갈 셀의 위치와 데이터의 범위를 지정할 때는 주소 지정 방식을 이용했습니다. 이렇게 주소 지정 방식을 이용할 수 있지만 데이터의 개수가 변경되면 스파크라인이 들어갈 셀의 위치와 데이터의 범위를 매번 다시 지정해야 하므로 불편합니다. 아래 코드는 스파크라인이 들어갈 셀의 위치와 데이터의 범위를 행과 열의 번호로 지정함으로써 그런 불편을 없앴습니다.

```
In:    from xlsxwriter.utility import xl_range

       # (1) 판다스 ExcelWriter 객체 생성
       folder = 'C:/myPyExcel/data/ch08/' # 엑셀 파일이 있는 디렉터리(폴더)
       excel_file_chart = folder + '월별_영업이익_스파크라인2.xlsx' #  생성할 엑셀 파일

       excel_writer = pd.ExcelWriter(excel_file_chart, engine='xlsxwriter')

       # (2) DataFrame 데이터를 지정된 워크시트(sheet_name=시트_이름)에 쓰기
       worksheet_name = 'Sheet1'         # 워크 시트 이름을 변수에 할당
       df.to_excel(excel_writer, sheet_name=worksheet_name, index=False)
```

```python
# (3) ExcelWriter 객체에서 워크북(workbook)과 워크시트(worksheet) 객체 생성
workbook  = excel_writer.book
worksheet = excel_writer.sheets[worksheet_name]


# (4) 셀에 스파크라인 추가
for k in range(len(df)):
    sparkline_row = k + 1                   # 스파크라인이 위치할 셀의 행 번호
    sparkline_column = len(df.columns)      # 스파크라인이 위치할 셀의 열 번호


    start_row = k + 1                       # 데이터 범위의 시작 행 번호
    start_column = 1                        # 데이터 범위의 시작 열 번호
    end_row = start_row                     # 데이터 범위의 끝 행 번호
    end_column = len(df.columns) - 1        # 데이터 범위의 끝 열 번호


    # 스파크라인을 위한 데이터 범위 지정(시작과 끝 위치를 행과 열의 번호로 지정)
    values_range = xl_range(start_row, start_column, end_row, end_column)


    if(k == 0):
        # 꺾은선형 스파크 라인(마커 포함)
        worksheet.add_sparkline(sparkline_row,      # 셀의 위치(행) 지정
                                sparkline_column,   # 셀의 위치(열) 지정
                                {'range': values_range,   # 데이터 범위 지정
                                 'type': 'line',    # 꺾은선형 스파크라인
                                 'markers': True})  # 마커 표시
    elif(k == 1):
        # 열 스파크 라인
        worksheet.add_sparkline(sparkline_row,      # 셀의 위치(행) 지정
                                sparkline_column,   # 셀의 위치(열) 지정
                                {'range': values_range,   # 데이터 범위 지정
                                 'type': 'column',  # 열 스파크라인
                                 'style': 12})      # 스타일 지정
    elif(k == 2):
        # 승패 스파크 라인
        worksheet.add_sparkline(sparkline_row,      # 셀의 위치(행) 지정
                                sparkline_column,   # 셀의 위치(열) 지정
                                {'range': values_range,   # 데이터 범위 지정
                                 'type': 'win_loss',   # 승패 스파크라인
                                 'negative_points': True})   # 음수 그래프 표시
```

```
# (5) ExcelWriter 객체를 닫고 엑셀 파일을 출력
excel_writer.save()

print("생성 파일:", excel_file_chart) # 생성한 파일 이름 출력
```

Out: 생성 파일: C:/myPyExcel/data/ch08/월별_영업이익_스파크라인2.xlsx

위 코드에서 add_sparkline()에 필요한 데이터의 범위를 자동으로 알아내고 스파크라인이 들어갈 셀의 위치를 자동으로 지정하기 위해 엑셀 파일을 읽어서 가져온 DataFrame 데이터(df)의 index 크기(len(df))와 columns 크기(len(df.columns))를 이용했습니다. 또한 for 문을 사용해 모든 데이터 행에 대해 add_sparkline()에 필요한 데이터 범위와 스파크라인이 들어갈 셀 위치가 자동으로 지정되게 했습니다.

위의 코드로 생성한 엑셀 파일(월별_영업이익_스파크라인2.xlsx)의 스파크라인은 앞에서 생성한 엑셀 파일(월별_영업이익_스파크라인.xlsx)의 스파크라인과 같습니다.

03 판다스로 그래프 그리기

앞에서 XlsxWriter로 엑셀 차트를 생성할 때 우선 엑셀 워크시트에 데이터를 쓰고 그 데이터를 이용해 엑셀 차트를 그렸습니다. 또한 엑셀 차트 생성을 위해 add_chart() 함수로 차트 유형을 선택한 후 add_series()를 이용해 데이터 값의 범위를 지정하고 다양한 옵션을 설정하는 과정이 다소 복잡했습니다. 이번에는 판다스의 DataFrame 데이터를 시각화하는 방법을 살펴보겠습니다. 이것은 앞에서 살펴본 XlsxWriter보다 좀 더 쉽게 그래프(차트)를 생성할 수 있습니다.

파이썬에는 데이터를 시각화하는 몇 가지 라이브러리가 있습니다. 대표적인 것이 matplotlib입니다. matplotlib는 파이썬에서 데이터를 효과적으로 시각화하는 라이브러리로 다양한 종류의 2차원 평면 그래프(차트) 그리기 기능과 부가 기능을 제공합니다. 판다스에서는 matplotlib를 기반으로 만들어진 그래프 생성 기능이 있습니다. 이것을 이용하면 엑셀 파일의 데이터를 판다스 DataFrame으로 읽어와서 간단하게 시각화할 수 있습니다. 이 방법으로 생성한 그래프는 화면으로 출력할 수도 있고 그림 파일로 저장할 수도 있습니다. 저장한 그래프 파일은 엑셀 파일에 추가할 수 있습니다. 여기서는 matplotlib 라이브러리를 기반으로 만든 판다스의 그래프 기능 중 주요 기능 중심으로 살펴보겠습니다. 판다스의 그래프 기능만 이용해도 그래프를 그릴 수 있지만 matplotlib도 활용해 좀 더 다채로운 그래프를 생성할 것입니다. 그래프 생성을 위해 추가 정보가 필요하다면 판다스 홈페이지에서 plot 기능을 설명한 자료를 참조하거나 matplotlib 홈페이지(https://matplotlib.org/)를 방문하길 바랍니다.

그래프를 위한 기본 구조

판다스의 Series나 DataFrame의 시각화 메서드인 plot()을 이용해 다양한 그래프를 그릴 수 있습니다. 다음은 판다스의 Series나 DataFrame 데이터에 대해 plot()을 이용해 그래프를 그리는 기본 구조입니다.

```
import pandas as pd
import matplotlib.pyplot as plt

Series_data.plot([kind = 'graph_kind'][, options])
DataFrame_data.plot([kind = 'graph_kind']
                    [, x = label 혹은 position, y = label 혹은 position]
                    [, options])

plt.show()
```

위에서 Series_data와 DataFrame_data는 각각 판다스의 Series와 DataFrame 데이터입니다. kind 옵션은 그래프의 종류를 선택하는 것으로 판다스에서 선택할 수 있는 그래프의 종류는 표 8-3과 같습니다. 표 8-3에는 kind 옵션으로 선택할 수 있는 그래프와 이 그래프를 엑셀에서 부르는 용어도 같이 표시했습니다. plot()에 kind 옵션을 선택해 그래프의 종류를 선택할 수도 있지만 plot.graph_kind()처럼 사용할 수도 있습니다. 예를 들어 Series_data.plot(kind='line')은 Series_data.plot.line()처럼 사용할 수도 있습니다. kind 옵션을 생략하면 기본적으로 선 그래프가 그려집니다. 나머지 옵션(options)은 해당 그래프를 설명할 때 알아보겠습니다. DataFrame은 plot(x=label 혹은 position, y=label 혹은 position)로 그래프에서 사용할 데이터를 지정할 수도 있습니다. 이때 label은 DataFrame 데이터의 열 이름이고 position은 0부터 시작하는 열의 위치입니다. y에 지정하는 label과 position은 리스트 형식으로 여러 개의 열 이름과 열 위치를 지정할 수 있습니다.

표 8-3 판다스의 그래프 종류

kind 옵션	그래프 종류	엑셀에서 부르는 용어
line	선 그래프(기본)	꺾은선형 차트
bar	수직 막대 그래프	세로 막대형 차트
barh	수평 막대 그래프	가로 막대형 차트
hist	히스토그램	히스토그램 차트

kind 옵션	그래프 종류	엑셀에서 부르는 용어
box	박스 그래프	상자 수염 차트
kde 혹은 density	커널 밀도 추정 그래프	–
pie	파이 그래프	원형 차트
area	면적 그래프	영역형 차트
scatter	산점도(DataFrame 데이터만 가능)	분산형 차트

위 코드에서 마지막에 있는 plt.show()는 주피터 노트북에서 하나의 코드 셀에 구성한 그래프를 화면에 보여주는 역할을 합니다. 그래프를 화면에 출력하지 않고 파일로 출력(저장)할 수도 있는데 이것은 나중에 살펴봅니다.

matplotlib를 이용해 그래프에 제목이나 범례에 한글을 표시하려면 한글 폰트를 지정해야 합니다. 아래는 윈도우에 기본으로 설치된 '맑은 고딕'을 matplotlib를 이용한 그래프에서 사용할 폰트로 지정하고, 한글 폰트에서 마이너스(–) 문자가 깨지는 것을 방지하는 코드입니다.

```
import matplotlib

# '맑은 고딕'으로 폰트 설정
matplotlib.rcParams['font.family'] = 'Malgun Gothic'
# 한글 폰트에서 마이너스(-) 폰트가 깨지는 것을 방지
matplotlib.rcParams['axes.unicode_minus'] = False
```

이제 위의 그래프를 위한 기본 구조를 따라 선 그래프, 막대 그래프, 산점도, 파이 그래프, 면적 그래프, 히스토그램, 박스 그래프를 그리는 방법을 살펴보겠습니다. 앞의 엑셀 차트에서 알아본 그래프와 같은 종류의 그래프를 그릴 때는 해당 엑셀 파일을 그대로 사용하겠습니다.

선 그래프(꺾은선형 차트)

가장 먼저 선 그래프를 살펴보겠습니다. 이를 위해 앞의 꺾은선형 차트에서 살펴본 엑셀 파일(공장별_생산현황.xlsx)을 읽어서 DataFrame 데이터로 가져오겠습니다.

```
In:    import pandas as pd

       folder = 'C:/myPyExcel/data/ch08/' # 엑셀 파일이 있는 디렉터리(폴더)
```

```
excel_file = folder + '공장별_생산현황.xlsx' # 원본 엑셀 파일

df = pd.read_excel(excel_file)                # 엑셀 파일을 DataFrame 데이터(df)로 읽어 오기
df
```

Out:

	연도	A공장	B공장	C공장
0	2014	100	150	200
1	2015	120	160	240
2	2016	130	170	260
3	2017	70	130	160
4	2018	90	150	240
5	2019	100	180	240
6	2020	120	160	260
7	2021	180	250	320

위와 같이 read_excel() 함수로 엑셀 파일을 DataFrame 데이터로 읽어올 때 index_col 옵션을 지정하지 않는다면 엑셀의 모든 데이터가 DataFrame의 values로 들어오고 index가 자동으로 생성됩니다.

먼저 그래프에 한글을 표시하도록 한글 폰트를 지정합니다.

In:
```
import matplotlib as mpl

mpl.rcParams['font.family'] = 'Malgun Gothic' # '맑은 고딕'으로 폰트 설정
mpl.rcParams['axes.unicode_minus'] = False    # 마이너스(-) 폰트 깨짐 방지
```

이제 앞의 DataFrame 데이터(df)를 활용해 plot()으로 선 그래프를 그려보겠습니다. 선 그래프는 가장 기본적인 그래프로 plot()을 이용할 때 kind='line'로 지정하면 되는데, kind 옵션을 지정하지 않으면 기본적으로 선 그래프가 됩니다. 또한 plot()에서 x축 데이터와 y축 데이터를 지정하는데, 지정하지 않으면 DataFrame 데이터에서 index는 그래프의 x축 데이터가 되고 모든 열 데이터(values)는 각각 그래프의 y축 데이터가 됩니다. 또한 columns는 각 그래프의 범례로 표시됩니다.

주피터 노트북에서 코드 결과를 출력하는 부분에 그래프를 출력하려면 %matplotlib inline을, 별도의 팝업창에 그래프를 출력하려면 %matplotlib qt를 실행합니다. 여기서는 아래와 같이 실행해 코드 결과를 출력 부분에 그래프를 출력합니다.

In: %matplotlib inline

다음은 앞의 DataFrame 데이터 df에 대해 plot()을 수행한 결과입니다.

In: import matplotlib.pyplot as plt

    df.plot() # 선 그래프. df.plot(kind='line')도 동일
    plt.show()

Out:
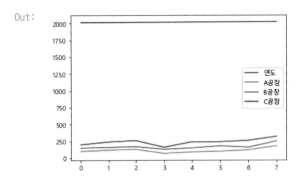

생성된 선 그래프는 우리가 원하는 모습이 아닙니다. df의 index가 선 그래프의 x축 데이터가 되고 values의 각 열 데이터가 y축 데이터가 됐기 때문입니다. 원하는 선 그래프를 그리려면 다음과 같이 df의 연도 열을 x축 데이터로 지정하고 나머지 열(A공장, B공장, C공장)을 y축 데이터로 지정합니다.

In: df.plot(x = '연도', y = ['A공장','B공장','C공장']) # df2.plot(x=0, y=[1,2,3])도 동일
    plt.show()

Out:
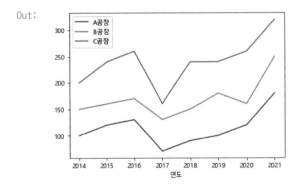

read_excel() 함수로 엑셀 파일을 DataFrame 데이터로 읽어올 때 다음과 같이 index_col='연도' 옵션을 지정해 엑셀 파일의 연도 열을 DataFrame 데이터의 index로 지정하면 좀 더 편리하게 선 그래프를 그릴 수 있습니다.

```
In:    import pandas as pd

       folder = 'C:/myPyExcel/data/ch08/'          # 엑셀 파일이 있는 디렉터리(폴더)
       excel_file = folder + '공장별_생산현황.xlsx'    # 원본 엑셀 파일

       df = pd.read_excel(excel_file, index_col='연도') # DataFrame 데이터(df)로 읽어 오기
       df
```

Out:

	A공장	B공장	C공장
연도			
2014	100	150	200
2015	120	160	240
2016	130	170	260
2017	70	130	160
2018	90	150	240
2019	100	180	240
2020	120	160	260
2021	180	250	320

이제 index가 연도인 DataFrame 데이터(df)에 대해 plot()을 수행합니다.

```
In:    df.plot() # 선 그래프. df.plot(kind='line')도 동일
       plt.show() # 그래프 화면 출력
```

Out:

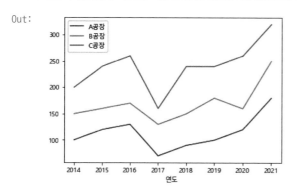

출력된 그래프의 x축에는 index와 index 이름이 함께 표시되고 열의 수만큼 선 그래프가 그려진 것을 볼 수 있습니다. 또한 각 열의 이름(A공장, B공장, C공장)은 범례로 표시됐습니다.

DataFrame 데이터에서 특정 열의 데이터만 그래프에 표시하고 싶다면 plot()의 y옵션에 해당 열의 이름을 지정하면 됩니다. 다음은 DataFrame 데이터(df)에서 A공장 열의 데이터만 선 그래프로 그린 예입니다.

In: df.plot(y='A공장') # df.plot(y=0) 도 동일
        plt.show()

Out:
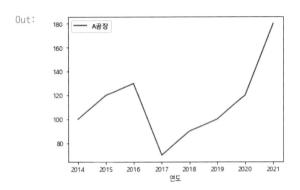

두 개 이상의 열 데이터를 지정할 때는 다음과 같이 열 이름을 리스트로 묶어서 지정합니다.

In: df.plot(y=['B공장', 'C공장']) # df.plot(y=[1, 2])도 동일
        plt.show()

Out:
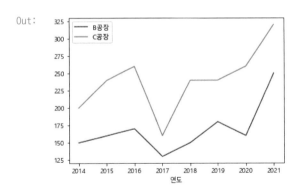

plot()에서 grid=True 옵션을 지정하면 그래프에 격자를 추가할 수 있고, style=fmt 옵션을 이용하면 그래프의 색상, 선 스타일, 마커를 지정할 수 있습니다. fmt을 리스트 형식으로 지정하면 DataFrame 데

이터의 열마다 다른 스타일을 지정할 수 있습니다. style 옵션에 지정하는 색상, 선 스타일, 마커는 다음의 형식으로 지정합니다.

```
fmt = '[color][line_style][marker]'
```

color, line_style, marker는 각각 색상, 선 스타일, 마커를 지정하는 약어(문자)를 나타냅니다. 이 것은 하나씩만 지정할 수도 있고 조합해서 지정할 수도 있습니다. 표 8-4, 표 8-5, 표 8-6은 각각 matplotlib에서 색상, 선의 스타일, 마커를 지정하는 약어입니다.

표 8-4 색상을 지정하는 약어

약어	색상
b	파란색(blue)
g	녹색(green)
r	빨간색(red)
c	청록색(cyan)
m	자홍색(magenta)
y	노란색(yellow)
k	검은색(black)
w	흰색(white)

표 8-5 선의 스타일을 지정하는 약어

약어	선 스타일
-	실선(solid line) ———
--	파선(dashed line) - - - -
:	점선(dotted line) · · · · · · · · · · ·
-.	파선 점선 혼합선(dash-dot line) - · - · -

표 8-6 마커를 지정하는 약어

약어	마커
o	원 모양 ●
^, v, <, >	삼각형 위쪽(▲), 아래쪽(▼), 왼쪽(◀), 오른쪽 (▶) 방향
s	사각형(square) ■

약어	마커
p	오각형(pentagon)
h, H	육각형(hexagon)1, 육각형2
*	별 모양(star) ★
+	더하기(plus) +
x, X	×, 채워진 ×
D, d	다이아몬드(diamond, ◆), 얇은 다이아몬드

또한 그래프에 x축 라벨, y축 라벨, 제목을 지정하고 싶다면 다음과 같이 plot()의 반환 값(ax)에 set_xlabel(), set_ylabel(), set_title() 메서드를 이용해 각각 x축 라벨, y축 라벨, 제목을 추가할 수 있습니다.

```
ax.set_xlabel(xlabel_string[, fontsize = 숫자])
ax.set_ylabel(ylabel_string[, fontsize = 숫자])
ax.set_title(title_string[, fontsize = 숫자])
```

여기서 xlabel_string, ylabel_string, title_string는 각각 x축 라벨, y축 라벨, 제목에 표시할 문자열입니다. fontsize 옵션에 숫자를 지정하면 글꼴 크기를 설정할 수 있습니다. fontsize 옵션을 지정하지 않으면 글꼴 크기는 기본값으로 지정되며, fontsize=숫자 대신 size=숫자를 사용할 수 있습니다.

다음은 앞에서 살펴본 방법을 이용해 격자를 추가하고 스타일을 지정해 그래프를 그리고 x축 라벨, y축 라벨, 제목을 추가하는 예입니다.

```
In:    ax = df.plot(grid=True, style=['r--*', 'g-o', 'b:*'])  # 격자와 스타일 지정

       ax.set_xlabel("연도", fontsize=15)                      # x축 라벨을 지정
       ax.set_ylabel("생산량", fontsize=15)                     # y축 라벨을 지정
       ax.set_title("공장별 생산 현황", fontsize=20)              # 그래프 제목을 지정

       plt.show()
```

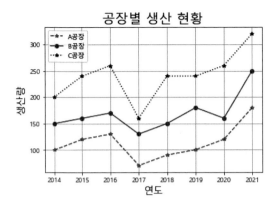

또한 plot()에 figsize=(w,h) 옵션으로 출력되는 그래프의 크기(너비와 높이)를 설정할 수 있습니다. 여기서 w와 h는 각각 그래프의 너비(width)와 높이(height)를 의미하는데 단위는 인치(inch)입니다. 다음은 figsize=(w,h) 옵션으로 그래프의 크기를 지정하는 코드입니다.

In:
```
ax = df.plot(grid=True, style=['r--*', 'g-o', 'b:*'], figsize=(4, 3))

ax.set_xlabel("연도", fontsize=15)
ax.set_ylabel("생산량", fontsize=15)
ax.set_title("공장별 생산 현황", fontsize=20)

plt.show()
```

Out:

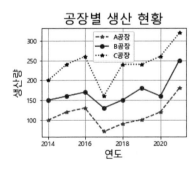

참고로 matplotlib에서 현재 설정된 그래프의 기본 크기는 다음과 같은 방법으로 확인할 수 있습니다.

In:
```
import matplotlib as mpl

mpl.rcParams['figure.figsize']
```

Out: [6.0, 4.0]

위 출력 결과([6.0, 4.0])는 matplotlib에서 현재 설정된 그래프의 기본 크기는 너비가 6.0인치(inch)이고 높이가 4.0인치(inch)임을 의미합니다.

막대 그래프(막대형 차트)

판다스 DataFrame 데이터에 대한 수직 막대 그래프(bar plot)는 다음과 같은 형식으로 그립니다.

```
DataFrame_data.plot.bar([x = label 혹은 position, y = label 혹은 position,
                         rot = rot_angle(기본: 90)] [, options])
```

여기서 x와 y에는 각각 DataFrame 데이터에서 x축 데이터와 y축 데이터로 지정한 열 이름(label)이나 위치(position)이 들어갑니다. 지정하지 않으면 DataFrame 데이터에서 index는 그래프의 x축 데이터가 되고 모든 열 데이터(values)는 각각 y축 방향으로 그려질 막대 그래프의 높이 데이터가 됩니다. 또한 DataFrame 데이터의 columns(열 이름)은 각 수직 막대 그래프의 범례로 표시됩니다. rot는 수직 막대 그래프의 x축에 표시된 눈금값(xtick)의 회전 각도(rot_angle)를 지정합니다. 생략하면 기본인 rot = 90로 지정돼 눈금값을 90도 회전합니다. 그 외에도 다양한 옵션(options)을 추가할 수 있습니다.

수평 막대 그래프를 그리려면 plot.bar() 대신 plot.barh()를 이용하면 됩니다. 수평 막대 그래프의 rot 옵션은 0이 기본입니다. 또한 plot.bar() 대신 plot(kind='bar')를 이용할 수 있고, plot.barh() 대신 plot(kind='barh')를 이용할 수 있습니다.

데이터 파일은 앞의 막대형 차트 예제에서 사용한 엑셀 파일(영업팀별_판매현황.xlsx)을 그대로 사용하겠습니다. 다음은 이 엑셀 파일을 읽어 DataFrame 데이터로 가져오는 코드입니다. 이번에도 read_excel() 함수를 호출할 때 index_col='월' 옵션을 지정해 엑셀 파일의 월 열을 DataFrame 데이터의 index로 지정하겠습니다. 이렇게 하면 plot.bar()에서 x와 y를 별도로 지정하지 않고도 수직 막대 그래프를 그릴 수 있어 편리합니다.

```
In:    import pandas as pd

       folder = 'C:/myPyExcel/data/ch08/' # 엑셀 파일이 있는 디렉터리(폴더)
       excel_file = folder + '영업팀별_판매현황.xlsx' # 원본 엑셀 파일

       df = pd.read_excel(excel_file, index_col='월') # DataFrame 데이터(df)로 읽어 오기
       df
```

Out:

월	영업1팀	영업2팀	영업3팀
7	10	20	30
8	20	40	60
9	30	60	90
10	40	80	120
11	50	100	150
12	60	120	180

다음은 앞의 DataFrame 데이터(df)에 대해 plot.bar()를 수행한 결과입니다.

In:
```
import matplotlib.pyplot as plt

df.plot.bar() # 수직 막대 그래프, df.plot(kind = 'bar')도 동일
plt.show()
```

Out:

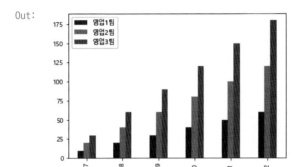

위의 출력 결과를 보면 DataFrame 데이터(df)의 모든 열 데이터(values)에 대해 수직 막대 그래프가 잘 그려진 것을 볼 수 있습니다. 수직 막대 그래프의 x축에 표시된 눈금값이 90도 회전된 것을 볼 수 있는데 여기서는 회전을 하지 않게 rot=0을 지정합니다.

In:
```
df.plot.bar(rot=0) # df.plot(kind='bar', rot=0)도 동일
plt.show()
```

Out:
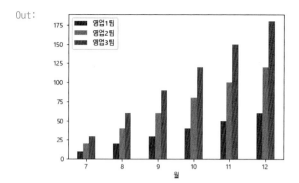

수직 막대 그래프에 격자를 추가하고 그래프의 x축, y축 라벨과 제목을 지정하려면 다음과 같이 앞에서 썼던 방법을 그대로 이용합니다.

```
In:     ax = df.plot.bar(grid=True, rot=0)              # 격자 추가, 눈금값 0도 회전

        ax.set_xlabel("월", fontsize=15)                  # x축 라벨을 지정
        ax.set_ylabel("판매현황", fontsize=15)             # y축 라벨을 지정
        ax.set_title("영업팀별 판매현황", fontsize=20)      # 그래프 제목을 지정

        plt.show()
```

Out:
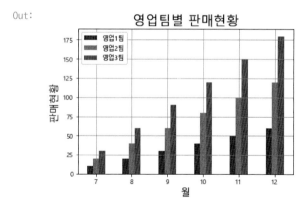

수평 막대 그래프를 그리려면 plot.barh()를 이용합니다. 수평 막대 그래프에서는 DataFrame 데이터에서 index는 그래프의 y축 데이터가 되고 모든 열 데이터(values)는 각각 x축 방향으로 그려질 막대 그래프의 길이 데이터가 됩니다. 그리고 수직 막대 그래프와는 반대로 x와 y 라벨을 지정하면 됩니다. 다음은 수직 막대 그래프를 그렸던 DataFrame 데이터(df)를 이용해 수평 막대 그래프를 그리는 코드입니다.

```
In:    ax = df.plot.barh(grid=True) # 수평 막대 그래프(격자 추가)
       # ax = df.plot(kind='barh', grid=True)도 동일

       ax.set_xlabel("판매현황", fontsize=15) # x축 라벨을 지정
       ax.set_ylabel("월", fontsize=15)        # y축 라벨을 지정
       ax.set_title("영업팀별 판매현황", fontsize=20) # 그래프 제목을 지정

       plt.show()
```

Out:

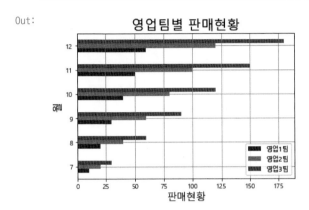

산점도(분산형 차트)

판다스 DataFrame의 산점도(scatter plot)는 다음과 같은 형식으로 그립니다.

```
DataFrame_data.plot.scatter(x = label 혹은 position, y = label 혹은 position,
                            [,s = size_n, c = colors, marker = 'marker_string',
                            alpha = alpha_f] [, options])
```

여기서 x와 y에는 각각 DataFrame 데이터에서 x축 데이터와 y축 데이터로 지정한 열 이름(label) 혹은 열 위치(position)가 들어갑니다. 산점도는 x와 y 지정이 필수입니다. 또한 옵션인 s, c, marker, alpha를 이용해 각각 마커의 크기(s), 색상(c), 모양(marker), 투명도(alpha)를 지정할 수 있습니다. 옵션을 지정하지 않으면 기본 값(s=기본크기, c=기본색, marker='o', alpha=1)으로 지정돼 원 마커가 기본 크기와 기본 색으로 불투명하게 그려집니다. s에는 원하는 크기의 값(size_n)을 지정하고 c와 marker에는 앞에서 살펴본 스타일을 지정하는 fmt의 색상과 마커를 지정하는 약어를 지정합니다. s 옵션에 하나의 숫자를 지정하면 모든 마커에 같은 크기가 적용되고, 리스트로 지정하면 마커마다 크기를 다르게 설정할 수 있

습니다. c 옵션도 하나의 색상만 지정하면 모든 마커에 동일한 색이 적용되고, 리스트로 입력하면 마커마다 색을 다르게 설정할 수 있습니다. alpha 옵션에는 0~1 사이의 실수를 지정합니다. alpha에 0을 지정하면 완전 투명이고, 1을 지정하면 완전 불투명입니다. 여러 개의 마커가 겹치게 될 때 alpha 옵션을 이용하면 가려지는 마커도 표시할 수 있습니다. 그 외에도 다양한 옵션(options)을 추가할 수 있습니다. 또한 plot.scatter() 대신 plot(kind='scatter')를 이용할 수 있습니다.

plot.scatter()를 사용할 때 마커의 색상 옵션(c)에 지정 가능한 컬러 이름에는 표 8-4의 기본 색상뿐만 아니라, 태블로 팔레트(Tableau palette) 색상과 CSS 색상이 있습니다. 지정 가능한 색상은 웹 사이트(https://matplotlib.org/3.3.1/gallery/color/named_colors.html)를 참조하세요.

산점도를 생성하기 위해 앞에서 분산형 차트를 생성할 때 이용한 엑셀 파일(키와_몸무게.xlsx)을 읽어서 DataFrame 데이터로 가져오겠습니다.

```
In:     import pandas as pd

        folder = 'C:/myPyExcel/data/ch08/'        # 엑셀 파일이 있는 디렉터리(폴더)
        excel_file = folder + '키와_몸무게.xlsx' # 원본 엑셀 파일

        df = pd.read_excel(excel_file)            # 엑셀 파일을 DataFrame 데이터(df)로 읽어 오기
        df
```

Out:

	키	몸무게
0	165	62
1	177	67
2	160	55
3	180	74
4	185	90
5	155	43
6	172	64
7	187	96

다음은 판다스 DataFrame 데이터에 plot.scatter()를 이용해 산점도를 그리는 코드입니다. 인수 x와 y에 각각 x축과 y축에 사용할 DataFrame 데이터의 열 이름을 지정하면 x에 지정한 열 데이터는 x축 데이터로, y에 지정한 열 데이터는 y축 데이터로 지정돼 산점도를 그립니다.

In:　　import matplotlib.pyplot as plt

df.plot.scatter(x='키', y='몸무게') # 산점도
# df.plot(kind='scatter', x='키', y='몸무게')도 동일
plt.show()

Out:

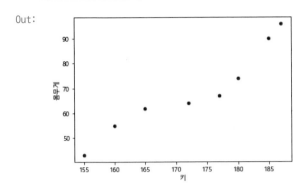

생성한 산점도 그래프를 보면 키와 몸무게에 대응하는 값이 2차원 좌표에서 마커(기본은 원)로 표시된 것을 볼 수 있습니다. 그런데 기본 크기로 그려진 마커의 크기가 작아서 잘 보이지 않습니다. 이때는 마커의 크기(size)를 지정하는 옵션(s=size_n)을 추가하면 산점도 그래프에서 마커의 크기를 조절할 수 있습니다. 또한 원의 색상(color)을 지정하는 옵션(c=colors)을 사용해 마커의 색상을 설정할 수 있습니다. 그래프에 격자를 추가하려면 앞에서 살펴봤던 격자 지정 옵션(grid=True)도 추가하면 됩니다. 이를 적용한 코드는 다음과 같습니다.

In:　　df.plot.scatter(x='키', y='몸무게', s=200, c='g', grid=True)
plt.show()

Out:

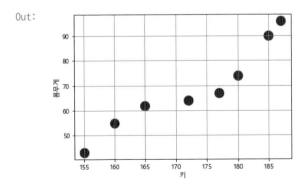

다음은 산점도에 그래프의 제목, x축과 y축 라벨을 추가하는 코드입니다.

In:
```
ax_scatter = df.plot.scatter(x='키', y='몸무게', s=200, c='g', grid=True)

ax_scatter.set_xlabel("키 (cm)", fontsize=15)
ax_scatter.set_ylabel("몸무게 (kg)", fontsize=15)
ax_scatter.set_title("키와 몸무게의 관계", fontsize=20)

plt.show()
```

Out:

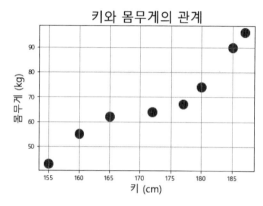

이번에는 plot.scatter()를 이용해 산점도를 생성할 때 마커의 크기를 지정하는 옵션(s=size_n)을 이용해 거품형 차트를 생성해 보겠습니다. 이를 위해 앞에서 거품형 차트를 생성하는 데 사용한 엑셀 파일(제품별_시장점유율.xlsx)을 읽어 DataFrame 데이터로 가져오겠습니다.

In:
```
import pandas as pd

folder = 'C:/myPyExcel/data/ch08/' # 엑셀 파일이 있는 디렉터리(폴더)
excel_file = folder + '제품별_시장점유율.xlsx' # 원본 엑셀 파일

df = pd.read_excel(excel_file)     # 엑셀 파일을 DataFrame 데이터(df)로 읽어 오기
df
```

Out:

	제품명	판매량	가격(억원)	점유율(%)
0	A	8	3.5	15
1	B	7	6.2	26
2	C	2	4.2	24
3	D	5	5.4	10
4	E	4	1.9	30

거품형 차트를 생성하기 위해 plot.scatter()에 마커의 크기를 지정한 값에 따라 변경하겠습니다. 원 마커의 크기는 아래와 같이 지정한 열 데이터의 최댓값 대비 상대적 크기로 계산합니다.

In:
```
# 각 데이터의 원 마커 크기는 최댓값 대비 상대적 크기로 계산
maker_size = df['점유율(%)'] / df['점유율(%)'].max() * 3000

df.plot.scatter(x='판매량', y='가격(억원)', s=maker_size)
plt.show()
```

Out:

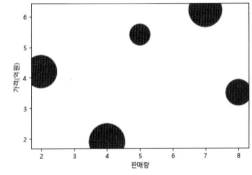

위에서 생성한 그래프를 보면 x축과 y축 좌표의 범위가 그리려고 하는 그래프의 값에 따라서 자동으로 설정됐는데, 다음의 방법으로 그래프의 x축과 y축 좌표 범위를 지정할 수 있습니다.

```
plt.xlim(xmin, xmax)  # x축의 좌표 범위 지정(xmin~xmax)
plt.ylim(ymin, ymax)  # y축의 좌표 범위 지정(xmin~xmax)
```

위에서 xmin과 xmax는 각각 그래프에서 표시하고자 하는 x축 좌표 범위의 최솟값과 최댓값이고, ymin과 ymax는 각각 y축 좌표 범위의 최솟값과 최댓값입니다. xlim()과 ylim()은 독립적이므로 둘 중 하나만 사용할 수도 있습니다.

다음을 이용하면 x축과 y축 좌표 범위를 한 번에 지정할 수도 있습니다.

```
plt.axis([xmin, xmax, ymin, ymax]) # x축과 y축의 좌표 범위를 동시에 지정
```

또한 다음과 같이 axis()를 이용하면 생성한 그래프의 x축과 y축 좌표의 범위를 알 수 있습니다.

```
xmin, xmax, ymin, ymax = plt.axis() # x축과 y축의 좌표 범위를 가져오기
```

여기서 xmin과 xmax는 각각 생성한 그래프에서 x축 좌표 범위의 최솟값과 최댓값이고, ymin과 ymax는 각각 y축 좌표 범위의 최솟값과 최댓값입니다.

앞에서 살펴본 xlim()과 ylim()을 적용해 x축과 y축의 좌표 범위를 지정한 코드는 다음과 같습니다.

```
In:    df.plot.scatter(x='판매량', y='가격(억원)', s=maker_size) # 산점도

       plt.xlim(1, 9) # x축 범위 지정
       plt.ylim(0, 8) # y축 범위 지정
       # plt.axis([1, 9, 0, 8])로 x축과 y축의 좌표 범위를 한 번에 지정 가능

       plt.show()
```

다음과 같이 그래프 창에 위치를 지정해 텍스트 문자열 표시할 수도 있습니다.

```
plt.text(x, y, text_str
        [, fontsize 혹은 size = 숫자, # 글자 크기 선택
            horizontalalignment 혹은 ha = '가로정렬위치명', # 가로 정렬 위치 지정
            verticalalignment 혹은 va = '세로정렬위치명'] # 세로 정렬 위치 지정
        [, options])
```

여기서 x와 y는 2차원 좌표에서 문자가 표시될 좌표(x, y)이고 text_str는 그래프에 표시될 텍스트 문자열입니다. 문자열을 그래프에 표시할 때 다양한 옵션을 지정할 수 있는데, 그중에서 몇 가지를 살펴보면 위와 같습니다. 글자의 크기를 지정하려면 fontsize=숫자 혹은 size=숫자 옵션을 지정합니다. 또한 글자는 horizontalalignment='가로정렬위치명' 혹은 ha='가로정렬위치명' 옵션 지정으로 가로 정렬을 할 수 있습니다. 가로정렬위치명에는 center, right, left 중 하나를 선택할 수 있습니다. 가로 정렬 옵션을 지정하지 않으면 기본적으로 왼쪽(left) 정렬입니다. 글자의 세로 정렬은 verticalalignment='세로정렬위치명' 혹은 va='세로정렬위치명' 옵션으로 지정합니다. 세로정렬위치명에는 center, top, bottom, baseline 중 하나를 선택할 수 있습니다. 세로 정렬 옵션을 지정하지 않으면 기본적으로 기준선(baseline) 정렬입니다. 그 외에도 몇 가지 옵션(options)을 추가할 수 있습니다.

이제 text()를 사용해 그래프에 문자열을 표시해 보겠습니다. 표시할 문자열로는 df의 제품명 열의 데이터를, 문자열을 표시할 좌표의 x와 y 값으로는 판매량 열과 가격(억원) 열의 데이터를 사용합니다. for 문으로 모든 행에 text()를 적용합니다. 다음은 이를 구현한 코드입니다.

```
In:     df.plot.scatter(x='판매량', y='가격(억원)', s=maker_size) # 산점도

        plt.axis([1, 9, 0, 8]) # x축과 y축 좌표의 범위를 지정

        for x, y, text_str in zip(df['판매량'], df['가격(억원)'], df['제품명']):
            plt.text(x, y, text_str, fontsize=11, ha='center', va='center')

        plt.show()
```

Out:

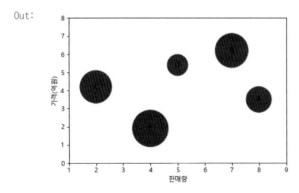

산점도를 plot.scatter()를 이용해 그릴 때 마커의 크기뿐만 아니라 색상도 지정할 수 있습니다. 다음은 마커의 색을 지정하는 옵션을 추가한 코드입니다.

```
colors = ['b', 'g', 'r', 'c', 'm'] # 마커의 개수만큼 색을 지정

df.plot.scatter(x='판매량', y='가격(억원)', s=maker_size, c=colors)

plt.axis([1, 9, 0, 8]) # x축과 y축 좌표의 범위를 지정

for x, y, text_str in zip(df['판매량'], df['가격(억원)'], df['제품명']):
    plt.text(x, y, text_str, fontsize=11, ha='center', va='center')

plt.show()
```

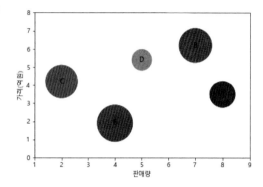

plot.scatter()를 사용해 산점도를 그릴 때 마커의 색상은 colormap(혹은 cmap) 옵션에 미리 정의된 컬러 맵 중 하나를 지정하고 c 옵션에 시퀀스 데이터 값을 지정하는 방식을 이용할 수 있습니다. DataFrame 은 c 옵션에 열 이름이나 열 위치를 지정할 수 있습니다. 이 방식은 마커의 색상으로 대략적인 데이터 값을 알 수 있어 좀 더 직관적으로 그래프를 해석하는 데 도움이 됩니다. 컬러맵과 색상 옵션을 지정하 는 것과 함께 투명도(alpha), 마커 테두리 색(edgecolors), 마커 테두리 두께(linewidth) 옵션도 지정하 면 버블 차트를 좀 더 보기 좋게 꾸밀 수 있습니다. 컬러맵을 지정할 때는 기본적으로 x축 라벨이 보이 지 않는데, x축 라벨을 보이게 하려면 sharex=False 옵션을 추가합니다.

미리 정의된 컬러맵(https://matplotlib.org/3.3.1/gallery/color/colormap_reference.html 참조) 중 데 이터 값에 따라 색의 명암이 순차적으로 달라지는 순차적(Sequential) 컬러맵은 데이터 값을 표시하기 에 적당해서 산점도에서 마커의 색상을 표시할 때 많이 이용합니다. 순차적 컬러맵에는 Greys, Purples, Blues, Greens, Oranges, Reds 등이 있습니다.

다음은 이를 구현한 코드입니다.

```
In:   ax  = df.plot.scatter(x='판매량', y='가격(억원)',
                            s=maker_size,        # 마커 크기 지정
                            c='점유율(%)',        # df의 '점유율(%)'열 데이터로 마커 색 지정
                            colormap="Blues",   # 미리 정의된 컬러맵 중 하나를 지정
                            alpha=0.7,           # 투명도 선택
                            edgecolors="gray",   # 마커 테두리 색 지정
                            linewidth=3,         # 마커 테두리 두께 지정
                            sharex=False)        # x축 라벨이 보이도록 지정

      ax.set_xlabel("판매량", fontsize=15)
      ax.set_ylabel("판매 가격(억원)", fontsize=15)
      ax.set_title("제품별 시장점유율 비교", fontsize=20)

      plt.axis([1, 9, 0, 8]) # x축과 y축 좌표의 범위를 지정

      for x, y, text_str in zip(df['판매량'], df['가격(억원)'], df['제품명']):
          plt.text(x, y, text_str, fontsize=11, ha='center', va='center')

      plt.show()
```

Out:

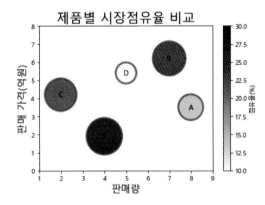

파이 그래프(원형 차트)

판다스 DataFrame의 파이 그래프(pie plot)는 다음과 같은 형식으로 그립니다.

```
DataFrame_data.plot.pie(y = label 혹은 position
                    [, labels = label_seq
                        autopct = 비율 표시 형식(ex: %0.1f),
                        shadow = False(기본) 혹은 True,
                        explode = explode_value,
                        counterclock = True(기본) 혹은 False,
                        startangle = 각도(기본: 0),
                        table = False(기본) 혹은 True,
                        legend = False 혹은 True(기본)] [, options] )
```

파이 그래프를 위한 다양한 옵션이 있지만 여기서는 주요 옵션만 살펴보겠습니다. 위에서 지정한 옵션의 의미는 다음과 같습니다.

- y: 파이 그래프의 부채꼴로 표시될 데이터로 DataFrame 데이터(DataFrame_data)에서 열 이름(label) 혹은 열 위치(position)를 지정합니다. 필수 인수입니다.

- labels: y 데이터의 요소와 개수가 같은 시퀀스(리스트, 튜플 등)로 지정해 파이 그래프의 각 부채꼴 부분에 라벨을 표시합니다. 지정하지 않으면 DataFrame 데이터의 index가 지정됩니다.

- autopct: 각 부채꼴 부분에 항목의 비율이 표시되는 숫자의 형식을 지정합니다. 예를 들어, '%0.1f'를 지정하면 소수점 첫째 자리까지 표시되며 '%0.0f'를 지정하면 정수만 표시됩니다. 이때 숫자뿐만 아니라 '%'를 추가하려면 '%0.1f%%'와 같이 지정합니다.

- shadow: 그림자 효과 여부를 지정하는 것으로 기본값은 그림자 효과를 지정하지 않는 False입니다.

- explode: 부채꼴 부분이 원에서 돌출되는 효과를 주어 특정 부채꼴 부분을 강조할 때 이용합니다. 돌출 정도는 y 데이터의 요소와 개수가 같은 시퀀스(리스트, 튜플 등)로 지정합니다. 이 시퀀스의 요소는 숫자이며 0이면 돌출이 없고 값이 클 수록 돌출이 많이 됩니다. 기본 설정은 돌출이 없는 것입니다.

- counterclock: 데이터에서 부채꼴 부분이 그려지는 순서가 반시계 방향(True)인지 시계 방향(False)인지를 지정합니다. 기본값은 True로 반시계 방향입니다.

- startangle: 제일 처음 부채꼴 부분이 그려지는 각도로 x 축을 중심으로 반시계 방향으로 증가합니다. 기본값은 0입니다.

- table: 표 형식으로 데이터 표시 여부를 지정하는 것으로 기본값은 표시하지 않는 False입니다.

- legend: 범례의 표시 여부를 지정하는 것으로 기본값은 범례를 표시하는 True입니다.

그 외에도 다양한 옵션(options)을 추가할 수 있습니다. 또한 plot.pie() 대신 plot(kind='pie')를 이용할 수 있습니다.

이제 파이 그래프를 그리기 위해 앞에서 원형 차트를 생성할 때 사용한 엑셀 파일(가장_좋아하는_운동.xlsx)을 이용해 DataFrame 데이터로 가져오겠습니다.

```
In:    import pandas as pd

       folder = 'C:/myPyExcel/data/ch08/' # 엑셀 파일이 있는 디렉터리(폴더)
       excel_file = folder + '가장_좋아하는_운동.xlsx' # 원본 엑셀 파일

       df = pd.read_excel(excel_file)     # 엑셀 파일을 DataFrame 데이터(df)로 읽어 오기
       df
```

Out:

	운동종류	선택학생
0	축구	7
1	야구	6
2	줄넘기	3
3	수영	2
4	배드민턴	2

이제 위의 DataFrame 데이터(df)를 가지고 파이 그래프를 그려보겠습니다. 먼저 다음과 같이 필수 인수인 y에 DataFrame 데이터(df)의 열 이름만 지정해 파이 그래프를 생성하겠습니다.

```
In:    import matplotlib.pyplot as plt

       df.plot.pie(y='선택학생') # df.plot(kind='pie', y='선택학생')도 동일
       plt.show()
```

Out:

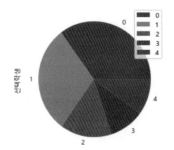

생성한 파이 그래프는 df의 선택학생 열 데이터의 비율에 따라 그려졌습니다. plot.pie()에서 labels 옵션을 지정하지 않았으므로 df의 index가 부채꼴 라벨로 표시됐습니다. 다음 코드와 같이 labels=df['운동종류'] 옵션을 지정하면 운동종류 열의 데이터가 부채꼴 라벨이 됩니다.

In:
```
df.plot.pie(y='선택학생', labels=df['운동종류'])
plt.show()
```

Out:

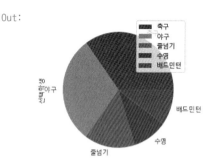

다음과 같이 read_excel() 함수에서 index_col='운동종류' 옵션을 지정해 엑셀의 운동종류 열을 DataFrame 데이터의 index로 지정하면 plot.pie()로 파이 그래프를 생성할 때 labels 옵션을 지정하지 않아도 원하는 부채꼴의 라벨을 표시할 수 있습니다.

In:
```
import pandas as pd

folder = 'C:/myPyExcel/data/ch08/' # 엑셀 파일이 있는 디렉터리(폴더)
excel_file = folder + '가장_좋아하는_운동.xlsx'        # 원본 엑셀 파일

df = pd.read_excel(excel_file, index_col='운동종류') # DataFrame 데이터(df)로 읽어 오기
df
```

Out:

	선택학생
운동종류	
축구	7
야구	6
줄넘기	3
수영	2
배드민턴	2

이제 위의 DataFrame 데이터(df)를 가지고 파이 그래프를 그려보겠습니다. 다음과 같이 필수 인수인 y에 열 이름만 지정해서 파이 그래프를 생성하겠습니다.

```
In:    df.plot.pie(y='선택학생') # 파이 그래프
       plt.show()
```

Out:

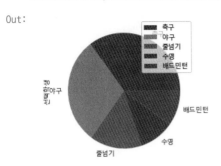

출력된 그래프를 보면 plot.pie()로 파이 그래프를 생성할 때 labels 옵션을 지정하지 않았지만 DataFrame 데이터의 index의 요소가 부채꼴의 라벨에 표시된 것을 볼 수 있습니다.

다음은 plot.pie()를 이용해 파이 그래프를 그릴 때 좀 더 다양한 옵션을 지정해 파이 그래프를 꾸미겠습니다. 우선 y에 지정한 데이터를 표시하는 순서는 그래프의 x축 방향(3시 방향)에서 시작해 반시계 방향으로 진행됩니다. 이것을 y축 방향(12시 방향)에서 시작해 시계 방향으로 변경하려면 파이 그래프를 그리는 시작 각도를 90도로 지정(startangle=90)하고 방향을 시계 방향으로 지정(counterclock=False) 합니다. 부채꼴에 데이터 요소의 비율을 표시하도록 숫자 형식을 지정(autopct='%.1f%%')하고 돌출 효과를 주기 위해 explode 옵션에 리스트로 값을 지정합니다. 그림자 효과를 지정(shadow=True)하고 데이터를 표 형식으로 출력하도록 지정(table=True)합니다. 또한 이미 부채꼴 라벨을 지정해 범례는 필요 없으므로 legend=False 옵션도 지정합니다.

위의 파이 그래프에서 y축 라벨은 y에 지정한 선택학생으로 자동으로 들어갔는데 필요가 없으므로 set_ylabel("")로 y축 라벨을 제거하고 set_title()로 그래프의 제목을 추가합니다. 위의 내용을 모두 적용한 코드는 다음과 같습니다.

```
In:    explode_value = [0.1, 0, 0, 0, 0] # 각 부채꼴의 돌출 정도를 순서대로 지정

       ax = df.plot.pie(y='선택학생', startangle=90, counterclock=False,
                        autopct='%.1f%%', explode=explode_value,
                        shadow=True, table=True, legend=False)
```

```
ax.set_ylabel("") # 불필요한 y축 라벨 제거
ax.set_title("[가장 좋아하는 운동 조사 결과]", size=20) # 그래프 제목 추가
plt.show()
```

Out:

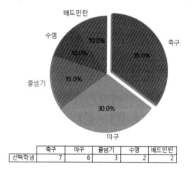

[가장 좋아하는 운동 조사 결과]

	축구	야구	줄넘기	수영	배드민턴
선택학생	7	6	3	2	2

면적 그래프(영역형 차트)

면적 그래프(area plot)는 선 그래프에서 각 데이터를 표시한 선과 축 사이를 색으로 채운 그래프입니다. 판다스 DataFrame의 면적 그래프는 다음과 같은 형식으로 그립니다.

```
DataFrame_data.plot.area([x = label 혹은 position, y = label 혹은 position,
                          stacked = True(기본) 혹은 False] [, options])
```

여기서 x와 y에는 각각 DataFrame 데이터에서 x축 데이터와 y축 데이터로 지정한 열 이름(label) 혹은 열 위치(position)가 들어갑니다. x를 지정하지 않으면 DataFrame 데이터의 index가 x축 데이터가 되고, y를 지정하지 않으면 DataFrame 데이터의 모든 열 데이터(values)가 각각 y축 데이터가 됩니다. 또한 stacked는 여러 개의 데이터가 있을 때 x축에 대한 각 y축 데이터를 누적할지 여부를 결정하는데 기본적으로는 True가 지정돼 누적 면적 그래프를 그립니다. 그 외에도 다양한 옵션(options)을 추가할 수 있습니다. 또한 plot.area() 대신 plot(kind='area')를 이용할 수 있습니다.

앞에서 선 그래프를 그릴 때 살펴본 엑셀 파일(공장별_생산현황.xlsx)을 면적 그래프에도 그대로 사용하겠습니다. 이번에도 read_excel() 함수로 엑셀 파일을 DataFrame 데이터로 읽어올 때 index_col='연도' 옵션을 지정해 엑셀 파일의 연도 열을 DataFrame 데이터의 index로 지정하겠습니다. 이렇게 하면 plot.area()에서 x와 y를 별도로 지정하지 않고도 면적 그래프를 그릴 수 있습니다.

```
In:    import pandas as pd

       folder = 'C:/myPyExcel/data/ch08/' # 엑셀 파일이 있는 디렉터리(폴더)
       excel_file = folder + '공장별_생산현황.xlsx'      # 원본 엑셀 파일

       df = pd.read_excel(excel_file, index_col='연도') # DataFrame 데이터(df)로 읽어 오기
       df
```

Out:

연도	A공장	B공장	C공장
2014	100	150	200
2015	120	160	240
2016	130	170	260
2017	70	130	160
2018	90	150	240
2019	100	180	240
2020	120	160	260
2021	180	250	320

다음은 앞의 DataFrame 데이터(df)에 대해 plot.area()을 수행한 결과입니다.

```
In:    import matplotlib.pyplot as plt

       df.plot.area()  # df.plot(kind = 'area')도 동일
       plt.show()       # 그래프 화면 출력
```

Out:

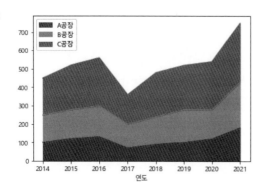

앞의 면적 그래프에 격자를 추가하려면 plot.area()에 grid=True 옵션을 지정합니다. 또한 그래프의 x축, y축 라벨과 제목을 추가하려면 앞에서 살펴본 set_xlabel(), set_ylabel(), set_title()을 사용합니다. 이를 적용한 코드는 다음과 같습니다.

In: ax = df.plot.area(grid=True)   # 면적 그래프에 격자 추가

```
ax.set_xlabel("연도", fontsize=15)   # x축 라벨을 지정
ax.set_ylabel("생산량", fontsize=15) # y축 라벨을 지정
ax.set_title("공장별 생산 현황(누적)", fontsize=20) # 그래프 제목을 지정

plt.show()
```

Out:

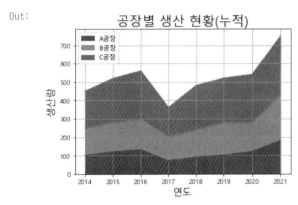

히스토그램

히스토그램(histogram)은 변수가 하나인 데이터에 대해 일정한 간격으로 나눈 구간(계급)에 속하는 데이터의 개수(빈도수)를 막대 그래프로 표시한 그래프입니다. 히스토그램은 데이터의 분포를 확인할 때 주로 이용합니다. 앞에서 엑셀의 히스토그램 예를 살펴보지 않았으므로 이번에 살펴보겠습니다. 그림 8-17은 엑셀 파일(학생_시험_점수.xlsx)의 워크시트에 데이터를 이용해 히스토그램 차트(엑셀 2016 버전부터 기본 차트에 포함)를 추가한 예입니다. 여기서 가로축의 축 옵션은 그림 8-18과 같이 계급구간 수를 8로 지정했습니다. 계급구간 수에 따라 구간도 바뀌고 히스토그램 모양도 달라집니다.

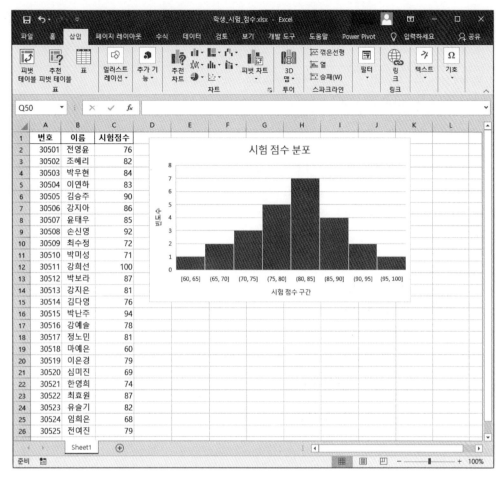

그림 8-17 엑셀에서 히스토그램 차트의 예

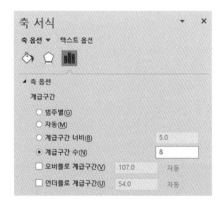

그림 8-18 엑셀에서 히스토그램 차트를 위한 축 옵션 지정의 예

다음은 판다스 DataFrame의 히스토그램을 그리는 방법을 알아보겠습니다. 히스토그램을 위한 형식은 다음과 같습니다.

```
DataFrame_data.plot.hist([ y = label 혹은 position,
                           bins = bins_n 혹은 'auto',
                           rwidth = rwidth_f] [, options] )
```

여기서 y에는 각 DataFrame 데이터에서 히스토그램에 이용할 열 이름(label) 혹은 열 위치(position)가 들어갑니다. 지정하지 않으면 DataFrame 데이터의 모든 열 데이터(values)가 각각 히스토그램에서 사용하는 데이터가 됩니다. 옵션 bins는 데이터를 일정한 간격으로 나눈 구간(계급)의 개수입니다. 지정하지 않으면 기본적으로 bins는 10이 되어 전체 데이터를 10개의 구간으로 나눕니다. bins='auto'를 지정하면 y에 맞게 자동으로 bins에 값을 지정합니다. 옵션 bins에 지정하는 값에 따라서 구간이 달라지고 그 구간에 속하는 데이터의 개수도 달라지게 됩니다. 히스토그램은 빈도수를 표시할 때 막대로 표시하는데 이 막대의 상대 두께는 옵션 rwidth에 0~1 사이의 실수(rwidth_f) 지정해 변경할 수 있습니다. 옵션 rwidth을 지정하지 않으면 rwidth=1로 지정됩니다. 이때 막대와 막대 사이에 빈 공간이 없게 됩니다. 그 외에도 다양한 옵션(options)을 추가할 수 있습니다. 또한 plot.hist() 대신 plot(kind='hist')를 이용할 수 있습니다.

이제 앞의 엑셀 파일(학생_시험_점수.xlsx)을 읽어서 DataFrame 데이터로 가져오겠습니다.

```
In:    import pandas as pd

       folder = 'C:/myPyExcel/data/ch08/' # 엑셀 파일이 있는 디렉터리(폴더)
       excel_file = folder + '학생_시험_점수.xlsx' # 원본 엑셀 파일

       df = pd.read_excel(excel_file)     # 엑셀 파일을 DataFrame 데이터(df)로 읽어 오기
       df.head(10) # 앞에서부터 n개의 데이터만 출력
```

	번호	이름	시험점수
0	30501	전영윤	76
1	30502	조혜리	82
2	30503	박우현	84
3	30504	이연하	83
4	30505	김승주	90
5	30506	강지아	86
6	30507	윤태우	85
7	30508	손신영	92
8	30509	최수정	72
9	30510	박미성	71

다음은 앞에서 준비한 DataFrame 데이터 df에 대해 plot.hist()를 이용해 히스토그램을 생성하겠습니다. 이때 df의 시험점수 열에 대한 히스토그램을 생성하기 위해 y='시험점수'를 지정하고 앞의 엑셀(그림 8-18)에서 계급구간 수를 8로 설정했던 것처럼 bin도 8로 지정합니다. 다음은 이를 적용한 코드입니다.

In:
```
import matplotlib.pyplot as plt

df.plot.hist(y="시험점수", bins=8)
# df.plot(kind='hist', y="시험점수", bins=8)도 동일
plt.show()
```

Out:

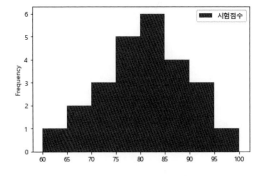

출력된 히스토그램에서 각 구간의 빈도수를 살펴보면 엑셀에서 생성한 히스토그램(그림 8-17)과 차이가 있는데 이것은 엑셀과 파이썬에서 히스토그램을 그리려고 구간을 설정할 때 처음과 끝 숫자를 포

함하는 방식이 다르기 때문입니다. 구간의 범위가 a~b 일 때 엑셀은 (a, b]로 고려해 a는 포함하지 않고 b는 포함하지만, 파이썬은 [a, b)로 고려해 a는 포함하고 b는 포함하지 않습니다. 단, 엑셀에서는 첫 구간을, 파이썬은 마지막 구간을 [a, b]로 고려해 a와 b를 모두 포함합니다.

히스토그램에 사용한 빈도수와 각 구간의 경곗값은 넘파이의 histogram()을 이용해 다음과 같이 구할 수 있습니다. 이때 사용한 데이터와 bins에 지정한 값은 df.plot.hist()에서 지정한 것과 같아야 합니다.

In: import numpy as np

        # 반환값:빈도수(hist)와 각 구간의 경곗값(bin_edges)
        hist, bin_edges=np.histogram(df["시험점수"], bins=8) # 히스토그램
        [hist, bin_edges] # 빈도수와 각 구간의 경곗값 출력

Out: [array([1, 2, 3, 5, 6, 4, 3, 1], dtype=int64),
         array([60., 65., 70., 75., 80., 85., 90., 95., 100.])]

앞에서 출력한 히스토그램은 막대 사이에 빈 공간이 없어 막대가 시각적으로 구분되지 않습니다. 막대 폭을 지정하는 rwidth 옵션의 기본값이 1이기 때문으로, 다음과 같이 0.9로 지정하면 막대가 떨어져 보이게 됩니다.

In: df.plot.hist(y = "시험점수", bins = 8, rwidth = 0.9)
        plt.show()

Out:

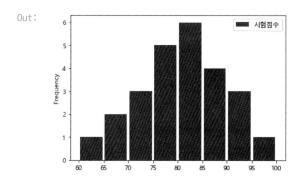

그래프에 격자를 추가하겠습니다. 앞에서 살펴본 것과 같이 grid=True 옵션을 사용하면 x축과 y축 격자를 모두 그리는데 하나의 축만 그리려면 다음을 이용합니다.

```
plt.grid(True 혹은 False[, axis = 'both'(기본), 'x', 'y'])
```

x축과 y축 격자를 모두 그리려면 grid(True)를, 모든 격자를 없애려면 grid(False)를 실행합니다. 또한 x축 격자만 그리려면 grid(True, axis='x')를, y축 격자만 그리려면 grid(True, axis='y')를 실행합니다.

다음 코드는 앞에서 생성한 히스토그램 그래프에 y축 격자만 추가합니다.

In:
```
df.plot.hist(y="시험점수", bins=8, rwidth=0.9) # 히스토그램
plt.grid(True, axis='y') # y축 격자만 추가
plt.show()
```

Out:

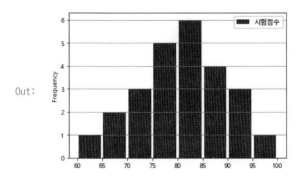

그래프의 x축, y축 라벨과 제목을 추가하려면 앞에서 살펴본 set_xlabel(), set_ylabel(), set_title()를 사용합니다. 이를 적용한 코드는 다음과 같습니다.

In:
```
ax = df.plot.hist(y="시험점수", bins=8, rwidth=0.9) # 히스토그램
plt.grid(True, axis='y')

ax.set_xlabel("시험 점수 구간", fontsize=15)    # x축 라벨을 지정
ax.set_ylabel("빈도수", fontsize=15)          # y축 라벨을 지정
ax.set_title("시험 점수 분포", fontsize=20)     # 그래프 제목을 지정

plt.show()
```

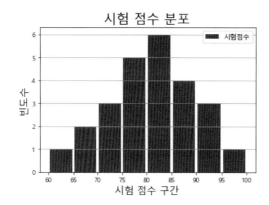

박스 그래프(상자 수염 차트)

박스 그래프(box plot)는 통계량인 사분위수(quartile)을 이용해 데이터의 분포를 표시한 그래프로 엑셀에서는 상자 수염 차트(box and whisker chart)라고 합니다. 사분위수는 데이터를 오름차순으로 정렬해 4등분했을 때 각 점에 해당하는 값으로 25%에 해당하는 값을 제1 사분위수(Q1), 50%에 해당하는 값을 제2 사분위수(Q2, 중앙값), 75%에 해당하는 값을 제3 사분위수(Q3)라고 합니다. 그림 8-19는 박스 그래프의 구조를 나타냅니다. 박스 그래프에서 제1 사분위수와 제3 사분위수 사이는 박스(상자)로 표시하고 제2 사분위수(중앙값)는 박스 내부에 선으로 표시합니다. 최솟값과 제1 사분위수 사이, 최댓값과 제3 분위수 사이는 각각 선(수염)으로 연결합니다. 제3 사분위수에서 제1 사분위수를 뺀 것을 사분위수 범위(Inter-Quartile Range, IQR)라 하고, 제3 사분위수에 IQR의 1.5배를 더한 것을 위쪽 울타리(upper fence)라고 하며, 제1 사분위수에 IQR의 1.5배를 뺀 것을 아래쪽 울타리(lower fence)라고 합니다. 최댓값과 최솟값을 넘어서는 데이터는 이상치로 표시합니다.

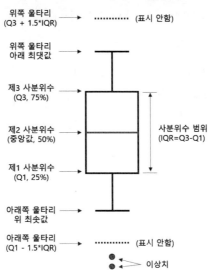

그림 8-19 박스 그래프의 구조

박스 그래프는 데이터의 분포를 한 눈에 파악할 수 있으며 하나의 그래프 안에 여러 개의 박스 그래프를 표시해 여러 집단의 데이터 분포를 쉽게 비교할 수 있습니다.

박스 그래프도 엑셀의 예부터 살펴보겠습니다. 그림 8-20은 엑셀 파일(줄넘기_횟수.xlsx)의 워크시트에 데이터를 이용해 상자 수염 차트(엑셀 2016 버전부터 기본 차트에 포함)를 추가한 예입니다. 상자 수염 차트에서 표시는 평균을 나타냅니다.

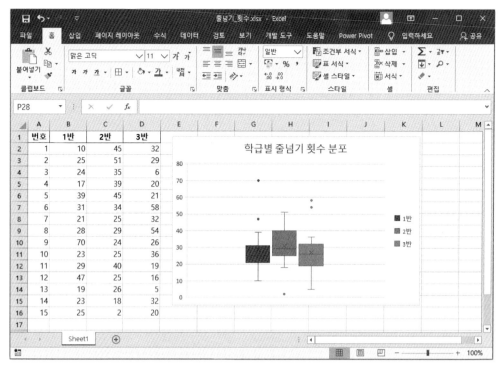

그림 8-20 엑셀의 상자 수염 차트

다음은 판다스 DataFrame으로 박스 그래프를 그리는 방법을 알아보겠습니다.

```
DataFrame_data.plot.box([ y = label 혹은 position,
                          vert = True(기본) 혹은 False,
                          showmeans = False(기본) 혹은 True ] [, options] )
```

여기서 y에는 각 DataFrame 데이터에서 박스 그래프에 이용할 열 이름(label) 혹은 열 위치(position)가 들어갑니다. 지정하지 않으면 DataFrame 데이터의 모든 열 데이터(values)가 각각 박스 그래프에서 사용하는 데이터가 됩니다. 옵션 vert는 박스 그래프의 방향을 지정할 때 사용합니다. 수직으로 그리려면 True를, 수평으로 그리려면 False를 지정합니다. 지정하지 않으면 기본적으로 수직 박스 그래프를 그립니다. showmeans는 평균 표시를 지정하는 옵션입니다. 평균을 표시하려면 True를, 표시하지 않으려면 False를 지정합니다. 생략하면 기본값으로 False가 지정돼 평균을 표시하지 않습니다. 그 외에도 다양한 옵션(options)을 추가할 수 있습니다. 또한 plot.box() 대신 plot(kind='box')를 이용할 수 있습니다.

이제 앞의 엑셀 파일(줄넘기_횟수.xlsx)을 읽어서 DataFrame 데이터로 가져오겠습니다.

```
In:    import pandas as pd

       folder = 'C:/myPyExcel/data/ch08/'       # 엑셀 파일이 있는 디렉터리(폴더)
       excel_file = folder + '줄넘기_횟수.xlsx' # 원본 엑셀 파일

       df = pd.read_excel(excel_file)            # 엑셀 파일을 DataFrame 데이터(df)로 읽어 오기
       df
```

Out:

	번호	1반	2반	3반
0	1	10	45	32
1	2	25	51	29
2	3	24	35	6
3	4	17	39	20
4	5	39	45	21
5	6	31	34	58
6	7	21	25	32
7	8	28	29	54
8	9	70	24	26
9	10	23	25	36
10	11	29	40	19
11	12	47	25	16
12	13	19	26	5
13	14	23	18	32
14	15	25	2	20

앞에서 생성한 DataFrame 데이터(df)로 박스 그래프를 그리기 위해 다음과 같이 plot.box()의 y축 데이터로 1반, 2반, 3반 열 이름을 리스트로 만들어 지정합니다.

```
In:    import matplotlib.pyplot as plt

       df.plot.box(y=["1반", "2반", "3반"]) # 박스 그래프
       # df.plot(kind='box', y=["1반", "2반", "3반"])도 동일
       plt.show()
```

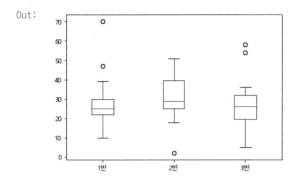

출력 결과를 보면 각 열에 대해 박스 그래프가 잘 생성된 것을 볼 수 있습니다. 엑셀에서 그린 박스 그래프와 판다스 DataFrame을 plot.box()으로 그린 박스 그래프의 모양이 다를 수 있는데, 이는 제1 사분위수와 제3 사분위수를 계산하는 방법이 엑셀과 판다스에서 차이가 있기 때문입니다.

다음과 같이 read_excel() 함수로 엑셀 파일을 DataFrame 데이터로 읽어올 때 index_col='번호' 옵션을 지정하면 좀 더 편리하게 박스 그래프를 그릴 수 있습니다.

In:
```
import pandas as pd

folder = 'C:/myPyExcel/data/ch08/'      # 엑셀 파일이 있는 디렉터리(폴더)
excel_file = folder + '줄넘기_횟수.xlsx' # 원본 엑셀 파일

df = pd.read_excel(excel_file, index_col='번호') # DataFrame 데이터(df)로 읽어 오기
df
```

번호	1반	2반	3반
1	10	45	32
2	25	51	29
3	24	35	6
4	17	39	20
5	39	45	21
6	31	34	58
7	21	25	32
8	28	29	54
9	70	24	26
10	23	25	36
11	29	40	19
12	47	25	16
13	19	26	5
14	23	18	32
15	25	2	20

위와 같이 엑셀 파일의 번호 열을 DataFrame 데이터의 index가 되도록 가져오면 다음과 같이 plot. box()를 실행할 때 y 값을 지정하지 않고 좀 더 간단하게 박스 그래프를 그릴 수 있습니다.

In:
```
df.plot.box() # 박스 그래프. df.plot(kind = 'box')도 동일
plt.show()
```

Out:

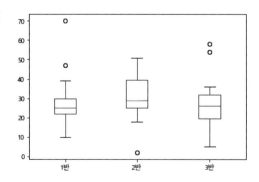

다음은 박스 그래프에 showmeans=True 옵션을 지정해 평균을 표시(▲)합니다. 또한 set_title()를 이용해 제목을 추가합니다.

In: ax = df.plot.box(showmeans=True) # *'showmeans=True' 지정으로 평균을 표시*
        ax.set_title("학급별 줄넘기 횟수 분포", fontsize=20) # *그래프 제목을 지정*
        plt.show()

Out:

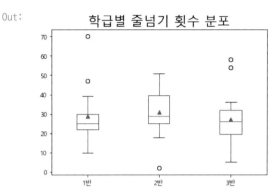

앞에서 박스 그래프를 그릴 때는 수직으로 박스 그래프를 그렸습니다. 수평으로 박스 그래프를 그리고 싶으면 아래와 같이 plot.box()에 vert=False 옵션을 지정하면 됩니다.

In: ax = df.plot.box(vert=False) # *'vert=False' 지정으로 수평 박스 그래프 그리기*
        ax.set_title("학급별 줄넘기 횟수 분포", fontsize=20) # *그래프 제목을 지정*
        plt.show()

Out:

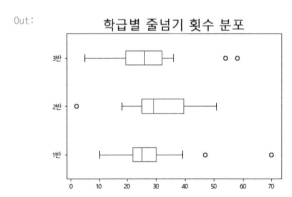

그래프를 저장하고 엑셀 파일에 추가하기

앞에서 판다스와 matplotlib로 생성한 다양한 그래프는 화면으로 출력할 수 있을 뿐만 아니라 이미지 파일로 저장할 수도 있습니다. 생성한 그래프를 파일로 저장하려면 다음 방법을 이용합니다.

```
plt.savefig(image_file[, dpi = dpi_n(기본: 72)])
```

필수 인수인 image_file은 저장하고자 하는 이미지 파일 이름으로 디렉터리를 포함할 수 있습니다. 저장할 수 있는 이미지 파일의 확장자에는 eps, jpeg, jpg, pdf, pgf, png, ps, raw, rgba, svg, svgz, tif, tiff가 있습니다. 그리고 옵션 dpi에는 숫자가 들어갑니다. 참고로 dpi는 dots per inch의 줄임말로 사방 1인치 안에 그려진 점의 수를 말하는 단위입니다. 옵션 dpi에 대입되는 숫자가 클수록 해상도가 높아져서 세밀한 그림을 그리지만, 파일 크기도 커지므로 적당한 숫자를 설정해야 합니다. 참고로 plt.savefig()는 plt.show() 전에 수행해야 합니다.

이제 그래프를 생성하고 이미지 파일로 저장하는 코드를 살펴보겠습니다. 이번에는 그림 8-21과 같은 CSV 파일(계절별_강수량_추이.csv)의 데이터를 가지고 그래프를 그리겠습니다.

그림 8-21 계절별 강수량 추이 데이터 파일(CSV 파일 형식)

다음은 판다스의 read_csv()로 CSV 파일의 데이터를 DataFrame으로 가져오겠습니다. 이때 index_col='연도' 옵션을 추가해 CSV 파일의 연도 열을 DataFrame 데이터의 index로 지정합니다. 또한 read_csv()로 한글이 포함된 CSV 파일을 읽어올 때는 인코딩 방식을 지정해야 되는데 앞에서 생성한 CSV 파일은 인코딩 방식을 'utf-8'로 지정했으므로 encoding='utf-8' 옵션을 지정합니다. 참고로 한글이 포함된 CSV 파일을 읽어야 하는데 인코딩 방식을 모른다면 먼저 encoding='utf-8'를 지정해 CSV 파일을 읽어 보고 오류가 발생한다면 encoding='cp949'를 지정하면 대부분 다 읽어올 수 있습니다. 이러한 내용을 적용한 코드는 다음과 같습니다.

```
import pandas as pd

folder = 'C:/myPyExcel/data/ch08/' # 엑셀 파일이 있는 디렉터리(폴더)
csv_file =  folder + '계절별_강수량_추이.csv' # 원본 CSV 파일

# CVS 파일 읽기
df = pd.read_csv(csv_file, index_col='연도', encoding='utf-8') # 'utf-8'로 인코딩
# df = pd.read_csv(csv_file, index_col='연도', encoding='cp949') # 'cp949'로 인코딩
df
```

Out:

연도	봄	여름	가을	겨울
2010	302.9	692.6	307.6	98.7
2011	256.9	1053.6	225.5	45.6
2012	256.5	770.6	363.5	139.3
2013	264.3	567.5	231.2	59.9
2014	215.9	599.8	293.1	76.9
2015	223.2	387.1	247.7	109.1
2016	312.8	446.2	381.6	108.1
2017	118.6	609.7	172.5	75.6
2018	368.1	586.5	351.2	66.5

이제 앞의 DataFrame 데이터(df)를 이용해 누적 막대 그래프를 그리고 이 그래프를 이미지 파일로 저장합니다. 누적 막대 그래프를 그리려면 plot.bar()에 stacked=True 옵션을 지정합니다. 또한 figsize=(w, h) 옵션으로 그래프의 크기를 조절하겠습니다. 그래프를 이미지 파일로 저장하는 plt.savefig()에서 저장할 이미지 파일 이름을 디렉터리와 함께 지정하는데 여기서 저장할 디렉터리는 C:/myPyExcel/figures입니다. 또한 저장할 이미지 파일의 확장자는 png로 하고 dpi=100 옵션을 지정해 dpi를 설정하겠습니다. 이 내용을 모두 적용하면 다음과 같습니다.

In:
```
# 막대 그래프 (누적, 눈금값 회전 각도, 그래프 크기 옵션 지정)
ax = df.plot.bar(stacked=True, rot=0, figsize=(10, 5))

ax.set_xlabel("연도", fontsize=15)    # x 라벨을 추가
ax.set_ylabel("강수량", fontsize=15)  # y 라벨을 추가
```

```
ax.set_title("계절별 강수량 추이", fontsize=20) # 그래프 제목을 추가

# 그래프를 이미지 파일로 저장
plt.savefig("C:/myPyExcel/figures/계절별_강수량_추이.png", dpi=100)
plt.show()
```

Out:

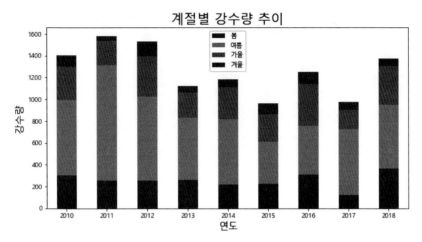

위 코드를 실행한 후 윈도우 탐색기로 이미지 파일을 위한 디렉터리(C:\myPyExcel\figures)로 이동하면 해당 이미지 파일(계절별_강수량_추이.png)이 생성된 것을 확인할 수 있습니다. 또한 다음과 같이 윈도우 dir 명령으로도 확인할 수 있습니다. 여기서 느낌표(!)는 주피터 노트북에서 운영체제(OS) 명령어를 실행할 때 사용합니다.

In: `!dir /B "C:\myPyExcel\figures\계절별_강수량_추이.png"`

Out: 계절별_강수량_추이.png

이와 같이 생성한 그래프를 이미지 파일로 저장하면 다른 자료에 활용하기 쉽습니다. 다음은 앞에서 CSV 파일을 읽은 DataFrame 데이터와 파일로 저장한 그래프를 엑셀 파일에 추가해 보겠습니다. DataFrame 데이터를 엑셀 파일로 쓰고 이미지 파일을 엑셀 파일에 추가하는 방법은 이미 앞에서 살펴 봤으므로 여기서는 간단하게 살펴보겠습니다.

In: ```
import pandas as pd

folder = 'C:/myPyExcel/data/ch08/' # 엑셀 파일이 있는 디렉터리(폴더)
excel_file = folder + '계절별_강수량_추이_데이터_그래프.xlsx' # 생성할 엑셀 파일
```
```

```
# 엑셀 파일에 추가할 그래프 이미지 파일
image_file = 'C:/myPyExcel/figures/계절별_강수량_추이.png'

# (1) ExcelWriter 객체 생성(엔진은 xlsxwriter)
excel_writer = pd.ExcelWriter(excel_file, engine='xlsxwriter')

# (2) DataFrame 데이터를 지정된 엑셀 워크시트에 쓰기
df.to_excel(excel_writer, sheet_name='Sheet1') # index를 포함

# (3) ExcelWriter의 객체에서 워크북(workbook)과 워크시트(worksheet) 객체 생성
workbook  = excel_writer.book # 워크북 객체 생성
worksheet = excel_writer.sheets['Sheet1'] # 워크시트 객체 생성

# (4) 워크시트에 이미지가 들어갈 위치를 지정해 이미지 넣기
row = 1 # 행 위치
col = len(df.columns) + 1 # 열 위치

worksheet.insert_image(row, col, image_file, # 이미지 위치(row, col) 지정
                       {'x_offset': 15, 'y_offset': 15,  # 위치 오프셋을 지정
                        'x_scale': 0.5, 'y_scale': 0.5}) # 이미지 크기 조정

# (5) ExcelWriter객체를 닫고 엑셀 파일로 저장
excel_writer.save()

print("생성한 엑셀 파일:", excel_file) # 생성한 파일 이름 출력
```

Out: 생성한 엑셀 파일: C:/myPyExcel/data/ch08/계절별_강수량_추이_데이터_그래프.xlsx

위의 코드 수행으로 생성된 엑셀 파일(계절별_강수량_추이_데이터_그래프.xlsx)은 그림 8-22와 같습니다.
CSV 파일에서 읽어온 DataFrame 데이터(df)와 이를 이용해서 생성한 그래프의 이미지 파일이 엑셀
파일에 잘 들어간 것을 볼 수 있습니다.

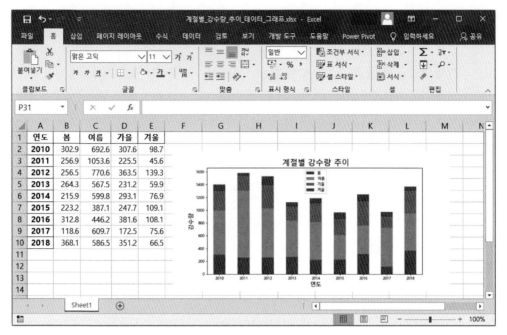

그림 8-22 DataFrame 데이터와 그래프 이미지 파일이 삽입된 엑셀 파일

이번에는 CSV 파일을 읽어서 DataFrame 데이터로 가져온 후 이 데이터를 활용해 그래프를 그리고 데이터와 그래프를 엑셀 파일로 출력하는 예를 살펴봤습니다. 여기서는 하나의 CSV 파일 데이터를 읽어와서 그래프를 생성한 후 엑셀 파일로 저장하는 예를 살펴봤지만 여러 개의 데이터 파일이 있을 때에도 반복문을 이용하면 데이터를 읽어서 엑셀 파일로 저장하는 작업을 손쉽게 수행할 수 있습니다.

04 정리

이번 장에서는 판다스에서 xlsxwriter 엔진을 이용해 다양한 엑셀 차트로 그리는 방법과 엑셀 스파크라인을 추가하는 방법, 판다스와 matplotlib를 이용해 다양한 그래프를 그리는 방법을 살펴봤습니다. 엑셀 차트에서는 막대형 차트, 꺾은선형 차트, 영역형 차트, 분산형 차트를 생성하는 방법을 알아봤습니다. 이때 각 그래프에 차트 제목, x축 제목, y축 제목과 격자, 범례를 추가하는 방법도 알아봤습니다. 엑셀 스파크라인에서는 꺾은선형, 열, 승패 스파크라인을 생성하는 방법을 알아봤습니다. 또한 판다스와 matplotlib를 이용해 그래프를 그릴 때는 선 그래프, 막대 그래프, 산점도, 파이 그래프, 면적 그래프, 히스토그램, 박스 그래프를 그리는 방법을 알아봤습니다. 추가적으로 그래프 제목, x축 라벨, y축 라벨을 추가하고 격자와 텍스트를 추가하는 방법도 살펴봤습니다. 마지막으로 이렇게 그려진 그래프를 이미지 파일로 저장해서 엑셀 파일에 추가하는 방법도 살펴봤습니다.

다양한 시각화 방법을 데이터의 특성에 맞게 잘 활용하면 좀 더 직관적으로 데이터를 분석할 수 있고 데이터 의미를 다른 사람에게 효과적으로 전달할 수 있습니다. 또한 이번 장에 살펴본 내용을 활용하면 엑셀에서 수동으로 만들던 차트(그래프)를 파이썬으로 자동화해서 빠르고 효율적으로 만들 수 있습니다.

엑셀과 파이썬을 이용한
통계 데이터 분석

우리는 일상 생활에서 통계를 자주 접합니다. 신문 기사나 TV 뉴스에 나오는 다양한 경제 지표(고용률, 경제 성장률, 집값 상승률, 소비자 물가지수 등), 여론 조사 결과, 일기 예보 등이 바로 통계의 예입니다. 이러한 통계를 이용해 국가는 정책을 수립하고 회사는 사업 방향을 결정하며 개인은 삶의 질을 높이는 방법을 찾습니다.

이렇듯 통계는 중요하게 사용되지만 일반 사람들은 통계가 아주 어렵다고 생각해 잘 사용하지 않거나 가장 기본적인 내용만 부분적으로 이용하는 일이 많습니다. 하지만 간단한 통계 분석은 어렵지 않으므로 누구나 조금만 관심을 기울이면 수행할 수 있습니다. 통계 분석을 활용하면 어떠한 결정을 할 때 직관에만 의존하는 것이 아니라 데이터를 근거로 삼을 수 있어 더 나은 방향으로 결정을 할 수 있게 됩니다.

통계학은 관측 데이터를 다루는 학문으로 데이터를 수집, 정리, 분석, 해석하는 방법을 연구하는 학문입니다. 통계학을 전문적으로 다루려면 통계와 관련된 깊이 있는 지식과 수학적인 이해가 필요하지만, 기본적인 통계 데이터 분석은 통계에 관한 기본적인 내용과 분석 방법을 이해하면 대부분 할 수 있습니다. 이번 장에서는 주어진 데이터를 통계적 기법을 이용해 분석하는 방법을 알아보겠습니다. 다양한 통계 기법 중 여기서는 기본적인 통계량 분석, 두 종류의 데이터 간에 연관 관계를 파악하는 상관 분석, 독립 변수와 종속 변수의 관계를 수학식으로 모델링하는 회귀 분석 방법을 살펴보겠습니다.

01 통계 데이터 분석 기본

통계 데이터를 분석할 때 일반적으로 가장 먼저 수행하는 작업은 기본 통계량을 구해 데이터의 특성을 파악하는 것입니다. 이를 위해서는 통계에 대한 기본적인 이해가 필요하므로 여기서는 기본 통계량의 의미를 먼저 알아본 다음 엑셀과 파이썬으로 기본 통계량을 구하는 예를 살펴보겠습니다.

기본 통계량 이해

심도 있는 통계 분석을 진행하기 전에 우선 통계에 대한 기본적인 내용을 이해할 필요가 있습니다. 이를 위해 이번에는 모집단과 표본, 관측값과 관측 변수에 대해 알아보고 대표적인 기본 통계량인 평균, 중앙값, 최솟값, 최댓값, 최빈값, 분산, 표준편차에 관한 개념과 수학적 표현 방법을 살펴보겠습니다.

모집단과 표본

관측 대상이 되는 전체 집합을 모집단(population)이라고 하고 모집단에서 선택한 일부를 표본 (sample)이라고 합니다. 모집단의 특성을 파악하기 위해 모집단 전체를 조사하는 것을 전수 조사라고 합니다. 전수 조사는 시간과 비용이 많이 들기 때문에 전수 조사보다는 모집단에서 표본을 선택해 조사하는 표본 조사를 하는 일이 많습니다. 표본 조사에서는 모집단의 특성을 잘 반영해 표본을 선정하는 것이 중요합니다.

모집단이나 표본의 특징을 나타내는 하나의 관측을 변수(variable)라고 합니다. 관측 변수는 하나일 수도 있고 둘 이상일 수도 있습니다. 관측 변수를 측정해 알아낸 값을 관측값(혹은 측정값)이라고 하는데, 관측값은 하나의 변수를 가질 수도 있고 둘 이상의 변수를 가질 수도 있습니다. 그림 9-1은 여러 개의 변수를 갖는 관측값을 표 형식으로 정리한 예를 보여줍니다. 관측값을 표 형식으로 정리하면 관리하거나 처리하기 쉬우므로 보통 측정 데이터는 CSV 파일이나 엑셀 파일처럼 표 형식으로 정리합니다. 이렇게 정리한 전체 데이터를 데이터셋(dataset)이라고 합니다. 그림 9-1의 데이터셋은 세 가지 종류의 붓꽃을 관측한 데이터로 머신러닝에서 분류를 위한 모델을 만들 때 자주 사용하는 데이터셋이며 원본 데이터는 머신러닝 학습을 위한 다양한 데이터셋이 있는 UCI 머신러닝 보관소(https://archive.ics. uci.edu/ml/datasets/iris)에 있습니다.

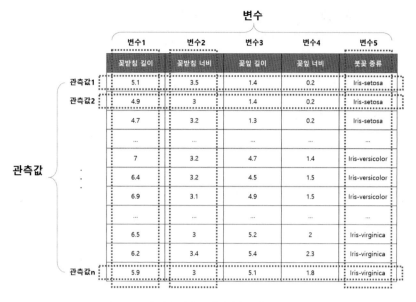

	변수1	변수2	변수3	변수4	변수5
	꽃받침 길이	꽃받침 너비	꽃잎 길이	꽃잎 너비	붓꽃 종류
관측값1	5.1	3.5	1.4	0.2	Iris-setosa
관측값2	4.9	3	1.4	0.2	Iris-setosa
	4.7	3.2	1.3	0.2	Iris-setosa
	...	...	...	...	...
	7	3.2	4.7	1.4	Iris-versicolor
	6.4	3.2	4.5	1.5	Iris-versicolor
	6.9	3.1	4.9	1.5	Iris-versicolor
	...	...	...	...	...
	6.5	3	5.2	2	Iris-virginica
	6.2	3.4	5.4	2.3	Iris-virginica
관측값n	5.9	3	5.1	1.8	Iris-virginica

그림 9-1 붓꽃(Iris)의 여러 특징(변수)을 관측한 데이터의 예

관측한 변수 데이터는 속성에 따라서 크게는 숫자로 이뤄진 수치형 데이터와 문자로 이뤄진 범주를 표시한 범주형 데이터로 구분합니다. 수치형 데이터는 다시 셀 수 있는 형태의 값(정수)으로 구성된 이산형 데이터(생산수량, 학생수 등)와 셀 수 없는 값(실수)으로 구성된 연속형 데이터(키, 몸무게 등)로 구분합니다. 범주형 데이터는 순서에 의미가 없는 항목으로 구성된 명목형 데이터(성별, 혈액형)와 순서가 있는 항목으로 구성된 순서형 데이터(등급, 평점 등)가 있습니다. 데이터의 속성에 따라서 적용하는 통계기법이 달라질 수 있으므로 데이터의 유형을 파악하는 것은 중요합니다.

평균, 중앙값, 최솟값, 최댓값

기본 통계량 중 가장 먼저 알아볼 기본 통계량은 평균(mean)입니다. 평균은 주어진 변수 데이터의 모든 요소의 합계를 요소의 개수로 나눈 값입니다. 즉, n개의 요소로 구성된 데이터 $x=\{x_1, x_2, x_3, \cdots, x_n\}$가 있을 때 평균은 요소를 모두 더해 n으로 나눈 값입니다. 데이터 x의 평균($\overline{x}$)을 수식으로 표시하면 다음과 같습니다.

$$\overline{x} = \frac{1}{n}\sum_{i=1}^{n} x_i = \frac{1}{n}(x_1 + x_2 + \cdots + x_n) \tag{9.1}$$

식 (9.1)은 정확하게는 산술 평균을 구하는 수식입니다. 평균에는 산술 평균 외에도 기하 평균, 조화 평균, 가중 평균 등이 있지만 일반적으로 평균이라고 하면 산술 평균을 말합니다. 여기서도 특별한 구분 없이 평균이라고 하면 산술 평균을 의미합니다.

평균은 측정한 관측 데이터의 대략적인 경향을 쉽게 파악할 수 있어서 많이 이용하지만 극단적인 이상값이 있으면 영향을 많이 받으므로 데이터에 따라서는 전체의 특징을 파악하기가 어려울 수 있습니다. 예를 들어 직원이 4명이고 사장이 1명인 회사에서 직원들의 연봉은 대부분 5000만원 정도인데, 사장의 연봉이 1억 5천만원이라고 가정했을 때 이 회사의 평균 연봉은 약 7000만원이 됩니다. 이때 평균 연봉은 일반 직원들의 연봉을 대표하지 못합니다.

데이터에 극단적인 이상값이 있을 때는 평균보다는 중앙값(median, 중위수)을 이용하는 것이 데이터의 특징을 파악하는데 더 적합합니다. 중앙값은 데이터의 모든 요소를 오름차순으로 정렬(작은 값에서부터 큰 값까지 크기 순서대로 나열)했을 때 한가운데 위치하는 요소의 값입니다. 데이터 요소의 개수가 홀수이면 $\frac{n+1}{2}$번째 값이 중앙값이 되고, 짝수이면 $\frac{n}{2}$번째 값과 $\frac{n+1}{2}$번째 값의 평균이 중앙값이 됩니다. 이를 정리하면 데이터 x의 중앙값($\widetilde{x}$)은 다음과 같습니다.

$$\widetilde{x} = \begin{cases} \frac{n+1}{2} \text{ 번째 값: } n\text{이 홀수일 때} \\ \frac{n}{2} \text{ 번째 값과 } \frac{n+1}{2} \text{ 번째 값의 평균: } n\text{이 짝수일 때} \end{cases} \tag{9.2}$$

최솟값(min)과 최댓값(max)은 각각 수집된 데이터의 모든 요소 중 가장 작은 값과 가장 큰 값인데 데이터의 모든 요소를 오름차순으로 정렬한 후 처음과 마지막 값을 선택하면 구할 수 있습니다.

이제 실제 데이터를 가지고 평균, 중앙값, 최솟값, 최댓값을 구해보겠습니다. 데이터가 {4400, 4800, 5200, 5600, 15000}로 주어졌을 때 이 데이터의 평균은 7000, 중앙값은 5200, 최솟값은 4400, 최댓값은 15000이 됩니다. 주어진 데이터와 평균, 중앙값, 최솟값, 최댓값을 각각 그래프에 표시하면 그림 9-2와 같습니다. 이 데이터는 극단적인 이상값(15000)에 의해 평균이 대부분의 데이터가 있는 부분에서 오른쪽으로 많이 치우친 것을 볼 수 있습니다. 통계 데이터를 분석할 때는 이처럼 그래프를 이용하면 데이터의 분포나 경향을 한눈에 알아볼 수 있어 편리합니다.

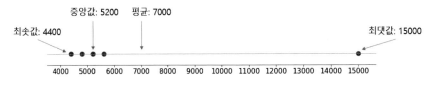

그림 9-2 주어진 데이터의 평균, 중앙값, 최솟값, 최댓값을 구한 예

최빈값, 분산, 표준편차

최빈값(mode)은 측정한 데이터 집합에서 나타난 횟수가 가장 많은 값입니다. 즉, 출현 빈도(도수)가 가장 큰 값입니다. 최빈값은 하나가 아니라 여러 개일 수 있습니다. 데이터 집합이 {1, 2, 2, 3, 3, 3, 4, 5}로 주어졌다면 출현 빈도가 가장 높은 3이 최빈값이 되고, 데이터 집합이 {1, 2, 2, 3, 3, 3, 4, 5, 5, 5}로 주어졌다면 3과 5가 최빈값이 됩니다.

어떠한 데이터 집합이 주어졌을 때 평균뿐만 아니라 데이터 각 요소의 흩어진 정도를 아는 것도 중요합니다. 데이터의 흩어진 정도는 분산과 표준편차로 알 수 있습니다. 분산은 편차(각 요소와 평균과의 차이) 제곱의 합을 요소의 개수로 나눈 값입니다. 또한 표준편차는 분산의 제곱근입니다. 분산이나 표준편차를 구할 때 관측 데이터가 모집단의 데이터인지 표본의 데이터인지에 따라 수식이 약간 달라집니다.

요소의 개수가 N인 모집단 데이터 x의 모분산(σ_x^2)과 모표준편차(σ_x)는 아래와 같은 수식으로 표현할 수 있습니다.

$$\sigma_x^2 = \frac{1}{N}\sum_{i=1}^{N}(x_i - \mu)^2 = \frac{1}{N}\left\{(x_1 - \mu)^2 + (x_2 - \mu)^2 + \cdots + (x_N - \mu)^2\right\} \tag{9.3}$$

$$\sigma_x = \sqrt{\frac{1}{N}\sum_{i=1}^{N}(x_i - \mu)^2} = \sqrt{\frac{1}{N}\left\{(x_1 - \mu)^2 + (x_2 - \mu)^2 + \cdots + (x_N - \mu)^2\right\}} \tag{9.4}$$

여기서 μ는 모집단 데이터 x의 평균입니다.

다음은 요소의 개수가 n인 표본 데이터 x의 표본 분산(S_x^2)과 표본 표준편차(S_x)를 구하는 수식입니다. 요소의 개수 n이 아니라 $n-1$로 나눈다는 점이 다릅니다.

$$S_x^2 = \frac{1}{n-1}\sum_{i=1}^{n}(x_i - \overline{x})^2 = \frac{1}{n-1}\left\{(x_1 - \overline{x})^2 + (x_2 - \overline{x})^2 + \cdots + (x_n - \overline{x})^2\right\} \tag{9.5}$$

$$S_x = \sqrt{\frac{1}{n-1}\sum_{i=1}^{n}(x_i - \overline{x})^2} = \sqrt{\frac{1}{n-1}\left\{(x_1 - \overline{x})^2 + (x_2 - \overline{x})^2 + \cdots + (x_n - \overline{x})^2\right\}} \tag{9.6}$$

여기서 $\overline{x}$는 표본 데이터 x의 평균입니다.

분산과 표준편차는 데이터의 흩어진 정도를 말해줍니다. 데이터 A와 데이터 B가 있을 때 두 데이터의 평균이 같더라도 표준편차(혹은 분산)가 큰 쪽의 데이터 각 요소가 더 많이 흩어져 있다고 말할 수 있습니다. 예를 들어, 표 9-1의 자료 A와 자료 B의 평균, 중앙값, 최빈값은 모두 100으로 같지만 표준편차
는 각각 28.0과 12.5로 다릅니다. 자료 A의 표준편차가 더 크므로 자료 A의 관측값이 자료 B의 관측값에
비해 더 많이 흩어져 있는 것을 알 수 있습니다. 그림 9-3처럼 자료 A와 자료 B의 도수 분포를 그래프로
비교해 보면 흩어진 정도를 좀 더 직관적으로 알 수 있습니다.

표 9-1 자료 A와 자료 B의 관측값

자료	관측값
자료 A	50, 60, 70, 80, 90, 100, 100, 100, 100, 110, 120, 130, 140, 150
자료 B	80, 80, 90, 90, 90, 100, 100, 100, 100, 110, 110, 110, 120, 120

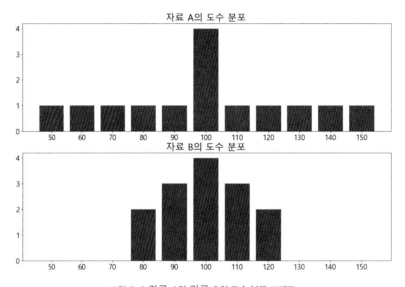

그림 9-3 자료 A와 자료 B의 도수 분포 그래프

기본 통계량 구하기

이번에는 앞에서 살펴본 기본 통계량을 실제 데이터를 이용해 구하는 방법을 살펴보겠습니다. 엑셀의
'기술 통계법'을 이용하는 방법과 판다스의 DataFrame에서 제공하는 메서드를 이용하는 방법을 소개
합니다.

엑셀의 기술 통계법 이용

먼저 엑셀을 이용해 기본 통계량(평균, 표준편차, 최솟값, 최댓값 등)을 구해 보겠습니다. 엑셀에서는 이러한 기본 통계량을 개별 함수(표 9-2)를 이용해 구할 수 있습니다.

표 9-2 엑셀의 기본 통계량 함수

통계량	엑셀 함수	사용 예
관측수	COUNT()	COUNT(A2:A7)
합계	SUM()	SUM(A2:A7)
평균	AVERAGE()	AVERAGE(A2:A7)
중앙값	MEDIAN()	MEDIAN(A2:A7)
최솟값	MIN()	MIN(A2:A7)
최댓값	MAX()	MAX(A2:A7)
최빈값	MODE.SNGL()	MODE.SNGL(A2:A7)
분산	VAR.P(): 모집단의 분산 VAR.S(): 표본의 분산	VAR.P(A2:A7) VAR.S(A2:A7).
표준편차	STDEV.P(): 모집단의 표준편차 STDEV.S(): 표본의 표준편차	STDEV.P(A3:A7) STDEV.S(A3:A7)

하지만 개별 함수를 이용하면 매번 함수명을 써주고 범위를 지정하는 것이 불편합니다. 이러한 작업을 편리하게 하기 위해 엑셀에서는 '데이터 분석 도구'에서 '기술 통계법'을 제공합니다. 이를 이용하면 기본 통계량을 한번에 구할 수 있습니다. 참고로 '기술 통계법(descriptive statistics)'이란 데이터의 주요 특성을 통계적으로 요약해 기술하는 방법입니다. 엑셀의 '데이터 분석 도구'를 이용하려면 먼저 엑셀에서 [파일] → [옵션] → [추가 기능] → [Excel 추가 기능]을 선택하고 [이동]을 클릭하면 보이는 팝업창에 '분석 도구'를 체크하고 [확인]을 클릭해야 합니다. 그러면 엑셀의 [데이터] 탭에 [데이터 분석] 항목이 생성된 것을 볼 수 있습니다.

엑셀의 '기술 통계법'을 살펴보기 위해 세 지점(A, B, C)에서 일정 기간 동안 관측한 일일 판매량 데이터를 이용하겠습니다. 이 데이터는 이번 장에 사용할 데이터 폴더(C:\myPyExcel\data\ch09)에 CSV 파일(지점별_일일_판매량.csv)로 저장돼 있습니다. 엑셀의 [데이터] → [텍스트]를 선택해 이 CSV 파일을 가져온 후 그림 9-4처럼 [데이터] → [데이터 분석] → [기술 통계법]을 선택합니다.

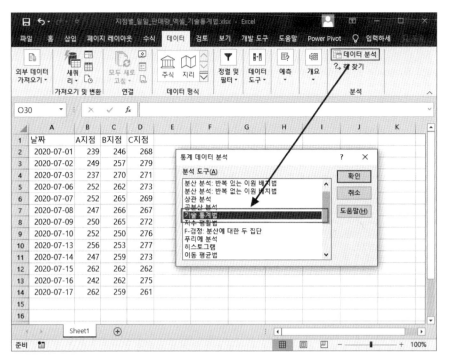

그림 9-4 [데이터 분석]에서 [기술 통계법] 선택

[데이터 분석]에서 [기술 통계법]을 선택 후에는 그림 9-5처럼 '입력 범위'와 '데이터 방향' 등 입력 옵션과 '출력 범위'와 '요약 통계량'등 출력 옵션을 선택한 후에 [확인]을 클릭하면 그림 9-6과 같이 선택한 '입력 범위' 데이터에 대한 기본 통계량을 보여줍니다. 참고로 앞에서 살펴본 박스 그래프를 추가하면 관측값의 분포를 시각적으로 확인할 수 있습니다.

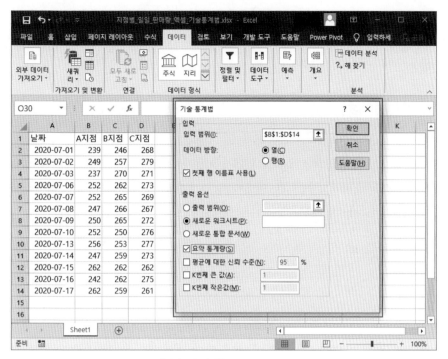

그림 9-5 [기술 통계법]에서 입력과 출력 옵션 선택

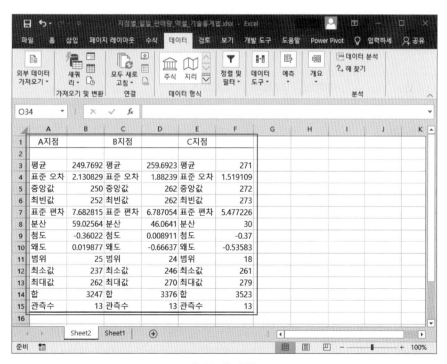

그림 9-6 [기술 통계법] 선택 결과

엑셀의 [데이터 분석 도구] 중 [기술 통계법]을 이용하면 관측값에 대한 기본 통계량을 한 번에 구할 수 있지만 이 방법 역시 데이터의 입력과 출력 옵션을 반복적으로 선택해야 하므로 여러 데이터 파일에 대해 기본 통계량을 구하기에는 번거롭습니다.

판다스 DataFrame 이용

다음은 파이썬에서 판다스 DataFrame의 메서드로 주어진 관측값에 대한 기본 통계량을 구하는 방법을 살펴보겠습니다. 먼저 pd.read_csv()로 앞에서 이용한 CSV 파일(지점별_일일_판매량.csv)을 읽어서 DataFrame 데이터로 가져오겠습니다. 이때 index_col='날짜' 옵션을 지정해 CSV 파일의 날짜 열을 DataFrame 데이터의 index로 지정하겠습니다.

```
In:    import pandas as pd

       # CSV 데이터 파일 경로
       folder = 'C:/myPyExcel/data/ch09/'
       csv_file = folder + '지점별_일일_판매량.csv'

       # CSV 파일 읽기, CSV 파일의 '날짜' 열을 DataFrame 데이터의 index로 지정
       df = pd.read_csv(csv_file, index_col='날짜')

       # DataFrame 데이터 중 앞의 일부만 출력
       df.head()
```

Out:

	A지점	B지점	C지점
날짜			
2020-07-01	239.0	246.0	268.0
2020-07-02	249.0	257.0	279.0
2020-07-03	237.0	270.0	271.0
2020-07-06	252.0	262.0	273.0
2020-07-07	252.0	265.0	269.0

앞에서 구한 DataFrame 데이터의 열별로 기본 통계량(평균, 표준편차, 최솟값, 최댓값 등)을 구하기 위해 각각의 메서드를 이용할 수도 있지만 describe() 메서드를 이용하면 각 열의 데이터 개수, 평균, 표준편차, 최솟값, 최댓값, 사분위수를 한 번에 계산할 수 있습니다. 다음은 DataFrame 데이터에 describe() 메서드를 적용한 예입니다.

```
In:    df_stat = df.describe()
       df_stat
```

Out:

	A지점	B지점	C지점
count	13.000000	13.000000	13.000000
mean	249.769231	259.692308	271.000000
std	7.682815	6.787054	5.477226
min	237.000000	246.000000	261.000000
25%	247.000000	257.000000	268.000000
50%	250.000000	262.000000	272.000000
75%	252.000000	265.000000	275.000000
max	262.000000	270.000000	279.000000

앞에서 구한 기본 통계량을 이용해서도 데이터가 어떠한 분포를 하고 있는지 대략 알 수 있지만 박스 그래프를 그려보면 좀 더 직관적으로 데이터의 분포를 살펴볼 수 있습니다. 다음은 앞에서 구한 DataFrame 데이터에 대한 박스 그래프를 그리는 코드입니다. 박스 그래프는 확인을 위해 화면으로도 출력하고 엑셀에 그림으로 넣기 위해 이미지 파일로도 저장합니다.

```
In:    import matplotlib
       import matplotlib.pyplot as plt

       # 한글 폰트를 위한 설정
       matplotlib.rcParams['font.family'] = 'Malgun Gothic'
       matplotlib.rcParams['axes.unicode_minus'] = False

       # 박스 그래프 그리기
       ax = df.plot.box(y=["A지점", "B지점", "C지점"], showmeans=True) # 박스 그래프
       ax.set_ylabel("일일 판매량", fontsize=15)                        # y축 라벨을 추가
       ax.set_title("지점별 일일 판매량 분포", fontsize=20)              # 그래프 제목을 추가

       # 엑셀 파일에 추가할 그래프 이미지 파일
       image_file = "C:/myPyExcel/figures/지점별_일일_판매량_분포.png"

       # 그래프를 이미지 파일로 저장
       plt.savefig(image_file, dpi=300)
       plt.show()
```

Out:

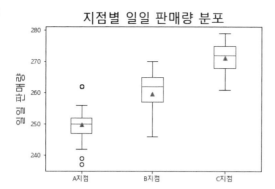

앞의 박스 그래프를 살펴보면 A지점, B지점, C지점의 일일 판매량 평균, 중앙값, 사분위수를 표시하므로 데이터의 분포를 시각적으로 파악할 수 있습니다.

앞에서 작성한 코드로 구한 DataFrame 데이터, 기본 통계량, 박스 그래프를 엑셀 파일로 출력하는 코드를 작성하면 다음과 같습니다.

```
In:    import pandas as pd

       # 저장할 엑셀 파일 경로
       folder = 'C:/myPyExcel/data/ch09/'
       excel_file= folder + '지점별_일일_판매량_기본통계량_박스그래프.xlsx'
       sheet = 'Sheet1'

       # 쓰기 엔진을 xlsxwriter로 지정해 판다스의 ExcelWriter 객체 생성
       excel_writer = pd.ExcelWriter(excel_file, engine='xlsxwriter')

       # DataFrame 데이터(df)를 생성한 엑셀 객체에 쓰기(시트 이름을 지정)
       df.to_excel(excel_writer, sheet_name=sheet) # index를 포함

       # 워크시트에 위치를 지정해 DataFrame 데이터(df_stat) 쓰기
       row = 0 # 행 위치
       col = len(df.columns) + 2  # 열 위치
       df_stat.to_excel(excel_writer, startrow=row, startcol=col, sheet_name=sheet)

       # 생성한 ExcelWriter 객체(excel_writer)를 이용해 워크시트 객체 생성
       worksheet = excel_writer.sheets[sheet]
```

```
# 워크시트 객체(worksheet)에 이미지가 들어갈 위치를 지정해 이미지 넣기
row = len(df_stat.index) + 2      # 행 위치
col = len(df.columns) + 2         # 열 위치
worksheet.insert_image(row, col, image_file, {'x_scale': 0.6, 'y_scale': 0.6})

# 객체를 닫고 엑셀 파일로 저장
excel_writer.save()

print("생성 파일:", excel_file) # 생성한 파일 이름 출력
```

Out: 생성 파일: C:/myPyExcel/data/ch09/지점별_일일_판매량_기본통계량_박스그래프.xlsx

위 코드의 실행으로 생성된 엑셀 파일은 그림 9-7과 같이 CSV 파일의 데이터, 기본 통계량, 박스 그래프가 포함된 것을 볼 수 있습니다.

그림 9-7 CSV 파일의 데이터, 기본 통계량, 박스 그래프를 출력한 엑셀 파일

관측 데이터 분할과 처리

앞에서 이용한 CSV 파일(지점별_일일_판매량.csv)에는 세 지점(A, B, C)에서 채 한 달이 되지 않는 기간 동안 관측한 판매량 데이터가 저장돼 있었습니다. 세 지점(A, B, C)의 일 년간 관측값이 저장된 데이터 파일에서 월별로 각 지점의 기본 통계량을 구하고 싶다면 어떻게 하면 될까요? 엑셀을 이용해도 되겠지만 수작업으로 관측값을 월별로 분리한 후 '기본 통계법'을 적용해야 하므로 쉽지 않은 작업이 될 것입니다. 파이썬을 이용하면 이러한 작업을 자동화할 수 있습니다. 물론 이를 위한 코드를 작성해야 되긴 하지만, 한번 작성해 놓으면 이후 작업은 자동으로 진행할 수 있어 편리합니다.

이번에는 세 지점(A, B, C)의 일 년간 관측값이 저장된 데이터를 파이썬에서 읽은 후에 월별로 데이터를 분리하고 지점별 기본 통계량을 구하는 예를 살펴보겠습니다. 이를 위해 먼저 아래와 같이 CSV 파일(2019년_지점별_일일_판매량.csv)을 읽어서 DataFrame 데이터로 가져오겠습니다.

```
In:    import pandas as pd

       # 데이터 파일의 전체 경로
       folder = 'C:/myPyExcel/data/ch09/'
       csv_file = folder + '2019년_지점별_일일_판매량.csv'

       # CSV 파일 읽기, CSV 파일의 '날짜' 열을 DataFrame 데이터의 index로 지정
       df = pd.read_csv(csv_file)

       # DataFrame 데이터 출력
       df
```

Out:

	날짜	A지점	B지점	C지점
0	2019-01-01	239.0	249.0	269.0
1	2019-01-02	249.0	264.0	268.0
2	2019-01-03	237.0	250.0	268.0
3	2019-01-04	252.0	260.0	273.0
4	2019-01-07	252.0	260.0	269.0
...	...	...	...	...
256	2019-12-25	255.0	273.0	264.0
257	2019-12-26	254.0	263.0	260.0
258	2019-12-27	273.0	253.0	261.0
259	2019-12-30	243.0	260.0	263.0
260	2019-12-31	254.0	251.0	277.0

261 rows × 4 columns

이제 앞의 DataFrame 데이터 df를 1월에서 12월까지 월별로 분리하겠습니다. 이를 위해 df의 날짜 열의 데이터 타입을 datetime 형식으로 변환합니다. 변환 전 날짜 열의 데이터 타입을 알아보려고 다음과 같이 df에 대해 info()를 이용합니다.

In: ```
df.info()
```

Out:
```
<class 'pandas.core.frame.DataFrame'>
RangeIndex: 261 entries, 0 to 260
Data columns (total 4 columns):
 #   Column Non-Null Count Dtype
--- ------ -------------- -----
 0   날짜   261 non-null   object
 1   A지점   261 non-null   float64
 2   B지점   261 non-null   float64
 3   C지점   261 non-null   float64
dtypes: float64(3), object(1)
memory usage: 8.3+ KB
```
```

위의 출력 결과로부터 날짜 열의 데이터 타입이 파이썬 객체(object)임을 알 수 있습니다. 데이터 타입을 datetime 형식으로 변환하려면 다음과 같이 판다스의 to_datetime()를 이용합니다.

```
In:     df['날짜'] = pd.to_datetime(df['날짜'])
        df.info()
```

```
Out:   <class 'pandas.core.frame.DataFrame'>
       RangeIndex: 261 entries, 0 to 260
       Data columns (total 4 columns):
        #   Column   Non-Null Count   Dtype
       ---  ------   --------------   -----
        0   날짜       261 non-null     datetime64[ns]
        1   A지점      261 non-null     float64
        2   B지점      261 non-null     float64
        3   C지점      261 non-null     float64
       dtypes: datetime64[ns](1), float64(3)
       memory usage: 8.3 KB
```

출력 결과를 보면 날짜 열의 데이터 타입이 날짜와 시각을 표시하는 datetime64[ns]로 변환된 것을 볼 수 있습니다. 다음은 DataFrame 데이터 메서드인 groupby()와 판다스의 Grouper()로 날짜 열(key='날짜')에 대해 월별(freq='M')로 그룹을 만들어 리스트로 반환하는 코드입니다. 다소 복잡해 보이는데 결과적으로 리스트 변수 df_months에 월별로 그룹화된 지점별 일일 판매량 데이터가 할당됩니다.

```
In:     df_months = [group for name, group in df.groupby(pd.Grouper(key='날짜',freq='M'))]
        df_months[0].head() # 1월 데이터 일부를 출력
```

Out:

	날짜	A지점	B지점	C지점
0	2019-01-01	239.0	249.0	269.0
1	2019-01-02	249.0	264.0	268.0
2	2019-01-03	237.0	250.0	268.0
3	2019-01-04	252.0	260.0	273.0
4	2019-01-07	252.0	260.0	269.0

위의 리스트 변수 df_months의 각 요소에는 1월에서 12월 데이터가 각각 순차적으로 들어있습니다. 여기서 df_months[0]에는 1월 데이터가 들어있고, df_months[1]에는 2월 데이터가 들어있고, df_months[11]

에는 12월 데이터가 들어있습니다. 위에서는 df_months[0]로 1월 데이터를 출력했는데요, 다음은 df_months[1]로 2월 데이터를 출력해 보겠습니다.

```
In:  df_months[1].head() # 2월 데이터 일부를 출력
```

Out:

	날짜	A지점	B지점	C지점
23	2019-02-01	252.0	255.0	260.0
24	2019-02-04	252.0	266.0	273.0
25	2019-02-05	249.0	265.0	274.0
26	2019-02-06	247.0	262.0	264.0
27	2019-02-07	260.0	259.0	273.0

앞에서 월별로 데이터를 그룹화했으니 이제 그룹화된 데이터를 가지고 기본 통계량을 구해보겠습니다. 이를 위해 월별로 그룹화된 리스트 데이터를 이용해 기본 통계량을 구하고, 월별로 워크시트를 생성해 월별 데이터, 기본 통계량, 박스 그래프 이미지 파일을 지정한 엑셀 파일로 쓰는 write_stat_data_box_plot_to_excel_sheet() 함수를 만들면 다음과 같습니다.

```
In:  import pandas as pd
     import matplotlib
     import matplotlib.pyplot as plt

     # 한글 폰트를 위한 설정
     matplotlib.rcParams['font.family'] = 'Malgun Gothic'
     matplotlib.rcParams['axes.unicode_minus'] = False


     # 월별 데이터, 기본 통계량, 박스 그래프를 셀 파일에 쓰는 함수
     # 입력 인수: 엑셀 파일 경로, DataFrame 데이터 리스트
     # 반환: 없음
     def write_stat_data_box_plot_to_excel_sheet(write_excel_file, df_months):
         # 쓰기 엔진을 xlsxwriter로 지정해 판다스의 ExcelWriter 객체 생성
         excel_writer = pd.ExcelWriter(write_excel_file, engine='xlsxwriter')

         for month_num, df_month in enumerate(df_months): # 월별로 수행
             # 기본 통계량 구하기
             df_month_stat = df_month.describe()
```

```python
# 시트 이름 생성
sheet = "{0:2d}월".format(month_num + 1)

# '날짜'열을 datetime 형식에서 문자열로 변환
df_month['날짜'] = df_month['날짜'].astype(str)

# DataFrame 데이터의 '날짜'열을 index로 지정
df_month = df_month.set_index(['날짜'])

# DataFrame 데이터를 생성한 엑셀 객체에 쓰기(시트이름을 지정)
df_month.to_excel(excel_writer, sheet_name=sheet) # index를 포함

# 워크시트에 위치를 지정해 기본 통계량 데이터(df_month_stat) 쓰기
row = 0 # 행 위치
col = len(df_month.columns) + 2  # 열 위치
df_month_stat.to_excel(excel_writer, sheet_name=sheet,
                       startrow=row, startcol=col)

# ------ 박스 그래프 그리고 이미지 파일로 저장하기 --------------
ax = df_month.plot.box(y=["A지점", "B지점", "C지점"],
                       showmeans=True) # 박스 그래프
ax.set_ylabel("일일 판매량", fontsize=15)  # y 라벨 추가
ax.set_title("지점별 일일 판매량 분포", fontsize=20) # 그래프 제목 추가

# 박스 그래프의 이미지 파일 경로
folder = "C:/myPyExcel/figures/"
image_file = folder + "지점별_일일_판매량_분포_{0:02d}월.png".format(month_num + 1)

plt.savefig(image_file, dpi=300) # 그래프를 이미지 파일로 저장
plt.close() # 화면에 그래프를 표시하지 않고 닫기
# ---------------------------------------------------------------

# 생성한 ExcelWriter 객체(excel_writer)를 이용해 워크시트 객체 생성
worksheet = excel_writer.sheets[sheet]

# 워크시트 객체(worksheet)에 이미지가 들어갈 위치를 지정해 이미지 넣기
row = len(df_month_stat.index) + 2  # 행 위치
col = len(df_month.columns) + 2  # 열 위치
worksheet.insert_image(row, col, image_file,
```

```
                            {'x_scale': 0.6, 'y_scale': 0.6})

        # 객체를 닫고 엑셀 파일로 저장
        excel_writer.save()
```

이제 앞에서 살펴본 DataFrame 데이터를 그룹화하는 방법과 write_stat_data_box_plot_to_excel_ sheet() 함수를 이용해 월별로 데이터, 기본 통계량, 박스 그래프를 엑셀 파일로 쓰는 코드를 작성하면 다음과 같습니다.

In:
```
# 데이터 파일에서 DataFrame 데이터 가져오기
folder = 'C:/myPyExcel/data/ch09/'
csv_file = folder + '2019년_지점별_일일_판매량.csv'
df = pd.read_csv(csv_file)

# DataFrame 데이터 중 '날짜'열의 데이터 타입을 datetime 형식으로 변환
df['날짜']= pd.to_datetime(df['날짜'])

# 월별로 DataFrame 데이터 묶기(그룹핑)
df_months = [group for name, group in df.groupby(pd.Grouper(key='날짜',freq='M'))]

# 저장할 엑셀 파일 경로
folder = 'C:/myPyExcel/data/ch09/'
excel_file = folder + '2019년_지점별_일일_판매량_기본통계량_박스그래프.xlsx'

# DataFrame 데이터, 기본 통계량, 박스 그래프를 엑셀 파일에 쓰는 함수 호출
write_stat_data_box_plot_to_excel_sheet(excel_file, df_months)

print("생성 파일:", excel_file) # 생성한 파일 이름 출력
```

Out: 생성 파일: C:/myPyExcel/data/ch09/2019년_지점별_일일_판매량_기본통계량_박스그래프.xlsx

그림 9-8은 위 코드 실행으로 생성된 엑셀 파일의 워크시트 중 하나입니다. 월별로 다른 워크시트에 CSV 파일의 데이터, 기본 통계량, 박스 그래프가 포함된 것을 볼 수 있습니다.

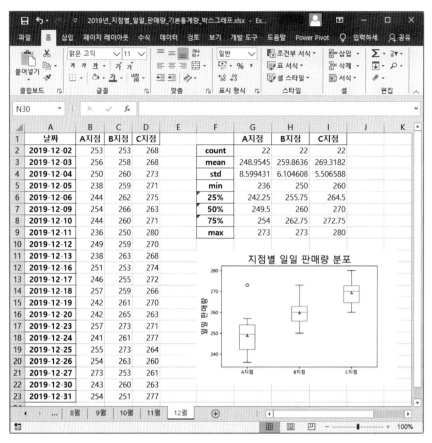

그림 9-8 월별 워크시트에 CSV 파일의 데이터, 기본 통계량, 박스 그래프를 출력한 엑셀 파일

02 통계 데이터 분석 심화

날씨가 더우면 보통 아이스 커피가 많이 팔립니다. 또한 유동 인구가 많은 지역의 건물 임대료는 일반적으로 그렇지 않은 지역보다 높습니다. 온도와 커피 판매량과의 관계, 유동인구와 건물 임대료와의 관계처럼 특정 변수 사이의 관계는 경험을 통해 알 수 있지만 통계 기법을 적용하면 두 변수가 서로 어떤 관계가 있는지 수학적으로 분석할 수 있습니다. 이번에는 두 변수가 서로 얼마나 관련이 있는지 파악할 수 있는 상관 분석과 서로의 관계를 수식으로 추정하고 예측에 활용하는 회귀 분석을 살펴보겠습니다.

상관 분석

두 개의 변수가 있을 때 이 둘이 선형적으로 어떠한 관계가 있는지 파악하는 것이 상관 분석입니다. 두 변수의 관측값으로부터 계산한 상관 계수(correlation coefficient)를 통해 두 변수가 어떠한 관계가 있는지 알 수 있습니다. 이번에는 상관 계수가 무엇인지 이론적인 내용을 간단하게 살펴보고 상관 계수를 구하는 방법을 살펴보겠습니다.

상관 계수

상관 계수를 구하는 방법은 몇 가지가 있지만 많이 사용하는 방법은 피어슨(Pearson) 상관 계수를 이용하는 것입니다. 따라서 일반적으로 상관 계수라고 하면 피어슨 상관 계수를 가리킵니다. 요소의 개수가 N인 두 개의 모집단 x와 y에 대한 모집단의 피어슨 상관 계수(ρ_{xy})는 다음 수식으로 정의합니다.

$$\rho_{xy} = \frac{\sigma_{xy}}{\sigma_x \sigma_y} \tag{9.7}$$

여기서 σ_{xy}는 모공분산(population covariance)이고 σ_x와 σ_y는 각각 모집단 x와 y의 모표준편차입니다. 모공분산 σ_{xy}는 다음과 같이 정의합니다.

$$\sigma_{xy} = \frac{1}{N} \sum_{i=1}^{N} (x_i - \mu_x)(y_i - \mu_y) \tag{9.8}$$

여기서 μ_x와 μ_y는 각각 모집단 x와 y의 평균입니다.

요소의 개수가 n인 표본 데이터 x와 y에 대해 표본의 피어슨 상관 계수(r_{xy})는 다음 수식으로 정의합니다.

$$r_{xy} = \frac{S_{xy}}{S_x S_y} \tag{9.9}$$

여기서 S_{xy}는 표본 공분산(sample covariance)이고 S_x와 S_y는 각각 표본 x와 y의 표본 표준편차입니다. 표본 공분산 S_{xy}는 다음과 같이 정의합니다.

$$S_{xy} = \frac{1}{n-1} \sum_{i=1}^{n} (x_i - \overline{x})(y_i - \overline{y}) \tag{9.10}$$

여기서 $\overline{x}$와 $\overline{y}$는 각각 표본 x와 y의 평균입니다.

피어슨 상관 계수 값의 범위는 -1에서 +1 사이이며 두 변수 사이의 선형 관계 강도와 방향을 나타냅니다. 절댓값이 1에 가까울수록 두 변수 사이에 강한 선형 관계가 있고 0에 가까울수록 선형 관계가 없음을 나타냅니다. 절댓값이 1이면 완전한 선형 관계를 나타냅니다. 또한 상관 계수 값이 양수이면 한 변수가 증가할 때 다른 변수도 증가하는 경향을 보이며, 음수이면 한 변수가 증가할 때 다른 변수는 감소하는 경향을 보입니다. 상관 계수가 두 변수 사이의 관계나 경향을 보여주긴 하지만 상관 계수만으로 두 변수가 직접적인 관계가 있다고 판단하거나 관련이 전혀 없다고 판단해서는 안 됩니다. 두 변수의 관계를 판단할 때는 좀 더 심층적이고 종합적인 분석이 필요합니다. 또한 상관관계가 있다고 해서 반드시 인과관계가 성립하는 것은 아니므로 주의해야 합니다.

두 변수의 상관관계는 산점도를 그려보면 좀 더 직관적으로 알 수 있습니다. 그림 9-9는 산점도를 통해 두 변수의 상관관계를 시각적으로 보여줍니다. 피어슨 상관 계수의 절댓값이 1에 가까울수록 관측 값이 가상의 일직선상에 가깝게 모여 있고 0에 가까울수록 흩어지는 것을 볼 수 있습니다. 또한 상관 계수의 값이 양수(음수)이면 가상 일직선의 기울기가 양수(음수)인 것을 볼 수 있습니다.

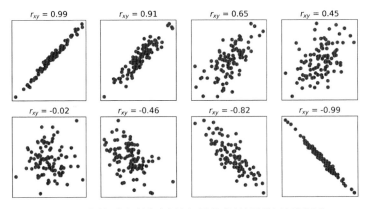

그림 9-9 피어슨 상관 계수(r_{xy})와 산점도를 통해서 본 두 변수의 상관관계

상관 계수 구하기

상관 분석을 수행하기 위한 관측 데이터는 CSV 파일(기온별_아이스_커피_판매량.csv)로 저장돼 있습니다. 엑셀의 [데이터] → [텍스트]를 선택해 이 CSV 파일을 엑셀에서 가져온 후 분산형 차트를 삽입하고 상관 계수를 계산하는 함수(CORREL( ))를 이용해 상관 계수를 구하면 그림 9-10과 같습니다.

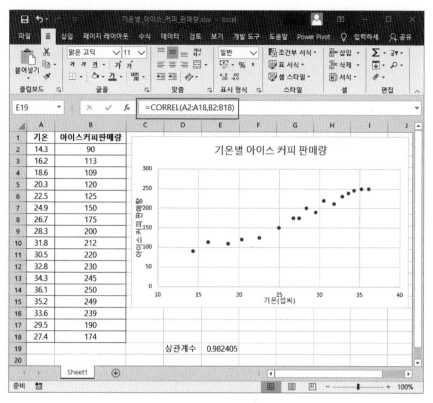

그림 9-10 엑셀에서 분산형 차트 삽입하고 상관 계수 구하기

계산된 상관 계수 값을 보면 (최고)기온과 아이스 커피 판매량 사이에는 강한 양의 상관관계가 있는 것을 알 수 있습니다.

다음은 파이썬에서 판다스를 이용해 상관 계수를 구하는 방법을 알아보겠습니다. 이를 위해 먼저 다음과 같이 pd.read_csv()로 앞에서 이용한 CSV 파일(기온별_아이스_커피_판매량.csv)을 읽어서 DataFrame 데이터로 가져오겠습니다.

```
In:   import pandas as pd

      # 데이터 파일의 전체 경로
      folder = 'C:/myPyExcel/data/ch09/'
      csv_file = folder + '기온별_아이스_커피_판매량.csv'

      # CSV 파일 읽기
      df = pd.read_csv(csv_file)
```

```
# DataFrame 데이터 출력
df.head()
```

	기온	아이스커피판매량
0	14.3	90
1	16.2	113
2	18.6	109
3	20.3	120
4	22.5	125

앞에서 구한 DataFrame 데이터(df)를 이용해 산점도를 그리면 다음과 같습니다.

```
ax_scatter = df.plot.scatter(x='기온', y='아이스커피판매량', grid=True)

ax_scatter.set_xlabel("기온 (섭씨)", fontsize=15)
ax_scatter.set_ylabel("아이스 커피 판매량", fontsize=15)
ax_scatter.set_title("기온별 아이스 커피 판매량", fontsize=20)

plt.show()
```

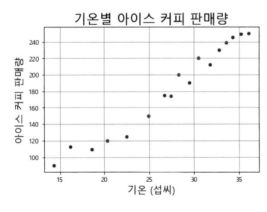

판다스 DataFrame 데이터(df)에 대해 모든 열끼리(자신의 열 포함)의 상관 계수는 corr()를 이용해 구합니다. 여기서 corr()의 반환값은 상관 계수 행렬(표)로 주어지는데 자신의 열에 대한 상관 계수(모두 1)와 다른 열과의 상관 계수로 구성됩니다. 다른 열끼리의 상관 계수는 자신의 열에 대한 상관 계수인 대각선을 중심으로 대칭입니다. 다음은 앞에서 생성한 DataFrame 데이터(df)의 상관 계수를 구하는 corr() 메서드를 적용한 코드입니다.

```
In:    df.corr()  # DataFrame 데이터(df)의 상관 계수 구하기
```

Out:

	기온	아이스커피판매량
기온	1.000000	0.982405
아이스커피판매량	0.982405	1.000000

위의 상관 계수 행렬 출력 결과에서 기온과 아이스 커피 판매량의 상관 계수는 0.982405로 엑셀에서 구한 값과 같은 것을 볼 수 있습니다.

여러 변수 사이의 상관 분석

앞에서는 두 개의 변수 간에 상관 분석을 수행했습니다. 이번에는 여러 변수에 대해 각 변수 간에 상관 계수를 한 번에 구해 상관관계를 전체적으로 파악해보겠습니다. 여러 변수 사이의 상관 분석에는 앞에서 살펴본 세 가지 종류의 붓꽃에 대한 데이터셋 중 setosa 붓꽃의 데이터를 이용하겠습니다. 상관 분석에 필요한 setosa 붓꽃의 데이터는 CSV 파일(iris_setosa_data.csv)로 저장돼 있습니다.

우선 엑셀에서 상관 분석을 수행해 보겠습니다. 엑셀에서 여러 변수 사이의 상관 분석을 수행할 때는 CORREL() 함수를 이용하는 대신에 [데이터 분석]에 있는 [상관 분석]을 이용하면 한 번에 결과를 얻을 수 있습니다. 이를 위해 우선 엑셀의 [데이터] → [텍스트]를 선택해 CSV 파일(iris_setosa_data.csv)을 가져옵니다. 그 다음 [데이터] → [데이터 분석] → [상관 분석]을 차례대로 선택한 후 입력과 출력 옵션을 지정하면 그림 9-11처럼 상관 계수를 보여줍니다.

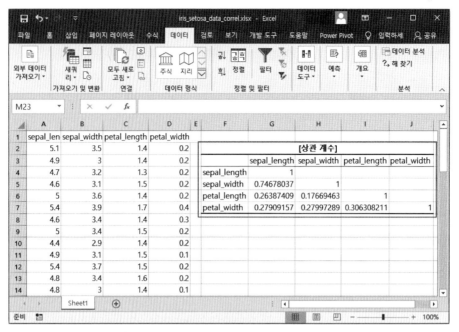

그림 9-11 엑셀에서 setosa 붓꽃의 데이터로 상관 계수 구하기

그림 9-11의 상관 계수를 보면 setosa 붓꽃은 네 개의 변수 sepal_length(꽃받침 길이), sepal_width(꽃받침 너비), petal_length(꽃잎 길이), petal_width(꽃잎 너비)는 모두 서로 양의 상관관계이며 그중 sepal_length와 sepal_width 변수 간에 상관관계가 가장 강한 것을 알 수 있습니다.

앞에서는 엑셀에서 [데이터 분석]의 [상관 분석]으로 setosa 붓꽃 데이터에서 네 개의 변수 간의 상관관계를 구했습니다. 이렇게 엑셀에서도 여러 변수 사이의 상관 계수를 구해 상관 분석을 수행할 수 있지만 파이썬의 판다스를 이용하면 각 변수 간의 산점도를 한 번에 그려서 시각화할 수 있어 편리하게 상관관계를 파악할 수 있습니다.

다음은 판다스를 이용해 상관관계를 파악하기 위해 setosa 붓꽃 데이터가 있는 CSV 파일(iris_setosa_data.csv)을 읽어서 DataFrame 데이터로 가져오겠습니다.

```
In:    import pandas as pd

       # 데이터 파일의 전체 경로
       folder = 'C:/myPyExcel/data/ch09/'
       csv_file = folder + 'iris_setosa_data.csv'
```

```
# CSV 파일 읽기
df = pd.read_csv(csv_file)

# DataFrame 데이터 출력
df.head()
```

Out:

	sepal_length	sepal_width	petal_length	petal_width
0	5.1	3.5	1.4	0.2
1	4.9	3.0	1.4	0.2
2	4.7	3.2	1.3	0.2
3	4.6	3.1	1.5	0.2
4	5.0	3.6	1.4	0.2

판다스에서는 DataFrame 데이터에 scatter_matrix()를 적용해 두 개의 변수 간의 산점도와 한 변수에 대한 히스토그램을 한 번에 그릴 수 있는 기능을 제공합니다. 다음은 앞에서 가져온 DataFrame 데이터(df)에 scatter_matrix()를 적용하는 코드입니다. 다양한 옵션을 지정할 수 있지만 여기서는 그래프의 크기를 조절하는 figsize 옵션과 투명도를 지정하는 alpha 옵션을 이용하겠습니다.

In:
```
from pandas.plotting import scatter_matrix

# 두 개의 변수 간의 산점도와 한 변수에 대한 히스토그램 표시
# (alpha 옵션은 0~1 사이의 실수로 지정)
scatter_matrix(df, alpha=1, figsize=(8, 8))
plt.show()
```

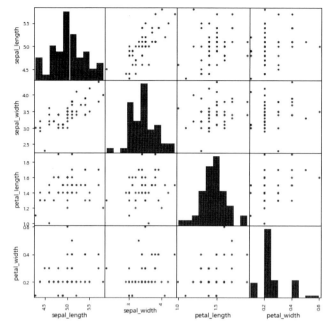

출력된 그래프를 보면 sepal_length와 sepal_width 변수를 이용해 그린 산점도가 양의 상관관계가 가장 큰 것을 볼 수 있습니다. 각 변수 간의 상관관계를 알기 위해 상관 계수를 구하고자 하면 DataFrame 데이터에 대해 corr()를 이용하면 됩니다. 앞에서 가져온 DataFrame 데이터(df)에 대해 상관 계수를 구하면 다음과 같습니다.

In: df.corr() # DataFrame 데이터(df)의 상관 계수 구하기

Out:

	sepal_length	sepal_width	petal_length	petal_width
sepal_length	1.000000	0.746780	0.263874	0.279092
sepal_width	0.746780	1.000000	0.176695	0.279973
petal_length	0.263874	0.176695	1.000000	0.306308
petal_width	0.279092	0.279973	0.306308	1.000000

위 결과를 보면 각 관측 변수 간의 상관 계수를 구한 것을 볼 수 있습니다. 여기서 구한 상관 계수는 엑셀에서 구한 상관 계수와 같은 것을 알 수 있습니다. 상관 계수를 구할 때 엑셀을 이용할 수도 있지만 여기서 살펴본 것과 같이 파이썬을 이용하면 좀 더 간편하게 구할 수 있고 그래프를 활용해 데이터 내의 관측 변수 사이의 관계를 빠르게 파악할 수 있습니다.

회귀 분석

앞에서는 관측 변수들 사이에 서로 어떠한 상관관계가 있는지 분석하는 방법을 알아봤습니다. 이번에는 한 단계 더 나아가 관측한 변수들에 대해 독립 변수 x와 종속 변수 y 사이의 관계를 수학적 모델(함수)을 만들어 미래를 예측하는 회귀 분석(regression analysis)을 알아보겠습니다. 회귀 분석을 위한 다양한 회귀 모델이 있지만 가장 널리 사용하는 선형 회귀 모델(linear regression model)을 살펴보겠습니다.

선형 회귀 모델

관측한 표본에서 하나의 독립 변수 x와 종속 변수 y가 있을 때 선형 회귀 모델(단순 선형 회귀 모델)은 다음과 같이 정의합니다.

$$y_i = \beta_0 + \beta_1 x_{1i} + \varepsilon_i \tag{9.11}$$

여기서 x_i와 y_i는 각각 변수 x와 y의 i번째 관측값이고 β_0와 β_1는 추정해야 하는 파라미터(parameter)이며 ε_i는 i번째 오차(error)입니다. 이때 파라미터 β_0와 β_1는 모든 관측값에 대해 오차 제곱의 합을 최소화하는 값으로 결정합니다. 파라미터 β_0를 상수항 혹은 y 절편이라고 하고, β_1는 x의 가중치인데 단순 선형 회귀 모델에서는 직선의 기울기라고도 합니다. 참고로 선형 회귀 모델에서 선형은 y_i와 파라미터(β_0와 β_1)가 선형 관계임을 의미합니다.

독립 변수 x는 하나일 수도 있지만 보통 여러 개의 독립 변수가 있습니다. 두 개 이상의 독립 변수 $x_1, \cdots, x_p$와 종속 변수 y가 있을 때 선형 회귀 모델(다중 선형 회귀 모델)은 다음과 같이 정의합니다.

$$y_i = \beta_0 + \beta_1 x_{1i} + \cdots + \beta_p x_{pi} + \varepsilon_i \tag{9.12}$$

여기서 $x_{1i}, \cdots, x_{pi}$와 y_i는 각각 변수 $x_1, \cdots, x_p$와 y의 i번째 관측값이고 $\beta_0, \beta_1, \cdots, \beta_p$는 추정해야 하는 파라미터이며 ε_i는 오차입니다. p는 독립 변수의 개수($p \geq 2$)입니다.

식 (9.12)를 이용해 n개의 관측값에 대해 오차 ε_i 제곱의 합을 구하면 다음과 같습니다.

$$\sum_{i=1}^{n} \varepsilon_i^2 = \left\{ y_i - \left(\beta_0 + \beta_1 x_{1i} + \cdots + \beta_p x_{pi} \right) \right\}^2 \tag{9.13}$$

여기서 파라미터 벡터 $[\beta_0, \beta_1, \cdots, \beta_p]$는 식 (9.13)에서 오차 ε_i 제곱의 합을 최소화하도록 선택하는데 최소자승법(LSM, Least Square Method)이나 기울기 하강법(Gradient Descent)을 통해 추정합니다. 추정한 파라미터 벡터 $[\beta_0, \beta_1, \cdots, \beta_p]$와 독립 변수 벡터 $[x_{1i}, \cdots, x_{pi}]$로부터 계산한 $\widehat{y_i} = \beta_0 + \beta_1 x_{1i} + \cdots + \beta_p x_{pi}$를 y_i의 추정값이라고 합니다. 실제 측정값 y_i와 추정값 $\widehat{y_i}$의 차를 잔차(residual)라고 하는데 잔차(r_i)는 $r_i = y_i - \widehat{y_i}$처럼 표현할 수 있습니다.

회귀 분석을 진행한 후에 모델의 적합도는 결정 계수(coefficient of determination) R^2으로 판단할 수 있습니다. 결정 계수 R^2이 1에 가까울수록 모델의 적합도는 올라가고 0에 가까울수록 적합도는 떨어집니다. 다음은 결정 계수 R^2을 구하는 수식입니다.

$$R^2 = \frac{SSR}{SST} = 1 - \frac{SSE}{SST} \tag{9.14}$$

여기서 SST(Sum of Square Total), SSR(Sum of Square Regression), SSE(Sum of Square Error) 각각을 수식으로 표현하면 다음과 같습니다.

$$SST = \sum_{i=1}^{n} \left(y_i - \overline{y} \right)^2 \tag{9.15}$$

$$SSR = \sum_{i=1}^{n} \left(\widehat{y_i} - \overline{y} \right)^2 \tag{9.16}$$

$$SSE = \sum_{i=1}^{n} \left(y_i - \widehat{y_i} \right)^2 \tag{9.17}$$

여기서 $\overline{y}$는 종속 변수 y 관측값의 평균입니다. 또한 식 (9.15)~식 (9.17)을 살펴보면 $SST = SSR + SSE$의 관계가 있음을 알 수 있습니다.

단순 선형 회귀 분석

먼저 하나의 독립 변수 x와 종속 변수 y가 있을 때 사용하는 식 (9.11)의 단순 선형 회귀 모델을 이용해 회귀 분석을 진행해 보겠습니다. 관측 데이터로는 상관 분석에서 이용했던 CSV 파일(기온별_아이스_커피_판매량.csv)을 다시 한번 이용하겠습니다.

우선 엑셀의 분산형 차트에 있는 추세선 및 수식을 추가하는 기능을 이용해 단순 선형 회귀 분석을 수행해 보겠습니다. 이를 위해 우선 엑셀의 [데이터] → [텍스트]를 선택해 관측 데이터 CSV 파일(기온별_

아이스_커피_판매량.csv)을 가져옵니다. 그 다음에 분산형 차트를 삽입하고 [+] → [추세선] → [기타옵션]에서 '수식을 차트에 표시'와 'R-제곱을 차트에 표시' 선택합니다. 그러면 그림 9-12처럼 추세선, 회귀 수식, R-제곱이 분산형 차트에 추가된 것을 볼 수 있습니다.

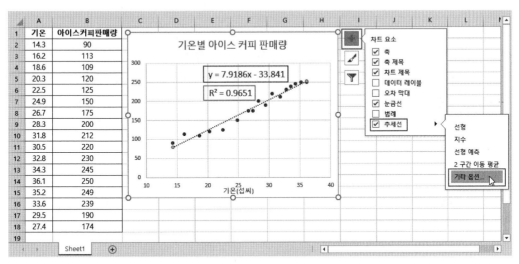

그림 9-12 엑셀에서 분산형 차트에 추세선, 회귀 수식, R-제곱 표시

관측 데이터 CSV 파일(기온별_아이스_커피_판매량.csv)을 이용해 엑셀에서 구한 회귀 수식은 $y=-33.841+7.9186x$로 식 (9.11)의 단순 선형 회귀 모델과 비교해 보면 파라미터 $\beta_0=-33.841$이고 $\beta_1=7.9186$입니다. 또한 결정 계수 $R^2=0.9651$로 모델 적합도는 높게 나타났습니다.

이번에는 파이썬에서 선형 회귀 분석을 수행하겠습니다. 파이썬으로 회귀 분석을 수행할 때는 머신러닝에 주로 사용하는 사이킷런(scikit-learn) 라이브러리를 이용합니다. 사이킷런도 외부 라이브러리이지만 아나콘다 배포판에 포함돼 있어 별도로 설치할 필요가 없습니다. 여기서는 사이킷런의 다양한 기능 중 선형 회귀 분석과 관련된 기능 중심으로 살펴보겠습니다. 사이킷런을 이용해 선형 회귀 분석을 진행하려면 서브 패키지인 linear_model의 LinearRegression()를 이용합니다. 다음은 사이킷런을 이용해 선형 회귀 분석을 수행하는 과정입니다.

```python
from sklearn.linear_model import LinearRegression

# (1) LinearRegression 객체(model)를 생성
model = LinearRegression()
```

```
# (2) fit() 메서드로 회귀 분석 수행. 입력은 X, y
model.fit(X, y)

# (3) predict() 메서드로 입력 X_new에 대한 y_hat 추정
y_hat = model.predict(X_new)
```

01. 먼저 LinearRegression( )를 이용해 회귀 분석에 사용할 객체(model)를 생성합니다.

02. 다음은 생성한 객체(model)을 이용해 fit( ) 메서드로 회귀 분석을 수행해 파라미터를 추정합니다. 이때 입력은 측정한 독립 변수 x로부터 만든 $n{\times}p$ 행렬 X와 종속 변수 y로부터 구한 벡터 y입니다. 여기서 n은 측정 횟수이고 p는 독립 변수의 개수입니다. 단순 선형 회귀는 독립 변수가 하나이므로 $p{=}1$입니다. 반환값은 객체 자신(model)이 되는데, 객체는 다음과 같은 속성을 갖고 있습니다.

- intercept_: 선형 회귀 모델의 파라미터 중 상수항인 β_0
- coef_: 선형 회귀 모델의 파라미터 중 x_i의 가중치에 해당하는 β_i 벡터의 배열

03. 마지막으로 predict( ) 메서드로 추정한 파라미터와 새로운 독립 변수 x_{new}로부터 만든 행렬 X_new를 이용해 y_i의 추정값($\widehat{y_i}$) 벡터 y_hat을 계산합니다.

위에서 (1)과 (2)의 단계는 다음과 같이 한 번에 수행할 수도 있습니다.

```
from sklearn.linear_model import LinearRegression

# (1)과 (2) 단계를 한 번에 수행
# LinearRegression 객체(model)에 대해 fit() 메서드로 회귀 분석 수행
model = LinearRegression().fit(X, y)

# (3) predict() 메서드로 입력 X_new에 대한 y_hat 추정
y_hat = model.predict(X_new)
```

이제 사이킷런을 이용해 단순 선형 회귀 분석을 수행하는 예를 살펴보겠습니다. 이를 위한 데이터로는 앞에서 이용한 CSV 파일(기온별_아이스_커피_판매량.csv)을 다시 한번 이용하겠습니다. 이 CSV 파일로부터 DataFrame 데이터를 읽어오면 다음과 같습니다.

```
In:    import pandas as pd

       # CSV 파일을 DataFrame으로 읽어옴
       folder = 'C:/myPyExcel/data/ch09/'
```

```
csv_file = folder + '기온별_아이스_커피_판매량.csv'
df = pd.read_csv(csv_file)
df.head()
```

Out:

	기온	아이스커피판매량
0	14.3	90
1	16.2	113
2	18.6	109
3	20.3	120
4	22.5	125

위의 DataFrame 데이터(df)에서 기온 열의 데이터 값과 아이스커피판매량 열의 데이터 값은 각각 단순 선형 회귀 모델에서 독립 변수 x와 종속 변수 y의 측정값입니다. 이 데이터를 fit(X, y)에 이용하기 위해 행렬 X와 벡터 y를 정의하면 아래 코드와 같습니다.

In:
```
X = df['기온'].values.reshape(-1,1) # X는 행렬
y = df['아이스커피판매량'].values   # y는 벡터
```

위 코드에서 X는 $n \times p$ 행렬 형태를 갖춰야 하므로 reshape(-1,1)를 적용했습니다. 다음은 fit() 메서드로 회귀 분석을 수행하는 코드입니다. 분석 후에 객체(model)의 속성 coef_와 intercept_를 통해 선형 회귀 분석 파라미터의 추정값을 알 수 있습니다.

In:
```
from sklearn.linear_model import LinearRegression

# LinearRegression 객체(model)에 대해 fit() 메서드로 회귀 분석 수행
model = LinearRegression().fit(X, y)

# 선형 회귀 분석의 파라미터 추정값 가져오기
beta0 = model.intercept_
beta1 = model.coef_[0]

# 추정값 결과 출력
print("beta0 = {0:.4f}, beta1 = {1:.4f}".format(beta0, beta1))
```

Out: beta0 = -33.8412, beta1 = 7.9186

위 선형 회귀 분석 결과로부터 기온(x)과 아이스 커피 판매량(y) 사이에는 $y=-33.8412+7.9186x$의 관계가 있음을 알 수 있습니다. 앞에서 엑셀로부터 구한 파라미터(β_0와 β_1)와 값이 같은 것을 알 수 있습니다.

다음은 선형 회귀 분석 결과와 x를 이용해 y의 추정값을 구한 후에 결정 계수(R^2)를 계산하는 코드입니다.

```
In:    import numpy as np

       # predict() 메서드로 입력 X에 대한 y_hat 추정
       y_hat = model.predict(X)

       # SST, SSR, SSE 계산
       SST = np.sum((y - np.mean(y))**2)     # SST 계산
       SSR = np.sum((y_hat - np.mean(y))**2)  # SSR 계산
       SSE = np.sum((y - y_hat)**2)            # SSE 계산

       # 결정 계수(R 제곱) 계산
       R_squared = 1 - SSE / SST # 결정 계수 계산

       # 출력
       print("결정 계수: {0:.4f}".format(R_squared))
```

```
Out:   결정 계수: 0.9651
```

위 결정 계수의 값은 앞에서 엑셀로 구한 값과 같은 것을 볼 수 있습니다. 결정 계수를 위의 코드처럼 직접 계산할 수도 있지만 다음과 같이 사이킷런의 서브 패키지인 metrics의 r2_score()를 이용하면 간편하게 구할 수 있습니다. 다음은 r2_score()를 이용해 결정 계수를 구하는 예입니다.

```
In:    from sklearn.metrics import r2_score

       r2_score(y, y_hat)
```

```
Out:   0.9651204305773975
```

선형 회귀 분석으로 구한 추세선을 산점도 그래프에 함께 모두 표시하면 선형 회귀 분석 결과를 시각적으로 확인할 수 있습니다. 다음은 DataFrame 데이터(df)의 산점도와 추세선을 함께 표시하는 코드입

니다. 앞 장에서는 판다스 DataFrame의 시각화 메서드인 plot()을 이용해 그래프를 생성했는데 아래 코드에서는 matplotlib 라이브러리를 이용해 그래프를 그립니다. 판다스의 그래프 기능이 matplotlib를 기반으로 만들어졌으므로 아래 코드에 대한 자세한 설명이 없더라도 이해하는 데 큰 어려움은 없을 것입니다.

```
In:   import matplotlib
      import matplotlib.pyplot as plt

      # 한글 폰트를 위한 설정
      matplotlib.rcParams['font.family'] = 'Malgun Gothic'
      matplotlib.rcParams['axes.unicode_minus'] = False

      # 주어진 데이터 X와 y의 산점도
      plt.scatter(X, y) # 산점도 그리기
      plt.grid(True)    # 격자 추가
      plt.xlabel("기온 (섭씨)", fontsize=15)            # x축 라벨
      plt.ylabel("아이스 커피 판매량", fontsize=15)       # y축 라벨
      plt.title("기온별 아이스 커피 판매량", fontsize=20)  # 그래프 제목

      # 추세선 표시
      x_data = np.array([10, 40])     # 추세선을 위한 x축 데이터
      y_data = beta0 + beta1 * x_data  # 추세선을 위한 y축 데이터

      plt.plot(x_data, y_data, 'r--') # y = beta_0 + beta_1 * x에 해당하는 선을 그림

      # 추세선 수식을 그래프에 표시
      eq_text = "y={0:.4f} + {1:.4f}x".format(beta0, beta1) # 그래프에 표시할 문자열 생성
      plt.text(12, 250, eq_text, fontsize=15) # 지정한 위치(x, y) = (12, 250)에 문자열 표시

      plt.show()
```

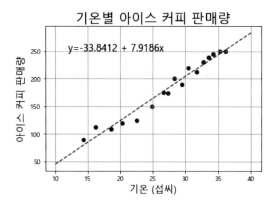

회귀 분석을 하는 목적은 주어진 데이터로 실제로는 없는 데이터를 예측하는 것입니다. 앞에서 기온(x) 과 아이스 커피 판매량(y) 사이에는 $y=-33.8412+7.9186x$의 관계가 있음을 알았으므로 이제 일기 예 보를 통해 확인한 오늘의 최고 기온으로 오늘의 아이스 커피 판매량을 예측할 수 있습니다. 오늘의 최 고 기온이 38.5°C라면 오늘의 예상 판매량은 다음과 같이 구할 수 있습니다.

```
In:    high_temp = [38.5] # 오늘의 최고 기온
       X_new = np.array(high_temp).reshape(-1, 1)

       # predict() 메서드로 입력 X_new에 대한 y_hat 추정
       y_hat = model.predict(X_new)

       # 결과 출력
       print("- 최고 기온:", high_temp)
       print("- 아이스 커피 예상 판매량:", y_hat)
```

Out: - 최고 기온: [38.5]
       - 아이스 커피 예상 판매량: [271.02396139]

위에서 예측 결과는 실수로 나오기 때문에 정수인 예상 판매량은 약 271로 생각할 수 있습니다. 참고로 엑셀에서는 FORECAST() 함수(엑셀 2013 이전)나 FORECAST.LINEAR() 함수(엑셀 2016 이후)를 이용하면 선형 회귀 분석 후에 하나의 데이터 값에 대해 예측을 할 수 있습니다.

앞의 코드에서는 predict()로 하나의 데이터 값에 대해서만 예측했는데 다음과 같이 여러 개의 데이터 값에 대한 예측도 할 수 있습니다.

```
In:   # 새로운 독립 변수 X_new 생성
      high_temps = [23.2, 38.5, 39.1] # 여러 날의 최고 기온
      X_new = np.array(high_temps).reshape(-1, 1)

      # predict() 메서드로 입력 X_new에 대한 y_hat 추정
      y_hat = model.predict(X_new)

      # 추정 결과를 이용해 DataFrame 데이터 생성
      ice_coffees = y_hat.astype(int) # 실수를 정수로 변환 후 ice_coffees에 할당
      df_new = pd.DataFrame({'기온_new': high_temps,
                             '아이스커피_예상_판매량': ice_coffees})
      df_new
```

Out:

	기온_new	아이스커피_예상_판매량
0	23.2	149
1	38.5	271
2	39.1	275

위의 코드는 새로운 데이터 X_new를 이용해 예측 데이터인 y_hat을 구하는 방법을 보여줍니다. 온도 데이터(high_temps)와 아이스 커피 예상 판매량 데이터(ice_coffees)로부터 DataFrame 데이터(df_new)를 생성할 때 y_hat.astype(int)를 이용해 아이스 커피 예상 판매량 데이터(ice_coffees)를 정수로 변환했습니다.

다중 선형 회귀 분석

이번에는 여러 개의 독립 변수 $x_1, \cdots, x_p$와 종속 변수 y 사이의 관계를 파악하기 위해 식 (9.12)의 다중 선형 회귀 모델을 이용해 회귀 분석을 수행해보겠습니다. 이를 위한 관측 데이터는 CSV 파일(환경별_수확량.csv)로 저장돼 있습니다. 이 파일의 데이터는 여러 개의 독립 변수(온도, 습도, CO2)와 하나의 종속 변수(수확량)로 구성돼 있습니다. 이를 이용해 다중 선형 회귀 분석을 수행하면 환경 요소(온도, 습도, 이산화탄소 농도)가 작물의 수확량에 얼마나 영향을 주는지 알 수 있습니다.

먼저 엑셀을 이용해 다중 선형 회귀 분석을 수행해보겠습니다. 앞에서는 엑셀의 분산형 차트에 있는 추세선 기능을 이용해 단순 선형 회귀 분석을 수행했는데 다중 선형 회귀 분석을 위해서는 엑셀의 [데이터 분석]에 있는 [회귀 분석]을 이용합니다. 이를 위해 우선 엑셀의 [데이터] → [텍스트]를 선택해 CSV 파일(환경별_수확량.csv)로부터 데이터를 가져옵니다. 그 다음 [데이터] → [데이터 분석] → [회귀 분석]을 차

례대로 선택한 후 입력과 출력 옵션을 그림 9-13과 같이 선택하면 그림 9-14처럼 새 워크시트에 다중 선형 회귀 분석 결과를 얻을 수 있습니다.

그림 9-13 엑셀의 [회귀 분석]에서 입력과 출력 옵션 선택

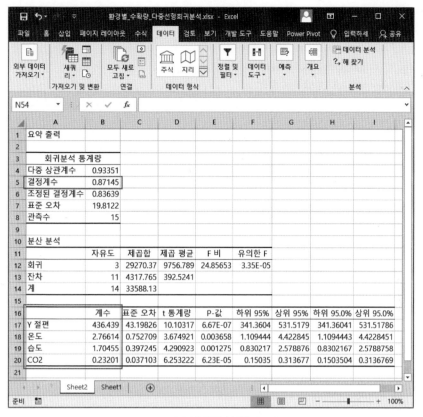

그림 9-14 엑셀의 [회귀 분석]의 결과 표시

그림 9-14의 회귀 분석 결과를 보면 다양한 통계량을 표시합니다. 그중에 여기서는 결정 계수(R^2)와 계수(선형 회귀 모델의 파라미터)만 살펴보겠습니다. 모델 적합도를 나타내는 결정 계수는 0.87145입니다. 또한 구해진 계수값으로부터 독립 변수와 종속 변수와의 관계를 나타내는 선형 회귀 수식을 표현하면 다음과 같습니다.

$$y = 436.439 + 2.76614x_1 + 1.70455x_2 + 0.23201x_3 \tag{9.18}$$

여기서 독립 변수 x_1, x_2, x_3는 각각 온도, 습도, CO2이고 종속 변수 y는 생산량입니다. 구해진 수식을 식 (9.12)와 비교하면 추정 파라미터는 각각 β_0=436.439, β_1=2.76614, β_2=1.70455, β_3=0.23201이 됩니다.

다음은 사이킷런을 활용해 다중 선형 회귀 분석을 수행해 보겠습니다. 이를 위해 앞에서 이용한 CSV 파일(환경별_수확량.csv)로부터 DataFrame 데이터를 읽어오면 다음과 같습니다.

```
In:    import pandas as pd

       # CSV 파일을 DataFrame으로 읽어옴
       folder = 'C:/myPyExcel/data/ch09/'
       csv_file = folder + '환경별_수확량.csv'

       df = pd.read_csv(csv_file)
       df.head()
```

Out:

	온도	습도	CO2	수확량
0	32.6	75.5	697.0	800.3
1	18.4	69.4	673.1	798.5
2	24.0	62.4	755.4	789.2
3	35.5	56.4	780.5	810.4
4	30.7	67.5	872.4	809.6

앞에서는 DataFrame 데이터에 scatter_matrix()를 적용해 두 개의 변수 간의 산점도와 한 변수에 대한 히스토그램을 살펴봤습니다. 이번에는 seaborn 라이브러리의 pairplot()로 이러한 작업을 수행해 보겠습니다. seaborn은 matplotlib을 기반으로 만든 시각화 라이브러리로 matplotlib에 비해 색상 표현이 뛰어난 테마와 사용이 편리한 그래프 기능을 제공합니다. 다음은 seaborn 라이브러리의 pairplot()로 DataFrame 데이터(df) 변수 간의 관계를 산점도로 그리는 코드입니다.

```
In:    import seaborn as sns          # seaborn 임포트

       sns.pairplot(df, height=1.8) # height 옵션으로 그래프의 크기를 조정
       plt.show()
```

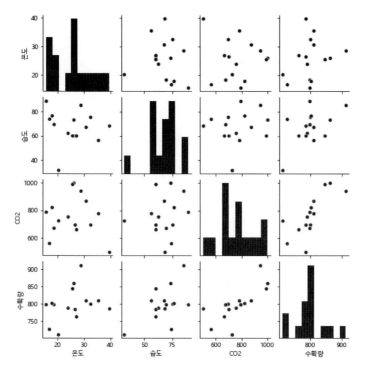

파이썬의 사이킷런 라이브러리를 이용해 선형 회귀 분석을 수행할 때 단순 회귀 분석과 다중 회귀 분석의 수행 흐름은 유사합니다. 따라서 다중 회귀 분석을 수행할 때도 단순 회귀 분석에서 진행했던 과정을 대부분 그대로 이용합니다.

위의 DataFrame 데이터(df)에서 온도, 습도, CO_2의 열 데이터 값은 독립 변수 x_1, x_2, x_3의 관측값이고 수확량의 열 데이터 값은 y의 관측값입니다. 이 데이터를 fit(X, y)에 이용하기 위해 행렬 X와 벡터 y를 정의하면 아래의 코드와 같습니다.

```
In:    X = df[['온도','습도','CO2']].values   # X는 행렬
       y = df['수확량'].values               # y는 벡터
```

다음은 fit() 메서드로 회귀 분석을 수행하는 코드입니다.

```
from sklearn.linear_model import LinearRegression

# LinearRegression 객체(model)에 대해 fit() 메서드로 회귀 분석 수행
model = LinearRegression().fit(X, y)
```

```
# 파라미터 추정값 결과 출력
print("- y 절편 상수:", model.intercept_) # beta0
print("- x의 가중치 벡터:", model.coef_)  # [beta1, beta2, beta3]
```

Out: - y 절편 상수: 436.4391340690188
     - x의 가중치 벡터: [2.76614471 1.70454626 0.23201365]

위 다중 선형 회귀 분석 결과로 구한 추정 파라미터(β_0=436.439, β_1=2.76614, β_2=1.70455, β_3=0.23201)는 앞에서 엑셀로부터 구한 다중 선형 회귀식(식 (9.18))의 추정 파라미터와 값이 같은 것을 알 수 있습니다.

선형 회귀 분석 후에는 다음과 같이 predict()를 이용해 y를 추정한 값($\widehat{y}$)을 구한 후 r2_score()로 결정 계수를 구할 수 있습니다.

In: from sklearn.metrics import r2_score

     y_hat = model.predict(X)
     r2_score(y, y_hat)

Out: 0.8714496764002957

위의 결정 계수 역시 엑셀에서 구한 결정 계수와 같은 것을 볼 수 있습니다.

이제 앞에서 구한 선형 회귀 모델의 파라미터를 가지고 독립 변수 x_1(온도), x_2(습도), x_3(이산화탄소 농도)의 관측값이 n개(아래의 예에서 n=5) 주어졌을 때 각 관측값에 대한 추정값 $\widehat{y}$(예상 수확량)을 구해 보겠습니다. 이를 위해 독립 변수 x_1(온도), x_2(습도), x_3(이산화탄소 농도)의 관측값으로부터 $n \times p$ 행렬 X_new를 만들면 다음과 같습니다.

In: # 새로운 독립 변수 X_new 생성
     temp = [17.7, 27.8, 16.8, 15.2, 39.7]   # 온도
     humi = [69.2, 69.9, 48.0, 62.3, 37.4]   # 습도
     co2 = [743.7, 839.6, 770.5, 577.6, 839.3] # CO2 농도

     X_new = np.array([temp, humi, co2]) # 각 측정값을 행렬(2차원 배열)로 만듦
     X_new = X_new.T # n x p 행렬을 만들기 위해 행렬의 전치(transpose)를 수행
     X_new
```
```

```
Out:   array([[ 17.7,  69.2, 743.7],
              [ 27.8,  69.9, 839.6],
              [ 16.8,  48. , 770.5],
              [ 15.2,  62.3, 577.6],
              [ 39.7,  37.4, 839.3]])
```

이제 predict()로 X_new에 대한 추정을 하고 추정 결과를 DataFrame 데이터로 만드는 코드를 작성하면 다음과 같습니다.

```
In:    # predict() 메서드로 입력 X_new에 대한 y_hat 추정
       y_hat = model.predict(X_new)

       # 추정 결과를 이용해 DataFrame 데이터 생성
       df_new = pd.DataFrame({'온도': temp, '습도': humi, "CO2": co2, "예상수확량": y_hat})
       df_new.style.format('{:.1f}') # DataFrame 데이터의 출력 형식을 지정
```

Out:

	온도	습도	CO2	예상수확량
0	17.7	69.2	743.7	775.9
1	27.8	69.9	839.6	827.3
2	16.8	48.0	770.5	743.5
3	15.2	62.3	577.6	718.7
4	39.7	37.4	839.3	804.7

03 정리

이번 장에서는 엑셀과 파이썬을 이용해서 통계 데이터 분석을 수행했습니다. 우선 모집단과 표본이 무엇인지 알아보고 기본통계량인 평균, 중앙값, 최솟값, 최댓값, 최빈값, 분산, 표준편차의 의미와 수식을 살펴봤습니다. 또한 엑셀과 파이썬으로 기본 통계량을 구하는 방법도 알아봤습니다. 기본적인 통계 분석에 대해 살펴본 후에는 상관 분석과 회귀 분석에 대해 알아봤습니다. 상관 분석에서는 상관 계수를 수학적으로 어떻게 구하는지 알아보고 두 변수 사이의 상관 계수와 여러 변수 사이의 상관 계수를 구하는 방법을 살펴봤습니다. 마지막으로 회귀 분석에서는 선형 회귀 모델로 독립 변수와 종속 변수 사이의 관계를 수학적으로 모델링하는 방법을 살펴보고 단순 선형 회귀 모델 예제와 다중 선형 회귀 모델 예제를 통해 측정 데이터가 없는 값을 추정해 봤습니다.

여기서 살펴본 기본통계량, 상관 분석, 회귀 분석은 통계학이나 머신러닝 분야에서 아주 중요하게 다루고 있는 주제입니다. 여기서는 기본적인 내용만 살펴봤는데, 더 깊은 내용을 알고 싶다면 통계학이나 머신러닝 관련 책이나 자료를 참조하길 바랍니다.

기호

%a	121
%A	121
{'bottom_color': 'green'}	286
@classmethod	96
%d	121
%H	121
__init__()	95, 97
%load	31
%m	121
%M	121
%p	121
%run	32
%S	121
@staticmethod	96
{'top_color': 'purple'}	286
%w	121
%%writefile	31, 183
%Y	121

A – C

add_chart	425
add_chart()	425
add_format()	277
add_series()	430
add_sparkline()	456
add_worksheet()	265
aggfunc	397
Anaconda	3
Anaconda Prompt	7
and	36, 44
append()	55, 247
arange()	153
area	426, 464
area plot	488
argument	84
array	149, 150
as	36, 104, 139
assert	36
astype()	159
autopct	484
AVERAGE	363
axis	176, 215

axis()	480
bar	426, 463
bar()	472
barh	463
barh()	472
bar plot	472
bins	492
Book()	311
bool	43, 158
boolean	43
boolean indexing	166
box	464
box()	498
box plot	496
break	36, 75
broadcasting	162
Bubble chart	451
Built-in function	91
cd	30
Cell	22, 263
class	36, 95
Class	94
class variable	96
clear()	65
close()	131, 265
cmap	482
code	3
coefficient of determination	538
colormap	482
column	426, 458
column name	176
columns	176
Command mode	24
comma-separated values	182
comparison operator	44
complex	158
Comprehension	76
concat()	241
continue	36, 75
corr()	532
CORREL()	530, 533
correlation coefficient	529
count()	55, 144
counterclock	484
cp949	133, 183
CSS	476

CSV	149, 182	expand	319
CSV 파일	182	explode	484
cumprod()	163	ExportAsFixedFormat()	327
cumsum()	163	extend()	55
cwd()	107	f-문자열	81
		False	36, 43

D - G

Data cleaning	372	figsize	471
DataFrame	170, 176	fillna()	380
DataFrame()	170, 176	finally	36
dataset	510	find()	143
Data tidying	372	fit()	540
data type	34	float	37, 158
date	118	float()	91
date_range()	170, 173, 174	fontsize	470
datetime	105, 118	for	36, 70
DatetimeIndex	170	FORECAST()	544
day	118	FORECAST.LINEAR()	544
days	119	format()	79
Decorator	96	from	36, 103
def	36, 84	f-strings	81
del	36, 63	function	83
density	464	get()	66
describe()	518	get(key_data)	65
descriptive statistics	515	getlocale()	121
dictionary	60	glob()	335, 355
difference()	59	global	36, 89
dir	30	global variable	89
doughnut	426	glob(pattern)	107
drop()	238	Gradient Descent	538
dropna()	377	groupby()	524
dtype	152, 158	Grouper()	524
echo	30		
Edit mode	24		

H - L

elif	36	head()	228
else	36	header	193, 200
encoding	131	hist	463
endswith()	144	hist()	492
enumerate()	72	histogram	490
error	537	home()	107
ExcelWriter	200	hour	118
ExcelWriter()	204	hours	119
except	36	how	250, 254
exists()	106	if	36, 67
		IF	363

if ~ elif ~ else	68
if ~ else	68
iloc	218
import	36, 102
in	36, 64
index	48, 170, 176, 200
index()	55
index_col	193
indexing	164
info()	374
inheritance	98
insert()	55
insert_chart	425
insert_chart()	426
insert_image()	304, 426
insert_textbox()	306
Instance	94
instance variable	96
int	37, 158
int()	91
intersection()	59
IPython	10
IQR	496
is	36
is_dir()	106
is_file()	107
isnull()	375
items()	64
join()	142, 249
Jupyter Notebook	17
kde	464
key	60
keys()	64
labels	484
lambda	36
Least Square Method	538
legend	484
len()	42
line	426, 458, 463
linear_model	539
LinearRegression()	539
linear regression model	537
linspace()	153
list	46
list()	65, 92
loc	218

locale	121
local variable	89
logical operator	43
lower()	146
lower fence	496
LSM	538

M – R

magic command	31
margins	397
Markdown	17
matplotlib	462
max	512
max()	93, 163
mean	511
mean()	163
median	512
merge()	253
method	96
method overriding	99
metrics	542
microsecond	118
microseconds	119
milliseconds	119
min	512
min()	93, 163
minute	118
minutes	119
Missing data	373
mkdir	30
mkdir()	107
mode	131, 513
module	101
month	118
names	193
NaN	172
ndarray	151
Negative indexing	49
new_index_data	175
None	36
nonlocal	36
non-null	375
not	36, 44
Not a Number	172

notnull()	375
now()	120
NumPy	149
Object	94
Object-Oriented Programming	95
OOP	95
open()	131
openpyxl	262
or	36, 44
Package	123
pairplot()	548
pandas	149
parameter	84, 537
pass	36
Path	355
pathlib	106, 335, 355
Pearson	529
pie	426, 464
pie()	485
pie plot	484
pip	128
pivot_table()	397
plot()	463
pop()	55
population	510
population covariance	529
predict()	540
print()	77
PrintOut()	326
Python	2
PYTHONPATH	12, 31, 102
PYTHONPATH manager	31
quartile	496
quit()	313
r2_score()	542
radar	426
raise	36
range()	312
rcParams	464
read()	131
read_csv()	182, 184
read_excel()	182, 193, 194
read_html()	410
readline()	134, 135
readlines()	136
regression analysis	537

reindex	175
reindex(columns=new_columns_data)	180
remove()	55
replace()	145
reshape()	155
residual	538
resolve()	107
return	36, 84
reverse()	55
reversed()	116
RGB 색상 코드	279
rmdir	30
rmdir()	107
rot	472
rwidth	492

S – Z

sample	510
sample covariance	529
savefig()	503
scalar	168
scatter	426, 464
scatter()	476
scatter_matrix()	535
scatter plot	475
scientific notation	40
scikit-learn	539
seaborn	548
second	118
seconds	119
self	95, 96
Series	170
Series()	170
set	58
set()	92
set_align()	298
set_bg_color()	282
set_bold()	279
set_border()	286
set_border_color()	286
set_bottom()	286
set_bottom_color()	286
set_center_across()	299
set_column()	301

set_fg_color()	282	startangle	484
set_font_color()	279	startcol	200
set_font_name()	279	startrow	200
set_font_script()	279	startswith()	144
set_font_size()	279	std()	163
set_font_strikeout()	279	stock	426
set_indent()	298	str	131
set_index(열_이름)	180	str()	91
set_italic()	279	strftime()	122
set_left()	286	string	40
set_left_color()	286	strip()	141
set_legend	445	style 옵션	469
setlocale()	121	sum()	93, 163, 345
set_num_format()	289	Sum of Square Error	538
set_pattern()	282	Sum of Square Regression	538
set_reading_order()	299	Sum of Square Total	538
set_right()	286	super()	99
set_right_color()	286	Tableau palette	476
set_rotation()	298	Tab−Separated Values	185
set_row()	301	tail()	228
set_shrink()	299	time	118
set_text_wrap()	299	timedelta	118
set_title()	430, 470	to_csv()	182, 189
set_top()	286	to_datetime()	524
set_top_color()	286	today()	120
set_underline()	279	to_excel()	182, 200
set_x_axis()	430	touch()	107
set_xlabel()	470	transpose	237
set_y_axis()	430	tree	30, 113
set_ylabel()	470	True	36, 43
shadow	484	try	36
shape	154	TSV	185
sheet_name	193, 200	tuple	56
showmeans	498	tuple()	92
sin()	163	type	30
slicing	164	type()	37, 151
Slicing	51	UCI 머신러닝 보관소	510
sort()	55	uint	158
Space−Separated Values	185	union()	59
split()	140	unlink()	107
Spyder	10	update()	65
SSE	538	update(dict_new)	65
SSR	538	upper()	146
SST	538	upper fence	496
SSV	185	utf−8	133, 183
stacked	488	value	60

values	170
values()	64
var()	163
variable	35, 510
VBA	2
vert	498
Visual Basic for Application	2
VLOOKUP	261, 357
Web scraping	408
weeks	119
while	36, 74
win_loss	458
with	36, 139
Workbook	263
Workbook()	265
Worksheet	263
write	131
write()	137, 265, 277
write_column()	271
write_row()	271
write(str)	137
x축 제목	430
xlim()	479
xl_range()	457
xlsxwriter	200, 274, 425
XlsxWriter	262, 263, 277, 425
xlwings	262, 311
y축 제목	430
year	118
yield	36
ylim()	479
zip()	73

ㄱ – ㄹ	
가로 막대형	426
가중 평균	512
값	60
개행문자	78
객체	94
객체지향	3
객체지향 프로그래밍	95
거짓	43
거품형 차트	451
결정 계수	538
결측치	373
과학적 표기법	40
관측값	510
교집합	59
기술 통계법	515
기울기 하강법	538
기하 평균	512
깃허브	vii
꺾은선형	426, 455, 458
꺾은선형 차트	435
내장 모듈	105
내장 함수	91
넘파이	149
논리곱	44
논리 부정	44
논리 연산자	43
논리합	44
누적 영역형 차트	440
다중 선형 회귀 모델	537
단순 선형 회귀 모델	537, 538
데이터셋	510
데이터 정제	372
데이터 타이딩	372
데이터 타입	34
데코레이터	96
도넛형	426
딕셔너리	60
딕셔너리 메서드	64
라이브러리	3
로케일	121
리스트	46
리스트 메서드	54
리스트 슬라이싱	51
리스트 연산자	48